AF280085

Waxmann Verlag GmbH
Steinfurter Straße 555, 48159 Münster
info@waxmann.com

Gerald Wittmann, Anne Levin, Dagmar Bönig (Hrsg.)

AnschlussM

Anschlussfähigkeit mathematikdidaktischer
Überzeugungen und Praktiken von ErzieherInnen
und GrundschullehrerInnen

Waxmann 2016
Münster · New York

GEFÖRDERT VOM

Das diesem Buch zugrunde liegende Verbundprojekt wurde mit Mitteln des
Bundesministeriums für Bildung und Forschung (BMBF) und des Europäischen
Sozialfonds für Deutschland (ESF) unter den Förderkennzeichen 01NV1025/1026
(Universität Bremen) und 01NV1027/1028 (Pädagogische Hochschule Freiburg)
gefördert. Die Verantwortung für den Inhalt der Veröffentlichung liegt bei den
Autoren.

Bibliografische Informationen der Deutschen Nationalbibliothek
Die Deutsche Nationalbibliothek verzeichnet diese Publikation in
der Deutschen Nationalbibliografie; detaillierte bibliografische
Daten sind im Internet über http://dnb.dnb.de abrufbar.

Print-ISBN   978-3-8309-3156-0
E-Book-ISBN   978-3-8309-8156-5

© Waxmann Verlag GmbH, 2016
www.waxmann.com
info@waxmann.com

Umschlaggestaltung: Inna Ponomareva, Jena
Titelbild: © Dron – Fotolia.com
Satz: Stoddart Satz- und Layoutservice, Münster

Gedruckt auf alterungsbeständigem Papier,
säurefrei gemäß ISO 9706

Vorwort

Kindergarten und Grundschule sollen kooperieren, das ist heute in Deutschland unstrittig. Die Umsetzung dieser Forderung zog seit den 1980er Jahren zahlreiche Forschungs- und Entwicklungsprojekte in allen Bundesländern nach sich. Dabei wurden zwei miteinander zusammenhängende Fragestellungen bisher empirisch systematisch unterbelichtet: Zum einen die Frage, wie die Kontinuität und Kohärenz der Bildungsprozesse der Kinder unterstützt werden kann, und zum anderen, welche qualifikatorischen Voraussetzungen ErzieherInnen und GrundschullehrerInnen dafür brauchen. AnschlussM setzt voraus, dass Kinder in ihrer Bildungsbiografie ein fachlich anschlussfähiges Bildungsangebot benötigen, und untersucht vor diesem Hintergrund einen spezifischen Ausschnitt der qualifikatorischen Bedingungen: die Anschlussfähigkeit der epistemologischen Überzeugungen und ausgewählter antizipierter mathematikdidaktischer Praktiken von ErzieherInnen und GrundschullehrerInnen. Vor diesem Hintergrund wirkt Anschlussfähigkeit doppelsinnig, zum einen auf die Passung zwischen den mathematikdidaktischen Handlungsmöglichkeiten der ErzieherInnen im Kindergarten und der LehrerInnen in der Grundschule, zum anderen auf die Fähigkeit beider, sich auf die mathematischen Lernprozesse der Kinder einzulassen und sie zu fördern.

Das interdisziplinäre Forschungsteam der Universität Bremen und der Pädagogischen Hochschule Freiburg betrat mit der spiegelbildlichen Erhebung von mathematikdidaktischen Überzeugungen und Praktiken bei ErzieherInnen und GrundschullehrerInnen Neuland. Um Hinweise auf länderspezifische Einflüsse zu erhalten fand die Untersuchung, ebenfalls spiegelbildlich, in Bremen und Baden-Württemberg statt.

Im Laufe des Untersuchungsprozesses wurde deutlich, dass auch die Anschlussfähigkeit zwischen mathematikdidaktischem Fokus, der wissenschaftlichen elementar- bzw. grundschulpädagogischen Perspektive und der Sicht der Lehr-Lern-Forschung erst hergestellt werden musste – so verschieden waren die zugrundeliegenden Forschungsansätze und Felder der theoretischen Verortung. Im Ergebnis ist es gerade mit diesen unterschiedlichen Zugängen gelungen, sich der Aufklärung der Fragestellung ein Stück zu nähern. AnschlussM zeigt dennoch wie aktuelle Untersuchungen zum (fach-)didaktischen Handeln der PädagogInnen im Elementar- oder Primarbereich, dass sowohl methodologisch als auch theoretisch noch erheblicher Entwicklungsbedarf besteht, ehe Ergebnisse zu erwarten sind, die bildungspolitische Entwicklungen fundieren könnten.

Der hier vorliegende Band ist die Abschlussveröffentlichung des Verbundprojekts, der noch weitere Veröffentlichungen folgen werden. Als Leiterin des Verbundprojekts danke ich meinen beiden Kolleginnen Prof. Dr. Anne Levin und Prof. Dr. Dagmar Bönig an der Universität Bremen und unserem Verbundpartner Prof. Dr. Gerald Wittmann an der Pädagogischen Hochschule Freiburg sowie allen wissenschaftlichen Mitarbeiterinnen für die gute und zielstrebige Zusammenarbeit auch im Kontext der Herausgabe des Abschlussbandes und wünsche mir, dass die Untersuchung weiteren Forschungsprojekten eine gute Basis bietet.

Bremen, im November 2015

Prof. Dr. Ursula Carle

Inhalt

1 Einführung

Gerald Wittmann, Anne Levin & Dagmar Bönig

Dieses Kapitel gibt einen ersten Überblick zum Forschungsvorhaben AnschlussM. Es werden einerseits Daten und Fakten genannt, andererseits wird der theoretische Rahmen skizziert, in dem das Forschungsvorhaben verortet ist – eine ausführlichere theoretische Fundierung findet sich später in Kapitel 2 und Kapitel 4.

MitarbeiterInnen und Förderung

Das Verbundvorhaben *Anschlussfähigkeit der mathematikdidaktischen Überzeugungen und Praktiken von ErzieherInnen und GrundschullehrerInnen als Bedingung der Vernetzung von Elementar- und Primarbereich*, im Folgenden auch kurz *AnschlussM* genannt, wurde als Verbundprojekt an der Universität Bremen und der Pädagogischen Hochschule Freiburg durchgeführt. Als WissenschaftlerInnen waren beteiligt: Prof. Dr. Dagmar Bönig, Prof. Dr. Ursula Carle (Verbundleitung und Projektleitung Universität Bremen), Joana Engler, Dr. Johanna Gläser, Nadine Kramer, Rebecca Kröger, Prof. Dr. Anne Levin, Dr. Katja Meyer-Siever, Maria Pelzer, Anne Pietsch, Dr. Stephanie Schuler, Bernadette Thöne, Diana Wenzel-Langer, Anika Wittkowski und Prof. Dr. Gerald Wittmann (Projektleitung Pädagogische Hochschule Freiburg). Als Studentische oder Wissenschaftliche Hilfskräfte wirkten mit: Maren Allhusen, Evelyn Buchner, Sarah Diergaardt, Annette Dilg, Ragna Fay, Vanessa Giese, Patricia Heck, Sevil Heper, Alexandra Heyn, Sophia Hoes, Sarina Joynson, Elisabeth Jürgens, Lea Kemper, Tanja Kessel, Christina Kosinski, Julia Krumm, Leonie Lau, Inken Lissy, Anna Müller, Laura Müller, Patrick Müller, Sarah Müller, Anna Nowodworski, Robin Peters, Sina Seefeld, Svenja Suckow, Susanne Vogelbacher, Sabrina Wagner, Julia Weber und Julia Wohlgut.

AnschlussM wurde im Rahmen des Förderschwerpunkts *Frühkindliche Bildung* und des Förderbereichs *Kooperation von Elementar- und Primarbereich* vom Bundesministerium für Bildung und Forschung (BMBF) sowie vom Europäischen Sozialfonds für Deutschland (ESF) gefördert (Laufzeit 01.12.2011 bis 31.07.2014; Förderkennzeichen 01NV1025/26 und 01NV1027/28).

Zielsetzung

Ausgangspunkt von AnschlussM ist die heute allgemein vertretene Sichtweise, dass Kindergarten und Grundschule zwei Stationen einer lebenslangen Bildungskette darstellen (Heinze & Grüßing, 2009) und deshalb nicht isoliert betrachtet werden dürfen. Alle Kinder sollen eine lücken- und bruchlose Bildungsbiografie erfahren können, sie sollen durchgängig adäquat gefördert werden. Da Kindergarten und Grundschule zwei Institutionen mit unterschiedlichen Traditionen und Rahmenbedingungen sind, ist die Anschlussfähigkeit jedoch nicht per se gegeben, sondern muss erst von den pädagogischen Fachkräften[1] hergestellt werden, indem sie miteinander kooperieren. AnschlussM fokussiert dabei auf die Anschlussfähigkeit in Bezug auf das Mathematiklernen und trägt damit dem Umstand Rechnung, dass in den letzten Jahren der Kindergarten zunehmend auch als Bildungseinrichtung (wieder-)entdeckt und verschiedene Konzepte früher mathematischer Bildung entwickelt wurden (vgl. Gasteiger, 2010; Schuler, 2013), wobei ihre Passung zum Mathematikunterricht in der Grundschule stets ein wichtiges Kriterium ist (vgl. Heinze & Grüßing, 2009).

Vermeintlich naheliegende Lösungen zum Herstellen von Anschlussfähigkeit – etwa: diese Inhalte gehören in den Kindergarten, jene werden in der Grundschule behandelt – greifen nicht. Empirische Studien zeigen eine große Heterogenität der mathematischen Kenntnisse und Fähigkeiten von Kindern am Schulanfang auf (exemplarisch: Selter, 1995). Mit anderen Worten: Sowohl im Kindergarten als auch in der Grundschule finden sich jeweils Kinder, die auf demselben Entwicklungs- und Lernstand bezüglich Mathematik sind. Dies bedeutet, dass „anschlussfähig" in Bezug auf mathematische Lerninhalte für jedes Kind eine andere Konkretisierung erfordert. Weiter bezieht sich ein anschlussfähiges Mathematiklernen nicht nur auf Inhalte, sondern auch auf mathematische Denk- und Arbeitsweisen und das Bild von Mathematik. Es darf also nicht eine „Kindergartenmathematik" hier und eine „Grundschulmathematik" dort geben. Vielmehr sollen Kinder schon im Kindergarten typisch mathematische Denk- und Arbeitsweisen erfahren (vgl. Rathgeb-Schnierer, 2012; Wittmann, 2006; van Oers, 2004; Freudenthal, 1981), in authentischer und gleichzeitig altersgemäßer Weise, wobei die Besonderheiten der jeweiligen Institution zu berücksichtigen sind.

Auch wenn sich die Anschlussfähigkeit von Kindergarten und Grundschule daran erweist, dass der Übergang für alle Kinder gelingt (Griebel & Niesel, 2003), nimmt AnschlussM die pädagogischen Fachkräfte beider Institutionen in den Blick: Sie gestalten die mathematische Bildung unter den gegebenen Rahmenbedingungen, sie müssen Tag für Tag durch ihr Handeln die Anschlussfähigkeit bezüglich des Mathematiklernens für alle Kinder herstellen. Insbesondere müssen sie miteinander kooperieren. Da der Übergang vom Kindergarten in die Grundschule ein gering strukturiertes Handlungsfeld ist und noch dazu stark von den lokalen Rahmenbedingungen abhängt, ist ihr Handeln von vielfältigen Herausforderungen geprägt. Folglich benötigen ErzieherInnen und GrundschullehrerInnen eine hohe professionelle Kompetenz, um diese Herausforderungen zu meistern. Insbesondere sollten natürlich ein gemeinsamer Kern professionellen Wissens und geteilte Überzeugungen bezüglich Mathematik und Mathematiklernen vorhanden sein. Nur dann kann, so die AnschlussM zugrunde liegende Annahme, ihr Handeln allen Kindern anschlussfähige mathematische Lernprozesse ermöglichen. Eine entsprechende Bestandsaufnahme, die bislang ein Forschungsdesiderat darstellt, ist von hohem Interesse, da sie unter anderem Konsequenzen für die Aus- und Weiterbildung andeuten kann.

---

1 Als ErzieherInnen werden im Folgenden alle in Kindergärten pädagogisch tätigen Personen bezeichnet, ungeachtet ihrer jeweiligen Qualifikation, und pädagogische Fachkräfte steht sowohl für LehrerInnen als auch für ErzieherInnen.

AnschlussM greift den Kompetenzbegriff nach Weinert (2001) auf. Als Kompetenz werden „die bei Individuen verfügbaren oder durch sie erlernbaren kognitiven Fähigkeiten und Fertigkeiten, um bestimmte Probleme zu lösen, sowie die damit verbundenen motivationalen, volitionalen und sozialen Bereitschaften und Fähigkeiten, um die Problemlösungen in variablen Situationen erfolgreich und verantwortungsvoll nutzen zu können" (ebd., S. 27 f.) aufgefasst. Ihre professionelle Kompetenz befähigt pädagogische Fachkräfte demnach, im beruflichen Kontext adäquat zu agieren, also konkrete Anforderungssituationen ihrer beruflichen Tätigkeit zu meistern (vgl. Klieme et al., 2003, S. 72 ff.). Sie äußert sich in der Performanz, also der in einer bestimmten Situation tatsächlich erbrachten Leistung.

Die Frage, welche Komponenten die professionelle Kompetenz von Lehrkräften umfassen muss, damit diese den komplexen beruflichen Anforderungen gewachsen sind, ist nicht einfach zu beantworten. Grundlegend hierfür ist bis heute der Ansatz von Shulman (1986), welcher in der Folge weiter ausdifferenziert wurde. In AnschlussM wird auf das Modell nach Baumert und Kunter (2006) zurückgegriffen. Demnach „entsteht professionelle Handlungskompetenz aus dem Zusammenspiel

- von spezifischem, erfahrungsgesättigten deklarativen und prozeduralen Wissen (Kompetenzen im engeren Sinne: Wissen und Können);
- professionellen Werten, Überzeugungen, subjektiven Theorien, normativen Präferenzen und Zielen;
- motivationalen Orientierungen
- sowie Fähigkeiten der professionellen Selbstregulation." (ebd., S. 481)

Wenngleich das Modell von Baumert und Kunter (2006) ursprünglich für LehrerInnen entwickelt wurde, lässt es sich auch für frühpädagogische Fachkräfte anwenden. So konstatiert Anders (2012, S. 11), „dass die Kompetenzstrukturen übertragbar scheinen, wenn auch Ausprägung und Priorisierung einzelner Kompetenzaspekte sich unterscheiden mögen". Insbesondere ist dies für die auf das Lehren und Lernen von Mathematik bezogene professionelle Kompetenz der Fall, zumal es in AnschlussM um jenen Ausschnitt der professionellen Kompetenz geht, über den ErzieherInnen wie LehrerInnen gleichermaßen verfügen sollten.

Entsprechend der Zielsetzung von AnschlussM sind jene Komponenten professioneller Kompetenz von ErzieherInnen und GrundschullehrerInnen von Interesse, die für die Gestaltung eines anschlussfähigen Mathematiklernens durch ErzieherInnen und GrundschullehrerInnen sowie die Kooperation der betreffenden Einrichtungen als relevant erachtet werden (Abb. 1-1). Unter diesen Komponenten sind insbesondere jene aufschlussreich, bezüglich derer Unterschiede zwischen ErzieherInnen und GrundschullehrerInnen zu erwarten sind (und damit mögliche Hürden für ein anschlussfähiges Mathematiklernen und eine gelingende Kooperation), etwa aufgrund der jeweils professionsspezifischen Ausbildung und der anders gelagerten beruflichen Erfahrung.

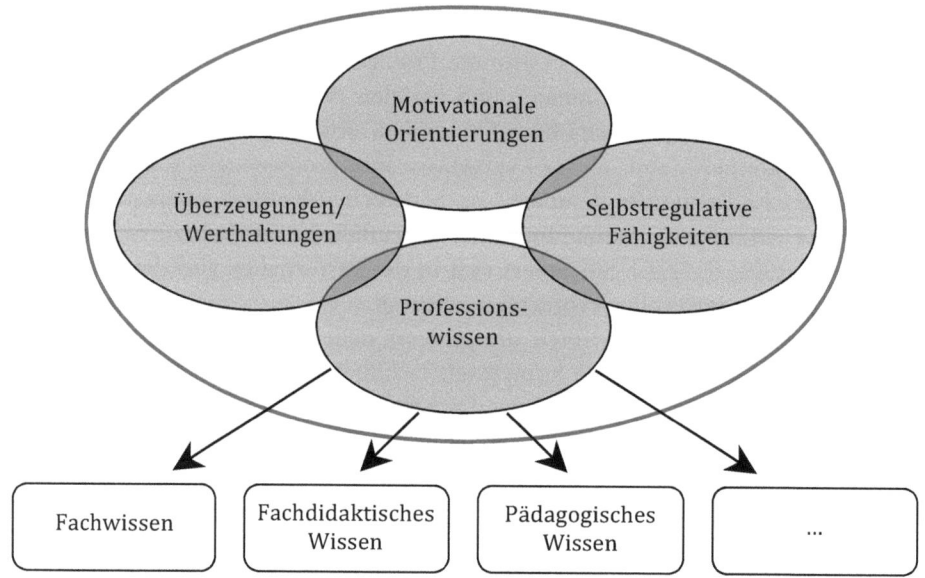

Abbildung 1-1: Komponenten professioneller Kompetenz von Lehrkräften (nach Baumert & Kunter, 2006, S. 482)

In AnschlussM werden deshalb zunächst folgende Dispositionen als Komponenten professioneller Kompetenz von ErzieherInnen und LehrerInnen im Rahmen einer repräsentativen Fragebogenerhebung erfasst:

- Das (deklarative) *elementarmathematische und mathematikdidaktische Wissen* ist zweifellos eine zentrale Voraussetzung für alle pädagogischen Fachkräfte, in deren Aufgabenbereich mathematische Lehr-Lern-Prozesse fallen. AnschlussM betrachtet dabei jenes Wissen, dass ErzieherInnen wie LehrerInnen gleichermaßen benötigen, um anschlussfähige Bildungsprozesse im Übergang vom Kindergarten zur Grundschule gestalten zu können.

- Als *Überzeugungen bezüglich Mathematik und Mathematiklernen* werden Überzeugungen zusammengefasst, von denen anzunehmen ist, dass sie Einfluss auf die Gestaltung mathematischer Bildung im Übergang vom Kindergarten zur Grundschule haben. Hierzu gehören das Bild von Mathematik, Überzeugungen zum Lehren und Lernen von Mathematik und die Einschätzung der Bedeutung von Vorerfahrungen am Schulanfang.

- Das *Interesse an Mathematik*, die *Selbstwirksamkeitserwartung* (allgemein und berufsbezogen) sowie das *Belastungserleben* sind weitere Dispositionen, von denen ein Einfluss erwartet wird. Diese Aspekte wurden ausgewählt, um einerseits möglicherweise bedeutsame motivationale Orientierungen zu erfassen und andererseits zu prüfen, inwieweit einem erhöhten Belastungserleben im Sinne einer im Hintergrund wirkenden Variablen Bedeutung zukommt.

Die Aufschlüsselung professioneller Kompetenz in verschiedene Komponenten nach Baumert und Kunter (2006) ist allerdings überwiegend analytischer Natur; sie ist beispielsweise hilfreich, um Kompetenzprofile oder -kataloge zu erstellen, über die Analyse beruflicher Anforderungen hinaus (für ErzieherInnen: Robert Bosch Stiftung, 2008; für LehrerInnen: DMV, GDM & MNU, 2008; KMK, 2008; 2004b). In der beruflichen Praxis sind einzelne oder gar isolierte Komponenten wenig hilfreich – das Problem trägen Wissens (Renkl, 1996) ist hinlänglich bekannt. Erst das effektive Zusammenspiel der Komponenten ist entscheidend für die Performanz, die sich nur in konkreten Situationen zeigt, wenngleich auf dem aktuellen Stand der Forschung noch offen ist, in welcher Weise dieses Zusammenspiel erfolgt.

Für AnschlussM bedeutet dies: Deklaratives elementarmathematisches und mathematikdidaktisches Wissen ist zwar eine zentrale Komponente professioneller Kompetenz, wird jedoch mittlerweile als ein eher distaler Indikator für ein mathematikdidaktisch adäquates Handeln von ErzieherInnen und LehrerInnen erachtet (exemplarisch: Busse & Kaiser, 2015; Lindmeier, 2011, S. 51 ff.). AnschlussM versucht deshalb eine Annäherung an die Performanz der pädagogischen Fachkräfte. Hierzu wird das *intendierte Handeln* (die Handlungsplanung) in typischen Situationen des Mathematiklernens in Kindergarten und Grundschule mittels Bild- und Videovignetten computergestützt erhoben. Es beruht auf deklarativem Wissen, erfahrungsbasiertem anforderungsbezogenem und handlungsnahem Wissen, der Situationswahrnehmung, aber auch auf Überzeugungen, die beispielsweise die Ziele des Handelns der pädagogischen Fachkräfte beeinflussen, oder der Selbstwirksamkeitserwartung. Das intendierte Handeln ist zwar nicht mit dem tatsächlichen Handeln gleichzusetzen, kann aber als ein tragfähiger Indikator für die professionelle Kompetenz gelten. Die Vergleichbarkeit der Rahmenbedingungen für alle ProbandInnen und forschungsökonomische Gründe sprechen für eine Erhebung des intendierten Handelns in einer Laborsituation und gegen eine Erhebung des tatsächlichen Handelns (der Performanz) in realen Situationen.

Die genannten Bereiche werden *in analoger Weise jeweils bei ErzieherInnen und GrundschullehrerInnen* erhoben: AnschlussM soll Einblick geben, in welcher Weise ErzieherInnen und GrundschullehrerInnen über jene professionelle Kompetenz verfügen, von der anzunehmen ist, dass sie benötigt wird, um allen Kindern eine anschlussfähige Bildungsbiografie zu ermöglichen. Von Interesse ist weiter, welche Zusammenhänge zwischen diesen Kompetenzaspekten untereinander sowie zwischen einzelnen Kompetenzaspekten und dem intendierten Handeln bestehen, wo sich professionsübergreifende Gemeinsamkeiten zeigen, wo Differenzen auftreten und wo möglicherweise problematische Konstellationen entstehen können. In der Gesamtschau, so die Zielsetzung, sollen damit Gelingensfaktoren für eine adäquate Gestaltung mathematischer Bildung im Übergang, aber auch strukturelle Probleme ermittelt werden. Damit verbunden ist die Erwartung, dass AnschlussM Ansatzpunkte für die Weiterentwicklung der institutionellen wie personellen Kooperation von Kindergarten und Grundschule sowie der Anschlussfähigkeit beider Institutionen in Bezug auf das Mathematiklernen erschließen kann.

Um die Ergebnisse auch in die Breite abzusichern, fanden alle Erhebungen *in Bremen und Baden-Württemberg* statt, also in zwei Bundesländern, die bezüglich ihrer soziodemographischen Bedingungen und ihrer bildungspolitischen Traditionen nicht unterschiedlicher sein könnten. In der Fragebogenstudie wurden deshalb neben berufsbiografischen Daten auch die institutionellen *Rahmenbedingungen* erfasst, innerhalb derer ErzieherInnen und LehrerInnen arbeiten, denn es ist davon auszugehen, dass die lokalen Rahmenbedingungen in einem Kindergarten oder einer Grundschule mit entscheidend dafür sind, ob pädagogische Fachkräfte ihre Kompetenz in ein entsprechendes Handeln umsetzen können.

Forschungsprogramm

Die Zielsetzung von AnschlussM bringt zahlreiche Herausforderungen mit sich. So kann sie nur durch die Befragung von in der Berufspraxis stehenden pädagogischen Fachkräften (und nicht etwa von Studierenden) erreicht werden. Weiter müssen Erhebungsinstrumente eingesetzt werden, die für ErzieherInnen wie LehrerInnen gleichermaßen inhaltlich valide sind. Das Forschungsprogramm von AnschlussM umfasst deshalb insgesamt drei Teilprojekte (Abb. 1-2).

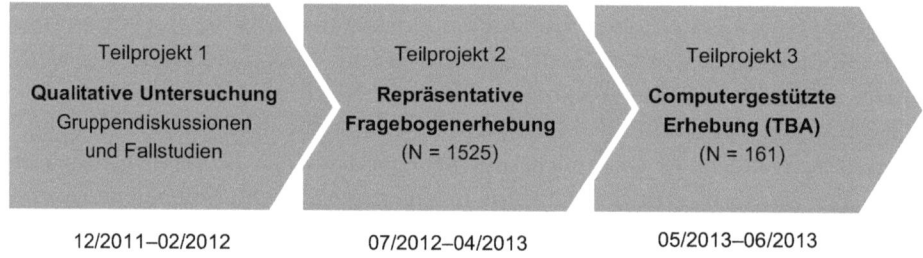

Abbildung 1-2: Projektstruktur und Erhebungszeiträume

Am Beginn steht eine umfangreiche *qualitative Untersuchung*, die aus vier Gruppendiskussionen pädagogischer Fachkräfte sowie zehn Fallstudien in Kindergärten und Grundschulen besteht: LehrerInnen und ErzieherInnen berichten, begründen und bewerten, wie sie mathematische Bildung gestalten und welche Kooperationsaktivitäten stattfinden. Auf diese Weise erfolgt ein Blick in die Praxis aus der Perspektive der beteiligten pädagogischen Fachkräfte, und es lassen sich deren Überzeugungen rekonstruieren. Der qualitativen Untersuchung kommt in AnschlussM die Rolle einer Vorstudie zu, auch wenn sie für sich schon interessante Ergebnisse liefert. Sie soll die Praxisrelevanz, die Konzeptualisierung und Operationalisierung der Konstrukte für die beiden folgenden Erhebungen absichern.

Eine *repräsentative Fragebogenerhebung* in Bremen und Baden-Württemberg erfasst personale Dispositionen und institutionelle Rahmenbedingungen auf einer breiten Basis (N = 1525). Aufgrund hoher angestrebter Fallzahlen werden hier Skalen mit geschlossenen Items eingesetzt.

Daran schließt sich eine *computergestützte Erhebung*, im Folgenden auch als *Technology Based Assessment* oder kurz *TBA* bezeichnet, an. Mittels sechs Bild- und vier Videovignetten wird erfasst, in welcher Weise ErzieherInnen und GrundschullehrerInnen typische (Alltags-)Situationen für das Mathematiklernen der Kinder produktiv nutzen und eine adäquate Lernbegleitung (im Hinblick auf inhaltsbezogene wie allgemeine mathematische Kompetenzen) leisten können. Da die TBA-Stichprobe (N = 161) als Teilstichprobe der Fragebogenerhebung gezogen wird, erlaubt die Verknüpfung beider Datensätze das Herstellen von Verbindungen zwischen beiden Erhebungen.

Forschungsfragen

Zusammenfassend lassen sich folgende zentrale Forschungsfragen formulieren, die in AnschlussM leitend sind:

- Wie gestalten ErzieherInnen und GrundschullehrerInnen mathematische Bildung im Übergang vom Kindergarten zur Grundschule und wie begründen sie ihre Praktiken?
- Welche mathematikbezogenen Überzeugungen besitzen ErzieherInnen und GrundschullehrerInnen?
- Über welches elementarmathematische und mathematikdidaktische Wissen verfügen ErzieherInnen und GrundschullehrerInnen?
- In welcher Weise gelingt es Erzieherinnen und GrundschullehrerInnen, vorgefundene (Alltags-)Situationen als mathematische Lerngelegenheiten fruchtbar werden zu lassen und dabei eine produktive Lernbegleitung zu gestalten?
- Welche Rolle spielen Selbstwirksamkeitserwartung (mathematikbezogen und allgemein) und Interesse für die Gestaltung mathematischer Bildung im Übergang?
- Wie beschreiben und bewerten ErzieherInnen und GrundschullehrerInnen die bestehenden Kooperationen und ihre Tätigkeitsanforderungen?
- Welche Zusammenhänge lassen sich zwischen den genannten Aspekten (insbesondere zwischen den Überzeugungen und dem elementarmathematischen und mathematikdidaktischen Wissen einerseits sowie der Gestaltung der Lernbegleitung andererseits) ausmachen?

Aufbau des Bandes

Der vorliegende Band ist genetisch aufgebaut, so dass sich die jeweiligen Schritte des Forschungsprozesses auch in ihrer Funktion für das Gesamtprojekt nachvollziehen lassen.

- Zu Beginn, in Kapitel 2, werden die institutionellen Rahmenbedingungen des mathematikdidaktischen Handelns von ErzieherInnen und LehrerInnen im Übergang vom Kindergarten zur Grundschule aufgezeigt. Dabei wird die Anschlussfähigkeit von Kindergarten und Grundschule in Bezug auf das Mathematiklernen in vier Ebenen betrachtet: Ebene des Kindes, Ebene der Institutionen, Ebene der pädagogischen Fachkräfte und Ebene des Faches.
- Die qualitative Untersuchung wird in Kapitel 3 geschildert. Sie umfasst vier Gruppendiskussionen pädagogischer Fachkräfte und zehn Fallstudien in Kindergärten und Grundschulen. Zunächst werden die Datenerhebung, -aufbereitung und -auswertung beschrieben, anschließend die Ergebnisse dargestellt. Die qualitative Untersuchung ist ein erster Schritt in das zu beforschende Feld; sie soll nicht zuletzt

die Relevanz der in den beiden nachfolgenden Erhebungen zu klärenden Fragen sowie die inhaltliche Validierung der eingesetzten Instrumente sicher stellen.

- Auf der Grundlage theoretischer Klärungen und des aktuellen Forschungsstandes werden in Kapitel 4 die zu prüfenden Hypothesen für die beiden nachfolgenden empirischen Studien abgeleitet. Es werden vier Blöcke betrachtet: mathematikbezogene Überzeugungen, elementarmathematisches und mathematikdidaktisches Wissen, Selbstwirksamkeitserwartung und Interesse sowie Kooperation und Arbeitsbelastung.

- Die repräsentative Fragebogenerhebung wird in Kapitel 5 (Methode und Durchführung) und Kapitel 6 (Ergebnisse) beschrieben. Einige Instrumente konnten adaptiert, andere mussten neu entwickelt werden. Bei der Darstellung und Diskussion der Ergebnisse sind wiederum die in Kapitel 4 betrachteten vier Themenblöcke leitend.

- Die computergestützte Erhebung wird in Kapitel 7 (Methode und Durchführung) und Kapitel 8 (Ergebnisse) dargestellt. Die Entwicklung der Bild- und Videovignetten wird ebenso erläutert und kritisch betrachtet wie das Vorgehen bei der Auswertung. Die Ergebnisse zeigen auf, wie ErzieherInnen und LehrerInnen in typischen Situationen des Mathematiklernens zu handeln beabsichtigen, und geben einen Einblick in den Zusammenhang von Überzeugungen und Professionswissen mit dem intendierten Handeln.

- In Kapitel 9 werden die gewonnenen Ergebnisse zusammengeführt und kritisch diskutiert. Dabei lassen sich sowohl Folgerungen für die Anschlussfähigkeit mathematischer Lernprozesse im Übergang vom Kindergarten zur Grundschule ziehen als auch Perspektiven für eine Weiterentwicklung der eingesetzten Methoden und Instrumente aufzeigen.

2 Anschlussfähigkeit von Kindergarten und Grundschule

*Stephanie Schuler, Dagmar Bönig, Bernadette Thöne, Diana Wenzel-Langer &
Anika Wittkowski*

Ein wesentliches Merkmal individueller Bildungsbiografien sind Übergänge zwischen unterschiedlichen Bildungsinstitutionen, wobei jede Bildungsinstitution durch ihre eigenen Traditionen und Rahmenbedingungen – beispielsweise in Bezug auf die Ausbildung der jeweiligen Fachkräfte, die bildungspolitischen Vorgaben oder die verwendeten Materialien und Arbeitsweisen – gekennzeichnet ist. So werden Elementar- und Primarbereich vielfach als „zwei getrennte Welten" (Kreid & Knoke, 2011, S. 99) bezeichnet. Angesichts dieser Unterschiede besteht die Forderung nach Anschlussfähigkeit von Kindergarten und Grundschule, um allen Kindern die Bewältigung des Übergangs und damit eine kontinuierliche Bildungsbiografie zu ermöglichen.

Kapitel 2 beschreibt und analysiert die Rahmenbedingungen, unter denen ErzieherInnen und GrundschullehrerInnen Kindern anschließendes Lernen ermöglichen (sollen). Es eröffnet den Blick auf die Bedingungen des Feldes, die die Kooperation von Kindergarten und Grundschule prägen. Zunächst werden die theoretischen Konzepte Übergang, Transition und Anschlussfähigkeit geklärt (Kap. 2.1) und nachfolgend verschiedene Ebenen der Anschlussfähigkeit betrachtet: die Ebene des Kindes mit Blick auf seine Bildungsbiografie (Kap. 2.2), die Ebene der Institutionen (Kap. 2.3), jene der pädagogischen Fachkräfte (Kap. 2.4) und die Ebene des Faches (Kap. 2.5).

2.1 Theoretische Konzepte: Übergang, Transition, Anschlussfähigkeit

Die Begriffe *Übergang, Transition* und *Anschlussfähigkeit* werden in der einschlägigen Fachliteratur sowohl synonym als auch voneinander abgrenzend verwendet.

Übergänge sind ein fester Bestandteil der individuellen Bildungsbiografie. Sie markieren den Wechsel in eine noch unbekannte nächste Phase, die andere Aufgaben und neue Herausforderungen mit sich bringt. Diese Aufgaben müssen vom Kind erkannt, angenommen und bewältigt werden (Dreher, 2005; Havighurst, 1972). Folglich müssen sie so gestaltet sein, dass das Kind sie mit seinen Voraussetzungen bewältigen kann. Diese Forderung erhält noch mehr Gewicht vor dem Hintergrund der Tatsache, dass die erfolgreiche Bewältigung eines Übergangs weitere Übergänge maßgeblich beeinflussen und weitreichende Folgen für den weiteren Bildungsweg des Kindes haben kann (Fabian, 2007; Margetts, 2007; 2002; Wagner, 2003; Rimm-Kaufman & Pianta, 2000). Die positive Wirkung einer erfolgreichen Bewältigung auf nachfolgende Übergänge setzt voraus, dass das Kind seinen Übergang selbst aktiv mitgestaltet (vgl. Carle, 2004b).

Von Griebel und Niesel (2004) wurde aus dem Englischen der Begriff *Transition* für Übergänge in der Bildungslaufbahn in die deutschsprachige Diskussion eingeführt: „Als Transition werden komplexe, ineinander übergehende und sich überblendende Wandlungsprozesse bezeichnet, wenn Lebenszusammenhänge eine massive Umstrukturierung erfahren – ein Kind zum Beispiel vom Kindergartenkind zum Schulkind wird. Charakteristisch dabei ist, dass das Individuum dabei Phasen beschleunigter Veränderungen und eine besonders lernintensive Zeit durchmacht. Innerhalb dieser Phase kommt es zu einer Anhäufung unterschiedlicher Belastungsfaktoren, da Anpassung und Veränderungen auf der individuellen, der interaktionalen und kontextuellen Ebene geleistet werden müssen und innerpsychische Prozesse und Beziehungen zu anderen Personen neu gestaltet werden" (ebd., S. 35). Transition ist in dieser Sicht ein ko-konstruktiver Prozess, an dem das soziale Umfeld entscheidend mitwirkt (vgl. auch Griebel & Niesel, 2011, S. 37; Hacker, 2008, S. 170).

Der *Transitionsansatz* wird jedoch insbesondere im Hinblick auf die beiden folgenden Aspekte als ergänzungsbedürftig angesehen (vgl. exemplarisch Faust, 2013, S. 16 ff.):

- Das Konzept der systemischen Übergangsbegleitung bleibt *inhaltlich unspezifisch*. Es werden keine curricularen Anforderungen, insbesondere nicht in Bezug auf kognitive Aspekte, formuliert.
- Die Modellvorstellung des Schuleintritts als kritisches Lebensereignis ist *für Einzelfälle tragfähig* und empirisch gestützt, jedoch nicht geeignet als Rahmentheorie für die Gesamtgruppe der SchulanfängerInnen und deren Eltern.

Der Begriff *Anschlussfähigkeit* begegnet dem erstgenannten Kritikpunkt und zielt insbesondere auf die Entwicklung und Sicherung curricularer Konsistenz von Bildungsmöglichkeiten der Kinder im Sinne eines anschließenden Lernens in aufeinander aufbauenden Bildungseinrichtungen (vgl. auch BLK, 1998, S. 9 f.).

Roßbach (2006, S. 285 f.) verweist für anschließendes Lernen am Übergang vom Kindergarten in die Grundschule auf zwei idealtypische Positionen. Einerseits werden *Diskontinuitäten* als entwicklungsfördernde Herausforderungen angesehen, bei deren Bewältigung das Kind durch alle am Übergang Beteiligten unterstützt werden muss (exemplarisch: Griebel & Niesel, 2011; 2004), andererseits wird die Erhöhung der *Kontinuität* zwischen beiden Bildungsinstitutionen mit dem Ziel eines gleitenden, bruchlosen Übergangs für jedes Kind postuliert (exemplarisch: Hacker, 2001). Dabei spielen Unterschiede zwischen den Institutionen Kindergarten und Grundschule nicht nur in Ländern wie Deutschland mit einer sozialpädagogischen Tradition im frühkindlichen Bereich eine Rolle, sondern auch in Ländern mit einer stark vorschulischen Tradition, wie beispielsweise in Großbritannien oder den USA. Auch dort finden sich Forderungen nach einer verstärkten Zusammenarbeit und nach dem wechselseitigen Verständnis, um die Kinder überfordernde Brüche zu vermeiden (vgl. z. B. Brooker, 2008, S. 28 f.; Fabian, 2002, S. 61 ff.).

Die Anschlussfähigkeit von Kindergarten und Grundschule steht demnach im Spannungsfeld zwischen der Akzeptanz von Unterschiedlichkeiten und Diskontinuitäten als entwicklungsfördernde Herausforderungen einerseits sowie der Reduktion von Unterschiedlichkeiten und Erhöhung der Kontinuität andererseits (vgl. z. B. Heinze & Grüßing, 2009; Roßbach, 2006; Carle, 2004a; Dunlop & Fabian, 2002). Anschlussfähigkeit bedeutet somit nicht zwingend, dass das Lernen im Allgemeinen und das Mathematiklernen im Besonderen in Kindergarten und Grundschule nach gleichen Mustern und mit identischem Material ablaufen müssen, sondern dass sich die Gestaltung nach den Lernmöglichkeiten und Interessen der Kinder richten muss, ohne die fachliche Passung aus dem Auge zu verlieren. Für die Anschlussfähigkeit ist entscheidend, dass

- Kinder sowohl im Kindergarten als auch in der Grundschule in ihren Lernprozessen adaptiv und zugleich zielgerichtet unterstützt werden und pädagogisches Handeln nicht lediglich das Ergebnis von Zufälligkeiten oder unterschiedlichen Traditionen ist,
- ErzieherInnen und LehrerInnen ihr pädagogisches Handeln und dessen Wirkungen reflektiert wahrnehmen und sowohl auf die Kindergruppe als Lerngemeinschaft als auch auf die Bedürfnisse der einzelnen Kinder ausrichten,
- der Übergang mit seinen verschiedenen Phasen für Kinder und Eltern transparent gestaltet wird und die Kinder beim Übergang sowohl vom Kindergarten als auch von der Grundschule begleitet werden,
- es für die Kinder in der neuen Bildungsinstitution Anknüpfungspunkte gibt, die jedem Kind ein anschließendes und persönlich erfolgreiches Lernen ermöglichen.

Diese Anforderungen können ohne Kooperation zwischen Kindergarten und Grundschule kaum eingelöst werden. Die Kooperation von ErzieherInnen und GrundschullehrerInnen ist somit eine Voraussetzung für die Herstellung von Anschlussfähigkeit auf verschiedenen Ebenen (vgl. Carle, 2014, S. 161 ff.; Gasteiger & Benz, 2012).

2.2 Anschlussfähigkeit auf der Ebene des Kindes

Anschlussfähigkeit auf der Ebene des Kindes kann grundsätzlich im Hinblick auf *psycho-soziale und kognitive Aspekte* betrachtet werden: „Das Kind ist dann ein kompetentes Schulkind, wenn es sich in der Schule wohlfühlt, die gestellten Anforderungen bewältigt und die Bildungsangebote für sich optimal nutzt." (Griebel & Niesel, 2003, S. 143).

In empirischen Untersuchungen der vergangenen 15 Jahren wird sehr unterschiedlich damit umgegangen, was unter einem erfolgreichen bzw. einem gescheiterten Schulanfang zu verstehen ist. Es verwundert also nicht, wenn empirische Befunde zu *psycho-sozialen Problemen* hinsichtlich des Anteils der betroffen – und damit am Schulanfang gescheiterten – Kinder mit einer Spannweite von 14% bis 50% der untersuchten Kinder sehr heterogen ausfallen (vgl. für Deutschland: Beelmann, 2006; Grotz, 2005; für Polen: Kienig, 2002; für die USA: Pianta & Cox, 1999). Griebel und Niesel (2011) ziehen hieraus den Schluss, dass der Übergang vom Kindergarten in die Schule grundsätzlich stressbelastet ist.

Allerdings werden eine zeitlich sehr enge Betrachtung des Übergangs sowie die kleinen Stichproben als Einschränkungen im Hinblick auf die Aussagekraft der Befunde angeführt (Faust, 2012). Durch die Studie „Bildungsprozesse, Kompetenzentwicklung und Selektionsentscheidungen im Vor- und Grundschulalter (BIKS)" (Faust, 2013) konnte die Datenlage für Deutschland erheblich erweitert werden (Längsschnittstudie, Stichprobengröße). Allerdings besteht die Einschränkung, dass die Daten zu auftretenden psycho-sozialen Problemen der Kinder (lediglich) auf Einschätzungen der Eltern, der Erzieherinnen und Lehrerinnen beruhen und Eltern mit niedrigerem Bildungsniveau die Fragen seltener und mit mehr fehlenden Angaben beantworteten (vgl. Faust et al., 2012, S. 204 f.). Vor dem Hintergrund der BIKS-Studie lassen sich die Ergebnisse der oben genannten älteren Studien dahingehend deuten, dass die auftretenden psycho-sozialen Belastungen nicht als Schuleintrittskrisen, sondern als bereits länger bestehende Persönlichkeits- und Verhaltensprobleme zu verstehen sind, die auch bei späteren Übergängen wieder aktiviert werden können (vgl. Faust, Kratzmann & Wehner, 2012, S. 208). „Einzelne Kinder können demnach auch beim Schuleintritt unter ängstlich-depressiven Symptomen, Aufmerksamkeitsproblemen oder körperlichen Beschwerden leiden, aber es wäre falsch, sie dem Übergang zuzuschreiben. Deswegen sollten pädagogische Interventionen nicht bis zum Schuleintritt aufgeschoben werden, sondern stattdessen unter Einbezug der Eltern so früh wie möglich im Kindergarten stattfinden" (Faust, 2012, S. 14). „Diagnose und Förderung bei besonderem Förderbedarf müssen sehr viel früher einsetzen und sollten von der Frage des Übergangs in die Grundschule abgekoppelt werden" (Carle, Košinár & Leineweber, 2011, S. 169). Für die meisten Kinder verläuft der Übergang im Hinblick auf psycho-soziale Belastungen problemlos. Ein Garant für Schulerfolg ist das jedoch nicht.

Empirische Befunde zu *kognitiven Unterschieden beim Übergang* machen deutlich, wie relevant die Förderung von domänenspezifischem Wissen im Kindergarten ist:

- SchulanfängerInnen weisen zu Beginn des Anfangsunterrichts eine große Heterogenität auf. Dies konnte in Bezug auf schriftsprachliche Kompetenzen (vgl. z. B. Ritter & Hennies, 2013; Schöler et al., 2003; Neuhaus-Siemon, 1993; Brügelmann, 1985; Frith, 1985; Heyer, 1975) wie auch auf mathematische Basiskompetenzen (vgl. zur Arithmetik z. B. Caluori, 2004; Grassmann et al., 1995; Hengartner & Röthlisberger, 1995; Selter, 1995; Schmidt, 1982; Schmidt & Weiser, 1982; Spiegel, 1992; vgl. zur Geometrie z. B. Eichler, 2004; Höglinger & Senftleben, 1997; Grassmann, 1996) nachgewiesen werden.
- Schriftsprachliche und mathematische Basiskompetenzen sind gute Prädiktoren für die späteren Leistungen in Deutsch und Mathematik (vgl. Dornheim, 2008; Duncan et al., 2007; Krajewski & Schneider, 2006; Schneider, 1989). Sie lassen zuverlässigere Prognosen für den Schulerfolg zu als allgemeine Prädiktoren wie Intelligenz oder die soziale Herkunft (Krajewski & Schneider, 2006, S. 258 ff.). Kinder mit geringen Vorkenntnissen zu Schulbeginn sind demnach potenziell gefährdet, auch in der Grundschule schwache Leistungen zu erbringen, insbesondere dann, wenn der Unterricht nicht ausreichend differenziert.
- Der Einsatz von Förderprogrammen, die zumeist lehrgangsartig und isoliert von den Alltagserfahrungen der Kinder stattfinden sowie wenig anschlussfähig zu den in der Grundschule verwendeten Konzepten sind, zeigt häufig nur kurzfristige Effekte. Diese verschwinden im Laufe des ersten Schuljahres zumeist (mathematikspezifisch: vgl. Stebler et al., 2013; Rechsteiner, Hauser & Vogt, 2012; Krajewski, 2008; Pauen & Pahnke, 2008; Peter-Koop, Grüßing & Schmitman gen. Pothmann, 2008; zum Schriftspracherwerb: vgl. Carle, 2008, S. 48 ff.).

In der Konsequenz finden sich zahlreiche Forderungen, die durchgängig hohe Anforderungen an die jeweiligen Fachkräfte stellen (Kap. 2.4). Das betrifft insbesondere die *kompensatorische Förderung schriftsprachlicher und mathematischer Vorläuferfähigkeiten* bereits im Kindergarten (Faust, 2012), die Förderung mathematischer Basiskompetenzen (Schuler, 2013; Rathgeb-Schnierer, 2012; Steinweg, 2008) und den produktiven Umgang mit der vorzufindenden Heterogenität sowohl im Kindergarten als auch besonders zu Schulbeginn (vgl. Selter, 1995). Anerkannt wird, dass Kinder mit vergleichbaren Lernvoraussetzungen unterschiedlich alt sein können und folglich entweder den Kindergarten oder die Grundschule besuchen, aber dennoch angemessen gefördert werden sollten. Daraus folgt, dass Kindergarten und Grundschule gleichermaßen als Bildungsinstitutionen gefordert sind.

2.3 Anschlussfähigkeit auf der Ebene der Institutionen

Die historisch gewachsene gesellschaftliche Funktion von Kindergarten und Grundschule ist eine wichtige Bedingung für die Anschlussfähigkeit der beiden Institutionen. So geht in Deutschland die *getrennte Institutionalisierung von Kindergarten und Grundschule* auf Entscheidungen in der Weimarer Republik zurück. Bereits seit 1965 gehörte der Kindergarten in der DDR eindeutig zum Bildungswesen und wird seit 1970 in der damaligen Bundesrepublik als Elementarstufe des Bildungswesens bezeichnet (Carle, 2000, S. 194 ff.). Bis heute sind Bund, Länder und Kommunen für die Kindertageseinrichtungen und damit auch für die Kindergärten zuständig. Die Verantwortung für die Sicherung des Rechtsanspruchs auf einen Kindergartenplatz liegt allerdings beim Bund. Das ist möglich, weil die Leistungen der frühkindlichen Erziehung, Bildung und Betreuung dem System der Kinder- und Jugendhilfe zugeordnet wurden, auch wenn die Kindergärten in einigen Bundesländern inzwischen dem Bildungs- und in anderen dem Sozialministerium zugeordnet sind. So war für Kindergärten in Bremen zum Zeitpunkt der Untersuchung das Sozialministerium und für Grundschulen die Bildungsbehörde zuständig. In Baden-Württemberg liegt seit 2006 für beide Institutionen die Zuständigkeit beim Ministerium für Kultus, Jugend und Sport. Demgegenüber ist die Zuständigkeit für die Leistungen der Grundschule eindeutig Landessache und sie sind überall den für Bildung zuständigen Ministerien zugeordnet.

Zusätzlich unterscheiden sich Kindergarten und Grundschule bezüglich der *Verbindlichkeit der curricularen Vorgaben.* So sind für die Grundschule die bundeslandspezifischen Bildungspläne und die vorgegebenen Standards verbindlich, wohingegen Träger von Kindergärten eine weitaus größere Entscheidungsfreiheit in konzeptionellen Fragen haben. Die Einrichtungen entwickeln eigene Konzepte bei großer Freiheit hinsichtlich der Bildungsziele (vgl. Cloos & Schröer, 2011; Faust, Wehner & Kratzmann, 2011).

Dies soll jedoch nicht darüber hinwegtäuschen, dass es in den letzten dreißig Jahren Entwicklungen gab und noch gibt, die sich als strukturelle, inhaltliche und methodische Annäherung der Institutionen deuten lassen (Carle, 2000, S. 219 ff.).

Seit Anfang der 1980er Jahre verbreiteten sich neuere Modellvorstellungen vom *Lernen als Prozess der aktiven Interaktion mit der Umwelt*, die einen offeneren Unterricht erforderten. Es folgten inhaltliche und methodische Überlegungen zur Öffnung des Unterrichts, die sich für den Mathematikunterricht in einer veränderten Aufgaben- und Unterrichtskultur niederschlugen (exemplarisch: Schütte, 1994; Wittmann & Müller, 1990; 1992). Diese fand auch Eingang in die Bildungsstandards der Kultusministerkonferenz der Länder (vgl. KMK, 2004a), deren Ausdifferenzierung und Implementierung bis heute andauert. Strukturell folgten Schulversuche zur flexiblen Schuleingangsstufe (Faust, 2006; Faust-Siehl, 2001; Roßbach, 2001), ein Wandel von einer eher segregierenden zu einer integrativen Einschulungspraxis (Diehm, 2008; Faust-Siehl, 2001; Carle, 2000) und die Entwicklung jahrgangsübergreifenden Unterrichts (Carle & Metzen, 2014; Rathgeb-Schnierer & Rechtsteiner-Merz, 2010; Nührenbörger & Pust, 2006).

Während die Reform des Grundschulunterrichts ab den 1980er Jahren kontinuierlich voranschritt, erfuhr im Kindergarten das in den 1970er Jahren entwickelte sozialpädagogische Konzept des Situationsansatzes eine Weiterentwicklung (Zimmer et al., 1997). Insgesamt wurde dem Kindergarten wenig Aufmerksamkeit geschenkt. Mit der Nationalen Qualitätsinitiative im System der Tageseinrichtungen für Kinder (NQI) wurden „Kriterien zur Erfassung und Sicherung der Erziehungsqualität" erprobt und spätestens seit dem PISA-Schock sind auch im Kindergarten zahlreiche bildungsbezogene Entwicklungen zu beobachten (Wehrmann, 2007, S. 59, S. 111). Heute versteht sich der Kindergarten unabhängig vom zuständigen Ministerium explizit als Bildungsinstitution (vgl. z. B. Fried & Roux, 2006). Insbesondere der Gemeinsame Rahmen der Jugend- und Kultusministerkonferenzen der Länder für die frühe Bildung in Kindertagesstätten (JMK & KMK, 2004, S. 2) markiert diese Entwicklung zur Bildungsinstitution, da er die Bildungsarbeit im Kindergarten durch Bildungsbereiche präzisiert, die eine deutliche Nähe zu Schulfächern aufweisen. „Die Kindertageseinrichtungen des Elementarbereichs werden heute als unentbehrlicher Teil des öffentlichen Bildungswesens verstanden. […] Kindertageseinrichtungen sind Bildungsinstitutionen mit eigenem Profil. Sie legen Wert auf die Anschlussfähigkeit des in ihnen erworbenen Wissens und der erlernten Fähigkeiten und Fertigkeiten und sie gehen davon aus, dass sich die Schule den Prinzipien der Elementarpädagogik öffnet und die Kinder, die vom Elementar- in den Primarbereich wechseln, verstärkt individuell fördert. Einerseits sollen die Kinder aufnahmefähig sein für die Schule und andererseits zugleich die Schule aufnahmefähig für die Kinder. Die Schule setzt die Bildungsarbeit der Tageseinrichtungen auf ihre Weise fort." (ebd., S. 2 f.). Darüber hinaus wird eine gemeinsame Gestaltung des Übergangs gefordert, allerdings inhaltlich nicht gefüllt (vgl. ebd., S. 8)[2].

Zusammenfassend lässt sich auf der Ebene der Institutionen festhalten, dass sich Elementar- und Primarbereich aufeinander zubewegen. Dies geschieht auf allen Strukturebenen. Es gibt jedoch nur partiell Untersuchungen darüber, in welchem Umfang die Entwicklungen in den Bildungseinrichtungen tatsächlich Veränderungen

---

2 Auf die bundeslandspezifischen Bildungspläne und die dahinterstehenden Konzepte wird in Kapitel 2.5 näher eingegangen.

und Wirkungen entfalten (z. B. Carle et al., 2011; vgl. auch Faust, Wehner & Kratz-mann, 2011). Ohne strukturelle Verankerung der gewünschten Entwicklung bleibt die Überwindung der bestehenden Diskontinuitäten in der Bildungsbiografie der Kinder letztendlich abhängig vom Engagement der jeweiligen Fachkräfte (Speck-Hamdan, 2006, S. 27).

2.4 Anschlussfähigkeit auf der Ebene der Fachkräfte

Anschlussfähige Bildungsprozesse der Kinder professionell zu unterstützen setzt vo-raus, dass diese Anschlussfähigkeit bei der Planung und Umsetzung der pädagogi-schen Angebote im Kindergarten und in der Grundschule mitgedacht wird. Die päd-agogische Fachkraft muss kognitive Lernprozesse in den maßgeblichen Lernbereichen kennen, den aktuellen Entwicklungsstand eines Kindes einschätzen können und in der Lage sein, Lernsituationen in der Zone der nächsten Entwicklung herzustellen. Aufgrund der unterschiedlichen Entwicklung der Kinder gilt dies grundsätzlich für Kindergarten und Grundschule gleichermaßen. Um in Bezug auf das kognitive Ler-nen der Kinder Anschlussfähigkeit zu sichern, kommt es darauf an, dass ErzieherIn-nen und LehrerInnen die Bildungskonzepte der beiden Einrichtungen kennen und aufeinander abstimmen. Deshalb, wie auch zur Optimierung des Übergangs, wird eine *Kooperation der pädagogischen Fachkräfte* (vgl. Speck-Hamdan, 2006, S. 24 ff.) und *eine entsprechende, auch fachspezifische Qualifikation* (z. B. bezüglich des Mathe-matiklernens) als unabdingbar angesehen.

2.4.1 Kooperation der pädagogischen Fachkräfte

Bis heute gibt es keine bundesweit verbindlichen Kooperationsregelungen, über eine Empfehlung der JFMK & KMK (2009, S. 4) hinaus: „Die Anschlussfähigkeit der päd-agogischen Angebote erfordert die Zusammenarbeit zwischen Kita und Grundschu-le." In den meisten Bundesländern sind in Verordnungen sowohl für die Grundschule als auch für Kindergärten nur geringe Anforderungen festgelegt. In Baden-Württem-berg steht jedoch im Unterschied zu Bremen ein umfangreiches Unterstützungsange-bot zur Verfügung, das online abgerufen werden kann (MKJS, o. J.).

Bezogen auf die Bildungswege der Kinder stehen der gelingenden Kooperati-on zwischen den Institutionen in der Realität auch strukturelle Gegebenheiten ent-gegen (vgl. Carle, Košinár & Leineweber, 2011; Carle & Samuel, 2007; Koslowski, 2013). Durch unterschiedliche Einzugsgebiete von Kindergarten und Grundschule wie auch durch die freie Kindergarten- und Schulwahl ergibt sich insbesondere in Städten die Notwendigkeit, dass eine Schule mit vielen Kindergärten mit je unter-schiedlichen Profilen kooperieren muss. Die Folge sind sternförmige Kooperations-muster mit einer Grundschule im Zentrum und mit wenig Kontakten der Kindergär-ten untereinander. Nimmt man das Ziel ernst, allen Kindern anschlussfähige Bildung zu ermöglichen, kann diese unübersichtliche Situation aber nicht einseitig durch die pädagogischen Fachkräfte im Sinne von Anschlussfähigkeit gelöst werden.

Im aktuellen wissenschaftlichen Diskurs werden neben politischen sowie rechtlichen Vorgaben weitere Faktoren benannt, die eine für die Verwirklichung von Anschlussfähigkeit erforderliche Kooperation erschweren können. Dazu gehören Vorurteile, eine mangelnde gegenseitige Wertschätzung, Vorbehalte gegenüber der pädagogischen Arbeit des jeweils anderen, aber auch zeitliche und organisatorische Probleme sowie Datenschutzrichtlinien (vgl. Wehner & Pohlmann-Rother, 2012, S. 71 f.; Carle & Samuel, 2007, S. 227; Knauf & Schubert, 2006, S. 151; Speck-Hamdan, 2006, S. 27). Auch die unterschiedlichen Rollenverständnisse, die verschiedenen beruflichen Identitäten sowie die Akzeptanz in der Gesellschaft, die – analog zum Ausbildungsniveau – für ErzieherInnen niedriger ausfällt als für LehrerInnen, können eine partnerschaftliche Entwicklung von Anschlussfähigkeit beeinträchtigen.

Im deutschsprachigen Raum gab und gibt es zahlreiche Forschungsprojekte, die den Ist-Stand der Kooperation untersuchen, sowie Modellprojekte, die stärker auf die Implementierung und Intensivierung der Kooperation zielen[3]. Allen gemeinsam ist, dass sie eine verbindlichere Kooperation anstreben und auf eine Abstimmung des Bildungsbegriffs, der Inhalte und der Methoden zielen (zu den Projekten: Pohlmann-Rother & Franz, 2012; Oehlmann, Manning-Chlechowitz & Sitter, 2011; Kluczniok & Roßbach, 2008). Alle Projekte zeigen, dass ErzieherInnen und LehrerInnen erfolgreich kooperieren können, wenn sie gemeinsame Ziele verfolgen und ausreichend unterstützt werden. Dafür wurden zahlreiche Handreichungen entwickelt (exemplarisch in Baden-Württemberg: Koslowski, 2015). Kooperation zwischen Kindergarten und Grundschule als eine zentrale Bedingung für anschlussfähige Bildungsprozesse aller Kinder ist also erfüllbar.

2.4.2 Ausbildung der pädagogischen Fachkräfte

Die Ausbildung der Fachkräfte im Kindergarten und in der Schule unterscheidet sich grundlegend. So handelt es sich bei der Ausbildung zur ErzieherIn um eine sozialpädagogische Fachschulausbildung, während Lehrkräfte an Grundschulen ein auf Unterrichtsfächer bezogenes Hochschulstudium absolviert haben. Zwar gibt es seit über zehn Jahren bundesweit zahlreiche Studiengänge mit dem Berufsziel KindheitspädagogIn (B.A.), für die Arbeit in den Kindergärten spielen diese AbsolventInnen bisher aber eine marginale Rolle (s. Tab. 2-1).

---

3 Beispiele sind „Bildungshaus 3–10" (Baden-Württemberg), „KiDZ – Kindergarten der Zukunft in Bayern" (Bayern), „Frühes Lernen" (Bremen), „ponte. Kindergärten und Grundschulen auf neuen Wegen" (Brandenburg), „Brückenjahr" (Niedersachsen) oder „TransKiGs" (Berlin, Brandenburg, Bremen, Nordrhein-Westfalen, Thüringen).

Kindergarten

Die Berufsabschlüsse des pädagogischen Personals in Kindertagesstätten[4] sind bundesweit vielfältig mit großen Unterschieden zwischen den Bundesländern (Tab. 2-1). So verfügen in Baden-Württemberg 3,7% der in Kindertagesstätten pädagogisch Tätigen über einen einschlägigen Hochschulabschluss, während deren Anteil in Bremen mit 10,4% deutlich höher ist. Diese Quote ist im Vergleich zum Bundesdurchschnitt (4,9 %) mehr als doppelt so hoch und bundesweit die höchste (Bertelsmann Stiftung, 2014).

Tabelle 2-1:   Pädagogisch tätige Personen in Kindertageseinrichtungen nach Qualifikationsniveaus in Baden-Württemberg und Bremen (Stand 01.03.2013; Bertelsmann Stiftung, 2014, S. 21).

	Baden-Württemberg		Bremen		Deutschland	
	Anzahl	Prozent	Anzahl	Prozent	Anzahl	Prozent
(Einschlägiger) Hochschulabschluss	2.548	3,7%	450	10,4%	23.876	4,9%
(Einschlägiger) Fachschulabschluss	49.831	72,3%	2.756	63,7%	350.717	71,3%
(Einschlägiger) Berufsfachschulabschluss	6.938	10,1%	404	9,3%	63.718	13,0%
Sonstige Ausbildung	3.819	5,5%	210	4,9%	22.122	4,5%
In Ausbildung	3.870	5,6%	285	6,6%	19.586	4,0%
Ohne Abschluss	1.880	2,7%	221	5,1%	11.770	2,4%
Beschäftigte in Kitas	68.886	100,0%	4.326	100,0%	491.789	100,0%

Berücksichtigt werden auch Personen, die als ersten Arbeitsbereich Leitungstätigkeiten angegeben haben, unberücksichtigt bleiben hingegen Tätige in der Verwaltung sowie im hauswirtschaftlich-technischen Bereich.

Betrachtet man speziell die Situation der Fachkräfte mit Hochschulabschluss in Baden-Württemberg, so arbeiten fast 80 % von ihnen als GruppenpädagogIn oder gruppenübergreifend. Lediglich knapp 13% sind als vollständig freigestellte LeiterInnen tätig, während dies im Bundesdurchschnitt über 23% und in Bremen sogar 37,8% sind (vgl. Bertelsmann Stiftung, 2014, S. 54). Auch der Anteil der Kindertageseinrichtungen in Baden-Württemberg, in denen mindestens eine Fachkraft mit Hochschulabschluss beschäftigt ist, ist mit knapp 18% eher gering, während dies in Bremen in 48,0% der Kindertagesstätten der Fall ist (vgl. Bertelsmann Stiftung, 2014, S. 54, S. 110).

Zusammenfassend lässt sich festhalten, dass der Fachschulabschluss zur/zum Staatlich anerkannten ErzieherIn (immer noch) der primäre Ausbildungsweg für die Arbeit in Kindertagesstätten ist. Zulassungsvoraussetzung ist der Mittlere Schulabschluss oder ein vergleichbarer Abschluss (Janssen, 2010, S. 19). Die Ausbildung zur/zum Staatlich anerkannten ErzieherIn wird häufig als „Breitbandausbildung" beschrieben, mit dem Ziel Erziehungs-, Bildungs- und Betreuungsaufgaben in allen so-

---

4   Der Begriff Kindertagesstätten umfasst hier Kindergärten und andere Tageseinrichtungen für Kinder.

zialpädagogischen Bereichen übernehmen zu können (ebd., S. 36). Hinsichtlich der formalen mathematischen Qualifikation des in Kindergärten beschäftigten Personals gibt es keine Daten. Mathematikdidaktik spielte in der Ausbildung für die bereits im Beruf stehenden Fachkräfte faktisch keine oder eine geringe Rolle. So findet sich in den Lehrplänen zur Ausbildung von ErzieherInnen in Baden-Württemberg und Bremen von 2004 im Lernfeld „Förderung von Entwicklung und Bildung" kein Hinweis auf die frühkindliche mathematische Bildung (vgl. ebd., S. 160 ff.). Dies gilt weitestgehend auch für die neuen Lehrpläne von 2007 bzw. 2010.

Neben den verschiedenen Ausbildungsberufen gibt es seit gut zehn Jahren die Möglichkeit, einen frühpädagogischen Hochschulabschluss zu erwerben. So wurden bundesweit von 2004 bis 2012 insgesamt 67 Bachelor- und 17 Masterstudiengänge mit kindheitspädagogischer Ausrichtung eingerichtet (Kirstein, Fröhlich-Gildhoff & Haderlein, 2012, S. 8), die meisten an Fachhochschulen. Je nach Hochschule wird der Bachelorabschluss in sechs bzw. sieben Semestern erreicht. Zwischen den Studiengängen besteht eine „heterogene Ausbildungsstruktur mit verschiedenen Studienformen, unterschiedlichen Zugangsvoraussetzungen, differenten fachlichen Schwerpunkten und Zulassungskriterien" (ebd., S. 8). Ziel des Bachelorstudiums „ist die wissenschaftliche Ausbildung und Qualifizierung zukünftiger Kindheitspädagoginnen und Kindheitspädagogen für die qualitativ hochwertige Gestaltung von Bildungs- und Lernprozessen speziell in FBBE[5]-Arbeitskontexten" (ebd., S. 8). Bis heute sind die Bezeichnungen der Abschlüsse so uneinheitlich wie die Curricula. Mathematik(didaktik) wird meist im Umfang von ca. zwei bis vier Semesterwochenstunden oder vier bis sieben ECTS studiert.

Nur in Bremen können Studierende seit 2005 in einem polyvalenten Bachelorstudiengang den Schwerpunkt Elementarbereich belegen und sich damit sowohl für das Berufsfeld Kindergarten als auch für den Masterstudiengang für das Lehramt an Grundschulen qualifizieren. Auf diese Weise erwerben sie im gleichen Umfang fachliche und fachdidaktische Grundlagen z. B. in Mathematik wie die angehenden GrundschullehrerInnen. Wie in einigen anderen Bundesländern schließt sich an das Bachelorstudium ein einjähriges Berufspraktikum an, das in Bremen zur staatlichen Anerkennung als ElementarpädagogIn (B.A.) führt[6] (vgl. Stieve, Worsley & Dreyer, 2014). Jedes Jahr wählen seit 2005 ca. 30 Studierende den Schwerpunkt Elementarbereich, durchschnittlich zehn davon absolvieren das Berufspraktikum und erhalten damit die staatliche Anerkennung. Die meisten AbsolventInnen entscheiden sich dann allerdings für die Arbeit als GrundschullehrerIn, da im Elementarbereich keine angemessen bezahlten Stellen im Gruppendienst zur Verfügung stehen.

Das Problem, dass nur wenige der KindheitspädagogInnen (B.A.) im Kindergarten ankommen, zeigt sich auch bundesweit. Zwischen 2007 und 2011 gab es bundesweit bereits 82 Abschlusskohorten der kindheitspädagogischen Bachelorstudiengänge an 32 Hochschulen. Allerdings arbeiten nicht alle AbsolventInnen in einem Kindergarten, sondern gehen höchst unterschiedliche Wege in pädagogische Berufe. Nur

---

5   FBBE: Frühkindliche Betreuung, Bildung, und Erziehung
6   Die Bezeichnung wurde festgelegt, bevor der Name „KindheitspädagogIn" zur Vereinheitlichung für die entsprechenden Studiengänge in Deutschland empfohlen wurde.

wenige erhalten eine dem Bachelorabschluss angemessene Entlohnung und die im Studium erworbenen Kompetenzen kommen in der Praxis vielfach nur eingeschränkt zum Zug. Aufgrund des Studienangebots 2011 wird mit jährlich ca. 2.200 Absolventen gerechnet (Kirstein, Fröhlich-Gildhoff & Haderlein, 2012, S. 8).

Grundschule

Die LehrerInnen an Grundschulen sind mit Blick auf den Mathematikunterricht formal unterschiedlich qualifiziert. Dies hängt einerseits damit zusammen, dass die Studiengänge in den verschiedenen Bundesländern unterschiedlich konzipiert sind, andererseits mit dem regelmäßigen Wechsel von Prüfungs- und Studienordnungen innerhalb eines Bundeslandes (vgl. KMK, 2013, S. 177 ff.).

Grundsätzlich absolvieren die zukünftigen Lehrkräfte für das Grundschullehramt bundesweit ein Hochschulstudium, jedoch mit unterschiedlicher Regelstudienzeit (momentan sieben bis zehn Semester). Das Studium umfasst „Bildungswissenschaften, Fachwissenschaften sowie Fachdidaktiken und Schulpraktika [...]. In allen Ländern können im Rahmen des Studiums von Fächern bzw. Lernbereichen gewählt werden: Deutsch, Mathematik; Kunst, Musik, Sport; Sachunterricht. Die Länder können weitere Fächer, insbesondere Fremdsprachen, zulassen. Die Fächer Deutsch und Mathematik sowie der Bereich der musischen Fächer besitzen dabei in manchen Ländern eine Sonderstellung, die sich in (Mindest-)Studienverpflichtungen oder Pflichtbindungen niederschlägt" (KMK, 2013, S. 181 f.).

Aufgrund dieser unterschiedlichen Rahmenbedingungen finden sich an baden-württembergischen Grundschulen LehrerInnen, die das Fach Mathematik in ganz unterschiedlichem Umfang bzw. überhaupt nicht studiert haben. 44,9% der im Rahmen des IQB-Ländervergleichs 2011 befragten baden-württembergischen GrundschullehrerInnen, die Mathematik unterrichten, tun dies nach eigener Einschätzung fachfremd; diese Quote wird bundesweit nur noch von Bremen (46,4%) und Hamburg (48,1%) übertroffen (Richter et al., 2012, S. 239 ff.). In den übrigen alten Bundesländern streut dieser Wert zwischen 15,8% und 40%. Sowohl in Baden-Württemberg als auch in Bremen war das Lehramtsstudium bis einschließlich Studienbeginn im Wintersemester 2010/11 eine kombinierte Ausbildung für Primar- und Sekundarbereich[7]. Ab dem Wintersemester 2011/12 müssen alle Studierenden für das Lehramt an Grundschulen an den Pädagogischen Hochschulen in Baden-Württemberg Mathematik mindestens als kleines Fach (sog. „Kompetenzbereich") im Umfang von 20 ECTS studieren. Auch in Bremen ist seit Beginn des Wintersemesters 2011/12 Mathematik mindestens als kleines Fach, hier im Umfang von 45 ECTS, verpflichtend zu studieren – das ist mehr als doppelt so viel wie in Baden-Württemberg.

An das Studium schließt sich sowohl in Baden-Württemberg als auch in Bremen ein eineinhalb Schuljahre dauerndes Referendariat an (zweite Phase der Lehramtsausbildung). Die fachdidaktische und unterrichtspraktische Ausbildung erfolgt dabei im Allgemeinen auch in jenen Fächern, die zuvor schon studiert wurden. Auch das Re-

---

7 Allerdings legten sich die Studierenden durch die Fächerwahl z. T. auch auf eine Schulstufe fest. Zudem gab es schulartspezifische Angebote.

ferendariat kann also die Defizite derjenigen, die Mathematik nicht studiert haben, nicht kompensieren.

Der hohe Anteil fachfremd unterrichtender Lehrkräfte ist insofern von nicht zu unterschätzender Bedeutung, als sich im Rahmen des IQB-Ländervergleichs 2011 ein Zusammenhang von fachfremd erteiltem Mathematikunterricht und den Mathematikleistungen der SchülerInnen auftat (Richter et al., 2012, S. 239 f.): In Mathematik fachfremd unterrichtete Klassen erzielten niedrigere mittlere Leistungen als jene Klassen, deren LehrerIn Mathematik studiert hatte. Besonders deutlich war dieser Zusammenhang bei den leistungsschwächsten SchülerInnen.

2.5 Anschlussfähigkeit auf der Ebene des Faches

Anschlussfähigkeit auf der Ebene des Faches Mathematik wird im Folgenden hinsichtlich der bildungspolitischen Vorgaben in Form von Bildungsplänen und der verwendeten Konzepte, Materialien und Schulbücher betrachtet. Dabei liegt der Schwerpunkt auf den spezifischen Rahmenbedingungen in den Bundesländern Bremen und Baden-Württemberg.

2.5.1 Bildungspläne

Aufgrund der historisch gewachsenen Eigenständigkeit von Kindergarten und Grundschule sind die Bildungspläne in der Regel institutionenspezifisch (nur in Hessen, Mecklenburg-Vorpommern und Thüringen umfassen die Bildungspläne die Altersspanne von null bis zehn Jahren). Bildungspläne haben auf Einrichtungsebene und für die längerfristige Unterrichtsplanung einen orientierenden Charakter. Die Bildungspläne für den Kindergarten sind jedoch deutlich weniger verbindlich als die durch Standards operationalisierten Bildungspläne für die Grundschule.

Kindergarten

Kindergärten verstehen sich in Deutschland als Betreuungs-, Bildungs- und Erziehungseinrichtungen insbesondere von Kindern im Alter von drei bis sechs Jahren, wobei in zunehmendem Umfang auch jüngere Kinder einen Kindergarten oder eine Kindertagesstätte besuchen. Das Selbst- und Fremdverständnis als Bildungseinrichtung wurde in den letzten Jahren wieder stärker betont, ausgelöst unter anderem durch die Diskussion um bildungspolitische Konsequenzen aus dem PISA-Schock und aus dem OECD-Bericht zur „Politik der frühkindlichen Betreuung, Bildung und Erziehung in der Bundesrepublik Deutschland" (OECD, 2004; für einen international vergleichenden Bericht vgl. OECD, 2006).

Im Folgenden wird Bildungsplan „als Sammelbegriff für die normativen Setzungen der Bundesländer zur fachlichen Bestimmung der Kindertagesbetreuung verwendet" (Diskowski, 2008, S. 48). Diese Umschreibung gilt auch dann, wenn die Pläne in den Bundesländern unterschiedlich benannt werden. So heißt der Bildungsplan in Baden-Württemberg „Orientierungsplan für Bildung und Erziehung in baden-württembergischen Kindergärten und weiteren Kindertageseinrichtungen" (Ministerium für Kultus, Jugend und Sport, MKJS, 2011). In Bremen heißt der Bildungsplan „Rahmenplan für Bildung und Erziehung im Elementarbereich" (Senatorin für Arbeit, Frauen, Gesundheit, Jugend und Soziales, SAFGJS, 2004).

Grundlage aller Bildungspläne für den Elementarbereich ist ein „Gemeinsamer Rahmen der Länder für die frühe Bildung in Kindertageseinrichtungen" (JMK & KMK, 2004). Dem Selbstverständnis nach ist dies ein Rahmen über „Bildungsziele" (ebd., S. 2), wodurch – als wesentliche Neuerung – der damit formulierte „Bildungsauftrag" eine gewisse Verbindlichkeit erhält. Ob damit ein „Abschied von der Unverbindlichkeit" (Diskowski, 2008, S. 50) gelingt, ist über den gemeinsamen Rahmen alleine nicht gesichert. Er zeigt aber deutlich ein Bekenntnis zu Bildungsansätzen in der frühen Kindheit. Die Diskussion über die Stärkung des Bildungsauftrages ist keineswegs neu, sondern wurde bereits in den 1960er und 1970er Jahren geführt.

Nachdem jedoch funktions- und wissenschaftsorientierte Ansätze aufgrund ihres einseitig schulvorbereitenden Charakters, zum Teil in Gestalt isolierter Trainingsprogramme, scheiterten, erfuhr der Bildungsgedanke mit der Dominanz des Situationsansatzes eine andere Grundlage und eine reformpädagogische Ausrichtung, die sich zur gleichen Zeit auch in der Schule verbreitete. Der Gemeinsame Rahmen und die Bildungspläne der Länder für Kindertageseinrichtungen hingegen entstanden in Folge der für Deutschland ungünstigen PISA-Daten und können zugleich als ein erstes Ergebnis der Diskussion um die Verbesserung der Anschlussfähigkeit von Kindergarten und Grundschule gewertet werden, indem der Bildungsgedanke im Allgemeinen gestärkt wurde. Inwiefern dies auch für die mathematische Bildung im Besonderen zutrifft, soll im Folgenden geklärt werden.

Im Gemeinsamen Rahmen werden sechs „Bildungsbereiche" benannt, „als Aufforderung an alle Kindertageseinrichtungen und das pädagogische Personal, die Bildungsmöglichkeiten des Kindes in diesen Bereichen zu beachten und zu fördern" (JMK & KMK, 2004, S. 4 f.). Diese Bildungsbereiche sind deutlich weiter gefasst als klassische Schulfächer. Innerhalb des Bildungsbereichs „Mathematik, Naturwissenschaft, (Informations-)Technik" wird mathematische Bildung wie folgt konkretisiert: „Deshalb sollten die kindliche Neugier und der natürliche Entdeckungsdrang der Kinder dazu genutzt werden, den entwicklungsgemäßen Umgang mit Zahlen, Mengen und geometrischen Formen, mathematische Vorläuferkenntnisse und -fähigkeiten zu erwerben." (ebd., S. 4) Mit Zahlen und Mengen einerseits sowie geometrischen Formen andererseits werden zwei zentrale Inhaltsbereiche adressiert.

Der baden-württembergische „Orientierungsplan" (MKJS, 2011) geht grundsätzlich von der „Motivation des Kindes" aus – dahinter stehen die Fragen „Was will das Kind? Was braucht das Kind (zum gelingenden Leben)?" und betrachtet dann „Bildungs- und Entwicklungsfelder", auf die der Kindergarten Einfluss nehmen kann. Beide Kategorien werden dann in der zentralen „Erziehungs- und Bildungsmatrix" (ebd.) aufeinander bezogen. Mathematische Bildung ist hierbei unter der Motivation „Die Welt entdecken und verstehen! (wahrnehmen, beobachten, erforschen)" und dem Bildungs- und Entwicklungsfeld „Denken" verortet. Als mathematische Kompetenzen, die im Laufe der Kindergartenzeit entwickelt werden sollen, nennt der Orientierungsplan: „Die Kinder können […] in ganzheitlichen Zusammenhängen Muster, Regeln, Symbole und Zahlen entdecken und anwenden; Mengen erfassen und Ziffern benennen; sich in Räumen und fremden Umgebungen orientieren und haben Raum-/Lagebeziehungen handlungsorientiert erfahren" (ebd.). Weiter werden mittels Fragen Hinweise auf entsprechende Lerngelegenheiten gegeben: „Welche Möglichkeiten erhält das Kind die Sprache der Mathematik im Alltag zu entdecken (z.B. Einkaufen, Wiegen, Messen, Zeit, Messbecher, Waage, Zollstock)? Welche Möglichkeiten erhält das Kind die Sprache der Mathematik in Spielsituationen zu entdecken und mathematische Vorläuferfähigkeiten zu entwickeln (z.B. Ordinalzahlen: die Erste, der Kleinste, das Letzte; Zahlen und Ziffern auf Spielmaterial; Uhr, Telefon; Würfelspiele, Tanzspiele, Rhythmen in Versen und Liedern)?" (ebd.)

Im Bremer „Rahmenplan" (SAFGJS, 2004) steht das Kind mit seinen Fragen und Bedürfnissen im Zentrum und bildet sich im Sinne des ganzheitlichen und forschenden Lernens aktiv. Dafür steht der Kindergarten als erweiterter Erfahrungsraum zur Verfügung (ebd., S. 7). Der Bremer Rahmenplan geht von einer konstruktivistischen Weltaneignung des Kindes aus, in der die Umwelt wie auch die anderen Kinder und Erwachsene den kindlichen Bildungsprozess beeinflussen. „Weil Kinder in diesem Alter ganzheitlich und in Tätigkeit lernen, kann für den Elementarbereich kein verbindlicher Kanon von Kompetenzen und Wissensbeständen aufgestellt werden." (ebd., S. 12) Die Kernkompetenzen (personale und soziale Kompetenzen) werden u.a. durch die Bildungsangebote gefördert, die grundsätzlich, im Sinne des ganzheitlichen Lernens, verschiedene Bildungsbereiche ansprechen sollten. Mathematik wird im Bremer Rahmenplan nicht explizit genannt, sondern es wird im Bildungsbereich „Natur, Umwelt und Technik" an einigen Stellen Bezug auf mathematische Inhalte genommen. Es ist die Rede von ersten Erfahrungen mit Formen, Mengen und Zahlen. Auch das Messen wird explizit genannt.

In den Bildungsplänen für den Kindergarten gibt es also weder in Baden-Württemberg noch in Bremen eine explizite Orientierung an mathematischen Leitideen oder Denk- und Arbeitsweisen. Dies verbindet sie mit den Plänen der meisten anderen Bundesländer (für einen Überblick vgl. Diskowski, 2008; Grüßing & Peter-Koop, 2007; Royar, 2007; Schuster, 2006). Auch fordern alle Pläne, dass im Kindergarten mathematische Erfahrungs- und Lernmöglichkeiten eröffnet werden sollen, verzichten aber darauf, Kompetenzniveaus oder verbindliche Standards zu formulieren.

Grundschule

Die Grundschulen in Deutschland haben einen allgemeinen Erziehungs- und Bildungsauftrag: „Die Grundschule wird von allen schulpflichtigen Schülerinnen und Schülern gemeinsam besucht. Sie reicht von Jahrgangsstufe 1 bis 4. In Berlin und Brandenburg umfasst die Grundschule sechs Jahrgangsstufen" (KMK, 2013, S. 101).

Mit dem Eintritt in die Grundschule erhalten alle Kinder in allen Bundesländern erstmals gezielte Lernangebote in Mathematik. In Baden-Württemberg wird das Fach im ersten Schuljahr vier und in den folgenden Schuljahren jeweils fünf Wochenstunden unterrichtet. In Bremen sind in Klasse 1 und 2 jeweils sechs und in Klasse 3 und 4 jeweils fünf Wochenstunden Mathematik verpflichtend.

Die Bildungspläne aller Bundesländer orientieren sich an den „Bildungsstandards im Fach Mathematik für den Primarbereich" (KMK, 2004a). Sie umfassen „allgemeine und inhaltsbezogene mathematische Kompetenzen, die für das Mathematiklernen und die Mathematik insgesamt charakteristisch sind. Diese sind untrennbar aufeinander bezogen." (ebd., S. 6)

- *Allgemeine mathematische Kompetenzen* stehen für grundlegende mathematische Denk- und Arbeitsweisen: Probleme (mathematisch) lösen, (mathematisch) argumentieren, (mathematisch) kommunizieren, (mathematisch) modellieren und mathematische Darstellungen verwenden. Dahinter steht das Ziel, dass die Kinder schon in der Grundschule diese allgemeinen mathematischen Denk- und Arbeitsweisen erfahren und praktizieren sollen.
- Die *inhaltsbezogenen mathematischen Kompetenzen* bezeichnen, über welche Inhalte Kinder am Ende der Grundschulzeit verfügen sollen. Sie werden nach fünf *Leitideen* geordnet: „Zahlen und Operationen", „Raum und Form", „Muster und Strukturen", „Größen und Messen" sowie „Daten, Häufigkeit und Wahrscheinlichkeit".

Auch wenn die inhaltsbezogenen mathematischen Kompetenzen vordergründig eine gewisse Ähnlichkeit mit den traditionellen Inhaltsbereichen der Grundschulmathematik (Arithmetik, Geometrie, Größen und Sachrechnen) aufweisen, dürfen sie nicht mit diesen verwechselt werden. Im Gegenteil: Das Konzept der Leitideen soll der Zersplitterung der Grundschulmathematik in isolierte Inhalte entgegenwirken. Häufig können Inhalte unter zwei oder mehr Leitideen subsumiert werden.

Grundsätzlich gilt, dass die Kompetenzen der Bildungsstandards nur in vernetzter Form gelernt (und später abgeprüft) werden können. Insbesondere lassen sich die allgemeinen mathematischen Kompetenzen nur an konkreten Inhalten und daher nur zusammen mit inhaltsbezogenen Kompetenzen erwerben. „Die allgemeinen mathematischen Kompetenzen verdeutlichen, dass die Art und Weise der Auseinandersetzung mit mathematischen Fragen ein wesentlicher Teil der Entwicklung mathematischer Grundbildung ist. Deren Entwicklung hängt nicht nur davon ab, *welche* Inhalte unterrichtet wurden, sondern in mindestens gleichem Maße davon, *wie* sie unterrichtet wurden […] Die allgemeinen mathematischen Kompetenzen sind mit entscheidend für den Aufbau positiver Einstellungen und Grundhaltungen zum Fach. In einem Mathematikunterricht, der diese Kompetenzen in den Mittelpunkt des unterrichtlichen Geschehens rückt, wird es besser gelingen, die Freude an der Mathematik und die Entdeckerhaltung der Kinder zu fördern und weiter auszubauen" (ebd. S. 4).

Sowohl die allgemeinen mathematischen Kompetenzen als auch die Leitideen der inhaltsbezogenen mathematischen Kompetenzen finden sich in ähnlicher Form in den „Bildungsstandards im Fach Mathematik für den Mittleren Schulabschluss" (KMK, 2003) wieder. Dies zeigt nicht nur die Universalität dieser Konzepte auf, sondern erfolgt auch bewusst im Hinblick auf eine vertikale Vernetzung mit dem Mathematikunterricht in der Sekundarstufe: „Der Mathematikunterricht der Grundschule greift die frühen mathematischen Alltagserfahrungen der Kinder auf, vertieft und erweitert sie und entwickelt aus ihnen grundlegende mathematische Kompetenzen. Auf diese Weise wird die Grundlage für das Mathematiklernen in den weiterführenden Schulen und für die lebenslange Auseinandersetzung mit mathematischen Anforderungen des täglichen Lebens geschaffen. Dies gelingt umso nachhaltiger, je besser schon in der Grundschule die für die Mathematik insgesamt zentralen Leitideen entwickelt werden." (KMK, 2004a, S. 6). Die Anschlussfähigkeit an das Mathematiklernen im Elementarbereich wird in den Bildungsstandards für die Grundschule hingegen nicht angesprochen.

Der aktuelle baden-württembergische Bildungsplan für die Grundschule (MKJS, 2004) ist bereits vor den Bildungsstandards (KMK, 2004a) erschienen. Er benennt für das Fach Mathematik „Kompetenzen und Inhalte", die gemäß den fünf Leitideen „Zahl", „Messen und Größen", „Raum und Ebene", „Muster und Strukturen" sowie „Daten und Sachsituationen" strukturiert sind. Diese Leitideen stimmen mit geringen terminologischen Abweichungen mit jenen der Bildungsstandards (KMK, 2004a) überein. Die allgemeinen mathematischen Kompetenzen werden nicht explizit gemacht. Sie tauchen aber implizit sowohl in den vorangestellten „Leitideen zum Kompetenzerwerb" (exemplarisch: Befähigung zum Mathematisieren, Anleitung zum Problemlösen; MKJS, 2004, S. 54 f.) als auch in Gestalt einzelner „Kompetenzen und Inhalte" (exemplarisch: „eigene Rechenwege vorstellen und mit anderen besprechen; allein oder mit anderen Rechenfehlern auf die Spur kommen"; MKJS, 2004, S. 60) auf. Ein neuer Bildungsplan, der sich auch explizit an den Bildungsstandards (KMK, 2004a) orientiert, soll 2016 in Kraft treten.

Der Bremer „Rahmenplan für die Grundschule" (MBJS, 2004) wurde in einem länderübergreifenden Projekt (gemeinsam mit Berlin, Brandenburg und Mecklenburg-Vorpommern) erarbeitet. Fachunabhängig grundlegend ist der Kompetenzansatz mit der Förderung von Sach- und Methodenkompetenz sowie personaler und sozialer Kompetenz. Diese Kompetenzen werden jeweils fachspezifisch konkretisiert. Für das Fach Mathematik werden darüber hinaus zentrale didaktische Grundsätze zum Lernen und Lehren sowie Standards formuliert, die sich auf die am Ende der vierten Klasse zu erreichenden Kompetenzen beziehen. Insgesamt weist der Bremer Rahmenplan deutliche Bezüge zu den Bildungsstandards (KMK, 2004a) auf: Die inhaltsbezogenen Leitideen tauchen mit Ausnahme der Leitidee „Muster und Strukturen" in den Bezeichnungen der Themenfelder auf. Die allgemeinen mathematischen Kompetenzen der Bildungsstandards spiegeln sich wiederum klar in jenen Standards des Rahmenplans, die sich auf die allgemeinen mathematischen Fähigkeiten am Ende der Grundschulzeit beziehen (MBJS, 2004, S. 16).

Während die Bildungsstandards für die Primarstufe (KMK, 2004a) über analog formulierte allgemeine mathematische Kompetenzen und Leitideen explizit die Anschlussfähigkeit in Richtung Sekundarstufe anstreben, lässt sich dies für die Anschlussfähigkeit an den Elementarbereich nicht ausmachen. Im Gegenteil: Sowohl auf Bundesebene als auch in den beiden Ländern Baden-Württemberg und Bremen liegen den entsprechenden Plänen unterschiedliche pädagogische und didaktische Konzepte zugrunde. Dies lässt – zumindest auf den ersten Blick – eine Anschlussfähigkeit nicht erkennen oder erschwert zumindest deren Herstellung. Anders verhält es sich beispielsweise in den USA: Dort werden sowohl „main content areas" (Inhalts-bereiche) als auch „process ideas" (Prozessideen) in formal einheitlicher Weise durch verbindliche nationale Standards für verschiedene Altersstufen festgelegt, so auch für die Altersspanne von 2 bis 7 Jahren („Standards for Grades Pre-K-2"; NCTM, 2000).

2.5.2 Konzepte, Materialien und Schulbücher

Mit der ab Mitte der 1990er Jahre international zu verzeichnenden Entwicklung von Bildungsplänen für den Kindergarten, wird Anschlussfähigkeit auch für den mathe-matischen Bereich gefordert und curricular geplant (vgl. Dockett et al., 2007; Fthena-kis et al., 2004). Seither wird davon ausgegangen, dass eine weitere wesentliche Be-dingung für die individuelle mathematische Kompetenzentwicklung der Kinder im Sinne einer kontinuierlichen Bildungsbiografie die *Kohärenz von Lernangeboten* im Hinblick auf die mathematischen Inhalte, Anforderungen und Ziele ist (vgl. Heinze & Grüßing, 2009).

Traditionell greifen Schulbücher im Primarbereich die Themen des Bildungsplans auf. Neuere Mathematiklehrwerke orientieren sich an den mathematischen Leitideen, wie sie von der KMK (2004a) formuliert oder bundeslandspezifisch übersetzt wur-den. Demgegenüber ist die Verbindung zwischen Materialangebot und Bildungsplan für den Elementarbereich noch nicht so stark etabliert, da es sich um eine jüngere Entwicklung seit der Jahrtausendwende handelt.

Kindergarten

Für den Kindergarten wurden seit der Jahrtausendwende zahlreiche Materialien und Konzepte für die mathematische Bildung entwickelt. Es lassen sich im Wesentlichen zwei Ansätze unterscheiden (vgl. Schuler, 2013, S. 79 ff.): einerseits Lehrgänge und (Förder-)Programme, andererseits das Mathematiklernen in Alltagssituationen und mit (Alltags-)Materialien.

Lehrgänge und (Förder-)Programme sollen die Inhalte des mathematischen An-fangsunterrichts vorbereiten und auf diese Weise für Kontinuität beim Übergang vom Kindergarten in die Grundschule sorgen. Sie zeichnen sich durch weitgehend formale Geschlossenheit aus. In den Handreichungen wird häufig ein gezielter Einsatz emp-fohlen, beispielsweise in altershomogenen, kleinen Fördergruppen oder speziellen Mathematikangeboten. Teilweise werden Verläufe – ähnlich schulischen Stundenbil-dern – mit Fragen, Impulsen und möglichen Kinderantworten vorgegeben. Die kom-merziell erhältlichen Programme decken ein breites Spektrum ab:

- Materialpakete mit einer großen Nähe zum mathematischen Anfangsunterricht (exemplarisch: „Elementar", Kaufmann & Lorenz, 2009; „Zahlenbuch Frühförder-paket", Wittmann & Müller, 2009) führen insbesondere auch entsprechende Ma-terialien (wie Zehner- und Zwanzigerfelder oder Wendeplättchen) und damit ver-bundene Aktivitäten ein. Sie sind diesbezüglich explizit anschlussfähig an den Anfangsunterricht.

- An psychologischen Modellen zur Zahlbegriffsentwicklung orientierte Förderprogramme (exemplarisch: „Mengen, zählen, Zahlen", Krajewski, Nieding & Schneider, 2007) verfolgen ausschließlich dieses Ziel und sind damit thematisch sehr eng orientiert. Sie verwenden häufig eigenständige Materialien, deren Anschlussfähigkeit an den Anfangsunterricht insbesondere für leistungsschwache SchülerInnen offen ist, weil die Materialien für sie nicht selbsterklärend sind.
- Das Programm „Zahlenland" (in zwei Versionen: Preiß, 2004/2005; Friedrich & de Galgoczy, 2004) beinhaltet eine spielerische Einführung der Zahlen bis 10 oder 20 im vorletzten Kindergartenjahr, die für alle Kinder ab vier Jahren gedacht ist. Nicht nur aufgrund der Eigenentwicklung an Materialen muss auch bei diesem Programm die Anschlussfähigkeit offen bleiben.

Alle genannten Programme fokussieren auf einen guten Schulstart, indem bereits im Kindergarten Inhalte des Anfangsunterrichts behandelt oder vorweggenommen werden.

Da es insbesondere in Baden-Württemberg weit verbreitet ist, lohnt „Zahlenland" einer ausführlicheren Analyse. Die Einführung der Zahlen erfolgt sequenziell gestuft (in jeder Einheit kommt eine weitere Zahl hinzu) und zwar so, dass verschiedene Zahlaspekte angesprochen werden, wobei der Ordinalzahlaspekt die größte Aufmerksamkeit erfährt („Übungen auf dem Zahlenweg"). Andere Zahlaspekte werden im sogenannten „Zahlenhaus" durch eigens entwickelte Materialien angesprochen: Punktebilder in Würfelbild- und Domino-Anordnungen, Würfeltürme, geometrische Formen der Ebene und des Raumes, charakteristische Zahlbilder in der Umwelt. Die konkrete Umsetzung wird durch vorgegebene Gesprächsdialoge in Form von Stundenbildern unterstützt. Geschichten, Lieder, Zahlenpuppen und Fabelwesen sollen dieses Arrangement auflockern und die Kinder für die Mathematik motivieren. Aus mathematikdidaktischer Perspektive wird „Zahlenland" jedoch vielfach kritisch beurteilt und überwiegend abgelehnt:

- Verwendete geometrische Veranschaulichungen werden als problematisch eingeschätzt, da sie die quasi-simultane Anzahlerfassung erschweren: In einem Neuneck angeordnete Kugeln können auf einen Blick nicht von acht oder zehn Kugeln unterschieden werden. Ferner sind die Analogien (ein Viereck entspricht der Zahl Vier, ein Dreieck der Zahl Drei, ein Oval der Zahl Zwei und ein Kreis der Zahl Eins) mathematisch nicht haltbar.
- Die Aktivitäten wirken „in ihrer Gesamtheit trotz ihres spielerischen Zugangs und sehr geeigneter einzelner Materialien (Zahlenweg) eher verschult" (Grüßing & Peter-Koop, 2007, S. 181). Nicht zuletzt aufgrund der streng sequenziellen Einführung der Zahlen fällt „Zahlenland" damit weit hinter allgemein akzeptierte mathematikdidaktische Forderungen für den Anfangsunterricht zurück (vgl. Selter, 1995).
- Die Einkleidung arithmetischer Inhalte wird kritisiert, weil sie einem echten und sinnstiftenden Zugang zur Mathematik abträglich ist (vgl. Wittmann, 2009, S. 59). Als problematisch werden ferner Elemente des Programms gesehen, die animistische Vorstellungen und negative Selbstzuschreibungen bei Kindern unterstützen

können („Seid freundlich zu den Zahlen, dann sind die Zahlen auch freundlich zu euch!"; zit. nach Grüßing & Peter-Koop, 2007, S. 181).

Mathematische Objekte wie Zahlen sind zwar prinzipiell abstrakter Natur und nicht unmittelbar sinnlich wahrnehmbar, weshalb sie sowohl im Kindergarten als auch in der Grundschule der Konkretisierungen bedürfen. Diese müssen aber stets so ausgewählt werden, dass sie das Herstellen korrekter und tragfähiger mathematischer Vorstellungen unterstützen; abzulehnen sind hingegen Konkretisierungen, die zwar für Kinder durchaus ansprechend oder motivierend sein können, jedoch fachlich falsche Aspekte einbringen.

Ein *Mathematiklernen in Alltagssituationen und mit (Alltags-)Materialien* ist der Versuch, das Mathematiklernen in den üblichen Kindergartenalltag und die entsprechenden Organisationsformen (wie Freispiel oder Angebot) zu integrieren, häufig auch mit dort bereits vorhandenen Materialien oder Spielen. Es soll Kindern der gesamten Altersspanne mathematisches Lernen nicht nur in Bezug auf die Leitidee „Zahlen und Operationen" ermöglichen. Zieht man die Bildungsstandards (KMK, 2004a) heran, so beziehen sich diese auf alle fünf Leitideen, nicht nur auf „Zahlen und Operationen". Möglich sind auch angeleitete Aktivitäten, die Kinder können diese aber im Freispiel selbstständig fortführen, erweitern und vertiefen oder in eigener Initiative die Materialien erkunden.

Am konsequentesten wird dieser Ansatz wohl durch „Mathe-Kings" (Hoenisch & Niggemeyer, 2004) verfolgt. Es werden alltägliche Rituale für die ganze Gruppe, punktuelle Beschäftigungen in Form von Spielen sowie (Alltags-)Materialien für eine ständig vorhandene Lernumgebung vorgeschlagen. Das Konzept umfasst folglich sowohl angeleitete Aktivitäten zu verschiedenen Leitideen als auch eine reichhaltige Lernumgebung, die von allen Kindern gemäß ihren Fähigkeiten und Interessen genutzt werden kann. Angeregt werden typisch mathematische Tätigkeiten wie Sortieren und Klassifizieren und Tätigkeiten in Bezug auf alle fünf Leitideen. Insbesondere die Materialien wie geometrische Musterklötze, Steckwürfel, Holzwürfel, verschiedenste Objekte zum Sortieren und Zählen, Naturmaterialien sowie Messgeräte sind anschlussfähig an die deutsche Kindergartentradition und die Mathematikdidaktik im Sinne einer breiten mathematischen Bildung im Kindergarten (vgl. Schuler, 2013, S. 23 ff.). Auch Konzeptionen wie „Gleiches Material in großer Menge" (Lee, 2010) und „MATHElino" (Royar & Streit, 2010) basieren in erster Linie auf großen Mengen strukturgleicher Materialien wie Holzwürfeln oder Muggelsteinen, die Kinder zu eigenen Strukturierungen und damit zum Bilden von Mustern anregen sollen.

Grundschule

In Bezug auf den Mathematikunterricht in Klasse 1 gab es in den letzten 30 Jahren kaum Diskussionen über die Lerninhalte. Die Erarbeitung des Zahlenraums bis 20 einschließlich der Addition und Subtraktion in diesem Zahlenraum sind Konsens. Allenfalls sind Forderungen nach einer stärkeren Akzentuierung geometrischer Inhalte zu verzeichnen. Diskussionen gab es hingegen um die Art und Weise, wie die

Erschließung des Zahlenraums erfolgen soll und welche Zahldarstellungen und Materialien sich dafür eignen.

Unter anderem als Reaktion auf die große Heterogenität am Schulanfang stehen Forderungen nach einer ganzheitlichen Erschließung des Zahlenraumes bis 10, teilweise auch bis 20 (vgl. Selter, 1995): Dies ist auch in den meisten Schulbüchern mittlerweile umgesetzt, und Anregungen zum Erfinden eigener Aufgaben ermöglichen individuell auch ein Rechnen in größeren Zahlenräumen (exemplarisch: „Das Zahlenbuch", Wittmann & Müller, 2012; „Das Mathebuch", Keller & Pfaff, 2012; „Die Matheprofis", Schütte, 2004). Lediglich in den „Einstern 1"-Arbeitsheften (Bauer & Maurach, 2010) wird der Zahlenraum in Schritten erschlossen mit einer Zäsur bei 6 und bei 13, wobei die zugehörigen Übungshefte noch kleinschrittiger vorgehen und zu jeder Zahl eigene Übungen anbieten.

Ein wesentlicher Aspekt für die Beurteilung von Arbeitsmitteln ist die Frage, ob sie Kinder vom zählenden Rechnen, das im Allgemeinen den ersten Zugang zum Rechnen darstellt, wegführen und zu einer verständigen Automatisierung des kleinen Einspluseins hinführen können, die auch das Erkennen und Nutzen von Zahl- und Aufgabenbeziehungen einschließt (vgl. Schipper, 2009, S. 68 ff.). Arbeitsmittel müssen deshalb eine quasi-simultane Anzahlerfassung ermöglichen: Auch Darstellungen von Zahlen größer als vier sollen mittels strukturierter Darstellungen auf einen Blick (d.h. ohne Zählen) erkannt werden. Diese quasi-simultane Anzahlerfassung kann durch spezielle Übungsformen trainiert werden (häufig auch als „Blitzblick" bezeichnet).

Als zentrale Zahldarstellung für den Anfangsunterricht verwenden mittlerweile alle analysierten Schulbücher das Zehner- oder/und Zwanzigerfeld. Auch „Das Mathebuch" (Keller & Pfaff, 2012) rückte in der jüngsten Neubearbeitung von den viel kritisierten Steckwürfeln ab und setzt auf das Zwanzigerfeld. In der konkreten Umsetzung zeigen sich aber Unterschiede: „Das Zahlenbuch" (Wittmann & Müller, 2012) verzichtet bewusst auf eine Vielfalt verschiedener Materialien und nutzt neben dem Zwanzigerfeld auch die Zahlenreihe, jeweils in Kombination mit Wendeplättchen. „Die Matheprofis" (Schütte, 2004) verfolgt durchgehend den Weg von zunächst unstrukturierten Materialien zu von den Kindern selbst strukturierten, der unter anderem auch in Zehnerfeldkarten mündet.

Mit einer Förderung allgemeiner mathematischer Kompetenzen werben mittlerweile alle analysierten Schulbücher für Klasse 1. In der Tat werden in allen explizit Aufgaben ausgewiesen, die in der Gruppe bearbeitet werden können oder sollen. Eine Analyse dieser Aufgaben zeigt allerdings, dass sich nicht alle dafür eignen und auch nicht immer unterschiedliche Lösungswege erlauben. „Die Matheprofis" (Schütte, 2004) versucht insbesondere das mathematische Kommunizieren und Argumentieren anzuregen, indem fünf Kinder als Leitfiguren auftreten, die für jeweils unterschiedliche mathematische Zugänge stehen. Wie auch bei „Das Zahlenbuch" (Wittmann & Müller, 2012) durchziehen Anregungen zum Lösen mathematischer Probleme den gesamten Band. Die Themenheftstruktur von „Einstern" (Bauer & Maurach, 2010) fokussiert hingegen auf das individuelle Lernen der Kinder. Phasen des Lernens voneinander und miteinander, die einen Austausch über Mathematik ermöglichen und das

Kommunizieren und Argumentieren fördern, müssen ebenso wie Anregungen zum Problemlösen darüber hinaus von der Lehrkraft initiiert werden.

Zusammenfassend kann festgestellt werden, dass die mathematikbezogenen Konzepte, Materialien und Schulbücher, die für die Arbeit in Kindergarten und Grundschule angeboten werden, durchaus relevante und fachlich fundierte Arbeit unterstützen können. Gleichwohl sind die Fachkräfte gefordert, mit kritischem Blick die mathematikdidaktisch akzeptablen Angebote von den problematischen zu unterscheiden. Das dürfte besonders für ErzieherInnen vor dem Hintergrund einer quasi mathematikfreien Ausbildung und mathematikdidaktisch wenig hilfreichen Bildungsplänen eine enorme Herausforderung darstellen. Als potenziell verbindendes Rahmenkonzept für das Mathematiklernen im Kindergarten und in der Grundschule können die Leitideen der Bildungsstandards (KMK, 2004a) herangezogen werden. Allerdings fokussieren die meisten Konzepte und Materialien für den Elementarbereich nur auf einige davon, wohingegen in die Materialien und Schulbücher für die Grundschule alle fünf Leitideen Eingang gefunden haben.

3 Qualitative Untersuchung

Stephanie Schuler, Gerald Wittmann, Dagmar Bönig, Bernadette Thöne,
Anika Wittkowski & Maria Pelzer

Das im Folgenden dargestellte erste Teilprojekt hat im Kontext von AnschlussM die Funktion einer *Voruntersuchung* für die repräsentative Fragebogenuntersuchung (Teilprojekt 2; Kap. 5 und 6) und die computergestützte Untersuchung mittels Bild- und Videovignetten (Teilprojekt 3; Kap. 7 und 8). Darüber hinaus liefert es als *eigenständige qualitative Untersuchung* interessante Ergebnisse dazu, wie ErzieherInnen und GrundschullehrerInnen Mathematiklernen am Übergang von Kindergarten und Grundschule gestalten und welche Sichtweisen sie artikulieren. Daraus ergeben sich erste Hinweise auf interinstitutionell anschlussfähiges mathematikdidaktisches Handeln und praktische Hindernisse. Die Untersuchung trägt gleichzeitig über AnschlussM hinaus zur Klärung offener Fragen zum Mathematiklernen am Übergang bzw. rund um den Schulanfang bei (vgl. Schuler & Wittmann, 2014; Schuler et al., 2015).

Die umfangreiche qualitative Untersuchung (*vier Gruppendiskussionen, 18 Fallstudien*; siehe Abb. 3-1) mit insgesamt 83 ErzieherInnen und LehrerInnen in den beiden Bundesländern Baden-Württemberg und Bremen ermöglicht einen vertieften Einblick, wie pädagogische Fachkräfte im Hinblick auf das Mathematiklernen im Übergang vom Kindergarten zur Grundschule sprechen und handeln. Weiter konnten Überzeugungen von ErzieherInnen und GrundschullehrerInnen unmittelbar erfasst werden, sofern sie explizit geäußert wurden, oder aus Begründungen für das mathematikdidaktische Handeln als implizite Überzeugungen rekonstruiert werden (Kap. 4.1). Die gewonnenen Erkenntnisse wurden für die Konstruktion des Fragebogens der Hauptuntersuchung benötigt. So erfasste die qualitative Untersuchung, welche Konstrukte für das mathematikbezogene Denken und Handeln der betreffenden Zielgruppen mit Blick auf Anschlussfähigkeit am Übergang zwischen Kindergarten und Grundschule relevant sind, wie sie darüber sprechen und welches Spektrum des mathematikbezogenen Sprechens und Handelns von ErzieherInnen und GrundschullehrerInnen in Bremen und Baden-Württemberg erwartet werden kann.

Die Voruntersuchung sollte darüber hinaus *Bild- und Videovignetten zum Mathematiklernen* in Kindergarten und Grundschule für die computergestützte Erhebung (Kap. 7) oder zumindest Ideen für deren Konstruktion liefern. Aufgabe der qualitativen Voruntersuchung war es zudem, erste Hypothesen in Bezug auf Unterschiede zwischen den beiden Professionen, ErzieherInnen und LehrerInnen sowie den Bundesländern Bremen und Baden-Württemberg zu fundieren.

Im Folgenden werden zunächst die Untersuchungsfragen der Voruntersuchung beschrieben (Kap. 3.1) sowie die Erhebung, Aufbereitung und Auswertung der Daten in den Gruppendiskussionen und Fallstudien dargestellt (Kap. 3.2). Anschließend werden die Ergebnisse der Voruntersuchung hinsichtlich der institutionellen und personalen Bedingungen mathematischer Bildung diskutiert: Materialien und Inhalte, Ziele, pädagogische Grundhaltungen, Umgang mit Heterogenität, Erwartungen an die jeweils andere Institution sowie Interessen und Vorerfahrungen der Kinder (Kap. 3.3). Diese Ergebnisse werden abschließend diskutiert, woraus sich erste grundlegende Folgerungen für die Anschlussfähigkeit von Kindergarten und Grundschule ergeben (Kap. 3.4). Zuletzt werden Konsequenzen für das weitere Vorgehen in AnschlussM – speziell die Fragebogenuntersuchung sowie die Erhebung mittels Bild- und Videovignetten – dargestellt (Kap. 3.5).

3.1 Untersuchungsfragen

Die qualitative Voruntersuchung soll Aufschluss über die *Praxis von ErzieherInnen und GrundschullehrerInnen* im Hinblick auf die Anschlussfähigkeit des mathematikdidaktischen Handelns am Übergang vom Kindergarten in die Grundschule geben. Die im Folgenden entwickelten Untersuchungsfragen zielen deshalb sowohl auf die Gestaltung von Lehr-Lern-Situationen durch einzelne Fachkräfte (und ihre dahinter stehenden Überzeugungen) als auch auf ihre geäußerten Erfahrungen und Wünsche bezüglich der Kooperation mit der jeweils anderen Institution.

1. Wie handeln ErzieherInnen und GrundschullehrerInnen in Bezug auf das Mathematiklernen am Übergang vom Kindergarten zur Grundschule und wie beschreiben und begründen sie ihr Handeln?
   - Auf welche Inhalte fokussieren ErzieherInnen und GrundschullehrerInnen beim Mathematiklernen im Übergang vom Kindergarten zur Grundschule?
   - Welche Materialien setzen sie hierbei ein, in welcher Weise und mit welcher Begründung? Welche Materialien lehnen sie ab und wie begründen sie dies?
   - Welche Ziele verfolgen ErzieherInnen und LehrerInnen in Bezug auf das Mathematiklernen in den jeweiligen Institutionen? Welche Rolle spielen hierbei inhaltsbezogene und allgemeine mathematische Kompetenzen?
   - Welches Bildungsverständnis in Bezug auf das Mathematiklernen von Kindern und welche Sichtweise auf die Lernbegleitung zeigt sich bei ErzieherInnen und GrundschullehrerInnen?
2. Wie beschreiben und bewerten ErzieherInnen und GrundschullehrerInnen die stattfindende Kooperation ihrer Einrichtungen in Bezug auf das Mathematiklernen?
   - Welche Aktivitäten finden im Zuge der Kooperation statt? Wie oft finden sie statt? Welche Aktivitäten kommen zu kurz oder finden zu selten statt?
   - Worauf zielen diese Aktivitäten und womit werden sie begründet?
   - Welche Institution bzw. Profession ist hierbei federführend?
   - Wie wird die Kooperation atmosphärisch beschrieben? Welche Aspekte zeigen sich im Hinblick auf die gegenseitige Anerkennung?
3. Welche Erwartungen richten ErzieherInnen und GrundschullehrerInnen an die jeweils andere Institution im Hinblick auf die Anschlussfähigkeit des Mathematiklernens?

- In Bezug auf welche Aspekte soll die Kooperation intensiviert werden? Welche Aktivitäten sollen häufiger durchgeführt oder inhaltlich ausgeweitet werden? Welche Aktivitäten werden als überflüssig erachtet?
- Über welche Vorkenntnisse sollen Kinder zu Schulbeginn verfügen?

Diese drei Fragenkomplexe waren entscheidend für die Gestaltung des Settings der qualitativen Voruntersuchung und lieferten gleichzeitig die Leitfragen für die Interviews und die Gruppendiskussionen. Zwei weitere Fragen, die quer zu den ersten liegen, zielen auf die Ursachen für möglicherweise auftretende interindividuell unterschiedliche Überzeugungen und Praktiken:

4. Welche biographischen und professionsspezifischen Aspekte und welche institutionellen Rahmenbedingungen lassen sich jeweils als Einflussfaktoren ausmachen?
5. Welche Hinweise auf bundeslandspezifische Unterschiede lassen sich finden?

3.2 Datenerhebung, -aufbereitung und -auswertung

Das für die Voruntersuchung gewählte Erhebungsdesign sollte gemäß den Untersuchungsfragen bei den TeilnehmerInnen Beschreibungen und vor allem Bewertungen von Materialien für das Mathematiklernen, des eigenen professionellen Handelns, des Handelns der jeweils anderen Profession und der Erwartungen an dieses Handeln anregen. Dazu wurden zwei Settings mit folgendem Sample initiiert (Tabelle 3-1):

Tabelle 3-1:   Design und Sample der qualitativen Voruntersuchung

Bremen	Baden-Württemberg
2 Gruppendiskussionen: 16 ErzieherInnen, 8 LehrerInnen	2 Gruppendiskussionen: 18 ErzieherInnen, 23 LehrerInnen
8 Fallstudien: 2 ErzieherInnen, 2 ErzieherInnentandems, 4 LehrerInnen	10 Fallstudien: 5 ErzieherInnen, 5 LehrerInnen

In den *vier moderierten Gruppendiskussionen* mit Workshop-Charakter (siehe Abb. 3-1) tauschten sich TeilnehmerInnen beider Professionen aus. Die Workshops begannen in nach Kindergarten und Grundschule getrennten Gesprächsrunden über Materialien zum Mathematiklernen. Die TeilnehmerInnen sollten hierzu Materialien mitbringen und vorstellen, die sie regelmäßig einsetzen und als gut erachten. Anschließend trafen sich alle TeilnehmerInnen im Plenum und fassten dort ihre Bewertungen der Materialien zusammen. Sie verglichen die Materialien für den Kindergarten mit denen für die Schule im Hinblick auf Anschlussfähigkeit, diskutierten ihre Erfahrungen zum Mathematiklernen im Übergang vom Kindergarten in die Grundschule und formulierten ihre Erwartungen diesbezüglich an die jeweils andere Institution.

Im Rahmen der *achtzehn Fallstudien* wurden typische Mathematikangebote von ErzieherInnen im letzten Kindergartenjahr und Mathematikstunden von LehrerInnen

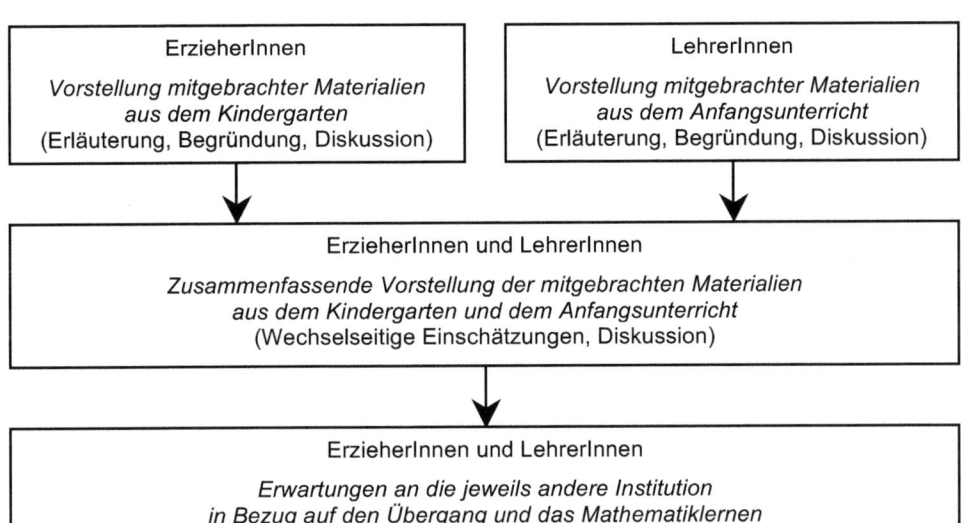

Abbildung 3-1: Ablauf der Gruppendiskussionen

zu Beginn des ersten Schuljahres beobachtet und per Video aufgezeichnet. Es folgte eine Befragung der ErzieherInnen und LehrerInnen in halboffenen Leitfadeninterviews zum beobachteten Angebot bzw. Unterricht und darüber hinaus zur Kooperation mit der jeweils anderen Institution (wenn ErzieherInnentandems beobachtet wurden, fand das Interview als Partnerinterview mit beiden gleichzeitig statt). Die Angebote und Unterrichtsstunden boten Anknüpfungspunkte für das nachfolgende Interview. In der Auswertung ließen sich zum Teil sogar deutliche Inkonsistenzen zwischen dem Verhalten einzelner pädagogischer Fachkräfte in der videografierten Situation und den das eigene Handeln beschreibenden Äußerungen im Interview rekonstruieren (Wittkowski, 2014).

Die Erhebungen fanden sowohl in Bremen als auch in Baden-Württemberg Ende 2011 und Anfang 2012 statt. Die *Gewinnung der TeilnehmerInnen* erfolgte überwiegend aufgrund persönlicher Kontakte, wobei auf eine große Breite der Eingangsmerkmale geachtet wurde (zum Beispiel: ErzieherInnen aus Kindergärten unterschiedlicher pädagogischer Traditionen und Träger). Viele TeilnehmerInnen können als Feld-ExpertInnen eingeschätzt werden (z. B. Multiplikatoren für Bildungspläne, in der Aus- und Weiterbildung aktive pädagogische Fachkräfte, Lehrkräfte am Seminar, TeilnehmerInnen an Modellprojekten, …). Sie sind entweder näher mit dem Mathematiklernen in Kindergarten oder Grundschule befasst (demnach also mathematikaffin) oder an der Schnittstelle zwischen beiden Institutionen tätig (etwa als KooperationserzieherIn oder -lehrerIn). Die teilnehmenden ErzieherInnen und LehrerInnen sind insofern nicht repräsentativ für ihre Berufsgruppen. Es war jedoch zu erwarten, dass sie ein breites Spektrum an Argumenten kennen und in reflektierter Weise in die Erhebung einbringen können.

Der erste Schritt zur Auswertung der Transkripte, eine *qualitative Inhaltsanalyse* (in Anlehnung an Mayring, 2010), diente primär der inhaltlichen Strukturierung des umfangreichen Datenmaterials. Hierbei wurde das Datenmaterial von zwei Personen zunächst unabhängig und anschließend konsensual kodiert, indem Textpassagen drei vorab festgelegten Kategorien zugeordnet wurden. Diese drei Kategorien spiegeln die ersten drei Forschungsfragen wider (Kap. 3.1). Auch einige Unterkategorien konnten unmittelbar aus der Literatur abgeleitet werden, so die Art der eingesetzten Materialien (z.B. Alltagsmaterialien, Programme, Arbeitsmittel für den arithmetischen Anfangsunterricht; Kap. 3.3.1) oder die Zuordnung der Aktivitäten zu einer der fünf mathematischen Leitideen entsprechend den Bildungsstandards (KMK, 2004a). Weitere Unterkategorien wurden aus den Daten heraus gewonnen, so die Erwähnung von Heterogenität im mathematischen Anfangsunterricht als Herausforderung für die betreffenden Lehrkräfte.

Die Strukturierung der Daten wurde im zweiten Schritt um eine formulierende sowie eine reflektierende Interpretation in Anlehnung an die *dokumentarische Methode* (nach Bohnsack, 2010, S. 134 ff.) ergänzt, um neben expliziten auch implizite Überzeugungen rekonstruieren zu können. Während beispielsweise die inhaltsanalytische Vorgehensweise in Bezug auf die eingesetzten Materialien deren Vielfalt und – zumindest für Baden-Württemberg – den Schwerpunkt auf der Leitidee „Zahlen und Operationen" aufzeigte, konnten mittels der formulierenden Interpretation explizite Begründungsstränge für den Materialeinsatz nachgezeichnet werden. So gaben die ErzieherInnen etwa an: Spaß an Mathematik oder Schulvorbereitung; und die LehrerInnen: Aufbau des Zahl- und Operationsverständnisses durch die flexible Handhabung und den Einsatz verschiedener Materialien. Die reflektierende Interpretation versucht die impliziten Überzeugungen (wie die Fokussierung von LehrerInnen auf leistungsschwache Kinder, wenn sie über Materialeinsatz primär zur Förderung eben dieser Gruppe sprechen) zu rekonstruieren. Gegenstand dieser Form der Analyse waren besonders dichte und selbstläufige Passagen der Diskussion bzw. der Befragung.

Insgesamt ließ sich so ein *breites Spektrum von Überzeugungen beider Professionen* beschreiben. Es muss sich also nicht unbedingt um die Überzeugungen aller oder einer Mehrheit handeln. Auch die Gruppeninterviews zielten eher auf die Erfassung möglichst verschiedener Äußerungen und nicht auf die Herausarbeitung einer gemeinsamen Gruppenmeinung. Insgesamt erwiesen sie sich als natürliche (weil für alle TeilnehmerInnen informative) Gesprächssituationen und beförderten so die Äußerungsbereitschaft der DiskutantInnen.

3.3 Ergebnisse

Die Darstellung der Ergebnisse der qualitativen Voruntersuchung erfolgt abschnittsweise, entsprechend den drei Untersuchungsfragen. Die verwendeten Zitate wurden exemplarisch ausgewählt und dienen der Illustrierung, wie die Beteiligten über ihre Arbeit und ihre Kooperation sprechen[8].

---

8 Die Zitierweise (L-HB, I-6, 76) bedeutet hierbei: Diese Äußerung stammt von einer LehrerIn aus Bremen in Interview 6, Absatz 76 im Transkript. Die Zitierweise (E-BW, G-2a, 172)

3.3.1 Eingesetzte Materialien und Inhalte mathematischer Bildung

Generell spielen Materialien für die Initiierung und Gestaltung mathematischer Lernprozesse sowohl im Kindergarten als auch in der Grundschule eine große Rolle. Die Bedeutung und Vielfalt der mathematikdidaktischen Materialien zeigte sich sowohl durch das Spektrum der zur Gruppendiskussion mitgebrachten Materialien als auch durch die verwendeten Spiel- und Lernmaterialien in den videografierten Sequenzen der Fallstudien.

Bei den baden-württembergischen TeilnehmerInnen überwiegen Materialien zur Leitidee „Zahlen und Operationen": im Kindergarten zur Schaffung von Sortier- und Zählanlässen, in der Schule zum Aufbau des Zahlverständnisses (simultane und quasi-simultane Anzahlerfassung, Teil-Ganzes-Beziehungen als Grundlage für das Rechnen im Zwanzigerraum) sowie zur Ablösung vom zählenden Rechnen. Über die Relevanz der Leitidee „Zahlen und Operationen" besteht unter den an der Gruppendiskussion beteiligten baden-württembergischen LehrerInnen große Einigkeit, während die anderen Leitideen sowohl in den Gruppendiskussionen als auch in den beobachteten Unterrichtsstunden und den dazugehörigen Interviews kaum thematisiert wurden.

Ein vergleichbares Bild ergibt sich bei den für die Fallstudien videografierten Angeboten der Bremer ErzieherInnen. Allerdings zeigen die von ihnen in den Gruppendiskussionen mitgebrachten Materialien eine deutlich größere Vielfalt. Etwa die Hälfte der Materialien bezieht sich auf die Leitideen „Raum und Form", „Größen und Messen" sowie „Muster und Strukturen". Bei den Materialien zur Leitidee „Zahlen und Operationen" spielen neben den Sortier- und Zählanlässen vor allem Angebote zur Förderung der Ziffernkenntnis eine Rolle. Bei den LehrerInnen stehen neben Materialien zur Förderung des Zahl- und Operationsverständnisses gleichwertig Materialien zu den Leitideen „Muster und Strukturen" sowie „Raum und Form". Grundsätzlich wird bei allen beteiligten LehrerInnen (im Gegensatz zu den ErzieherInnen) deutlich, dass das Material der Veranschaulichung dient.

Die beteiligten ErzieherInnen beschreiben zwei grundsätzlich unterschiedliche Konzepte mathematischer Bildung, die sich auch im Hinblick auf das Setting und die damit verfolgten Ziele unterscheiden. Einerseits wird „Zahlenland" (Preiß, 2004/05) als typisches *Programm* für den Kindergarten in Baden-Württemberg sowohl in Form von Angeboten als auch in verbindlicher Form in altershomogenen Gruppen im vorletzten oder letzten Kindergartenjahr vorgestellt – die Verwendung anderer Programme wird nicht berichtet. Der Einsatz von „Zahlenland" wird von ErzieherInnen mit drei Argumenten begründet, die auch in Kombination auftreten: Es kann bei Kindern Spaß und Begeisterung für Mathematik wecken (insbesondere bei eigenen negativen Erfahrungen der ErzieherInnen), es greift das bei den Kindern vorhandene Interesse an Zahlen auf und es unterstützt die Schulvorbereitung der Kinder insbesondere in Bezug auf das Zählen und das Mengenverständnis.

---

bedeutet: Diese Äußerung stammt von einer ErzieherIn in Gruppendiskussion 2 aus Baden-Württemberg, Abschnitt a, Absatz 172 im Transkript.

Grundsätzlich polarisiert „Zahlenland" wie kein anderes Lernangebot: Bei den beteiligten ErzieherInnen zeigt sich ein weites Spektrum an Einstellungen, von Befürwortung über pragmatische Sichtweisen bis hin zu strikter Ablehnung. Ein wesentliches Argument für die Ablehnung hängt mit dem Bild von Mathematik (als einer epistemologischen Überzeugung zur Natur von Mathematik; Kap. 4.1) zusammen: Mathematik muss nicht inszeniert werden, weil sie sich auch im Alltag finden lässt, was für ein Lernen mit Alltagsmaterialien und in Alltagssituationen spricht. „Für mich ist das nicht Mathematik, also Mathematik ist für mich, was in der ganz normalen Welt, in der ich lebe, stattfindet" (E-BW, G-1a, 105).

Außerdem wird die starke Steuerung der Lernprozesse in Programmen wie „Zahlenland" eher abgelehnt. „Also das Zahlenland ist schon sehr, ich sage jetzt mal, vorstrukturiert und es gibt da auch eine Handreichung dazu, wo dann drin steht, ok, das sagt die Erzieherin, in Klammer dann, okay, das könnten die Kinder antworten, also finde ich Quatsch" (E-BW, I-3, 52). „Das war uns einfach nicht individuell genug, also so vorgegeben, und das wollen wir nicht" (E-HB, I-4, 90). Offenbar befürchten diese ErzieherInnen, in einem stark vorgegebenen Setting nicht in ausreichendem Maße auf die Interessen der Kinder eingehen zu können.

Auf der anderen Seite finden sich Aktivitäten, die unter *Mathematiklernen im Kindergartenalltag* subsumiert werden können, organisiert in kindergartentypischen Settings wie gemeinsamen Runden, Freispiel, Mathe-Ecke oder offenen Angeboten. Diese Aktivitäten werden von den ErzieherInnen in freier Weise initiiert: Zählen am Kalender und im Morgenkreis, Zählanlässe im Rahmen von Gesellschaftsspielen, Sortieren und Zählen von Gummitieren in der Mathe-Ecke oder verschiedenem Material beim Aufräumen, Arbeiten mit didaktisch orientierten, teilweise dem mathematischen Anfangsunterricht entlehnten Materialien wie Schüttelboxen, Spiegelkarten in Anlehnung an „Spiegeln mit dem Spiegel" (Spiegel, 1996) oder mit Montessori-Materialien zum Zahlbegriffserwerb. Auch didaktische Materialien, die explizit für den Kindergarten vertrieben werden (wie Materialien aus dem Nikitin-Programm oder große Mengen mehrfarbiger Kettenglieder) werden gezeigt und in den Gruppendiskussionen vorgestellt. Als Impulsgeber wird mehrfach explizit „Mathe-Kings" (Hoenisch & Niggemeyer, 2004) genannt. „Mathe-Kings ist eher so ein bisschen freier und offener, wo die Kinder viel selber machen können und wo jetzt auch eher der Schwerpunkt auf Mengen und auf Sortieren liegt" (E-BW, I-3, 66).

Vereinzelt gab das Konzept „Gleiches Material in großer Menge" (Lee, 2010) Anregungen. „Dass wir zum Beispiel eine ganz große Menge von Würfeln haben, sowohl einfarbige Holzwürfel als auch verschiedenfarbige bunte Würfel und darüber ergeben sich einfach verschiedene Themen, wenn Kinder sich damit beschäftigen, bei den bunten Würfeln ganz viel Themen, Muster, Symmetrien und solche Sachen, und bei den anderen geht es mehr in geometrische Körper und Formen" (E-HB, I-2, 12). Dahinter kann die implizite Überzeugung rekonstruiert werden, dass und wie Mathematiklernen im Kindergartenalltag stattfinden kann und soll: Die Materialien sind ständig verfügbar und ermöglichen ein flexibles Eingehen auf die Interessen der Kinder.

Einige baden-württembergische ErzieherInnen praktizieren sowohl „Zahlenland" als auch alltagsintegriertes Mathematiklernen. Während diese Konzepte in der mathematikdidaktischen Diskussion als gegensätzlich beschrieben werden und ihnen völlig unterschiedliche Ansätze zugrunde liegen, scheinen sie sich im Kindergartenalltag nicht unbedingt auszuschließen, sondern durchaus als vereinbar gesehen zu werden. Dahinter ist der Versuch dieser ErzieherInnen zu erkennen, verschiedenen Anforderungen gerecht zu werden: der Begeisterung ihrer Kinder für „Zahlenland" und den eigenen Vorstellungen von mathematischer Bildung. Beide Konzepte werden also weniger als einander widersprechend, sondern eher als einander ergänzend wahrgenommen: Während Mathematiklernen im Kindergartenalltag immer ein Stück weit zufällig bleiben muss, kann mittels eines Programms die Schulvorbereitung aller Kinder gelingen.

Deutlich wird zudem, dass beide Berufsgruppen nach eigenen Aussagen nur wenig über die Gestaltung des Mathematiklernens in der jeweils anderen Institution wissen. So äußert sich eine ErzieherIn. „Also da weiß ich zu wenig, ich denke, da weiß ich zu wenig, also ich denke jetzt auch nicht, dass die das aufgreifen, die haben ja auch gar nicht die Materialien beziehungsweise die Geschichten [des Programms „Zahlenland"; d. Verf.], ich nehme an, dass sie halt einfach, anhand von [...] was die Kinder können und wie sie es machen, ja halt dann sehen" (E-BW, I-1, 35). Ähnliches beschreibt umgekehrt eine LehrerIn. „Ob das jetzt ein ganz direktes Anknüpfen ist an den Kindergarten, weiß ich nicht, weil ich weiß ja nicht genau, was sie dort alles gearbeitet haben, kann ich jetzt nicht sagen" (L-BW, I-2, 22). Selbst eine Kooperationslehrkraft schätzt ihren Einblick in die für das mathematische Lernen relevante Arbeit des Kindergartens als gering ein. „Ich weiß nicht ganz, was die sonst noch an mathematischen Sachen machen" (L-BW, I-4, 80).

3.3.2 Ziele mathematischer Bildung

Als ein wesentliches Ziel mathematischer Bildung im Kindergarten und gleichzeitig als eine Begründung für Angebote zum Mathematiklernen nennen *ErzieherInnen* das Wecken von *Begeisterung für Mathematik* bei den Kindern, meist als ‚Spaß an Mathematik' bezeichnet. Dies wird sowohl in Bezug auf mathematische Bildung im Allgemeinen geäußert als auch in Bezug auf spezielle Aktivitäten. Das Ziel, ‚Spaß an Mathematik' zu haben, wird als ein Aspekt der Schulvorbereitung geschildert. Damit ist einerseits die Hoffnung verbunden, dass die Kinder dem Mathematikunterricht in der Grundschule erfolgszuversichtlicher entgegensehen, wie die folgenden Aussagen belegen. „Das ist eigentlich so mein hehres Ziel, dass der Spaß an Mathematik, dass es einfach auch Freude bereiten kann, Mathematik zu lernen, mit Zahlen zu arbeiten, das ist so mein hehres Ziel, dass die Kinder da mehr Begeisterung hervorbringen können, und das ist für, für die ja auch in der Schule vielleicht dann einfacher [...] mit der Sache umzugehen" (E-BW, G-2a, 15). Eine andere ErzieherIn stellt die affektiven Ziele explizit über die inhaltlichen. „Mein Ziel ist schon, dass die Kinder einen Mengenbegriff von fünf haben oder sechs im Bereich des Würfels, dass sie vielleicht schon unterscheiden können, was eine Zahl und was ein Buchstabe ist, dass sie ihren Namen schreiben können, dass sie bis zehn zählen können, und dass sie einfach erlebt haben, etwas mit Zahlen und Mengen zu machen, macht Spaß, also das ist, glaube ich, das Wichtigste überhaupt" (E2-HB, I-7, 54).

Die ErzieherInnen nehmen an, dass Kinder sich im Übergang vom Kindergarten in die Schule sicherer fühlen, wenn sie bereits über *Vorwissen in verschiedenen Bereichen* verfügen oder ihnen Vertrautes begegnet. „Dass sie einfach von gewissen Sachen, wo sie später lernen müssen, schon mal gehört haben und vielleicht so eine kleine Idee davon haben, was das sein könnte, dass das nicht alles so neu auf sie einprellt" (E-BW, I-2, 32). „Und deshalb finde ich es wichtig, glaube ich, also eher im Hinblick auf später, um den Kindern so die Angst ein Stück weit zu nehmen: Ja, die Mathematik habe ich schon im Kindergarten gemacht" (E-BW, G-1a, 165). „Ich glaube, dass das dann einfach so eine gute Brücke ist für später, wenn sie das dann mit einfach positiven Elementen oder mit positiven Ereignissen verbinden können" (E-BW, I-3, 12). In ähnlicher Weise werden vermeintliche Ängste von Eltern angesprochen. „In vielen Elternhäusern hängt einfach nur diese Angst, Mathematik, das ist etwas ganz Grauseliges und das mochte ich früher schon nicht [...]. Diese Grundängste erst einmal abzubauen, Mathe kann ganz spannend sein und findet man überall wieder, das alles, das kann wirklich etwas Tolles sein" (E-HB, G-1b, 182). „Dass die Eltern wissen, Mathe fängt nicht mit sechs Jahren an und ist nichts Schlimmes" (E-HB, G-1b, 186).

Während *mathematische Bildung im Kindergarten als Schulvorbereitung* häufig auf affektive Aspekte zielt, werden Begründungen kognitiver Art, die beispielsweise auf einzelne Inhalte zielen, nur selten explizit gegeben. Insbesondere stoßen Kataloge von Kompetenzen, über die Kinder am Schulanfang verfügen sollen, auf nahezu einhellige Ablehnung – worin eine *professionsspezifische Abgrenzung gegenüber GrundschullehrerInnen* zu Tage tritt, die sich nach eigener Aussage auch an den Kompetenzen orientieren, über die Kinder am Ende der Grundschulzeit verfügen sollen. Auch Argumentationen, die auf Vorteile am Schulanfang durch systematisches schulbezogenes Lernen im letzten Kindergartenjahr verweisen oder die Nutzung der Kindergartenzeit als Lernzeit fordern, finden sich bei den beteiligten ErzieherInnen nicht. Insofern unterscheiden sich deren Begründungen deutlich von jenen in der Literatur.

Wie oben schon unter „Spaß an Mathematik" erkennbar, kommt bei den ErzieherInnen immer wieder – explizit oder implizit – die *eigene Lernbiografie* in Bezug auf Mathematik zum Vorschein: Den Kindern sollen negative Erfahrungen mit Mathematik in der Grundschule erspart bleiben, sie sollen von Anfang an ein positives Mathematikbild aufbauen. Diese Begründungslinie findet sich in Bezug auf sämtliche Formen mathematischer Bildung im Kindergarten. „Ja, ich hatte auch negative Erfahrungen mit Mathe (lacht), durch Zahlenland, kann ich nur empfehlen (lacht), ist das sehr positiv geworden, und ich finde das eine total super Idee, was da entstanden ist für die Kinder, dass die da mit Zahlen in Kontakt kommen oder mit diesem Verständnis, Mengenverständnis und Ordnungssystem und Abzählsystem, Aspekte finde ich klasse, und das ist also, ja, Kinder sind mit Begeisterung [...] voll dabei" (E-BW, G-2a, 17). Auch wenn solche Erfahrungen explizit zu einer Befürwortung mathematischer Bildung im Kindergarten führen, muss offen bleiben, wie sie implizit wirken, ob beispielsweise die geäußerten Ängste mancher ErzieherInnen und auch GrundschullehrerInnen vor Mathematik(-unterricht) nicht unbewusst an die Kinder weitergegeben werden. Ferner gibt es keine empirischen Belege dafür, dass Kinder am Schulanfang wirklich in großem Maße Angst vor Mathematik(-unterricht) haben; es ist deshalb nicht auszuschließen, dass ErzieherInnen eigene Ängste (die möglicherweise erst in der Sekundarstufe entstanden sind) in die ihnen anvertrauten Kinder hineinprojizieren.

Bei den beteiligten *LehrerInnen* spielen diese Spaß-Aspekte eine weniger dominante Rolle. Nur vereinzelt wird geschildert, dass der Unterricht Spaß an Mathematik vermitteln und damit kindlichen Ängsten oder Aversionen gegenüber Mathematik vorbeugen soll. „Und ein bisschen auch, dass die Kinder so sagen, ah, Mathe macht mir Spaß, also, ich mein, das erreiche ich nicht ganz bei allen, aber dass sie zumindest keine absolute Aversion gegen Mathe entwickeln, das ist mir wichtig" (L-BW, I-3, 52). „Und das hoffe ich immer sehr, dass mir das gelingt (lacht), dass die Kinder bei mir immer rausgehen und keine Aversion gegen Mathematik entwickeln" (L-BW, I-5, 30). Wichtig erscheint vielen LehrerInnen, den Mathematikunterricht nicht allein auf Rechenfertigkeiten zu reduzieren, auch wenn dies im Anfangsunterricht eine wichtige Rolle einnimmt, sondern die Reichhaltigkeit der verschiedenen inhaltlichen Leitideen mathematischer Auseinandersetzung zu betonen. „Dass Mathe eben nicht nur Zahlen sind" (L-HB, G-1a, 218), sondern „eine spannende Sache ist" (L-BW, I-1, 8). Dazu wird beispielhaft immer wieder die Wichtigkeit der Auseinandersetzung mit geometrischen Fragestellungen eingebracht. „Ich finde, dass man in der Grundschule viel zu spät mit der Geometrie anfängt, und ich möchte das von Anfang an fördern, weil ich auch weiß, dass Raumvorstellung in der Grundschule am besten gefördert werden kann" (L-HB, G-1a, 18). Gleichzeitig findet man jedoch auch vereinzelt die Einschätzung, dass für die Auseinandersetzung mit geometrischen Fragestellungen kein Raum bleibt.

Als weitere wichtige Leitidee wird in Bremen mehrfach „Muster und Strukturen" benannt. „Weil ich auch da finde, dass dieses Entdecken von Mustern und dieses Beschreiben, dieses Verbalisieren, in der Mathematik eben auch ganz wichtig ist" (L-HB, I-6, 14). Und eine andere Lehrperson äußert: „Dass die das eben fortsetzen können, also dass sie das eben erkennen, wie das aufgebaut ist, das Muster, und das dann auch können, und auch ein bisschen halt das Beschreiben am Anfang natürlich, wie das aufgebaut ist" (L-HB, I-8, 6).

Das hier angesprochene Verbalisieren lässt sich als ein Aspekt der *prozessbezogenen Kompetenz des Kommunizierens* einordnen. Generell ist das Kommunizieren die am häufigsten durch die LehrerInnen benannte prozessbezogene Kompetenz, während die anderen prozessbezogenen Kompetenzen lediglich eine untergeordnete Rolle spielen (vereinzelt wird das Argumentieren angedeutet). Die Fokussierung auf die inhaltlichen Leitideen und die geringe Berücksichtigung der allgemeinen mathematischen Kompetenzen haben sicher vielfältige Ursachen. So tauchen diese im Bremer Rahmenplan nur in Form einer Liste von Kompetenzerwartungen am Ende der Grundschulzeit auf und werden auch im baden-württembergischen Bildungsplan nur implizit aufgeführt (Kap. 2.4.2).

3.3.3 Anknüpfen an Interessen und Erfahrungen der Kinder

Als ein zentrales handlungsleitendes Prinzip erweist sich das Anknüpfen an Interessen und Erfahrungen der Kinder, die durch mathematikbezogene Angebote aufgegriffen werden sollen. Hinter diesem Prinzip ist die pädagogische Überzeugung zu erkennen, dass *Kinder von sich aus Interessen entwickeln* und diesen auch nachgehen wollen, wenn sie die Möglichkeit dazu erhalten. Bei den ErzieherInnen dominiert ein Anknüpfen an die Interessen der Kinder, das auch ein Abwarten umfasst. In der Konsequenz ist auch die Teilnahme an Angeboten im Kindergarten freiwillig. „Bei mir ist ganz klar, dass sie bei mir nicht müssen, also ich, das will ich auch nicht, ich will, dass die Kinder von alleine kommen" (E-BW, G-2a, 172). „Wir nennen das wirklich Einladung" (E-BW, I-4, 36). „Wichtig ist, [...] dass für jede Altersgruppe Mathematikmaterial in vielfältiger Form immer zugänglich ist, dass jede Altersgruppe sich damit befassen kann, nach Lust und Laune, wenn es den inneren Impuls verspürt damit umzugehen, dass es das macht" (E-BW, G-1a, 166).

Insbesondere ErzieherInnen betonen immer wieder ein *offenes Gestalten ihrer Lernangebote*, welches Kindern Freiräume für eigene Schwerpunktsetzungen erlaubt. Vereinzelt wird auch berichtet, dass angebotene Materialien (z. B. ein thematisiertes Bilderbuch) als Impuls in der Gruppe bleiben und beobachtet werde, ob das einmal gezeigte Interesse der Kinder längerfristig erhalten bleibt oder wieder aufflammt. „Das Buch bleibt ja in der Gruppe, das ist jetzt neu, das kannten die jetzt noch nicht, aber es bleibt jetzt ja in der Gruppe. Und von daher sehe ich ja auch, ob sie es wieder in die Hand nehmen und sich dafür wieder interessieren" (E-HB, I-2, 18).

Die meisten der befragten ErzieherInnen sehen in der Freiwilligkeit der Teilnahme an Angeboten eine wichtige Möglichkeit zum Anknüpfen an Interessen der Kinder: Wenn bei einem Kind kein Interesse zu erkennen ist, warten sie – so ihre Aussage – so lange ab, bis das Kind von sich aus Interesse zeigt. In diesem Kontext grenzen sich ErzieherInnen *professionsspezifisch* gegenüber GrundschullehrerInnen ab, wenn sie dem Mathematikunterricht ein stärker zielerreichendes Lernen zuschreiben, das ein Eingehen auf einzelne Kinder und insbesondere ein Abwarten entsprechend der individuellen Entwicklung deutlich weniger erlaubt als die Situation im Kindergarten.

Für das schulische Lernen wird von beiden Professionen betont, dass hier – im Unterschied zur Freiwilligkeit des Kindergartens – durch den Bildungs- bzw. den Rahmenplan Mathematik verbindliche Inhalte festgelegt sind. „Ich würde sagen, in der Kita ist noch der große Luxus der Freiwilligkeit, das heißt, es ist kein Zwang da, [...] wir können den Kindern ein Angebot machen und wir sind nicht dazu verpflichtet, die Kinder so lange zu motivieren, bis sie dieses Angebot annehmen. Wenn sie sagen, das ist gerade nicht meine Baustelle, dann sind wir nicht in der Not, dass wir sagen, es tut mir ganz schrecklich leid, aber das muss jetzt deine Baustelle sein. Schule hat da einen ganz anderen Auftrag. Wenn Schule den Auftrag hat, Mathematik zu vermitteln, dann muss Schule Mathematik vermitteln, und wenn das Kind zehnmal sagt, das ist gerade nicht meine Baustelle, dann muss Schule das trotzdem tun" (E-HB, G-2a, 28). „Dass es in der Schule also spezielle Inhalte gibt, die vermittelt werden müssen, die allen Kindern irgendwie beigebracht werden sollen, dass sie die auch können hinterher" (L-HB, G-1b, 48).

3.3.4 Selbstbildung und Lernbegleitung

Das Anknüpfen an die individuellen Interessen der Kinder wird bei den ErzieherInnen häufig in einen engen Zusammenhang mit Aspekten von Selbstbildung gebracht. Die Äußerungen weisen dabei eher auf eine *selbsttätige Welterschließung* nach Laewen (2002) denn auf eine *individuelle Sinnerschließung* nach Schäfer (1995) hin. So lange eine inhaltliche Auseinandersetzung durch die Kinder selbst angestoßen wird, sehen weder ErzieherInnen noch LehrerInnen eine Einschränkung der im Kindergarten bearbeitbaren Themen. „Ich finde ganz wichtig, dass man das den Kindern nicht beibringt, sondern dass sie ganz früh die Erfahrung machen, ich kann es mir immer selber herleiten, ableiten, dass sie sich das alles selber erklären können" (E-BW, G-2a, 220). „Kinder sind ja nun auch immer sehr interessiert daran, so einen Selbstbildungsprozess zu durchlaufen, also ich meine, ja die sind ja da, das ist ja das was die Kinder eigentlich wollen, also sie tun natürlich alles, weil sie es gerne tun" (E-BW, I-4, 117). „Das haben wir gesehen, dass die Kinder auch selbst so fasziniert waren davon, ja, dass sie ständig irgendetwas ausprobiert haben und ständig irgendwie neue Sachen gemacht haben, wo wir immer wieder staunend davor gestanden haben und gesagt haben, boah, das hätten wir jetzt nicht gedacht, dass man so etwas damit machen kann" (E-HB, I-4, 18). „Wenn es den Kindern übergestülpt wird, ist es immer zu viel. Wenn es aus den Kindern selbst kommt, dann kann es gar nicht genug sein" (L-HB, G-2b, 26).

Offen bleiben muss, ob diese Überzeugungen fundiert und reflektiert sind oder ob hierbei der *Selbstbildungsansatz als Verbot jeglicher Lernbegleitung* missverstanden wird. Weiter bleibt offen, ob es sich lediglich um schlagwortartige, vorgeschobene Begründungen handelt, z. B. weil die Worte zur Beschreibung der konkreten Arbeit fehlen. Auch ob evtl. die Kompetenzen zur Anregung und Begleitung mathematischer Lernprozesse noch nicht entwickelt wurden, lässt sich auf Basis der qualitativen Erhebung nicht schließen. Grenzen sind der Selbstbildung in der Einschätzung der ErzieherInnen immer dann gesetzt, wenn die Kinder nicht aus eigenem Antrieb Fragen entwickeln, sondern lediglich auf Impulse der Erzieherin zu reagieren scheinen. „Wir haben das erste Mal geballt in unserer Gruppe Kinder, die nicht neugierig sind. Die stehen dann da und warten, dass sie animiert werden. So, was willst du jetzt machen, und jetzt mach das, jetzt mach das. Das Jetzt-Machen ist nicht unsere Intention" (E-HB, I-4, 231).

Das *fehlende Interesse einzelner Kinder an schulischen Inhalten* wird von LehrerInnen ebenfalls benannt und explizit auf die Freiwilligkeit der Angebote im Kindergarten zurückgeführt. „Also ich finde es schwierig, [...] dass die Kinder Angebote kriegen, die sie aber gar nicht machen brauchen, da fehlt meiner Meinung nach so ein bisschen was wie auch ein kleines Pflichtprogramm, [...] weil ich habe zunehmend

Probleme mit Kindern, die sagen, nein, will ich nicht, mache ich nicht, keine Lust" (L-HB, G-1a, 296 ff.).

Als Gegenpol zur Priorität, den Lernwegen der Kinder zu folgen und sie möglichst wenig zu lenken, tritt auch die Vorstellung auf, dass man durch das *Eingreifen in Lernsituationen* die Kinder unterstützen sollte. Dahinter lassen sich Aspekte eines ko-konstruktivistischen Ansatzes sehen, der aber – anders als der Selbstbildungsansatz – nicht explizit genannt wird. Stattdessen dominieren – durchaus selbstkritisch – die Herausforderungen, die ein Aufgreifen der individuellen Interessen von Kindern, speziell das Setzen gezielter Impulse, mit sich bringt. Es verwundert nicht, dass diesbezüglich auch das Erfahren eigener Grenzen geschildert wird. „Ich glaube, meine Rolle ist schon wichtig, darin ihnen auch Impulse zu geben oder ihnen auch Material an die Hand zu geben oder ihnen auch Dinge aufzuzeigen und zu erklären, so ganz alleine, klar, können sie sich damit beschäftigen und auseinandersetzen, und da gucken wir auch drauf, dass es auch Phasen gibt, wo sie alleine Dinge machen, aber ich glaube immer wieder dann, dass der Erwachsene einfach ihnen noch so ein bisschen Hilfestellung gibt und Impulse setzt" (E-BW, I-3, 44). „Das Ziel muss ja immer sein, dass die Kinder ein eigenes Motiv entwickeln, sie sollen meine Fragen nicht beantworten, weil ich sie stelle, sondern eigentlich stelle ich sie ja eigentlich nur, damit sie auf die Idee kommen, sich damit zu beschäftigen" (E-HB, I-2, 22). „Also ich im Kindergarten mache Impulsangebote, wo ich eben konkrete Aktivitäten auch anbiete, und dann gucke ich, was machen sie draus, und kann ich da mitgehen und auch was Weiteres an Lern- und Umgebungsgestaltung verändern, aber ich würde nun nicht sagen, dass im Kindergarten jedes Kind sich nun selbsttätig damit auseinandersetzt, sondern über bestimmte Angebote kann man ja Anregungen geben" (E2-HB, G-2a, 15).

Diese beschriebenen *Schwierigkeiten des richtigen Eingreifens* in eine Lernsituation treffen in der Tat einen zentralen und kritischen Punkt einer jeden Lernbegleitung (vgl. Schuler, 2013). ErzieherInnen benötigen diesbezüglich vielfältige Kompetenzen: für eine adäquate Gesprächsführung ebenso wie für eine elementarmathematische und mathematikdidaktische Durchdringung der jeweiligen Situation, die ein Einschätzen der Äußerungen von Kindern im Hinblick auf Lernstände erkennt. „Es geht wohl schon auch darum, mathematische Situationen im Alltag, im Freispiel, [...] mit Tisch decken oder Geburtstag feiern, zu erkennen. Ich denke, da braucht man eine besondere Sensibilität zum einen dafür und zum anderen die Fähigkeit zu erkennen, ist es jetzt angebracht, diese Situation jetzt weiter zu entwickeln, und dann tatsächlich auch noch die Kompetenz, ja, in welche Richtung entwickele ich das dann weiter, und zwar gemeinsam mit dem Kind, denn oft ist das so eine Einbahnstraßendiskussion" (E-BW, G-2a, 151). „Ich finde wichtig, dass ein Erzieher ein Auge dafür hat [...] den Moment wahrzunehmen, um da zu sehen, ah, da liegt mehr drin, und vielleicht da nochmal so einen Impuls zu setzen" (E-BW, G-1a, 88).

Als weiterer Aspekt, der als ko-konstruktivistisch eingeordnet werden kann, wird von einigen ErzieherInnen die *Rolle der anderen Kinder* angesprochen, die als besonders effektiv und wünschenswert herausgestellt wird. „Weil Kinder untereinander oft die viel besseren Erklärer und Zeiger sind als wenn das ein Erwachsener macht, und das sind ja auch große Chancen, dieses Miteinander zu fördern" (E-HB, I-4, 139). Für den schulischen Bereich wird das Thema der Lernbegleitung sowohl in den Interviews als auch in den Gruppendiskussionen kaum angesprochen. Es tauchen lediglich vereinzelt Aussagen auf, die auf das Prinzip des entdeckenden Lernens, auf eine Handlungsorientierung oder auf ein Lernen der Kinder voneinander fokussieren.

3.3.5 Umgang mit Heterogenität im Anfangsunterricht

Für die beteiligten LehrerInnen stellt sich der Umgang mit Heterogenität als eine der großen Herausforderungen ihres Berufsalltags dar, insbesondere am Schulanfang, „unser Problem ist einfach die Unterschiedlichkeit" (L-BW, G-1a, 73). Das Augenmerk der LehrerInnen gilt durchgängig den *leistungsschwachen Kindern*, meist mit der Zielsetzung, dass auch diese die nötigen Grundlagen des Zahlbegriffs erwerben. „Also manchen, denen fällt es halt ganz leicht, und manchen, die tun sich schon mit dem Zahlbegriff schwer, da hab ich schon das Ziel, dass so ein bestimmtes Niveau alle erreichen" (L-BW, I-3, 52).

Eine spezielle Förderung von Stärken der Kinder wird nicht erwähnt. Sichtbar wird dies, wenn schon vorhandene Kompetenzen, wie die Fähigkeit bereits bis 100 zählen zu können, in der Schule zunächst keine Rolle spielt. „Also ich habe eigentlich weniger das Problem mit den Kindern, die noch nichts können, sondern eher auch mit denen, die dann schon für die erste Klasse zu viel können, und ich finde es immer schade, die kippen oft hinten runter" (L-BW, G-1a, 92). Viele Lehrkräfte sehen ein besonderes Problem darin, dass sie in der Regel allein auf alle Kinder der Klasse *mit ihren unterschiedlichen Lernständen* eingehen müssen und fühlen sich – unabhängig von speziellen Unterrichtsinhalten – von dieser Situation überfordert. Sie nehmen die Situation im Kindergarten als subjektiv besser wahr, da dort zumindest der offizielle Betreuungsschlüssel eine günstigere Erwachsenen-Kind-Relation erwarten lässt. „Also ich kann mich immer noch fürchterlich darüber aufregen, dass dann die Kinder, sage ich mal eine Integrationskraft hatten im Kindergarten, und wir haben nämlich zunehmend Kinder, die sind so extrem, also wirklich extrem und eigentlich gar nicht beschulbar in der Regelklasse, dass dann plötzlich gesagt wird, so und ab jetzt gibt es keine Integrationskraft mehr" (L-HB, G-1a, 331).

Die Einschätzung, dass Lehrkräfte wegen der *organisatorischen Rahmenbedingungen* schlechter auf die heterogenen Bedürfnisse der einzelnen Kinder eingehen können, wird auch von ErzieherInnen immer wieder angeführt. Andere verweisen aber auch auf nicht ausgeschöpfte Potenziale im Unterricht. „Auch als eine Lehrperson mit zwanzig Kindern kann ich differenzierten Unterricht erteilen, muss ja, also der Frontalunterricht ist nicht die einzige Unterrichtsform" (E-HB, G-2a, 296). Auffällig ist zudem, dass in einigen Fällen zwar explizit benannt wird, dass die Kinder mit unterschiedlichen Lernvoraussetzungen in die Schule kommen, im beobachteten Unterricht jedoch keinerlei Differenzierungsmaßnahmen realisiert wurden. „Wie werde ich jedem gerecht, und ich kann ja nicht davon ausgehen, dass alle dasselbe können, was mache ich mit denen, die schnell viel mehr wollen und mit denen, die viel mehr Hilfe brauchen, das war schon ziemlich hart und das, das ist es aber auch immer noch, immer noch schwierig, das alles, allen Kindern gerecht zu werden so rum, eben nicht alle unter einen Hut zu kriegen, das schafft man ja nicht" (L-HB, I-3, 43). Offen muss bleiben, ob die LehrerInnen möglicherweise die Heterogenität gerade deshalb als so gravierend beschreiben, weil sie keine geeigneten Differenzierungsmaßnahmen kennen oder umsetzen können.

Dementsprechend erhoffen sich auch mehrere LehrerInnen von der Schulvorbereitung im Kindergarten eine *Verringerung dieser Heterogenität,* auch wenn sie dies nicht immer explizit äußern. Sie stehen der Schulvorbereitung im Kindergarten grundsätzlich positiv gegenüber, sehen es aber als relevant an, dass wirklich alle Kinder diese durchlaufen. Eine Schulvorbereitung nur in einem Teil der Kindergärten – wie es derzeit in Baden-Württemberg Praxis ist – wird hingegen eher als Heterogenität erhöhend eingeschätzt. „Bei uns, wir bekommen Kinder aus vier verschiedenen Kindergärten, da ist einfach schon wichtig, dass die vier Kindergärten sich ein bisschen absprechen, dass die ungefähr das Gleiche, gleich weit gehen" (L-BW, G-2b, 163). „Wenn das nicht alle machen, ist das sowieso blöd, wenn nicht alle Kindergärten nach dem gleichen Konzept arbeiten, weil dann hast du hinterher Kinder, die können schon Zahlen schreiben, und du hast wieder Kinder, die können gar nichts, und dann fängst du natürlich wieder an, wie schaffst du das" (L-HB, I-5, 28).

Beim Blick auf die Heterogenität der Kinder tritt ein großer *Unterschied beider Professionen* zutage. Alle beteiligten ErzieherInnen beschreiben ausnahmslos den Umgang mit heterogenen (insbesondere auch altersgemischten) Gruppen als üblichen Alltag. Aufgrund fehlender konkreter Zielvorgaben in den Bildungsplänen nehmen sie die heterogenen Lernstände der Kinder als weniger hinderlich in ihrer pädagogischen Arbeit wahr. „Hier sind wir halt noch so ein bisschen freier gestaltet, also wir haben jetzt keinen Lehrplan, wo es drinsteht, die Kinder müssen jetzt alle bis 30 zählen können" (E-HB, I-1, 23). „Also es geht ja wirklich darum, dass die Kinder, wenn sie sich für unterschiedliche Dinge interessieren, auch unterschiedliche Einladungen einfach bekommen" (E-BW, I-4, 70). Vereinzelt werden sogar positive Aspekte der Heterogenität, so die Chancen altersgemischten Lernens, artikuliert. „Darum mache ich auch immer gerne gemischte Angebote, also jetzt nicht nur die Großen oder nur die Kleinen, weil die regen sich einfach gegenseitig mit ihren Fragen und Aussagen noch einmal ganz anders an, als ich das könnte" (E-HB, I-2, 128).

Im Hintergrund lassen sich hier *verschiedene Lernkulturen* erkennen sowie ein jeweils spezifisches Bild vom Kind rekonstruieren – diesbezüglich sind die Unterschiede zwischen den Professionen deutlich größer als die Unterschiede innerhalb der Professionen. Das schulische Selbstverständnis ist – bei allen Bemühungen um Differenzierung und Individualisierung – von einem Ziel erreichenden Lernen geprägt, vorgegeben durch den Bildungs- bzw. den Rahmenplan. „Man kann da schon viel tun mit, mit Wochenplänen und mit individuellen Tagesplänen, das versuchen wir ja schon auch, aber wir haben, das stimmt schon, im Hintergrund im Nacken eben schon eine gewisse Zielvorgabe, was die Kinder bis Ende Klasse zwei erreicht haben müssen" (L-BW, G-2d, 86).

3.3.6 Beschreibung und Bewertung der stattfindenden Kooperation

Eine erste, sehr oft beschriebene Kooperationsmaßnahme ist der *Besuch einer Grund-schule durch die Kindergartenkinder*. Dort lernen sie die Räume und die Lehrkräfte kennen und sollen mit diesen vertraut werden. Dies geschieht in unterschiedlichem Umfang und unterschiedlicher Häufigkeit, in den beschriebenen Fällen zumeist ein- bis zweimal vor Schulbeginn, gelegentlich auch öfter. Vielfach findet der Besuch ei-ner großen Gruppe von Vorschulkindern im Unterricht einer Lehrkraft, die eine erste Klasse übernehmen soll, statt, was als wenig effektiv angesehen wird. „Also die letz-ten Jahre hatten wir auch eine Kooperation, aber die sah ein bisschen anders aus, da waren wir dann mit zwölf Vorschulkindern in einer Klasse, wo dann halt noch zwan-zig andere Schüler saßen, und das war, da konnte man keinen normalen Unterricht machen" (E-HB, I-1, 35).

Als eine weitere Kooperationsmaßnahme ist es in Baden-Württemberg Aufgabe der Kooperationslehrkraft, in den Kindergarten zu kommen, dort die Kinder zu be-obachten, mit den Kindern in Kleingruppen zu arbeiten, mit über den Schuleintritt oder Besuch einer Grundschulvorbereitungsklasse zu entscheiden sowie gegebenen-falls weiteren Förderbedarf festzulegen und ressourcenabhängig die Förderung auch durchzuführen.

In Bremen werden Kindergartenbesuche von den LehrerInnen auch erwähnt – die Bandbreite reicht vom Beobachten einzelner Kinder und Gesprächen mit ErzieherIn-nen bis zu regelmäßigen Besuchen gemeinsam mit Grundschulkindern. Viele Schulen beauftragen mit diesen Besuchen in jedem Jahr neu die Lehrkräfte, die für die Über-nahme einer ersten Klasse eingeplant sind. Jedoch ist diese Praxis nicht durchgängig zu beobachten, was von den betroffenen LehrerInnen mehrfach kritisch angemerkt wird. „Ich finde es schade, dass ich zum Beispiel, wenn ich eine erste Klasse überneh-me, vorher eigentlich keine Zeit habe, nicht freigestellt werde, die Kinder dort mal zu besuchen" (L-HB, I-3, 63).

In beiden Bundesländern existieren zwar landeseinheitliche *Regelungen zur Ko-operation von Kindergärten und Grundschulen*, aber nur in Baden-Württemberg wer-den dafür – zumindest für die Grundschulen – zusätzliche Mittel zur Verfügung ge-stellt. Seit dem Schuljahr 2012/13 erhält jede Grundschule für diese Aufgabe pro Woche eine Deputatsstunde. Maßnahmen, die den Schulbesuch gezielt vorbereiten, sind in Bremen in der Regel nur im Kindergarten systematisch verankert (als soge-nanntes „Schulprojekt"). Dennoch gibt es vielfach regelmäßige (häufig halbjährliche) Treffen von ErzieherInnen und LehrerInnen kooperierender Institutionen. Von die-sen Treffen wird in der Regel sehr positiv berichtet, wobei gerade ErzieherInnen her-vorheben, wie wichtig die Rückmeldung zu Stärken und Schwächen der Kinder ist, um die eigene Weiterarbeit an die Bedürfnisse der Schule anzupassen. „Wenn dann halt die Kinder jetzt schon eine Zeit lang in der Schule sind, findet dann nochmal ein Austausch statt, so wie sind sie angekommen und wo sind Schwächen und so, so dass dann auch noch mal eine Rückmeldung, wo man dann weiß, woran man arbeiten muss" (E-HB, I-1, 43). „Dann wäre für mich manchmal wichtig danach, nach einem halben Jahr, zu hören von der Lehrerin bei einzelnen Kindern, aber auch vielleicht auch alle Kinder zu hören, der packt es gut, da hat es die und die Schwierigkeiten oder eben da sind da Defizite, da sind da die Stärken, dass man das einfach, dann kann man vielleicht auch nochmal das ganze Portfolio, also das Ganze, was man drei Jahre lang mit dem Kind gemacht hat" (E-BW, I-1, 47). „Die haben wirklich nochmal einen ganz anderen Blick auf verschiedene Sachen, weil die wissen, was hätten sie gerne, wenn die Kinder in der Schule sind, und [...]die haben auch gute Ideen für uns" (E-BW, I-2, 42).

In Schilderungen beider Berufsgruppen spielen die *ErzieherInnen als Akteure eine marginale oder keine Rolle*. Wenn sie erwähnt werden, dann in der Art, dass die Beobachtungen und Einschätzungen der LehrerInnen bestärkt oder die ErzieherInnen über die Beobachtungen der LehrerInnen in Kenntnis gesetzt werden. Aus der Außenperspektive betrachtet, verläuft die Kooperation asymmetrisch, auch wenn sie weder von den LehrerInnen noch von den ErzieherInnen explizit so beschrieben wird. Es scheint die Überzeugung beider Professionen zu sein, dass die LehrerInnen die wesentlichen AkteurInnen sind. Insbesondere bei den ErzieherInnen widerspricht dies offenbar nicht einer Einschätzung der Kooperation als sehr gut und funktionierend.

Eine Förderung der Kinder durch die ErzieherInnen oder die *Gestaltung mathematischer Angebote im Zuge der Kooperation spielen keine Rolle*, weder in den Äußerungen der LehrerInnen noch der ErzieherInnen. So scheint allein die Organisation des Übergangs häufig viel Zeit einzunehmen. „Diese Zusammenarbeit läuft schon sehr, sehr viele Jahre, aber wir kommen noch nicht zu diesen spezifischen Themen wie Mathe, wie Sprachförderung, wie soziale, emotionale Kompetenzen und Stabilitäten, sondern wir sind noch dabei, wie gehen wir mit Eltern um, wie informieren wir Eltern über diesen Übergang zwischen Kindergarten und Grundschule, wie könnte das aussehen, geben wir Flyer heraus, wo legen wir die Schwerpunkte, das sind jetzt so unsere Themen" (L-BW, G-1e, 89). „Das ist wirklich nur eine organisatorische Zusammenarbeit und gar nicht inhaltlich, leider" (L-HB, I-3, 67).

Der *Austausch der ErzieherInnen mit den LehrerInnen* zu den einzelnen Kindern bezieht sich dabei in der Regel auf Bereiche des sozialen Miteinanders oder allgemeiner „Stärken und Schwächen" von Kindern. Dieser Austausch, der in Baden-Württemberg vielfach über die KooperationslehrerInnen an die zukünftigen ErstklasslehrerInnen und in Bremen durch gemeinsame Treffen oder die Besuche der LehrerInnen der zukünftigen Erstklässler in der Kita läuft, wird mehrfach als institutionalisiert und funktionierend beschrieben. Dennoch bleibt die Weitergabe von Portfolios aus der Kindergartenzeit wegen der nötigen Zustimmung der Eltern gelegentlich schwierig, was ein bekanntes Problem darstellt (Faust, 2012). Nicht selten werden relevante Informationen trotz regelmäßiger Treffen immer noch eher zufällig weitergegeben. „Also die interessanten Austausche, die sind, so die spontanen an der Bushaltestelle, ja" (L-BW, G-1e, 90).

Fachlicher Austausch insbesondere über Mathematik wird nur vereinzelt berichtet und dann auch von den Lehrkräften als nicht erforderlich betrachtet. „Mathe finde ich in den Gesprächen jetzt nicht wichtig, weil, wenn sie mir jetzt sagen würden, ja, das Kind kann schon rechnen oder das Kind kann nicht rechnen, das stellst du ja in der Anfangsphase sowieso fest. Da kann ich ja vorher nicht schon irgendwelche, ja, Schlüsse sage ich einmal, draus ziehen. Du hast den gemeinsamen Anfang, wo dann festgestellt wird, welche Voraussetzungen hat welches Kind in Deutsch, in Rechnen, in Lesen und so" (L-HB, I-5, 34).

Eine systematische *Begleitung der Kinder über das Ende der Kindergartenzeit hinaus* findet nicht statt, insbesondere nicht von Seiten der ErzieherInnen – ein weiterer Indikator für die Asymmetrie der Kooperation.

3.3.7 Erwartungen an die jeweils andere Institution

Die befragten LehrerInnen äußern in großer Übereinstimmung konkrete *Erwartungen, was die Kinder am Schulbeginn bereits können sollen*: einerseits mathematische Fähigkeiten wie Zählen, Erkennen von Würfelbildern, Lesen (aber nicht Schreiben) von Ziffern, andererseits alltagspraktische Fertigkeiten wie Schuhe binden, korrekte Stifthaltung und Umgang mit der Schere sowie personale Kompetenzen wie Ausdauer, Konzentration und emotionale Stabilität.

Mathematiklernen im Kindergarten, das über die genannten Aktivitäten hinausgeht, betrachten LehrerInnen unterschiedlich. So wird mehrfach explizit geäußert, dass das Schreiben von Ziffern nicht im Kindergarten gelernt werden soll, aus Sorge, dass falsche Schreibabläufe eingeübt werden, die in der Schule nicht mehr korrigiert werden können. Erkennbar ist dahinter eine implizite Überzeugung, dass nur LehrerInnen über die nötigen Kompetenzen für die Anleitung mathematischer Lernprozesse verfügen, nicht jedoch ErzieherInnen. „Ich will nicht Arbeit, die in die Schule gehört, dass das da schon abgenommen wird, ich kann es ihnen schon selber beibringen, also das krieg ich schon hin, also meistens halt irgendwie, aber es ist sehr angenehm, wenn die Kinder in die Schule kommen, mit Spaß an Zahlen" (L-BW, I-1, 66).

Aber auch die Forderung an den Kindergarten, interessierten Kindern bereits eine *konventionalisierte Schreibweise der Ziffern* zu vermitteln, um die oben genannten falschen Schreibabläufe zu vermeiden, wird vereinzelt gestellt. „Wenn Kinder schon Interesse haben Ziffern zu schreiben, dass man ihnen dann schon sagt, guck mal, versuche es so und so" (L-HB, I-3, 59). In ähnlicher Weise gibt es LehrerInnen, die mathematische Vorkenntnisse generell sehr positiv sehen. „Es ist so ein Unterschied wie im Kindergarten gearbeitet wird, die Kinder von Uschis Kindergarten, das war einfach ein Vergnügen, da konnte ich den Stoff, den ich fast bis Allerheiligen, Weihnachten mühsam, also dieses Gefühl für Zahlen, für Mengen, für Operationen im eigentlichen Sinne, den Kindern nahezubringen, das war bei den Kindern gar nicht nötig, die hatten das einfach [...] und kannst eins zu eins genau da weitermachen, also das ist einfach, so easy sag ich mal, wenn die Kinder so kommen, das macht einfach so viel Spaß" (L-BW, G-2c, 60). „Naja, je besser die Kinder vorbereitet sind umso schneller können wir zum eigentlichen Stoff kommen, umso rascher können wir ja auch mehr in die Tiefe gehen, was das gemeinsame Arbeiten angeht, wenn wir erst langsam lernen müssen, alle Zahlen lesen zu lernen, gut, das ist natürlich schon eine

Aufgabe der Schule, aber wenn sie es davor schon ein bisschen kennen, ist es einfach viel leichter" (L-BW, I-2, 32).

Betont wird aber auch von einigen LehrerInnen, dass möglichst alle Kinder über *einheitliche Kompetenzen am Schulanfang* verfügen sollen. Für sie ist weniger entscheidend, wie viel die Kinder am Schulanfang bereits können, als dass alle dasselbe können. Dahinter steht die implizite Überzeugung, dass Schulvorbereitung im Kindergarten die *Heterogenität am Schulanfang abbauen* und damit die eigene alltägliche Arbeit einfacher gestalten soll.

Deutlich wichtiger scheinen den Lehrkräften grundlegende Aspekte – überwiegend Fertigkeiten – zu sein, deren Fehlen bei Kindern als hinderlich für den Lernerfolg im Anfangsunterricht eingeschätzt wird. „Prinzipiell wäre es natürlich gut, wenn sie ein bisschen still sitzen könnten und schon mal mit der Schere umgehen oder wissen, wie man einen Stift hält oder, solche Sachen, also so ganz grundlegende Sachen" (L-BW, I-4, 109). „Also ich, man kann ja Anregungen, also wenn jetzt zum Beispiel, ich das feststellen würde, dass so die meisten Kinder nicht mal mit der Schere umgehen könnten, zum Beispiel, da würde ich schon mal dem Kindergarten sagen, sag mal, bastelt ihr eigentlich nichts mehr (lacht)" (L-BW, I-3, 127). „(Generell) finde ich das im Bezug auf Mathematik gar nicht so wichtig, uns sind eigentlich andere Kompetenzen aus dem Kindergarten viel wichtiger, dass die Kinder den Stift richtig halten oder dass die mit einer Schere umgehen können oder solche Sachen, dass sie mal still sitzen können, eine Zeit lang zuhören können, das sind Sachen, die uns viel wichtiger sind, weil alles andere können sie immer noch hier lernen, dafür haben sie die Zeit und die Möglichkeit, aber an den Sachen beißen wir uns dann hier eben auch die Zähne aus" (L-HB, I-6, 28).

Die Erwartungen von ErzieherInnen bleiben eher diffus. Sie wollen mehr erfahren über die weitere Entwicklung der Kinder, und im Kindergarten Gelerntes (wie Materialien, Spiele oder Lieder) soll in der Grundschule wieder aufgegriffen werden. Als implizite Überzeugung steht dahinter der *Wunsch nach Wertschätzung* sowohl der Leistungen der Kinder als auch der eigenen Arbeit, wenn diese unmittelbar weitergeführt wird. Wichtig ist den ErzieherInnen allerdings, dass die Individualität der Kinder in der Schule stärker wahrgenommen werden sollte und auf diese eingegangen wird. „Das wünschen wir uns, dass jedes Kind individuell gesehen werden kann, ja, und sich individuell weiterentwickeln kann, aber auch gefordert wird, sodass kein Kind auf der Strecke bleibt" (E2-HB, I-4, 137). „Ich würde mir einfach wünschen, dass sie diese ganze Bandbreite, die wir haben, gleichermaßen willkommen heißen. Also wir haben einen Jungen, wirklich, der kommt zur Schule jetzt, der rechnet im Hunderterbereich sicher, und wir haben Kinder, die [...] werden bis dahin vermutlich mühsam bis zehn zählen. [...] Und ich wünsche mir einfach, dass die Lehrer da, mit so viel Wertschätzung auch für jede Leistung, also auch für die Bis-Zehn-Zähl-Leistung, die Kinder empfangen" (E-HB, I-2, 64). „Dieses Kind kommt nicht in die Schule und ist leer, sondern da ist schon einfach was drin und da haben wir wirklich viel Arbeit reingesteckt und das haben wir gut gemacht" (E-BW, I-4, 139).

Besonders auch eine *Wertschätzung der Portfolioarbeit* und eine Weiterarbeit mit diesem Dokument erhoffen sich einige der Erzieherinnen. „Dass die Schule in Form von der Klassenlehrerin oder dem Klassenlehrer, der dann diese Kinder übernimmt, sich mit unseren Portfolios auseinandersetzen würde", denn „es ist eine Sammlung über Themen und Lernschritte und Veränderungen des Kindes" (E-BW, I-4, 139, 163).

Generell kommt aber auch im Bereich der Erwartungen immer wieder die oben beschriebene *institutionelle Asymmetrie* zum Ausdruck. Von Seiten einiger LehrerInnen wird nicht in den Blick genommen, dass auch der Kindergarten Erwartungen an die Schule haben könnte, sondern dass, wenn eine verstärkte Zusammenarbeit stattfände, der Kindergarten höchstens explizit nachfragen könnte, welche Erwartungen denn die Schule hätte. „Also so eng ist die Zusammenarbeit auch wirklich nicht, dass der Kindergarten fragt, was erwartet ihr denn, oder dass wir Erwartungen mal äußern könnten und sagen könnten, arbeitet doch mal da dran" (L-HB, I-3, 65). „Ich wüsste jetzt nicht, inwiefern, ehrlich gesagt, also was für Erwartungen sollen die an mich haben?" (L-HB, I-8, 64).

3.4 Diskussion der Ergebnisse

Abschließend lassen sich – bei aller Vorsicht im Hinblick auf die Verallgemeinerung von in qualitativen Studien gewonnenen Ergebnissen – einige vorläufige Schlussfolgerungen zur Anschlussfähigkeit von Kindergarten und Grundschule bezüglich des Mathematiklernens formulieren.

In Bezug auf die *Inhalte mathematischer Bildung* gibt es einen nicht thematisierten Grundkonsens darüber, was im Kindergarten und was in der Schule gelernt werden soll. Der Bildungsplan für die Grundschule ist traditionell gewachsen und bezüglich der Inhalte des Anfangsunterrichts seit langem unverändert. Der Kindergarten passt sich dem an, was sich auch darin zeigt, dass sich das Handeln der ErzieherInnen im Wesentlichen mit den Erwartungen der Lehrkräfte deckt. Im Detail zeigen sich jedoch viele Diskontinuitäten, die nicht bewusst gestaltet sind, sondern sich als *fehlende Abstimmung beider Institutionen* einordnen lassen. Diese Diskontinuitäten beeinträchtigen aber – zumindest für die Mehrzahl der Kinder – nicht notwendigerweise den Übergang bezüglich des Mathematiklernens, da die LehrerInnen sich im Anfangsunterricht offenbar intensiv um die leistungsschwachen Kinder bemühen. Offen bleiben allerdings die Auswirkungen auf die leistungsstarken Kinder, die schon mit hohen Vorkenntnissen in die Schule kommen. Normativ betrachtet kann die Antwort auf diese Problematik nicht einfach die Forderung nach noch mehr Kontinuität sein. „Die Leitvorstellung der Kontinuität verliert, wie jede Leitvorstellung ihre Legitimität, wenn sie absolut gesetzt wird. [...] Sie lässt sich [...] rechtfertigen, sie würde jedoch pervertiert werden, wenn sie jene Differenzen ausblenden würde oder beseitigen wollte, die zwischen Kindertageseinrichtungen und Grundschule bestehen und welche Kinder beim Übergang erfahren [...] und auch erfahren wollen" (Liegle, 2011, S. 168). Es geht vielmehr darum, einige Diskontinuitäten gezielt zu gestalten, so auch im Hinblick auf die Kinder mit hohen Vorkenntnissen bezüglich des Mathematikunterrichts – eine Forderung, die sich schon bei Selter (1995) findet. Gerade diese Kinder erhoffen sich vom Übertritt in die Grundschule vielfach Neues.

Die Auswahl von *Materialien zum Mathematiklernen im Kindergarten* durch die ErzieherInnen zeigt deutlich, wie sehr diese im Spannungsfeld von Kontinuität einerseits (infolge der Forderung nach einer Schulvorbereitung) und Diskontinuität andererseits (aufgrund des Ziels, eigenständige Organisations- und Lernformen zu pflegen) stehen. Hier konkretisiert sich ein grundsätzliches Problem. „Die elementarpädagogische Praxis steht […] vor der anspruchsvollen Aufgabe, die Kinder bestmöglich auf die Schule vorzubereiten und gleichzeitig die Eigenständigkeit ihrer Pädagogik zu bewahren" (Foerster, 2012, S. 94). In der Praxis scheinen sich hier viele kleine Kompromisse zu finden. So kann das Mathematiklernen in Alltagssituationen und mit Alltagsmaterialien als ein Ansatz gesehen werden, die Forderung nach einer mathematikbezogenen Schulvorbereitung in die bestehende Praxis zu integrieren, während bei der Durchführung von Programmen ein eher schulisches Setting so umgesetzt wird, dass es den Kindern Freude bereitet. Es hat den Anschein, dass der Kindergarten diese speziellen Herausforderungen nicht in Zusammenarbeit und Abstimmung mit der Grundschule angeht, sondern institutionenintern nach Lösungen sucht.

Die Sicht der LehrerInnen auf die Kooperation mit den ErzieherInnen ist deutlich geprägt von der eigenen Herausforderung aufgrund der in jeder Hinsicht heterogenen Klassen im Anfangsunterricht. Eine gezielte Schulvorbereitung aller Kinder im Kindergarten soll die *Heterogenität vermindern* helfen und die eigene Arbeit erleichtern. Überspitzt formuliert: Die aufnehmende Institution formuliert klare Erwartungen an die abgebende, und versucht dadurch ihre Probleme zu lösen – ein Muster, das bei Übergängen innerhalb der Bildungskette immer wieder aufzutreten scheint (vgl. Heinze & Grüßing, 2009). Aus diesem Verständnis heraus lassen sich auch die zu beobachtenden Asymmetrien innerhalb der Kooperation erklären (besonders deutlich in Kap. 3.3.7).

Dies zeigt weiter, ErzieherInnen und GrundschullehrerInnen unterscheiden sich fundamental in ihrer Sicht auf Bildungsprozesse. Erstere richten den *Blick eher auf das einzelne Kind* und dessen individuelle Lernprozesse, wobei es normal erscheint, wenn ein Kind nicht immer alle Voraussetzungen mitbringt oder schon viel mehr kann als die Alterskohorte. Letztere fokussieren in ihrer alltäglichen Arbeit ihren *Blick stärker auf die ganze Klasse*, deren „Management" und Lernfortschritte, weshalb auftretende Heterogenität eher störend gesehen wird. Nicht unerwähnt bleiben hier auch die unterschiedlichen Rahmenbedingungen wie die Bildungspläne für die Grundschule, die LehrerInnen auch als Druck von außen empfinden. Untersuchungen zu pädagogischen Überzeugungen (vgl. von Bülow, 2011) oder zum Bildungsverständnis in anderen Domänen (vgl. Rank, 2009; Schneider, 2003) offenbaren, dass sich beide Institutionen die Aufgaben teilen, aber ein unterschiedliches Bildungsverständnis besitzen, wobei diese Unterschiede auf wechselseitige Akzeptanz stoßen. Die vorgestellte Untersuchung zeigt, dass dies auch für das Mathematiklernen im Übergang vom Kindergarten zur Grundschule gilt.

In Bezug auf die Anschlussfähigkeit des Mathematiklernens in Kindergarten und Grundschule erweist es sich als nicht günstig, wenn ErzieherInnen die Gestaltung mathematischer Bildung im Kindergarten weitgehend *innerhalb ihrer Institution* lösen müssen (vgl. Schuler & Wittmann, 2014). Die Frage, welche Kontinuitäten geschaffen werden müssen und welche Diskontinuitäten entwicklungsförderlich sind, kann nur gemeinsam mit den LehrerInnen entschieden werden. Dies spiegeln auch die Überzeugungen von ErzieherInnen wider, die durchaus Ansätze aktueller mathematikdidaktischer Theorien enthalten, in denen aber eine (reflektierte) Übergangsperspektive, die neben affektiven Aspekten vor allem die kognitive Seite in den Blick nimmt, insgesamt zu wenig ausgeprägt ist.

Die erfassten Überzeugungen von ErzieherInnen zur Gestaltung mathematischer Bildung im Kindergarten folgen einerseits *fachdidaktischen oder (früh-)pädagogischen Diskussionslinien* und entstammen andererseits den *Anforderungen der Praxis*. Wie tief gehend und wie sophistiziert sie jeweils sind, lässt sich im Rahmen auf Selbstläufigkeit setzender offener Interviews und Gruppendiskussionen nicht ausloten. Auffallend ist jedoch, dass in individuellen Überzeugungen Elemente mehrerer Theorien nebeneinander existieren oder miteinander verknüpft sein können (was auch in anderen Bereichen festzustellen ist; vgl. von Bülow, 2011, S. 128 ff.) und überindividuell mit denselben Argumenten (z. B. „Anknüpfen an Interessen der Kinder") völlig unterschiedliche Entscheidungen gestützt werden können. Beides wirft die Hypothese auf, dass es sich wohl nicht selten um allgemein akzeptierte pädagogische Schlagworte handelt, die nur wenig fundiert sind.

3.5 Schlussfolgerungen für die weiteren Erhebungen

Geht man von den *Leitideen der Bildungsstandards* (KMK, 2004a) aus, so zeigt sich die Dominanz der Leitidee „Zahlen und Operationen" sowohl im Kindergarten als auch im Anfangsunterricht. Die Entwicklung des Zahlbegriffs erweist sich als zentral, ungeachtet dessen, dass im Einzelnen unterschiedliche Konzepte zum Tragen kommen und eine Vielfalt von Materialien eingesetzt wird. Daneben kommen aber auch immer wieder Materialien oder Inhalte vor, die auf andere Leitideen zielen; es gibt deshalb auch keine Leitidee, die überhaupt nicht berücksichtigt wird. Bezüglich der anderen vier Leitideen besteht die Vermutung, dass hier große Unterschiede bestehen, sowohl hinsichtlich des Wissens als auch bezüglich der Praxis in beiden Institutionen. Für eine möglichst handlungsrelevante Erfassung des professionellen Wissens von ErzieherInnen und GrundschullehrerInnen wird hieraus abgeleitet, dass die eingesetzten Instrumente einerseits die zentrale Rolle der Arithmetik widerspiegeln müssen, aber auch die anderen Bereiche nicht ganz ausblenden dürfen. Weiter können Bild- und Videovignetten in Bezug auf die immer wieder betonte Bedeutung offener Lerngelegenheiten und des Mathematiklernens im Alltag zeigen, ob die pädagogischen Fachkräfte beider Institutionen auch das Potenzial besitzen, geeignete Situationen entsprechend zu nutzen und zu gestalten.

Die *Anregung prozessbezogener Kompetenzen* wird in der Voruntersuchung zwar immer wieder als ein Aspekt mathematischer Bildung erwähnt, bleibt aber deutlich hinter der Förderung inhaltsbezogener Kompetenzen zurück. Deshalb ist es eine offene Frage, inwieweit es ErzieherInnen und LehrerInnen gelingt, prozessbezogene Kompetenzen in dafür geeigneten Situationen anzuregen. Vier Videovignetten sollen diesbezüglich Aufschluss geben.

Weiter wird deutlich, dass es in Bezug auf das Mathematiklernen große Überschneidungen zwischen beiden Bildungsinstitutionen gibt. Es lassen sich keine Inhalte ausmachen, die nur im Kindergarten oder ausschließlich in der Grundschule behandelt werden. Insofern bestätigt sich die im Design von AnschlussM getroffene Annahme, dass ErzieherInnen und GrundschullehrerInnen einen gemeinsamen elementarmathematischen und mathematikdidaktischen Wissensbestand benötigen. Auch die Entscheidung, für ErzieherInnen und LehrerInnen dieselben Skalen einzusetzen – nicht nur zur Erfassung der Überzeugungen, sondern auch zur Erhebung des elementarmathematischen und fachdidaktischen Wissens – wird dadurch gestützt.

Eng damit verbunden ist die Frage der *Lernbegleitung in Bezug auf Mathematik*. Hierzu drängt sich – nicht zuletzt aufgrund der Fallstudien – die Vermutung auf, dass das Verhalten der ErzieherInnen und LehrerInnen in der Praxis merklich hinter den eigenen Überzeugungen zurückbleibt und in *instruktionistischen Mustern* verharrt. Zudem darf angenommen werden, dass Schlagworte wie „Kindorientierung" oder „offene Lernangebote" interindividuell sehr unterschiedlich mit Bedeutung versehen werden – möglicherweise auch domänenspezifisch oder situationsabhängig. Insbesondere in der computergestützten Erhebung sollte sich zeigen, in welcher Weise ErzieherInnen und LehrerInnen in typischen Situationen des Mathematiklernens tatsächlich eine *offene Gestaltung von Lernangeboten* sowie eine damit verbundene gleichermaßen unterstützende und kognitiv-aktivierende Lernbegleitung realisieren können. Weiter wird sich herausstellen, ob die zum Setzen geeigneter Impulse im richtigen Moment nötigen *elementarmathematischen und mathematikdidaktischen Grundlagen* vorhanden sind.

Im Hinblick auf *Unterschiede zwischen pädagogischen Fachkräften in Bremen und Baden-Württemberg* lässt die Voruntersuchung den Schluss zu, dass sich keine grundsätzlich unterschiedlichen Praktiken und Überzeugungen zeigen. Die noch offene Frage, wie die Verteilung in der Breite ist, verweist auf die repräsentative Fragebogenerhebung. Insbesondere ist damit der Einsatz derselben Skalen in beiden Bundesländern mit anschließenden Varianzanalysen sinnvoll. Weiter besteht die Vermutung, dass allenfalls bestimmte Konzepte zum Mathematiklernen im Kindergarten – wie „Zahlenland" (Preiß, 2004/05) oder „Gleiches Material in großen Mengen" (Lee, 2010) – regional unterschiedlich verbreitet sind und insbesondere im Umfeld der jeweiligen Hochschulen, an denen sie entwickelt wurden, häufiger eingesetzt werden.

In Bezug auf die *Kooperation von Kindergarten und Grundschule* zeigt die Voruntersuchung, dass in allen betreffenden Institutionen offenbar eine als funktionierend beschriebene Kooperation stattfindet. Dennoch bestehen deutliche Erwartungen an eine Intensivierung der Kooperation, insbesondere von Seiten der ErzieherInnen. Und dies, obwohl die Kooperation vielfach von den GrundschullehrerInnen gesteuert wird, sich in der Außenperspektive demnach als stark asymmetrisch darstellt, auch wenn diese Asymmetrie von den beteiligten Personen akzeptiert oder nicht als solche wahrgenommen wird. Hinzu kommt, dass beide Gruppen nur wenig über das Mathematiklernen in der jeweils anderen Institution zu wissen scheinen.

Auch hierzu besteht die Erwartung an die Fragebogenerhebung, differenzierte Aufschlüsse insbesondere zu den Unterschieden zwischen ErzieherInnen und LehrerInnen zu liefern und genauer aufzuweisen, welchen Einfluss die institutionellen Rahmenbedingungen (etwa die Anzahl der Kooperationspartner) auf die Wahrnehmung der Kooperation und den Wunsch nach ihrer Intensivierung haben.

4 Stand der Forschung und Untersuchungshypothesen

Kapitel 4 stellt zu den eingangs formulierten Forschungsfragen den aktuellen Stand der Forschung dar. Auf dieser Basis werden – unter Einbezug der Ergebnisse der Vorstudie (Kap. 3) – die zu prüfenden Untersuchungshypothesen abgeleitet. Dies geschieht im Hinblick auf folgende, für die Anschlussfähigkeit relevante Aspekte professioneller Kompetenz: Überzeugungen zur Natur von Mathematik, zum Lehren und Lernen von Mathematik und zur Bedeutung von allgemeinen wie mathematischen Vorerfahrungen der Kinder am Schulanfang (Kap. 4.1), elementarmathematisches und mathematikdidaktisches Wissen (Kap. 4.2), motivationale Variablen zur Selbstwirksamkeitserwartung und zum Interesse an Mathematik (Kap. 4.3) sowie Tätigkeitsanforderungen im Bereich Kooperation und Arbeitsbelastung (Kap. 4.4). Die sich so ergebenden vier Hypothesenpakete bilden zum einen die Grundlage für die Gestaltung der Erhebungsinstrumente (Fragebogen, Bild- und Videovignetten) und zum anderen die Prüfsteine für die Interpretation der Erhebungsbefunde.

4.1 Mathematikbezogene Überzeugungen

Gerald Wittmann, Katja Meyer-Siever & Anne Levin

Die mathematikbezogenen Überzeugungen werden als einer der Schlüsselfaktoren der professionellen Kompetenz von Mathematiklehrkräften angesehen (vgl. Baumert & Kunter, 2006), was in gleicher Weise auch für ErzieherInnen angenommen werden kann (vgl. Anders, 2012), sofern es um mathematische Lehr-Lern-Prozesse geht. Im Folgenden werden gängige Konzeptualisierungen für mathematikbezogene Überzeugungen beschrieben (Kap. 4.1.1), Ansätze zu ihrer Erhebung diskutiert (Kap. 4.1.2), für AnschlussM relevante empirische Befunde dargestellt (Kap. 4.1.3) und die darauf basierenden Untersuchungshypothesen abgeleitet (Kap. 4.1.4).

4.1.1 Konzeptualisierung

Das Konstrukt *Überzeugungen* wird sowohl im deutschsprachigen Raum (*Vorstellungen und Einstellungen, Werte, Haltungen, subjektive Theorien, Weltbilder*) als auch international (*Attitudes, Conceptions, Beliefs, Views, Belief Systems*) durch eine Vielzahl von Bezeichnungen erfasst (Stipek et al., 2001; Pajares, 1992; Thompson, 1992) und unterschiedlich konzeptualisiert und operationalisiert – dementsprechend bezeichnet Pajares (1992, S. 307) Beliefs als „messy construct".

TEDS-M (Felbrich, Schmotz & Kaiser, 2010) und COACTIV (Voss et al., 2011) sprechen von „Überzeugungen". Weitgehend synonym dazu findet sich in der englischsprachigen Literatur die Bezeichnung „beliefs" (exemplarisch: Maaß & Schlöglmann, 2009; Leder, Pehkonen & Törner, 2002), die auch im Bereich der deutschsprachigen Mathematikdidaktik gängig ist (exemplarisch: Grigutsch, 1996). Gleichzeitig wird aber auch „attitude" verwendet (exemplarisch: Thiel, 2010; Benz, 2012a), offensichtlich bedeutungsgleich, da überwiegend dieselben Skalen eingesetzt werden, während Maaß und Schlöglmann (2009) zwischen „attitude" und „beliefs" unterscheiden.

Umstritten ist insbesondere die Frage der *Unterscheidung von Wissen und Überzeugungen*. Einerseits werden Wissen („knowledge") und Vorstellungen („beliefs") gemeinsam als Beliefs bezeichnet, da nach Pajares (1992) und Thompson (1992) kaum entschieden werden kann, ob die Überzeugungen eines Individuums als eher intersubjektives (oder gar objektives) Wissen oder als eher individuelle Vorstellung eingeordnet werden sollten. Andererseits wird eine Trennung von Wissen und Überzeugungen dahingehend vorgenommen, dass Wissen die kognitive Komponente beschreibt, während Überzeugungen für die affektive und die evaluative Komponente stehen (Sinatra & Pintrich, 2003; Nespor, 1987), teilweise auch dahingehend, dass Wissen und Überzeugungen unterschiedliche Rechtfertigungen zugrunde liegen (Wischmeier, 2012; Baumert & Kunter, 2006). Modelle zu Kompetenzen von Lehrkräften unterscheiden dementsprechend zwischen Wissen (wiederum untergliedert in mehrere Aspekte oder Facetten) und Überzeugungen.

Überzeugungen wirken – so die allgemeine Annahme – wie eine Art *Filter*. Sie strukturieren die Art der Begegnung mit der Welt vor und steuern somit die Wahrnehmung pädagogischer Fachkräfte, was sowohl die Auswahl von Informationen als auch die Zielvorstellungen und damit einhergehende als möglich erachtete Handlungsoptionen beeinflusst (Köller, Baumert & Neubrand, 2000; Pajares, 1992). Weiter werden Überzeugungen die Funktion einer „Brücke zwischen Wissen und Handeln" (Felbrich, Schmotz & Kaiser, 2010, S. 297) zugeschrieben. Aus fachbezogener Perspektive werden demgegenüber *epistemologische Überzeugungen* als „Vorstellungen über die Struktur des Wissens und des Wissenserwerbs" bezeichnet (Urhahne & Hopf, 2004, S. 71; vgl. auch Hofer & Pintrich, 1997).

Die *Bedeutung von Überzeugungen für das Handeln von LehrerInnen* ist empirisch belegt: Studien weisen beispielsweise auf Interaktionen zwischen den Überzeugungen der Lehrkräfte, ihrem Unterrichtsstil (bzw. dem „epistemologischen Klima" im Klassenraum) und den epistemologischen Überzeugungen der SchülerInnen hin (Brownlee & Berthelsen, 2008; Haerle & Bendixen, 2008; Louca et al., 2004; Staub & Stern, 2002; Steinbring, 1991). Weiter lassen sich Auswirkungen auf den Lernerfolg von SchülerInnen nachweisen; die Frage, wie dieser Zusammenhang modelliert werden kann, ist allerdings nicht geklärt und Gegenstand aktueller Forschung (Voss et al., 2011).

Überzeugungen, insbesondere epistemologische Überzeugungen, galten lange Zeit als relativ stabil und nur schwer zu verändern (Schommer-Aikins, 2004), wozu auch beiträgt, dass sich Überzeugungen vielfach aufeinander beziehen und einander stützen, also als geschlossene Gruppe (Cluster) auftreten (Calderhead, 1996; Pajares, 1992). Gelegentlich wird zwischen *primären Überzeugungen*, die sich als sehr resistent gegenüber Veränderungen erweisen, und leichter zu modifizierenden *sekundären Überzeugungen* unterschieden (Pajares, 1992). In den letzten Jahren mehren sich aber Befunde für eine Veränderbarkeit von Überzeugungen; es gibt erste Hinweise darauf, dass sie und wie sie verändert werden können (exemplarisch: Mattheoudakis, 2007; Brownlee, 2003; Feiman-Nemser & Buchmann, 1987). Allerdings lassen sich aus diesem Forschungsstand keine klaren Prinzipien ableiten, wie professionsbezogene Überzeugungen weiterentwickelt werden können, dies ist nach wie vor ungeklärt.

In AnschlussM wird mit folgender Definition gearbeitet: Überzeugungen werden aufgefasst „als implizite oder explizite subjektiv für wahr gehaltene Konzeptionen, welche die Wahrnehmung der Umwelt und das Handeln beeinflussen" (Baumert & Kunter, 2006, S. 497, in Anlehnung an Op't Eynde, De Corte & Verschaffel, 2002). Wissen wird getrennt von Überzeugungen betrachtet, da sich in Überzeugungen affektiv-motivationale mit kognitiven Aspekten mischen, während Wissen als ein rein kognitives Konstrukt verstanden wird.

4.1.2 Erfassung

Grundsätzlich können Überzeugungen, die explizit repräsentiert sind, mittels standardisierter Instrumente wie Fragebögen mit Multiple-Choice-Items erhoben werden. Bei explizit repräsentierten Überzeugungen stellt sich aber – kritisch betrachtet – wieder die Frage nach der Abgrenzbarkeit von Überzeugungen und Wissen. Insbesondere Überzeugungen zur Natur von Mathematik („mathematische Weltbilder") sowie zum Lehren und Lernen von Mathematik werden häufig über geschlossene Fragebögen erfasst (in Bezug auf Lehrkräfte: Voss et al., 2011; Felbrich, Schmotz & Kaiser, 2010; Gellert, 1998; Grigutsch, Raatz & Törner, 1998; in Bezug auf ErzieherInnen: Benz, 2012a; Thiel, 2010). Da die eingesetzten Items meist allgemein und ohne konkreten Kontext formuliert sind, muss jedoch offen bleiben, worauf sich die auf diese Weise erhobenen Überzeugungen beziehen (zum Beispiel auf in der eigenen Schulzeit erlebten Mathematikunterricht, auf Hochschulmathematik oder auf mathematische Bildung im Kindergarten).

Implizite Überzeugungen können als zeitlich überdauernde Persönlichkeitsdispositionen nur aus dem Handeln der betreffenden Personen in konkreten Situationen rekonstruiert werden (typischerweise mittels teilnehmender oder nichtteilnehmender Beobachtung). Neben dem hohen Aufwand für die Datenerhebung und der Notwendigkeit der Auswertung durch fachkundige und geschulte Personen bleibt als grundsätzliches Problem die Abgrenzung epistemologischer Überzeugungen von anderen in der Erhebungssituation bestehenden Einflussfaktoren und gar Zufällen, da das Handeln in einer gegebenen Situation nicht nur von den Überzeugungen abhängt, sondern auch von jeweils spezifischen Handlungsbedingungen. Aus forschungsökonomischen Gründen wird deshalb oft das berichtete oder geplante Handeln – teilweise auch in Verbindung mit Vorbereitungsunterlagen oder Materialien der frühpädagogischen Fachkräfte oder LehrerInnen – als Grundlage herangezogen (exemplarisch: Guder, 2002). Neuere Ansätze versuchen darüber hinaus, implizite Überzeugungen mittels Bild- oder Videovignetten in einer standardisierten Umgebung zu erfassen.

4.1.3 Empirische Befunde

Bei LehrerInnen und ErzieherInnen werden häufig zwei Aspekte erhoben: Überzeugungen zur Natur von Mathematik und Überzeugungen zum Lehren und Lernen von Mathematik.

Bei *Überzeugungen zur Natur von Mathematik* handelt es sich um individuelle Bilder der Fachwissenschaft Mathematik, die sich in erster Linie auf die Struktur mathematischen Wissens beziehen, wenn man die Unterscheidung von Struktur, Genese, Verlässlichkeit und Rechtfertigung von domänenspezifischem Wissen (Hofer & Pintrich, 1997) als Basis wählt. Den Hintergrund hierfür bilden wissenschaftstheoretische und epistemologische (sowie in der Folge fachdidaktische) Arbeiten, die verschiedene Aspekte von Mathematik beziehungsweise mathematischen Denkens und Arbeitens unterscheiden.

Die Erforschung „mathematischer Weltbilder" („mathematical world views") von Lehrenden wie Lernenden geht auf Schoenfeld (1994; 1992) zurück. Daran anknüpfend arbeiten Törner und Grigutsch (1994) vier Aspekte von Mathematik heraus: Der *Formalismus-Aspekt* beschreibt Mathematik als ein formales System, das von Strenge und Exaktheit geprägt ist. Der *Schema-Aspekt* erfasst Mathematik als „fertige Mathematik", als „Werkzeugkasten", als ein System von Regeln, Algorithmen und Verfahren, die bei Bedarf eingesetzt werden können. Der *Anwendungs-Aspekt* bezieht sich auf außermathematische Anwendungen von Mathematik und betont die diesbezügliche Nützlichkeit von Mathematik. Der *Prozess-Aspekt* berücksichtigt das Problemlösen als einen zentralen Aspekt von Mathematik, der auch von Ideen und Intuition geprägt ist und in dem Explorieren, Entwickeln und Probieren eine wesentliche Rolle spielen.

Diese vier Aspekte schließen einander nicht aus. Sie stellen vielmehr Perspektiven auf Mathematik dar. In der Fachwissenschaft Mathematik finden sich daher alle diese Aspekte wieder, und versierte MathematikerInnen können flexibel zwischen den Sichtweisen springen. Empirisch lassen sich diese vier Aspekte bei SchülerInnen ab Klasse 8 (Grigutsch, 1996) sowie bei Lehrkräften aller Schulformen der Sekundarstufe nachweisen (Grigutsch, Raatz & Törner, 1998). Bis Klasse 6 scheint zu gelten: „Mathematik ist eben Mathematik" (Grigutsch, 1996, S. 137). Weiter tritt bei einer Reihe von SchülerInnen ab Klasse 8 ein zusätzlicher empirisch ermittelter Faktor auf, bezeichnet als *Strenge Schema-Orientierung*, die keinem Aspekt der Fachwissenschaft Mathematik entspricht, sondern das Verhalten von SchülerInnen beschreibt, die sich in extremer Weise an Beispielaufgaben und zugehörigen Lösungsverfahren orientieren.

Häufig werden die vier Aspekte nach Törner und Grigutsch (1994) auf zwei reduziert: Mathematik als *statisches System*, was im Wesentlichen den Schema-Aspekt beschreibt, und Mathematik als *dynamischer Prozess*, was den Prozess-Aspekt von Mathematik umfasst. Dies geschieht vor allem in Studien mit ErzieherInnen (Benz, 2012a; Thiel, 2010). Da im Vorschul- und Grundschulbereich Mathematik meist anknüpfend an Alltagserfahrungen und Alltagssituationen sowie unter Verwendung von Alltagsmaterialien gelernt wird, spielt der Formalismus-Aspekt hier keine Rolle und außermathematische Anwendungen lassen sich häufig nicht von innermathematischen Vorgehensweisen unterscheiden.

Zukünftige GrundschullehrerInnen besitzen TEDS-M zufolge eine neutrale Position gegenüber einer statischen Sichtweise von Mathematik und befürworten eine dynamische (Felbrich, Schmotz & Kaiser, 2010, S. 308 ff.). Im internationalen Vergleich sind nur in der Schweiz die Ablehnung einer statischen Sichtweise und die Zustimmung zu einer dynamischen noch stärker ausgeprägt. Auffällig ist, dass Studierende mit Mathematik als Fach in geringerem Maße statische und in höherem Maße dynamische Überzeugungen zeigen und sich damit klarer positionieren als jene, die nicht Mathematik gewählt haben.

Überzeugungen zum Lehren und Lernen von Mathematik beziehen sich im weitesten Sinne darauf, wie mathematische Lehr-Lern-Prozesse gestaltet werden sollen und welchen Voraussetzungen sie unterliegen.

- In Bezug auf Überzeugungen zur *Genese mathematischer Kompetenz* lassen sich eine begabungstheoretische Perspektive, die eine anthropologische Konstante und Conceptual Change umfassen kann, sowie eine erkenntnistheoretische Perspektive, die Transmission und Konstruktion umfassen kann, unterscheiden (Laschke & Blömeke, 2014; in Weiterentwicklung von Staub & Stern, 2002).
- Hinzu kommen *kontext- und situationsbezogene Überzeugungen*, die sich konkret auf Aspekte wie bestimmte Lerninhalte, einzusetzende Materialien oder die Gestaltung mathematischer Lernumgebungen beziehen. Diese können prinzipiell als kontext- und situationsspezifische Konkretisierungen aus allgemeineren Überzeugungen erwachsen, insbesondere aus jenen zur Genese mathematischer Kompetenz, aber auch singulär sein.

In TEDS-M befürworten Lehramtsstudierende konstruktivistisch orientierte Lehr-Lern-Prinzipien für den Mathematikunterricht und lehnen transmissionsorientierte ab (Felbrich, Schmotz & Kaiser, 2010, S. 316 ff.). Diese Position ist besonders im internationalen Vergleich bei den deutschen Studierenden stark ausgeprägt. Dabei zeigen sich jedoch studiengangspezifische Unterschiede: So lehnen zukünftige GrundschullehrerInnen ohne Mathematik als Fach die transmissionsorientierten Lehr-Lern-Prinzipien weniger stark ab als jene, die Mathematik als Fach studieren.

Die Fragebogenuntersuchungen von Thiel (2010) und Benz (2012a) zeichnen insgesamt ein heterogenes Bild der mathematikbezogenen Überzeugungen von ErzieherInnen. So ist die Offenheit gegenüber Mathematik bei älteren ErzieherInnen stärker ausgeprägt als bei jüngeren – dort überwiegt die Abneigung. Es ergibt sich eine mittlere Korrelation zwischen dem Alter der ErzieherInnen und ihrer Beziehung zur Mathematik (Thiel, 2010, S. 109 f.). Weiter bestehen Korrelationen zwischen einzelnen Aspekten des mathematischen Weltbildes und der Einstellung zur Mathematik, insbesondere zwischen der Offenheit in Bezug auf Mathematik und dem Anwendungsaspekt sowie der Abneigung gegenüber Mathematik und dem Schema-Aspekt (ebd., S. 110 ff.). Die emotionale Beziehung von ErzieherInnen zur Mathematik charakterisiert Benz (2012a, S. 218) als „between appreciation and distance". Es überwiegt eine schematische Sicht von Mathematik, während gleichzeitig konstruktivistische Sichtweisen auf das Lehren und Lernen von Mathematik in hohem Maße Zustimmung finden.

Auch hier korreliert das Bild von Mathematik (Schema, Anwendung, Prozess) mit der Überzeugung vom Lehren und Lernen von Mathematik (instruktionistisch, konstruktivistisch). Die befragten ErzieherInnen befürworten überwiegend mathematische Bildung schon im Kindergarten, wobei wiederholt auch eine deutliche Abgrenzung zur Schulmathematik erkennbar ist (ebd., S. 218).

In Bezug auf die *Inhalte früher mathematischer Bildung* tritt in beiden Untersuchungen eine klare Dominanz der Arithmetik zu Tage. Benz (2012a, S. 220 ff.) wertet hierzu die Antworten auf die offene Frage, welche mathematischen Kompetenzen schon im Kindergarten erworben werden sollen, häufigkeitsanalytisch aus, während Thiel (2010, S. 112 ff.) eine Liste mit 48 Aktivitäten vorgibt und die ErzieherInnen auf einer vierstufigen Likert-Skala bewerten sollen, wie stark diese die Entwicklung des mathematischen Denkens der Kinder fördern. Bestimmte Bereiche (insbesondere der Leitidee „Zahlen und Operationen" zugehörige) werden eher als förderlich eingestuft als andere (etwa der Leitidee „Daten und Zufall" zugehörige). Weiter ist vor allem die geringe Einschätzung allgemeiner mathematischer Kompetenzen, etwa Problemlösefähigkeiten, auffallend.

Einer Fragebogenuntersuchung von Fried (2012, S. 79 ff.) zufolge besitzen ErzieherInnen in Niedersachsen überwiegend ein positives Bild von Mathematik und befürworten fast durchweg mathematische Bildung im Kindergarten. Allerdings schlägt sich eine positive oder negative Einstellung zur Mathematik in weitaus geringerem Maße als erwartet auf die Einschätzung verschiedener Aspekte mathematischer Bildung im Kindergarten nieder (ebd., S. 83 ff.).

4.1.4 Hypothesen

AnschlussM zielt auf die Überzeugungen von ErzieherInnen und GrundschullehrerInnen in Bezug auf Mathematik und auf Mathematiklernen in Kindergarten und Grundschule. Es ist davon auszugehen, dass sich die unterschiedlichen Ausbildungssysteme und die damit verbundene berufliche Sozialisation für beide Professionen in den mathematikbezogenen Überzeugungen niederschlagen. Überträgt man die Befunde aus anderen Berufsgruppen (SchülerInnen in Grund- und Leistungskurs: Grigutsch, 1996; LehrerInnen verschiedener Schulformen: Grigutsch, Raatz & Törner, 1998), die im Einklang stehen mit möglichen Selbstselektionsprozessen zu Studienbeginn, so darf angenommen werden, dass eine intensivere Ausbildung in und Beschäftigung mit Mathematik zu einem stärker prozessorientierten und weniger schemaorientierten Bild von Mathematik führt.

Hypothese A1: GrundschullehrerInnen mit Mathematikstudium besitzen ein weniger schemaorientiertes und ein stärker prozess- und anwendungsorientiertes Bild von Mathematik als GrundschullehrerInnen ohne Mathematikstudium und diese wiederum als ErzieherInnen.

In Bezug auf die Überzeugungen zum Lehren und Lernen von Mathematik liefern die bekannten empirischen Studien keine eindeutigen Befunde, in welcher Weise sich die Ausbildungstiefe auswirkt. Deshalb ist hier nur eine ungerichtete Hypothese formulierbar:

Hypothese A2: ErzieherInnen und GrundschullehrerInnen unterscheiden sich hinsichtlich ihrer Überzeugungen zum Lehren und Lernen von Mathematik.

Gleiches gilt für die Frage, wie bedeutsam ErzieherInnen und GrundschullehrerInnen die Vorerfahrungen der Kinder am Schulanfang einschätzen. Auch die qualitative Vorstudie erlaubt diesbezüglich keine gerichteten Annahmen, verweist aber deutlich darauf, dass Unterschiede zwischen den beiden Professionen zu erwarten sind.

Hypothese A3: ErzieherInnen und GrundschullehrerInnen unterscheiden sich hinsichtlich der Bedeutung, die sie Vorerfahrungen (mathematisch wie allgemein) der Kinder am Schulanfang beimessen.

Was zwischen den Professionen anzunehmen ist, sollte auch zwischen den beiden betrachteten Bundesländern gelten: Es ist zu vermuten, dass abweichende bildungspolitische Rahmenbedingungen bezüglich Kindergarten und Grundschule in Bremen und Baden-Württemberg und Differenzen in den Ausbildungsgängen nicht ohne Einfluss auf die Überzeugungen der pädagogischen Fachkräften in beiden Bundesländern bleiben. Auch diesbezüglich wird eine ungerichtete Hypothese formuliert, da vorab unklar ist, in welcher Weise sich die genannten Faktoren auf die Überzeugungen der Fachkräfte auswirken:

Hypothese A4: Pädagogische Fachkräfte in Bremen unterscheiden sich von pädagogischen Fachkräften in Baden-Württemberg hinsichtlich ihrer Überzeugungen.

4.2 Elementarmathematisches und mathematikdidaktisches Wissen

Gerald Wittmann & Anne Levin

Das elementarmathematische und mathematikdidaktische Wissen sind weitere relevante Aspekte der professionellen Kompetenz von frühpädagogischen Fachkräften und MathematiklehrerInnen. Zunächst werden verschiedene Konzeptualisierungen betrachtet (Kap. 4.2.1), anschließend Fragen der Erhebung diskutiert (4.2.2) und für AnschlussM relevante empirische Befunde berichtet (Kap. 4.2.3), bevor zuletzt die zu prüfenden Hypothesen hergeleitet werden (Kap. 4.2.4).

4.2.1 Konzeptualisierung

Einer der ersten und bis heute grundlegenden Ansätze zur Konzeptualisierung des professionellen Wissens von Lehrkräften ist die Unterscheidung von „content knowledge", „pedagogical content knowledge" und „pedagogical knowledge" durch Shulman (1986), in heutiger Diktion als Fachwissen, fachdidaktisches Wissen und pädagogisches Wissen bezeichnet. Damit kommt insbesondere zum Ausdruck, dass bloßes Fachwissen und pädagogisches Wissen für LehrerInnen nicht genügen.

Der Ansatz, dass LehrerInnen ein spezielles, professionsorientiertes mathematisches Fachwissen benötigen, das eigener Natur ist und weder mit bloßem Schulwissen noch mit universitärem mathematischem Fachwissen gleichgesetzt werden darf, wird in der Folge weiter ausgearbeitet. So betont Ball (1990), dass für LehrerInnen auch ein Wissen über Mathematik („knowledge about mathematics") erforderlich ist. Ball, Thames und Phelps (2008) charakterisieren das mathematische und mathematikdidaktische Wissen, über das LehrerInnen verfügen sollten, genauer und differenzieren es in weitere Teilaspekte aus: Neben mathematischem Alltagswissen („common content knowledge") gehört dazu auch berufsbezogenes Spezialwissen („specialized content knowledge") und Überblickswissen bezüglich der Weiterführung mathematischer Inhalte („horizon content knowledge").

Alle großen nationalen und internationalen Studien (exemplarisch: TEDS-M, COACTIV, KomMA) greifen bei der Konzeptualisierung des Professionswissens von LehrerInnen auf die Unterscheidung von Fachwissen und fachdidaktischem Wissen nach Shulman (1986) zurück. Offen ist jedoch, welche die strukturbildenden Dimensionen des mathematischen und mathematikdidaktischen Wissens sind und welche der Dimensionen Auswirkungen auf die Unterrichtsgestaltung und weiter noch auf den Lernerfolg von SchülerInnen haben. Selbst die Frage, welches mathematische Wissen LehrerInnen wirklich benötigen, ist bis dato auf empirischer Basis nicht zu beantworten, auch wenn unstrittig ist, dass es sich um ein professionsbezogenes und spezialisiertes mathematisches Wissen handelt. Einen gewissen Konsens diesbezüglich, der gestuft nach Schulformen normativ gesetzt ist, fixieren „Ländergemeinsame inhaltliche Anforderungen für die Fachwissenschaften und Fachdidaktiken in der Lehrerbildung" der KMK (2008) und in Reaktion darauf entstandene „Standards für die Lehrerbildung im Fach Mathematik" der drei Berufsverbände DMV, GDM und MNU (2008).

In TEDS-M umfasst die Konzeptualisierung des mathematischen Wissens von GrundschullehrerInnen neben dem Hintergrundwissen zur Grundschulmathematik auch zentrale Inhalte der Sekundarstufe I, denn: „Angehende Primarstufenlehrkräfte müssen auf einem höheren, reflektierten Niveau jene Inhaltsgebiete beherrschen, die in den Jahrgangsstufen, in denen sie unterrichten werden, relevant sind." (Döhrmann, Kaiser & Blömeke, 2010, S. 171) Für die inhaltliche Ausdifferenzierung werden die Kategorien Arithmetik, Algebra, Geometrie und Stochastik verwendet. In KomMA werden in Bezug auf das mathematische Wissen angehender frühpädagogischer Fachkräfte die beiden Teilkategorien „Bildungsinhalte" und „Prozessbezogene mathematische Fähigkeiten" betrachtet (Dunekacke et al., 2013); hierin spiegelt sich die zentrale Struktur der Bildungsstandards für das Fach Mathematik im Primarbereich (KMK, 2004a) wider.

Bezüglich des mathematikdidaktischen Wissens unterscheidet TEDS-M zwei Kategorien: „Curriculares Wissen und auf die Planung von Unterricht bezogenes Wissen" sowie „Auf unterrichtliche Interaktion bezogenes Wissen" (Döhrmann, Kaiser & Blömeke, 2010, S. 176 ff.). Bei KomMa werden vier Aspekte unterschieden (Dunekacke et al., 2013): „Gestaltung von geplanten Bildungsprozessen", „Gestaltung von situativen mathematischen Bildungsprozessen", „Entwicklung mathematischer Fähigkeiten" und „Diagnostik und Förderung". COACTIV differenziert das mathematikdidaktische Wissen von Sekundarstufen-LehrerInnen in drei Dimensionen (Baumert & Kunter, 2011, S. 37 f.): „Wissen über [...] Aufgaben, ihre didaktische Sequenzierung und die langfristige curriculare Anordnung von Stoffen", „Wissen über Schülervorstellungen [...] und Diagnostik von Schülerwissen und Verständnisprozessen", „Wissen über multiple Repräsentations- und Erklärungsmöglichkeiten". Lindmeier (2011, S. 105 ff.) unterscheidet „Basiswissen" sowie „Reflexive Kompetenz" und „Aktionsbezogene Kompetenz" (Bezeichnungen nach Lindmeier, Heinze & Reiss, 2013, S. 105 ff.) mit dem Ziel, nicht nur deklaratives, sondern auch anforderungsbezogenes und handlungsnahes Wissen zu erheben. Generell muss die Konzeptualisierung und Operationalisierung mathematikdidaktischen Wissens immer noch als ein Feld aktueller Forschung gelten (vgl. Buchholtz, Kaiser & Blömeke, 2014; Krauss et al., 2008).

In AnschlussM wird elementarmathematisches und mathematikdidaktisches Wissen von ErzieherInnen und LehrerInnen erfasst. Es handelt sich dabei um Wissen, über das *beide Professionen gleichermaßen* verfügen müssen, um

- in der jeweiligen Einrichtung mathematische Lernsituationen im Hinblick auf den Übergang vom Kindergarten in die Grundschule adaptiv und mathematikdidaktisch fundiert gestalten zu können und
- auf der Ebene der Fachkräfte miteinander anschlussfähig und fachlich wie fachdidaktisch angemessen über Inhalte, Diagnosen und die Gestaltung gemeinsamer Angebote sprechen zu können.

Es ist davon auszugehen, dass ErzieherInnen wie GrundschullehrerInnen, die nicht über dieses Wissen verfügen, weder *mathematische Lernangebote adäquat gestalten* noch *im Alltag entstehende mathematische Lerngelegenheiten sinnvoll aufgreifen und weiterführen* können. (Für die Gruppe der GrundschullehrerInnen stellt das nur einen kleinen Ausschnitt des professionsrelevanten mathematikdidaktischen Wissens dar – so erfasst AnschlussM z. B. nicht das Wissen zu halbschriftlichen und schriftlichen Rechenverfahren.) Da im ausgewählten Bereich elementarmathematisches und mathematikdidaktisches Wissen eng verknüpft sind und weder konzeptuell noch empirisch sinnvoll getrennt werden können, wurden in AnschlussM keine getrennten Skalen gebildet, sondern beide Aspekte als ein Konstrukt behandelt. Erfasst wird in AnschlussM einerseits *deklaratives Wissen* im Zuge der Fragebogenerhebung, darüber hinaus aber auch *anforderungsbezogenes und handlungsnahes Wissen* in der computergestützten Erhebung mittels Bild- und Videovignetten.

4.2.2 Erfassung

Das mathematische Wissen von LehrerInnen wird – unabhängig davon, wie es jeweils konzeptualisiert ist – stets über Fragebögen erfasst, teilweise mit Multiple-Choice-Items, teilweise mit offenen Antworten, die anschließend kodiert oder geratet werden (TEDS-M: Laschke & Blömeke, 2014; COACTIV: Krauss et al., 2008; Ball, Hill & Bass, 2005).

Das mathematikdidaktische Wissen von LehrerInnen wird auf unterschiedliche Weise erhoben (vgl. zusammenfassend: Lindmeier, 2013). Zunächst findet sich – insbesondere in allen Large-Scale-Assessments – der Einsatz von Fragebögen mit geschlossenen oder offenen Items, teilweise auch mit Bildvignetten (Baumert & Kunter, 2011; Laschke & Blömeke, 2014). Diese Studien zielen auf eine möglichst breite Abbildung des mathematikdidaktischen Wissens. Klassische Paper-and-Pencil-Tests bilden jedoch die Komplexität beruflicher Anforderungen nur bedingt ab und erfassen damit eher träges Wissen als eine handlungsrelevante, mathematische und mathematikdidaktische Kompetenz: „In der Abwägung zwischen geschlossenen und offenen Aufgabenformaten ist zudem zu bedenken, dass gerade geschlossene Aufgaben häufig nicht auf das Generieren von Handlungsoptionen abzielen (können), sondern sich eher auf das Abrufen von Wissen beziehen. Beim derzeitigen Stand der Lehrerbildungsforschung ist *Handlungsnähe* insofern fast nur über offene Aufgaben zu realisieren" (Aufschnaiter & Blömeke, 2010, S. 364). Diesbezüglich gelten Bild- und vor allem Videovignetten als Mittel der Wahl (exemplarisch: Kersting, 2008; Lindmeier, 2011). Zusätzlich kann Unmittelbarkeit durch eine Adressierung gesprochener Antworten direkt an die SchülerInnen erzeugt und Reflexivität durch eine Begrenzung der Bearbeitungszeit verhindert werden (vgl. Lindmeier, 2011). Studien, die offenere Erhebungsverfahren präferieren und eine Annäherung an die Performanz versuchen, fokussieren deshalb auf spezifische Bereiche, so auf die diagnostische Kompetenz von GrundschullehrerInnen (Schulz, 2014; Weinsheimer & Rathgeb-Schnierer, 2014).

4.2.3 Empirische Befunde

In mehreren großen Studien gelingt es, die *Konsequenzen von Ausbildungsunterschieden* empirisch nachzuweisen. Allerdings lassen sich die gemessenen Werte (und ihre Differenzen) nur schwer einschätzen, weil es weder einheitliche Skalen noch entsprechende Referenzwerte gibt (anders als bei SchülerInnen, wo der mittlere Lernerfolg je Schuljahr als Vergleichsgröße herangezogen werden kann).

In MT21 (Blömeke, Kaiser, Schwarz, Seeber, Lehmann, Felbrich & Müller, 2008, S. 91ff.) werden zwei Gruppen verglichen: ReferendarInnen für ein Lehramt an Grund-, Haupt- oder Realschulen mit ReferendarInnen für ein Lehramt an Gymnasien oder Gesamtschulen. Letztere Gruppe besitzt einen großen Vorsprung beim mathematischen und einen deutlich geringeren Vorsprung beim mathematikdidaktischen Wissen (das allerdings in MT21 auch sehr mathematiknah operationalisiert ist). Allerdings ist die Streuung der Werte sowohl auf der individuellen Ebene als auch auf der Ebene der Studienseminare enorm. In der Folgestudie TEDS-M (Blömeke et al., 2010, S. 220 ff., S. 238 ff.) werden angehende LehrerInnen, die ein „reines" Grundschullehramt studiert haben, und solche mit einer Lehrberechtigung für die Klassen 1 bis 10 betrachtet. In beiden Gruppen zeigen sich sowohl beim mathematischen als auch beim mathematikdidaktischen Wissen große Unterschiede zwischen jenen mit Mathematik als Unterrichtsfach und jenen, die nicht Mathematik studiert haben. Besonders groß ist die Differenz jeweils bei den LehrerInnen für die Klassen 1 bis 10, während sie bei den GrundschullehrerInnen deutlich geringer ausfällt. Dass am Ende des Studiums derartige Differenzen auftreten, ist allerdings naheliegend; offen bleibt, in welchem Umfang fachfremd unterrichtende LehrerInnen im Rahmen ihrer Berufstätigkeit ihren Rückstand aufholen können. COACTIV (Baumert & Kunter, 2011) untersucht das mathematische und mathematikdidaktische Wissen von LehrerInnen der Sekundarstufe: Hierbei tritt in beiden Bereichen ein deutlicher Vorsprung der GymnasiallehrerInnen gegenüber den LehrerInnen in nicht gymnasialen Studiengängen auf. Dieser Befund kann so interpretiert werden, dass Defizite aufgrund eines geringen Ausbildungsumfangs im Beruf nicht oder zumindest nicht vollständig aufgeholt werden können. Allerdings ist auch in COACTIV die Streuung enorm, was darauf verweist, dass die Zugehörigkeit zu einer der Gruppen allein das unterschiedliche mathematische und mathematikdidaktische Wissen nur bedingt erklären kann.

Bezüglich des Zusammenhangs und der Bedeutung von mathematischem und mathematikdidaktischem Wissen liegen unterschiedliche empirische Befunde vor. In der deutschen Stichprobe von TEDS-M tritt eine starke Korrelation von mathematischem und mathematikdidaktischem Wissen auf (Blömeke et al., 2010, S. 240 ff.). Umgekehrt zeigt COACTIV für Sekundarstufenlehrkräfte, dass das fachdidaktische Wissen einen weitaus größeren Einfluss hat als das Fachwissen und entscheidend für die Unterrichtsqualität der Lehrkräfte sowie den Lernerfolg der SchülerInnen ist (Baumert & Kunter, 2011, S. 182 f.). Die Ursachen müssen in beiden Studien offen bleiben. Umstritten ist insbesondere, welchen Einfluss die Operationalisierung des Konstrukts mathematikdidaktisches Wissen besitzt, die teilweise sehr mathematiknah gestaltet wurde (vgl. Buchholz, Kaiser & Blömeke, 2014; Brunner et al., 2011) und „ganz in der Tradition der deutschsprachigen ‚Stoffdidaktik' steht" (Krauss et al., 2008, S. 236).

Im Rahmen des IQB-Ländervergleichs können die *Auswirkungen fachfremden Mathematikunterrichts* nachgewiesen werden: SchülerInnen, die von einer Lehrkraft mit Lehrbefähigung in Mathematik unterrichtet wurden, erbringen signifikant bessere Mathematikleistungen als jene mit einer fachfremden Lehrkraft (vgl. Richter et al., 2012, S. 240). Allerdings wird hierbei nur das Ausbildungsmerkmal „Mathematikstudium" per Selbstauskunft erhoben, nicht jedoch das vorhandene Wissen der Lehrkräfte.

4.2.4 Hypothesen

Welches elementarmathematische und mathematikdidaktische Wissen pädagogische Fachkräfte entwickeln, hängt von verschiedenen Faktoren ab: Zunächst von Umfang und Intensität der Ausbildung, aber auch von der Möglichkeit, das dort erworbene Wissen im beruflichen Alltag zu vernetzen und vertiefen. Weiter kommen in Betracht die individuellen Vorerfahrungen (hier: mit Mathematik in der eigenen schulischen Laufbahn) und eine mögliche Selbstselektion vor Studienbeginn. Alle diese Faktoren legen nahe, dass GrundschullehrerInnen mit Mathematikstudium über ein höheres elementarmathematisches und mathematikdidaktisches Wissen verfügen als ihre KollegInnen ohne Mathematikstudium und diese wiederum als ErzieherInnen. Betrachtet man die letzten beiden Gruppen, so verfügen zwar auch fachfremd unterrichtende GrundschullehrerInnen nur über eine marginale oder keine Mathematikausbildung, sollten aber aufgrund ihrer beruflichen Praxis (die beispielsweise den Austausch mit KollegInnen und die Auseinandersetzung mit den konkreten Anforderungen im eigenen Unterricht mit sich bringt) doch deutlich mehr elementarmathematisches und mathematikdidaktisches Wissen besitzen als ErzieherInnen.

Dieser Unterschied sollte zunächst für deklaratives Wissen gelten:

Hypothese B1: GrundschullehrerInnen mit Mathematikstudium verfügen über ein signifikant größeres deklaratives elementarmathematisches und mathematikdidaktisches Wissen als GrundschullehrerInnen ohne Mathematikstudium und diese wiederum als ErzieherInnen.

Vermutlich spiegeln sich die Unterschiede auch im anforderungbezogenen und handlungsnahen Wissen wider. Dies betrifft das Erkennen des mathematischen Potenzials einer gegebenen Situation, d. h. das Erkennen, ob und in welcher Weise diese Situation eine Gelegenheit für mathematische Lernprozesse der betreffenden Kinder bietet.

Hypothese B2: GrundschullehrerInnen mit Mathematikstudium können das mathematische Potenzial einer gegebenen Situation signifikant besser erkennen als GrundschullehrerInnen ohne Mathematikstudium und diese wiederum als ErzieherInnen.

Weiter wird angenommen, dass sich die drei Gruppen darin unterscheiden, wie sie die Aktivitäten der Kinder aufgreifen:

Hypothese B3: GrundschullehrerInnen mit Mathematikstudium können die Aktivitäten von Kindern in mathematikdidaktisch adäquater Weise signifikant besser aufgreifen als GrundschullehrerInnen ohne Mathematikstudium und diese wiederum als ErzieherInnen.

Es ist zu erwarten, dass die Differenz zwischen diesen drei Gruppen kleiner wird oder sogar verschwindet, wenn es sich um Situationen handelt, die auch ohne einschlägige Ausbildung als mathematisch wahrgenommen und eingeordnet werden können. Dies sollte für Situationen der Fall sein, deren Potenzial unter die Leitideen „Zahlen und Operationen" sowie „Größen und Messen" subsumiert werden kann, weil diese entsprechend der vorliegenden empirischen Befunde (vgl. Kap. 4.1.3) und der Ergebnisse der qualitativen Voruntersuchung (vgl. Kap. 3.3.1) stärker im Fokus der ErzieherInnen (und damit wohl auch der LehrerInnen ohne Mathematikstudium) liegen. Hingegen dürfte bei Situationen, deren Potenzial auf die Leitideen „Muster und Strukturen", „Raum und Form" sowie „Daten, Häufigkeit und Wahrscheinlichkeit" zielt und nur mit einer einschlägigen Ausbildung oder Berufspraxis erkannt werden kann, der Unterschied zwischen den drei Gruppen weiterhin auftreten.

Hypothese B4: GrundschullehrerInnen (unabhängig von einem Mathematikstudium) und ErzieherInnen unterscheiden sich nicht hinsichtlich des Ansprechens der Leitideen „Zahlen und Operationen" oder „Größen und Messen" in gegebenen Situationen.

Hypothese B5: GrundschullehrerInnen mit Mathematikstudium sprechen die Leitideen „Muster und Strukturen", „Raum und Form" sowie „Daten, Häufigkeit und Wahrscheinlichkeit" signifikant häufiger an als GrundschullehrerInnen ohne Mathematikstudium und diese wiederum als ErzieherInnen.

Entsprechend der aktuellen Konzeptionen für das Mathematiklernen im Elementar- und Primarbereich sollten neben inhaltsbezogenen mathematischen Kompetenzen auch allgemeine mathematische Kompetenzen insbesondere durch eine adäquate Lernbegleitung gefördert werden. Da in der qualitativen Voruntersuchung über die beiden Professionen hinweg kaum Aspekte genannt werden, die auf eine wesentliche Bedeutung allgemeiner mathematischer Kompetenzen zielen, ist davon auszugehen, dass auch das entsprechende prozedurale Wissen jeweils sehr niedrig ist.

Hypothese B6: Sowohl GrundschullehrerInnen (unabhängig von einem Mathematikstudium) als auch ErzieherInnen können nur in geringem Maß in vorgegebenen Situationen allgemeine mathematische Kompetenzen fördern.

Dennoch sollten sich auch auf diesem niedrigen Niveau Unterschiede zwischen den drei Gruppen zeigen.

Hypothese B7: GrundschullehrerInnen mit Mathematikstudium können signifikant besser in vorgegebenen Situationen mathematikdidaktische Ideen zur Förderung allgemeiner mathematischer Kompetenzen entwickeln als GrundschullehrerInnen ohne Mathematikstudium und diese wiederum als ErzieherInnen.

Vergleicht man die beiden Berufsgruppen über die beiden Bundesländer hinweg, so gibt es zahlreiche Hinweise auf Unterschiede (s. Kap. 2). Da mehrere, teilweise auch gegenläufige Einflüsse auszumachen sind und unklar bleibt, welche der Effekte dominieren, wird eine ungerichtete Hypothese formuliert:

Hypothese B8: Pädagogische Fachkräfte in Bremen unterscheiden sich von pädagogischen Fachkräften in Baden-Württemberg hinsichtlich ihres elementarmathematischen und mathematikdidaktischen Wissens.

Hinter den bislang genannten Hypothesen stehen zwei Grundannahmen, die ebenfalls geprüft werden sollen. Bei den mathematikbezogenen Überzeugungen handelt es sich um relativ überdauernde Konstrukte (vgl. Kap. 4.1.1), die sich im Handeln der pädagogischen Fachkräfte zeigen sollten.

Hypothese B9: Mathematikbezogene Überzeugungen beeinflussen als Hintergrundmerkmale das Erkennen des mathematischen Potenzials einer Situation und das Aufgreifen der Aktivitäten von Kindern.

In ähnlicher Weise wird angenommen, dass deklaratives Professionswissen (hier: elementarmathematisches und mathematikdidaktisches Wissen) sich in Handlungssituationen (und damit auch schon im intendierten Handeln) äußert.

Hypothese B10: Elementarmathematisches und mathematikdidaktisches Wissen beeinflusst als Hintergrundmerkmal das Erkennen des mathematischen Potenzials einer Situation und das Aufgreifen der Aktivitäten von Kindern.

4.3 Selbstwirksamkeitserwartung und Interesse an Mathematik

Johanna Gläser

Ob pädagogische Fachkräfte sich Kooperationssituationen mit neuen fachlichen Anforderungen stellen und ob sie auch damit verbundene schwierige Situationen bewältigen, hängt wesentlich davon ab, inwieweit sie sich auf Grundlage der vorhandenen Ressourcen eine erfolgreiche Bearbeitung zutrauen (Selbstwirksamkeitserwartungen). Dabei haben Selbstwirksamkeitserwartungen und berufliches Interesse einen wechselseitigen Einfluss aufeinander (Bandura, 1997): Ein Interesse an mathematischen Lehr-Lern-Prozessen kann sich nur entwickeln, wenn sich die betreffende pädagogische Fachkraft prinzipiell *zutraut, das mathematische Lernen der Kinder zu fördern.* Als gelungen empfundene Lernsituationen führen zu weiterem Engagement und verstärkter Auseinandersetzung mit der Mathematikdidaktik. Das Gleiche gilt für die erforderliche Kooperation zwischen Kindergarten und Grundschule.

Dieses Kapitel dient der begrifflichen Klärung und einer Skizzierung des aktuellen Forschungsstandes hinsichtlich der Bedeutung von Selbstwirksamkeitserwartungen und individuellem Interesse für ein anschlussfähiges mathematikdidaktisches Handeln in Kindergarten und Grundschule. Hierfür wird zunächst der Stand der Forschung bezüglich Selbstwirksamkeit und Selbstwirksamkeitserwartung (Kap. 4.3.1) sowie Interesse an Mathematik (Kap. 4.3.2) dargestellt, bevor abschließend die zu prüfenden Hypothesen formuliert werden (Kap. 4.3.3).

4.3.1 Selbstwirksamkeit und Selbstwirksamkeitserwartung

Das Konzept der Selbstwirksamkeit entwickelte Bandura (1993; 1977) im Zusammenhang mit seiner sozial-kognitiven Lerntheorie (Bandura & Walters, 1963; Bandura, 1979), in der Lernen auf Beobachtungen des Verhaltens von menschlichen Vorbildern (Modellen) beruht. Selbstwirksamkeitserwartung wird definiert als „a judgment of one's ability to organize and execute given types of performances" (Bandura 1997, S. 21). In einschlägigen Studien werden viele Begriffe synonym zu Selbstwirksamkeit gebraucht: In der englischsprachigen Literatur finden sich z. B. „self-efficacy", „perceived self-efficacy" oder „self-efficacy beliefs" (vgl. Bandura, 1997; 1993; 1986; 1977). Deutsche Übersetzungen verwenden unter anderem, neben Selbstwirksamkeit und Selbstwirksamkeitserwartung, auch Bezeichnungen wie Leistungseffizienzerwartung oder auch Kompetenzüberzeugung (vgl. Schwarzer & Jerusalem, 2002; Bandura, 1979). In Anlehnung an den gleichnamigen Fragebogen von Schwarzer und Jerusalem (1995) wird im Rahmen von AnschlussM von Selbstwirksamkeitserwartungen gesprochen.

Im Zusammenhang mit der Selbstwirksamkeitserwartung unterstreicht Bandura immer wieder den *Anstrengungs- und Ausdaueraspekt* (vgl. Bandura, 1997; 1986; 1977). Schwarzer und Jerusalem (2002, S. 35) greifen diesen Bezug explizit auf und beschreiben Selbstwirksamkeitserwartung als „die subjektive Gewissheit, neue oder schwierige Anforderungssituationen auf Grund eigener Kompetenz bewältigen zu können. Dabei handelt es sich nicht um Aufgaben, die durch einfache Routine lösbar sind, sondern um solche, deren Schwierigkeitsgrad Handlungsprozesse der Anstrengung und Ausdauer für die Bewältigung erforderlich macht." Der Einfluss von Selbstwirksamkeitserwartungen auf Motivations- und Leistungsprozesse ließ sich zu Beginn der 1990er Jahre in zahlreichen empirischen Studien belegen (z. B. Bandura, 1993; Zimmerman, Bandura & Martinez-Pons, 1992; Bouffard-Bouchard, 1990). Diese Annahme wird ebenfalls in der Studie bezüglich der Mathematikleistungen von Erstsemester-Studierenden der Psychologie von Lent, Lopez und Bieschke (1993) bekräftigt. Die vorangegangene Leistung sowie die aktuellen Noten der Studierenden werden in Beziehung zu ihrer mathematikbezogenen Selbstwirksamkeitserwartung und ihrem Interesse an mathematischen Kursinhalten gesetzt. Daraus geht hervor, dass vergangene Leistung sowohl einen direkten als auch einen indirekten Einfluss über die mathematikbezogene Selbstwirksamkeitserwartung auf die aktuellen Noten ausüben kann. Außerdem scheint die mathematikbezogene Selbstwirksamkeitserwartung ebenfalls sowohl einen direkten als auch einen indirekten Effekt über das Interesse an mathematischen Kursinhalten auf die aktuellen Noten zu haben.

Ferner hat das Konzept der Selbstwirksamkeitserwartung auch in der Lehrerforschung zunehmend an Bedeutung gewonnen. So stehen Selbstwirksamkeitserwartungen bei Lehrkräften bereits seit den 1980er Jahren im Fokus empirischer Forschungsarbeiten (vgl. Woolfolk & Hoy, 1990; Ross, 1998). Demnach unterscheiden sich Lehrkräfte mit hoher Selbstwirksamkeitserwartung von Lehrkräften mit niedriger Selbstwirksamkeitserwartung hinsichtlich ihrer *Strategien der Unterrichtsführung* (Ashton & Webb, 1986). Lehrkräfte mit ausgeprägter Selbstwirksamkeitserwartung sind dazu bereit, mit Unterrichtsmethoden zu experimentieren (Allinder, 1994) und neue Instruktionsprogramme zu implementieren (Berman et al., 1977; Guskey, 1988; Moore, 1990; Smylie, 1988; Rose & Medway, 1981). Im Gegensatz zu Lehrkräften mit einer geringen Selbstwirksamkeitserwartung, die eher zum Frontalunterricht tendieren (Ashton & Webb, 1986; Tracs & Gibson, 1986), wenden sie häufiger aktivierende Unterrichtsmethoden an (Glickman & Tamashiro, 1982). So wird auch die Selbstwirksamkeitserwartung von MathematiklehrerInnen der Sekundarstufe I in der Studie von Holzberger, Philipp und Kunter (2013) mit der Qualität ihrer Instruktionen in Zusammenhang gebracht. Die Instruktionsqualität wurde über Einschätzungen von LehrerInnen und SchülerInnen erfasst. In Übereinstimmung mit den Ergebnissen früherer Studien zum Einfluss der Selbstwirksamkeitserwartung von LehrerInnen auf die Qualität ihrer Instruktionen (Tschannen-Moran, Woolfolk Hoy & Hoy, 1998; Woolfolk, Rosoff & Hoy, 1990) können Holzberger, Philipp und Kunter (2013) signifikant positive Korrelationen zwischen LehrerInnen-Selbstwirksamkeitserwartung und der Qualität ihrer Instruktionen für das Fach Mathematik nachweisen. Zudem übernehmen Lehrkräfte mit einer hohen Selbstwirksamkeitserwartung eher *Verantwortung für SchülerInnen mit besonderen Bedürfnissen* als Lehrkräfte mit einer geringen Selbstwirksamkeitserwartung (z. B. Jordan, Kircaali-Iftar & Diamond, 1993; Podell & Soodak, 1993). Auf diese Weise haben Lehrkräfte mit einer ausgeprägten Selbstwirksamkeitserwartung einen positiven Einfluss auf Leistung (Armor et al., 1976; Ashton & Webb, 1986; Ross, 1992), Lernmotivation (Migdley, Feldlaufer & Eccles, 1989) und Selbstwirksamkeitserwartung (Anderson, Greene & Loewen, 1988) ihrer SchülerInnen.

Darüber hinaus kommt die Selbstwirksamkeitserwartung auch den Lehrkräften selbst zugute. So sind für Lehrkräfte mit einer hohen Selbstwirksamkeitserwartung *weniger Berufswechsel* zu verzeichnen als für Lehrkräfte mit geringer Selbstwirksamkeitserwartung (Glickman & Tamashiro, 1982). Darüber hinaus bestätigt die Studie von Schmitz und Schwarzer (2000) im Rahmen des Modellversuchs „Verbund selbstwirksamer Schulen" den häufig nachgewiesenen Zusammenhang zwischen Lehrer-Selbstwirksamkeitserwartung und *weniger Burnout* (vgl. auch Skaalvik & Skaalvik, 2007; Brouwers & Tomic, 2000; Egyed & Short, 2006; Schwerdtfeger, Konermann & Schönhofen, 2008; Schwarzer, Schmitz & Tang, 2000; Schwarzer & Hallum, 2008).

Zusammenfassend ist zur Kenntnis zu nehmen, dass eine hohe Lehrer-Selbstwirksamkeitserwartung generell einen *günstigen Einfluss auf SchülerInnen* ausübt sowie zu einer positiven Lernumgebung und dem Erhalt des Wohlbefindens der Lehrkraft beiträgt (Schwarzer & Schmitz, 1999; Schwarzer & Warner, 2011; Warner & Schwarzer, 2009).

Selbstwirksamkeitserwartungen von ErzieherInnen wurden bislang kaum untersucht. In der unveröffentlichten Dissertation von Többen (2008) werden die allgemeine Selbstwirksamkeitserwartung (Fragebogen von Schwarzer & Jerusalem, 1995) sowie die „berufsspezifische Selbstwirksamkeitserwartung" (Többen, 2008) von 78 angehenden ErzieherInnen und 129 angehenden SozialassistentInnen erhoben. Der Fragebogen zur berufsspezifischen Selbstwirksamkeitserwartung wurde in Anlehnung an das Berufseignungsinventar für das Lehramtsstudium (BeiL) von Rauin, Kohler und Becker (1994) entwickelt, in dem „nach dem Kompetenz- und Belastungserleben in Bezug auf berufsspezifische Fähigkeiten, Einstellungen und Haltungen und im Hinblick auf den Umgang mit besonderen Anforderungen und Schwierigkeiten in verschiedenen berufsspezifischen Bereichen" (Többen, 2008, S. 84) gefragt wird. Die Ergebnisse zeigen, dass die allgemeine Selbstwirksamkeitserwartung sowohl der angehenden ErzieherInnen als auch der angehenden SozialassistentInnen eine große Varianz aufweist. Demnach stellen sich die Selbstwirksamkeitserwartungen einiger TeilnehmerInnen als nur sehr gering, die von anderen hingegen als sehr stark ausgeprägt dar. In Bezug auf die „berufsspezifische Selbstwirksamkeitserwartung" bzw. das Verhältnis zwischen Kompetenzerleben und Belastungsempfinden zeigt sich, dass das Kompetenzerleben sowohl von angehenden SozialassistentInnen als auch von angehenden ErzieherInnen durchgehend höher eingeschätzt wird als das Belastungsempfinden. Generell schätzen die angehenden ErzieherInnen ihre Kompetenz signifikant höher ein als die zukünftigen SozialassistentInnen.

In der Pilotstudie von Walan und Chang Rundgren (2014) werden die *Selbstwirksamkeitserwartungen von Vorschul- und GrundschullehrerInnen in Schweden* bezogen auf ihre naturwissenschaftliche Grundbildung, die Umsetzung neuer Curricula und die Gestaltung der Lernumgebung vergleichend betrachtet. Die sogenannte Vorschule umfasst in Schweden Kinderbetreuungseinrichtungen von der Geburt bis zum Schuleintritt, die Grundschule erstreckt sich von der ersten bis zur sechsten Klasse. Die Stichprobe setzt sich aus 22 pädagogischen Fachkräften der Vorschule und 49 Grundschullehrkräften zusammen. Überraschenderweise zeigen die teilnehmenden pädagogischen Fachkräfte aus der Vorschule im Vergleich zu den Grundschullehrkräften die höchsten Selbstwirksamkeitserwartungen hinsichtlich der Umsetzung des Curriculums und der Gestaltung der Lernumgebung auf. In Bezug auf die Selbstwirksamkeitserwartung hinsichtlich naturwissenschaftlicher Kenntnisse sind keine nennenswerten Unterschiede zwischen den Berufsgruppen zu verzeichnen.

Eine niedersachsenweite Online-Befragung pädagogischer Fachkräfte in Kindertageseinrichtungen erfasste deren Selbstkompetenz (Sauerhering & Doll, 2014). Die pädagogischen Fachkräfte (981 vollständig ausgefüllte Fragebögen) verteilen sich auf Krippe (18,2%), Kita (44,3%), Hort (4,2%), Tagespflege (44,0%) und sonstige Berufsfelder (5,0%). In der Kindertagespflege tätige Personen weisen hohe Selbstwirksamkeitserwartungen auf, monieren jedoch gleichzeitig einen Mangel an struktureller Unterstützung ihrer Arbeit. Insgesamt berichten die befragten *KindertagespflegerInnen* über eine sehr *hohe Berufszufriedenheit*. Im Vergleich zur Gesamtstichprobe ist ferner ein *geringeres Belastungsempfinden* zu verzeichnen. In der Kindertagespflege tätige Fachkräfte, die sich als stark belastet einstufen, schätzen ihre Fähigkeiten durchschnittlich für geringer ein als jene, die weniger Belastung empfinden (ebd., 2014).

Untersuchungen zur bereichsspezifischen Selbstwirksamkeitserwartung bezogen auf die Entwicklung anschlussfähiger mathematikdidaktischer Handlungsweisen am Übergang vom Kindergarten in die Grundschule liegen bislang nicht vor. Aufgrund dessen wird in AnschlussM die allgemeine Selbstwirksamkeitserwartung im Kontext beider Professionen näher betrachtet.

Schwarzer und Jerusalem (2002, S. 40) unterscheiden drei Generalitätsdimensionen:

- die allgemeine Selbstwirksamkeitserwartung, die als Personenmerkmal alle Lebensbereiche umfasst,
- die bereichsspezifische Selbstwirksamkeitserwartung, die sich z. B. auf die eigene berufliche Tätigkeit bezieht,
- die situationsspezifische Selbstwirksamkeitserwartung, die an bestimmte Situationen gebunden ist.

In AnschlussM werden unter der Bezeichnung „mathematikdidaktische Selbstwirksamkeitserwartung" sowohl die bereichs- als auch die situationsspezifischen Selbstwirksamkeitserwartungen der pädagogischen Fachkräfte in Bezug auf mathematikbezogene Lehr-Lern-Situationen mit Kindern erhoben. Neben der allgemeinen und der mathematikdidaktischen Selbstwirksamkeitserwartung sind bei AnschlussM für das Lehren und Lernen von Mathematik noch weitere Aspekte von Bedeutung. So wird zum einen ein Bezug über das Konstrukt der epistemologischen Überzeugungen zur Mathematikdidaktik (Kap. 4.1) hergestellt, zum anderen wird die Bedeutung des interessensthematischen Person-Gegenstand-Bezuges geprüft.

4.3.2 Interesse an Mathematik

Die *Person-Gegenstand-Beziehung* stellt das Interesse an der Vertiefung mit einem Gegenstand bzw. einem Thema dar, das sich in Valenzüberzeugungen (vgl. Schiefele, 1996; 1991) manifestiert. Basis dieser Darlegung ist die *Taxonomie motivationaler Konzepte* von Pekrun (1988), innerhalb derer Valenzen als eine spezielle Form kognitiv repräsentierter Beziehungen verstanden werden. Diese Beziehungen sind durch Assoziationen zwischen einem Objekt (z. B. Fachwissen) und evaluativen Attributen gekennzeichnet. Unter Rückgriff auf bestehende Theorien (wie z. B. die Selbstbestimmungstheorie) begreift die Interessenstheorie Motivationsprozesse als holistische, längerfristig wirksame Mechanismen, die im Zusammenhang mit Bedingungen und Ergebnissen bzw. Zielen des lebenslangen Lernens und einer als zufriedenstellend erfahrenen Entwicklung stehen (vgl. Krapp, 1999).

Auf die Selbstbestimmungstheorie von Deci und Ryan (1985) Bezug nehmend, zieht Krapp (1998; 1992) die Befriedigung der psychologischen Grundbedürfnisse nach *Selbstbestimmung, Kompetenzerleben und sozialer Einbindung als Erklärung für das positive emotionale Erleben während einer interessensgeleiteten Handlung* heran. In der Interessenstheorie wird die Nutzungssteigerung der Möglichkeiten, die der kognitiven Aktivierung und Befriedigung dieser drei Grundbedürfnisse dienen, mit dem positiven emotionalen Erleben im Verlauf einer Interessenshandlung in Verbindung gebracht (vgl. Krapp, 1998; 1992). Allerdings stellt die kognitive Repräsentation dieser Bedürfnisse nur ein Segment des emotionalen Systems dar und wird aufgrund dessen für eine vollständige theoretische Begründung der emotionalen Attribute als „unzureichend" (Krapp, 1999, S. 398) betrachtet. Nichtsdestotrotz ermöglicht das Konzept des gegenstandsbezogenen Interesses im Gegensatz zur Selbstbestimmungstheorie, die unter Anreizen des Tätigkeitsvollzugs und Zielzuständen unterscheidet (z. B. Beurteilung der eigenen Leistung, erfahrene Machtstärke und erlebte soziale Einbindung), eine ganzheitliche Analyse engagierten Verhaltens nach bevorzugten Gegenstandsfeldern. So finden unter anderem die Themenbereiche Leistung, Macht und soziale Einbindung innerhalb eines Gegenstandsgebiets gleichermaßen Beachtung.

Interessensanreize sind auch in der jüngeren Lehr-Lern-Forschung von zentraler Bedeutung. Im Zuge von COACTIV (Kunter, 2011) erfolgt die Einordnung der motivationalen Orientierung von Mathematiklehrkräften in *Fachenthusiasmus* (Begeisterung für das Fach Mathematik) und *Unterrichtsenthusiasmus* (Begeisterung für die pädagogische Interaktion mit SchülerInnen). Hinsichtlich der theoretischen Konzeption dieser beiden Enthusiasmus-Dimensionen wird auf die Interessenstheorie nach Krapp (2002) und zusammenfassende Sekundärliteratur über intrinsische Motivation von Rheinberg (2006) und Schiefele (2008) verwiesen.

AnschlussM stützt sich im Unterschied zu COACTIV sowohl theoretisch als auch empirisch konsequent auf den *interessensthematischen Person-Gegenstand-Bezug* (vgl. Krapp, 2002; 1999; Schiefele, 2001; Schiefele et al., 1983; Schiefele, Hausser & Schneider, 1979; Schneider, Hausser & Schiefele, 1979), dessen Wurzeln bereits in früheren Forschungsphasen (vgl. Berlyne, 1949) zu finden sind. Aus dem Ein-Jahres-Längsschnitt von COACTIV geht hervor, dass Fachenthusiasmus von höherer Stabilität gekennzeichnet ist als von Klassenmerkmalen abhängiger Unterrichtsenthusiasmus (vgl. Kunter, 2011). Ähnlich wird in AnschlussM davon ausgegangen, dass das individuelle Interesse am Gegenstand Mathematik als Personenmerkmal eine höhere Stabilität aufweist als die mathematikdidaktische Selbstwirksamkeitserwartung. Darüber hinaus scheint in COACTIV Unterrichtsenthusiasmus bedeutungsvoller für die SchülerInnenbewertung der Unterrichtsqualität zu sein als Fachenthusiasmus; offen bleibt dabei die Frage nach den Wirkmechanismen, die die motivationalen Voraussetzungen der LehrerInnen beeinflussen (Kunter, 2011). AnschlussM untersucht vertiefend sowohl das Interesse an Mathematik als auch die allgemeine und mathematikdidaktische Selbstwirksamkeitserwartung als richtungsweisende Ausgangspunkte für die Überzeugungen der ErzieherInnen und LehrerInnen zum Lehren und Lernen von Mathematik (vgl. Kap. 4.1).

4.3.3 Hypothesen

Bisher wurden die Person-Gegenstand-Beziehung sowie Selbstwirksamkeitserwartungen im Kontext der Pädagogik hauptsächlich im Zusammenhang mit der Lernmotivation von SchülerInnen oder der Qualität von LehrerInnen-Instruktionen erfasst. Die Auswirkung der motivationalen Orientierung auf die lerntheoretischen Überzeugungen pädagogischer Fachkräfte erweist sich als Forschungsdesiderat und wird, speziell in Bezug auf Mathematik, im Rahmen von AnschlussM thematisiert.

Ausgehend von den oben genannten theoretischen Überlegungen und empirischen Studien werden die *allgemeine Selbstwirksamkeitserwartung und das gegen-*

standsbezogene Interesse zur Vorhersage der mathematikdidaktischen Selbstwirksamkeitserwartung von pädagogischen Fachkräften herangezogen. Es wird davon ausgegangen, dass sowohl eine hohe Einschätzung der eigenen generellen Bewältigungskompetenz als auch ein gesteigertes Interesse an Mathematik positive Auswirkungen auf die mathematikdidaktische Selbstwirksamkeitserwartung haben. Weiterhin wird angenommen, dass die Überzeugung, eigene mathematische Fähigkeiten in Lehr-Lern-Situationen mit Kindern einsetzen zu können, mit spezifischen Überzeugungen zum Lehren und Lernen von Mathematik einhergeht. Dementsprechend wird angenommen, dass das Interesse an Mathematik und die allgemeine Selbstwirksamkeitserwartung relativ stabile Personenmerkmale beschreiben und als Prädiktoren Einfluss auf die mathematikdidaktische Selbstwirksamkeitserwartung pädagogischer Fachkräfte sowie deren Überzeugungen zum Lehren und Lernen von Mathematik nehmen.

Die *allgemeine Selbstwirksamkeitserwartung* entwickelt sich nach Schiefele (2001) als temporäre objektbezogene Valenzkognition aus dem Fähigkeitsselbstkonzept, das ein stabiles Personenmerkmal darstellt (Schiefele, 2001). Ähnlich wie bei der bereichsspezifischen Selbstwirksamkeitserwartung impliziert das Fähigkeitsselbstkonzept eine domänenspezifische Ausdifferenzierung (vgl. Ziegler, 2001), was von Schiefele (2001) weitgehend außer Acht gelassen wird. Die allgemeine Selbstwirksamkeitserwartung entwickelt sich über die Zeit (James, 2002) und steht in Wechselwirkung mit erlebtem Erfolg. Aufgrund dessen wird der allgemeinen Selbstwirksamkeitserwartung in AnschlussM ein selbststabilisierender Charakter zugeschrieben und sie wird entgegen der Annahmen von Schiefele (2001) als relativ stabiles Personenmerkmal verstanden. Unter der Annahme, dass sich die Entwicklung der allgemeinen Selbstwirksamkeitserwartung vor dem Eintritt in die Berufsausbildung bereits vollzogen hat, wird davon ausgegangen, dass diese (als bereichsunspezifisches und situationsunabhängiges Konstrukt) die bereichs- und situationsspezifische bzw. mathematikdidaktische Selbstwirksamkeitserwartung beeinflusst, welche sich im Rahmen der Ausbildung und der beruflichen Tätigkeit erst entwickelt.

Das *Interesse an Mathematik* wird ebenfalls als relativ dauerhaftes Merkmal einer Person verstanden und sagt im Motivationsmodell von Schiefele den Umfang des Fachwissens als temporäre objektbezogene Valenzkognition vorher (Schiefele, 2001, S. 172). In AnschlussM wird davon ausgegangen, dass objektbezogenes individuelles Interesse auch auf weitere objektbezogene Valenzkognitionen – wie die mathematikdidaktische Selbstwirksamkeitserwartung – einen Einfluss hat, so dass ein höheres Interesse an Mathematik eine stärkere Beschäftigung mit mathematischen Inhalten nach sich zieht. Darüber hinaus wird angenommen, dass diese intensivierte Auseinandersetzung mit Mathematik zu einer positiveren Einschätzung der eigenen mathematikdidaktischen Fähigkeiten führt.

Weiterhin wird von einer *Einflussnahme epistemologischer Überzeugungen zur Natur von Mathematik auf die mathematikdidaktische Selbstwirksamkeitserwartung* ausgegangen. Ihre Änderung oder (Weiter-)Entwicklung ist grundsätzlich nur in einem langfristigen Prozess möglich; kurzzeitig initiierte Entwicklungen berühren zumeist nur die Oberfläche und sind nicht imstande, die gewünschte Veränderung auszulösen (vgl. Pehkonen & Törner, 1999; Schommer-Aikins, 2004). Infolgedessen werden Überzeugungen zur Natur von Mathematik ebenfalls als relativ stabiles Merkmal einer Person betrachtet.

Demgegenüber gelten Überzeugungen zum Lehren und Lernen als wenig stabil, da sie häufig psychologisch-pädagogischen Trends unterliegen. Entsprechend *sozialkonstruktivistisch geprägten Überzeugungen* findet der Wissenserwerb nicht kontaktlos statt, sondern wird im Rahmen von Interaktion in Gemeinschaften (durch Aushandeln von Bedeutungen) erworben und durch soziale Kontextfaktoren wie Familie, Peergroups oder Medien beeinflusst. Dementsprechend ist das Lernumfeld nicht nur von der Situiertheit des Lernens und des Problemlösens, sondern ebenso von der Berücksichtigung evidenter Wechselwirkungen zwischen (meta-)kognitiven, motivationalen und affektiven Faktoren geprägt (vgl. Op't Eynde, De Corte & Verschaffel, 2002). Entsprechend sollten Inhalte in sinnvolle Kontexte integriert werden, so dass sie die Motivation und das Interesse der Kinder anregen. Dies setzt eine Lernumgebung, die Raum für eigene Erfahrungen, Deutungen und Entdeckungen sowie für Mitbestimmung und Mitgestaltung zulässt, voraus (Hartinger, Kleickmann & Hawelka, 2006). Die Auseinandersetzung mit konstruktivistischen Lerntheorien kann dazu anregen, die eigene pädagogische Haltung neu zu überdenken. Doch auch eine Veränderung der Überzeugungen zum Lehren und Lernen führt nicht notwendigerweise auch zu einem veränderten Verhalten (vgl. Mandl & Gerstenmaier, 2000). Inwieweit eine sozialkonstruktivistische Überzeugung nur eine sozial erwünschte, pauschale Orientierung darstellt und damit handlungsunwirksam bleibt, ist bislang unklar (Hartinger, Kleickmann & Hawelka, 2006). Bei der ko-konstruktivistischen Überzeugung steht, ähnlich wie bei der sozialkonstruktivistischen Überzeugung, die soziale Interaktion im Fokus. Dabei bezieht sich der Austausch bei der ko-konstruktivistischen Überzeugung auf die Bildungsbeziehung zwischen Kind und Erwachsenen (vgl. Becker-Stoll, Niesel & Wertefein, 2009, S. 27). Folglich stellt die ko-konstruktivistische Überzeugung in der vorliegenden Untersuchung die noch stärker modellierende Hilfestellung, die häufig während des individuellen Dialogs zwischen Kind und ErzieherIn erfolgt, in den Vordergrund. Demgegenüber wird die sozialkonstruktivistische Überzeugung insbesondere in Bezug auf das Lernen in der Grundschule betrachtet, wobei der Schwerpunkt auf dem Verhandeln von Bedeutungen der Kinder untereinander liegt, den Austausch mit einer Lehrkraft bzw. einem Erwachsenen jedoch nicht ausschließt.

Als weitere Überzeugung zum Lehren und Lernen wird ein *statischer Begabungsbegriff* (auch als „anthropologische Konstante" bezeichnet; Laschke & Blömeke, 2014, S. 225) betrachtet. Dieser besagt, dass die Entwicklung mathematischer Fähigkeiten überwiegend genetisch bedingt ist und beispielsweise durch Angebote im Kindergarten oder Unterricht in der Schule nur in einem begrenzten Maße beeinflusst werden kann. Wie von sozialkonstruktivistisch geprägten Überzeugungen wird auch von dem statischen Begabungsbegriff eine temporäre Beschaffenheit erwartet.

Die stufenweise Anordnung sowie die gegenseitige Einflussnahme der oben beschriebenen Konstrukte werden mittels folgender Hypothese geprüft:

Hypothese C1: Allgemeine Selbstwirksamkeitserwartung, Interesse an Mathematik und Schemaorientierung üben als überdauernde Personenmerkmale einen Einfluss auf die mathematikdidaktische Selbstwirksamkeitserwartung aus, die wiederum einen Effekt auf Überzeugungen zum Lehren und Lernen von Mathematik hat.

Wenngleich die Überzeugungen zum Lehren und Lernen generell als weniger stabil angesehen werden, kann die mit einem statischen Begabungsbegriff verbundene Konzentration auf Begabungs- und Intelligenzunterschiede in langfristigen Leistungserwartungen an SchülerInnen resultieren (Rosenthal & Jacobson, 1968; Jussim, Robustelli & Cain, 2009). Eine ausgeprägte Schemaorientierung und ein statischer Begabungsbegriff setzen beide ein striktes Einüben von Lösungswegen für den Erwerb von mathematischem Wissen voraus und ziehen daher womöglich ähnliche Unterrichtsstile nach sich. Daher ist davon auszugehen, dass die weltanschauliche Konzeption einer stabilen und sich aus den Gesetzen der Natur ergebenden Ordnung, die sich in einem statischen Begabungsbegriff widerspiegelt, mit einem stark schematisch geprägten mathematischen Weltbild positiv korreliert. Von einer dominierenden Schemaorientierung wird erwartet, dass sie Unsicherheit reduziert, was jedoch nicht zu einer Erhöhung der mathematikdidaktischen Selbstwirksamkeitserwartung führt, da diese von der Überzeugung geprägt ist, differenziert auf heterogene Anforderungen (z. B. eine heterogene Schülerschaft) eingehen zu können. Dies zeigt sich beispielsweise in der Überzeugung, einen positiven Einfluss auf den Lernprozess von Kindern mit unterschiedlichen Lernvoraussetzungen ausüben zu können. Dementsprechend sollte eine hohe mathematikdidaktische Selbstwirksamkeitserwartung zur Ablehnung eines statischen Begabungsbegriffs führen:

Hypothese C2: Eine dominierende Schemaorientierung geht mit einer Zustimmung zu einem statischen Begabungsbegriffs einher. Eine hohe mathematikdidaktische Selbstwirksamkeitserwartung geht hingegen sowohl mit einer geringen Schemaorientierung als auch mit einer Ablehnung des statischen Begabungsbegriffs einher.

Anders stellen sich die Erwartungen an die Entwicklung einer sozialkonstruktivistischen Überzeugung zum Lehren und Lernen von Mathematik dar: Eine sozialkonstruktivistische Überzeugung betont einerseits die Notwendigkeit des *inhaltlichen Austauschs der Kinder untereinander* sowie andererseits den *Austausch mit einem Erwachsenen*. Auf diese Weise sollen Kinder voneinander lernen und individuelle Lösungswege miteinander teilen (Hartinger, Kleickmann & Hawelka, 2006). Dementsprechend scheint eine sozialkonstruktivistische Überzeugung zunächst in Diskrepanz zur Schemaorientierung zu stehen, die stark angeleitete Formen des Mathematiklernens mit „Rezeptcharakter" (Grigutsch, Raatz & Törner, 1998, S. 6) in den Mittelpunkt stellt. Wie in Hypothese C2 wird ein positiver Effekt der Schemaorientierung auf die mathematikdidaktische Selbstwirksamkeitserwartung erwartet.

Die im Rahmen der sozialkonstruktivistischen Überzeugung als zentral betrachtete *gemeinsame Entwicklung von Lösungswegen* sollte wiederum eine hohe mathematikdidaktische Selbstwirksamkeitserwartung voraussetzen. Folglich wird von der mathematikdidaktischen Selbstwirksamkeitserwartung angenommen, dass sie einen positiven Einfluss auf die sozialkonstruktivistische Überzeugung hat. Entsprechend werden die Zusammenhänge zwischen der Schemaorientierung, der mathematikdidaktischen Selbstwirksamkeitserwartung und der sozialkonstruktivistischen Überzeugung geprüft:

Hypothese C3: Die mathematikdidaktische Selbstwirksamkeitserwartung wirkt als Mediator zwischen der Schemaorientierung und einer sozialkonstruktivistischen Überzeugung.

Abschließend wird generell angenommen, dass eine hohe mathematikdidaktische Selbstwirksamkeitserwartung von ErzieherInnen und LehrerInnen ein *Interesse an Mathematik* voraussetzt. Ohne Interesse an Mathematik und dem damit einhergehenden Aufbau von elementarmathematischem Wissen scheint ein Vertrauen in die eigene professionelle Kompetenz folgewidrig zu sein. Davon ausgehend, dass pädagogische Fachkräfte für ein sozialkonstruktivistisches Handeln den Entwicklungsstand der betreffenden Kinder so gut einschätzen können müssen, dass sie adäquate Interventionen entwickeln können (Vygotsky, 1978), erscheint hierfür eine hohe mathematikdidaktische Selbstwirksamkeitserwartung der pädagogischen Fachkraft als unabdinglich. Daraus folgt:

Hypothese C4: Die mathematikdidaktische Selbstwirksamkeitserwartung wirkt als Mediator zwischen dem Interesse an Mathematik und einer sozialkonstruktivistischen Überzeugung.

Im Fokus der Hypothesen steht die *Prüfung von Wirkungsbeziehungen zwischen mathematikdidaktischer Selbstwirksamkeitserwartung und epistemologischen Überzeugungen zum Lehren und Lernen von Mathematik*. Von den Ergebnissen wird erwartet, dass u. a. Anknüpfungspunkte für die Ausgestaltung von Qualifizierungsmaßnahmen abgeleitet werden können.

4.4 Kooperation und Arbeitsbelastung

Katja Meyer-Siever

ErzieherInnen und LehrerInnen bilden zahlenmäßig die größte Berufsgruppe im gesamten Bildungs-, Sozial- und Erziehungswesen. Ihre Arbeit wird für die Qualität von Bildung, Erziehung und Betreuung verantwortlich gemacht (vgl. Seibt, Khan & Thinschmidt, 2005, S. 9). Studien belegen die Arbeitszufriedenheit von ErzieherInnen und LehrerInnen – hauptsächlich durch ihre Tätigkeit respektive durch die Arbeit mit Kindern an sich (ErzieherInnen: Fuchs & Trischler, 2008; GEW, 2007; LehrerInnen: Grunder & Bieri, 1995; Ipfling, Peez & Gamsjäger, 1995) –, jedoch seien ihre Arbeitsbedingungen oft verbesserungswürdig.

Arbeitsbedingungen sind aus der Perspektive der Handlungsregulationstheorie Sachverhalte („context", Hacker, 2005, S. 88), die nicht an sich wirken, sondern erst zusammen mit dem *Arbeitsauftrag* die *Tätigkeitsanforderungen* an das Individuum ausmachen. Zu den Arbeitsbedingungen zählen u. a. das Arbeitsgebiet, die Arbeitsmittel, organisatorische Vorschriften und Verfahrensvorschriften und sowohl räumlich-zeitliche Bedingungen als auch Umgebungsbedingungen (Hacker, 2005, S. 74). Es ist jedoch nicht möglich, „einen allgemeingültigen, festen Katalog von Arbeitsbedingungen, der für beliebig konkrete Arbeitstätigkeiten zu beliebigen Zeitpunkten gilt, aufzustellen" (Hacker, 2005, S. 88 f.). Doch gerade im Zusammenspiel mit dem in den letzten zehn Jahren erheblich veränderten Arbeitsauftrag von ErzieherInnen und GrundschullehrerInnen sind Arbeitsbedingungen nicht von unerheblicher Bedeutung, wenn es um Handlungsbereitschaft – und das bedeutet auch Veränderungsbereitschaft – geht.

Poppelreuter und Mierke (2012, S. 13) schätzen aus der Perspektive der Belastungsforschung für den Arbeitsauftrag geeignete Arbeitsbedingungen sogar als maßgeblich für die Leistung und Anstrengungsbereitschaft von MitarbeiterInnen ein. Aus kognitionspsychologischer Sicht kann von einem *Zusammenhang zwischen Arbeitsbedingungen und Kognitionen respektive Überzeugungen* ausgegangen werden (Dann, 2000; Leuchter et al., 2006; Thompson, 1992). In der Zusammenschau ist zu erwarten, dass die Qualität der pädagogisch-didaktischen Arbeit leidet, wenn die Arbeitsbedingungen als nicht geeignet eingestuft werden, um den Arbeitsauftrag zu erfüllen.

Unter den gegebenen Bedingungen ist die Entwicklung mathematikdidaktischer Anschlussfähigkeit zudem sehr stark auf Kooperation angewiesen, da die konzeptionellen Voraussetzungen in den Einrichtungen weitgehend erst noch geschaffen werden müssen, d.h. auf institutioneller Ebene müsste Kooperation sowohl in geeigneter Weise verankert als auch vom Fachpersonal ausgeschöpft werden. Im Rahmen von AnschlussM ist die *Kooperation zwischen Kindergarten und Grundschule für die ErzieherInnen und GrundschullehrerInnen eine herausfordernde Aufgabe* und zugleich eine wichtige Einflussgröße bezogen auf die Anschlussfähigkeit ihrer Überzeugungen und Handlungsweisen. Im Folgenden wird daher zunächst der Kooperationsbegriff geklärt (Kap. 4.4.1). Im Anschluss werden als Arbeitsbedingung die Häufigkeit und das

Erleben von Arbeitsbelastungen in den jeweiligen Institutionen detailliert betrachtet (Kap. 4.4.2). Schließlich werden die zu prüfenden Hypothesen formuliert (Kap. 4.4.3).

4.4.1 Kooperation

Der Begriff Kooperation erweist sich als ein mehrdeutiges und mehrdimensionales Konstrukt (van Santen & Seckinger, 2003, S. 26, in Anlehnung an Grunwald, 1981, S. 72), das sowohl inter- als auch intradisziplinär vielfältig Verwendung findet (Esslinger, 2002; Little, 1990; Rolff, 1980).

Aus *arbeitspsychologischer Sicht* wird Kooperation betrachtet als „Tätigkeits- bzw. Arbeitsform […], bei der mehrere einen Auftrag bzw. eine selbstgestellte Aufgabe gemeinschaftlich erfüllen, dazu gemeinsame Zielstellungen verfolgen, eine Ordnung ihres Zusammenwirkens aufweisen und in auftragsbezogenen Kommunikationen miteinander stehen" (Hacker, 2005, S. 149). Aus einer *erziehungswissenschaftlichen Perspektive* kann Kooperation beschrieben werden „als das Zusammenbringen von Handlungen zweier oder mehrerer Personen oder Systeme, und zwar derart, dass die Wirkungen der Handlungen zum Nutzen aller dieser Personen oder Systeme führen. Das bedeutet: Kooperation ist immer zielgerichtet und sie nützt den Beteiligten" (Carle, Koeppel & Wenzel, 2009, S. 3). Aus *organisationspsychologischer Sichtweise* ist Kooperation „gekennzeichnet durch den Bezug auf andere, auf gemeinsam zu erreichende Ziele bzw. Aufgaben, sie ist intentional, kommunikativ und bedarf des Vertrauens. Sie setzt eine gewisse Autonomie voraus und ist der Norm der Reziprozität verpflichtet" (Spieß, 2004, S. 199). In der Zusammenschau wird deutlich, dass der Begriff Kooperation sowohl auf der individuellen als auch auf der institutionellen Ebene mehrere bedeutsame Aspekte umfasst (in Anlehnung an Koslowski, 2013, S. 30 ff.):

- ein zuträgliches Verhalten der Beteiligten, und somit die Motivation und das Interesse zur Kooperation (van Santen & Seckinger, 2003, S. 424 ff.; Schweitzer, 1998, S. 25 f.), das gegenseitige Vertrauen (Carle & Metzen, 2009, S. 181) und die notwendige Offenheit im kommunikativen Prozess (Behringer & Höfer, 2005, S. 25), ohne auf eigene Positionen und Kompetenzen zu pochen (Fegert & Schrapper, 2004, S. 18),
- einen erwarteten synergetischen Mehrwert im Vergleich zur Situation der Nicht-Kooperation (Fengler, 1996, S. 9), wie beispielsweise Kompetenztransfer und Verbesserung der Kompetenzen (Behringer & Höfer, 2005, S. 18, S. 91), Optimierung der Handlungs- und Problemlösefähigkeit (van Santen & Seckinger, 2003, S. 29) und Vermeidung einseitiger Sichtweisen (Behringer & Höfer, 2005, S. 91) sowie
- grundlegende, zur Zielerreichung und Chanceneröffnung notwendige Erfolgsfaktoren (van Santen & Seckinger, 2003, S. 30) wie die erforderliche, kollektive Abstimmung über gemeinsame Ziele und Vorgehensweisen der Kooperation (Behringer & Höfer, 2005, S. 23; van Santen & Seckinger, 2003, S. 424 ff.; Kardoff, 1998, S. 210) als auch die Sicherstellung der Autonomie und Gleichberechtigung in einer konkurrenzarmen Zusammenarbeit.

Spieß (2004, S. 199) benennt mit der Definition von Kooperation drei Kernbedingungen derselben: gemeinsame *Ziele und Aufgaben*, *Vertrauen* und *Autonomie*. Diese Definition setzt *keine* dauerhaft zusammenarbeitenden Arbeitsgruppen, „die sich durch Gruppennormen und ein ‚Wir-Gefühl' kennzeichnen lassen" (Gräsel, Fussangel & Pröbstel, 2006, S. 206; mit Verweis auf Rosenstiel, 1988; Antoni, 1994), voraus. Zudem sind auch spezifische (Arbeits-)Organisationsstrukturen keine Voraussetzung dieser Definition. Damit ist sie offen und flexibel genug, um sie auf alle Ebenen der Kooperation zwischen Primar- und Elementarbereich übertragen zu können.

Gemeinsame Ziele ergeben sich laut Fussangel (2008) allgemein aus der zu erledigenden Aufgabe, wobei sowohl die Gemeinsamkeit in der Aufgabenbewältigung als auch die gemeinsamen Ziele für die beteiligten Personen bewusst und erkennbar sein müssen. Darüber hinaus ist es wichtig, dass gemeinsame Ziele auch gemeinsam formuliert werden. Nur wenn gemeinsame Ziele auch mit individuellen Zielen korrespondieren, wird eine Zusammenarbeit als nützlich bewertet (Gräsel, Fussangel & Pröbstel, 2006). Bezogen auf die Kooperation zwischen den Institutionen Kindergarten und Grundschule respektive den Fachkräften ist die gemeinsame, übergeordnete Aufgabe durch den Bildungsauftrag vorgegeben. Ebenso ist die unterstützende Begleitung der Kinder am Übergang vom Elementar- zum Primarbereich eine verankerte Aufgabe.

Neben Klarheit und Transparenz der gemeinsamen Ziele und Aufgaben ist eine grundlegende Voraussetzung für die kooperative Aufgabenbewältigung das *gegenseitige Vertrauen* der Kooperationspartner. „Vertrauen bedeutet, sich auf das Gegenüber verlassen zu können" (ebd., S. 208), sichergehen zu können, dass man unterstützt und wertgeschätzt wird. Gegenseitiges Vertrauen beinhaltet auch, dass Aktionen und Reaktionen der Kooperationspartner im positiven Sinne zuverlässig sind und der eigenen Person nicht schaden.

Die Bedeutung von *Autonomieerleben* in der kooperativen Zusammenarbeit ist jedoch – insbesondere zu Beginn einer Kooperation – zwiespältig. So müssen nach Spieß (2004) die Kooperationspartner auch bei der kooperativen Aufgabenerledigung über einen gewissen Grad an persönlicher Handlungs- und Entscheidungsfreiheit verfügen, um so auch die Motivation zur Kooperation aufrecht zu halten. Wächst die Autonomie jedoch zu sehr an, werden die Gruppenkohäsion und das Verantwortungsbewusstsein für eine gelingende Kooperation eingeschränkt (Gräsel, Fussangel & Pröbstel, 2006).[9] In Anlehnung an Little (1990) und Spieß (2004) differenzieren Gräsel, Fussangel und Pröbstel (2006) im Rahmen der Lehrerkooperationsforschung mit Hilfe der zuvor genannten Kooperationsbedingungen (gemeinsame Ziele und Aufgaben, Vertrauen, Autonomie) drei Formen der Kooperation zwischen Lehrkräften, die sich als Kooperationsstufen oder -niveaus nach Zielsetzung und Funktionserfüllung respektive nach Intensität und Qualität der Kooperation unterscheiden: *Austausch*, *gemeinsame Arbeitsorganisation* und *Ko-Konstruktion*. Mit Verweis auf Gräsel,

---

9   Allerdings ist der Autonomiebegriff bei Gräsel, Fussangel & Pröbstel (2006) und Spieß (2004) stark von der Vorstellung geprägt, dass sich LehrerInnen als Einzelkämpfer verstehen. Demgegenüber darf angenommen werden, dass sich durch intensive Kooperation und das Sich-Einlassen auf ein Gegenüber neue Handlungsmöglichkeiten für beide eröffnen und die Autonomie des Einzelnen dadurch zugleich zunimmt.

Fussangel und Pröbstel (2006) wird hinsichtlich der im Projekt AnschlussM eruierten Qualität und Häufigkeit kooperativer Zusammenarbeit zwischen Kindertageseinrichtungen und Grundschulen bzw. den pädagogischen Fachkräften beider Institutionen diese Unterscheidung der Kooperationsstufen übernommen. Dieses Vorgehen wurde bereits im nordrhein-westfälischen Landesprojekt TransKiGs, welches Kooperationsformen und -niveaus zwischen Elementar- und Primarbereich analysierte, im Rahmen der quantitativen Fragebogenuntersuchung angewendet (Rathmer et al., 2011).

Über *Austauschprozesse* versorgen sich die Kooperationspartner gegenseitig mit Materialien und berufsbezogenen Informationen. Austausch ist die am einfachsten zu realisierende Form der Kooperation („low-cost"-Kooperation, Gräsel, Fussangel & Pröbstel, 2006, S. 55), da weder die Autonomie der einzelnen Kooperationspartner verändert wird noch Zielinterdependenzen möglich sind. Fraglich ist, ob diese in der Praxis am häufigsten angewendete Form der Kooperation, z.B. in Form von gegenseitigen Besuchen der Kindergartenkinder und GrundschülerInnen sowie des Fachpersonals der jeweils anderen kooperierenden Einrichtung (Rathmer et al., 2011, S. 113), sowohl den Austausch von kindbezogenen Informationen als auch den Austausch über die in Kindergarten und Schule verwendeten mathematikdidaktischen Materialien gewährleistet.

Sobald an Aufgaben gemeinsam gearbeitet wird – auch arbeitsteilig –, müssen im Vorfeld von den KooperationsteilnehmerInnen gemeinsame Ziele formuliert werden, was wiederum mit einer veränderten individuellen Autonomie einhergeht. Diese engere Form der Kooperation, von Gräsel, Fussangel und Pröbstel (2006) als *gemeinsame Arbeitsplanung und -organisation* bezeichnet, setzt intensivere Absprachen, z.B. bei der Strukturierung von Aufgaben zur Arbeitsteilung, voraus und damit auch ein höheres Vertrauen (darauf, dass andere Kooperationspartner ihren Teil der Arbeit auch erfüllen).

Wenn es um die gemeinsame Entwicklung, Analyse und/oder Reflexion von neuen Aufgaben, mathematischen Lehr-Lern-Inhalten, Unterrichten, Lösungsmöglichkeiten von mathematischen Aufgabenstellungen oder Handlungen/Tätigkeiten der ErzieherInnen und GrundschullehrerInnen geht, liegt die intensivste Form der Zusammenarbeit, die *Ko-Konstruktion*, vor („high-cost"-Kooperation; Gräsel, Fussangel & Pröbstel, 2006, S. 56). Die pädagogischen Fachkräfte beziehen, vergleichbar zum Konzept des situierten Lernens, in intensiver Zusammenarbeit ihr Wissen und ihre Erfahrungen aufeinander und konstruieren neues Wissen (ebd.). Die individuelle Autonomie wird hier am stärksten verändert. Zum Tragen kommt diese Kooperationsform z.B. bei gemeinsamen Fortbildungen von ErzieherInnen und GrundschullehrerInnen.

4.4.2 Arbeitsbelastung

In etlichen Projekten zur Kooperation von ErzieherInnen und LehrerInnen am Schulanfang wurde versucht, intensivere Kooperationsformen zu etablieren (vgl. Sambanis, Arndt & Hille, 2012; Ramseger & Hoffsommer, 2008; Carle & Samuel, 2007;

Roßbach, Frank & Sechtig, 2007). Ein wesentlicher Einwand bezog sich auf eine zu hohe Arbeitsbelastung. Für die Analyse der Bedingungen von Anschlussfähigkeit von Kindergarten und Grundschule muss daher die Frage gestellt werden, warum einige Fachkräfte diese Bedingungen als Belastung wahrnehmen.

Der Begriff Belastung ist mit vielfältigen Assoziationen wie z.B. Unwohlsein, Überforderung, Langeweile und Stress verbunden. Häufig werden die Begriffe *Stress* und *Belastung* ähnlich oder synonym verwendet (Krause, 2003, S. 255). Im Alltag wird „häufig von Stress gesprochen und damit eine intensive Belastung, Frustration, emotionale Spannung, Daueraufmerksamkeit, Konzentration mit übermäßigem Druck, unmäßige Forderungen etc. gemeint" (Kirchler, 2008, S. 283; in Anlehnung an Selye, 1974).

Nach der Norm DIN EN ISO 10075 sind *Belastung* und *Beanspruchung* zwei verschiedene Konstrukte, die jedoch sowohl im Alltag als auch in der Literatur häufig synonym verwendet werden. Eine Trennung ist jedoch sinnvoll, da Individuen objektiv gleiche Arbeitsbedingungen und -situationen unterschiedlich wahrnehmen. Nach Poppelreuter und Mierke (2012, S. 15) sind Belastungen „objektive, von außen her auf den Menschen einwirkende Größen und Faktoren". Beanspruchungen hingegen sind „subjektive Folgen derartiger Belastungen, die (…) entstehen, wenn die Anforderungen an die Arbeitstätigen nicht den jeweils individuellen Leistungsvoraussetzungen entsprechen" (Kirchler, 2008, S. 284f.). Demnach sind nicht allein die Höhe der Belastung und ihre Dauer für das jeweilige Beanspruchungserleben verantwortlich, vielmehr sind die individuellen Fähigkeiten, Fertigkeiten und Ressourcen des Individuums und seine individuellen Voraussetzungen maßgebliche Bedingungsfaktoren für Belastungserleben. Dadurch bedingt können positive (z.B. kognitive Aktivierung) wie negative Reaktionen (z.B. Monotonie, Ermüdung, Sättigung, Stress) hervorgerufen werden (vgl. Rudow, 1994).

Im Rahmen des von der Berufsgenossenschaft für Gesundheitsdienst und Wohlfahrtspflege (BGW) in Zusammenarbeit mit der Deutschen Angestellten Krankenkasse (DAK) durchgeführten Stress-Monitorings wurden neben Eigenschaften der Person (z.B. Ausbildung und Erfahrung, körperliche Leistungsfähigkeit) auch berufliche und soziale Rahmenbedingungen (z.B. Handlungsspielräume und soziale Unterstützung am Arbeitsplatz) als mögliche Ressourcen benannt. Prinzipiell können also alle Belastungen als beanspruchend erlebt werden; dies muss aber nicht zwangsläufig so sein (Berger et al., 2001).

Schad (2002) kritisiert am theoretischen Belastungs-Beanspruchungs-Modell, dass es davon ausgeht, dass Belastungen eine Beanspruchung bewirken und Menschen darauf entsprechend ihren Ressourcen, Fähigkeiten, Fertigkeiten bzw. Eigenschaften „lediglich reagieren können" (ebd., S. 40). Dies legt die Ansicht nahe, dass Menschen den Belastungen mehr oder weniger passiv ausgesetzt sind. Unberücksichtigt bleibt damit jedoch, dass Menschen aktiv handeln und nicht nur reagieren (ebd., S. 40) und nach Anforderungen streben, die ihren Fähigkeiten – zumindest – entsprechen.

Stand der Forschung: ErzieherInnen

Die Anforderungen an die pädagogischen Fachkräfte haben sich stark verändert bzw. vervielfältigt. Neben den Betreuungsaufgaben übernehmen ErzieherInnen heutzutage Erziehungs-, Entwicklungs-, Bildungs-, Verwaltungs-, Dokumentations- und Organisationsaufgaben und sind der Erfüllung der Bildungsaufträge für den frühpädagogischen Bereich verpflichtet. Sie bereiten Kinder auf den Schuleintritt vor, pflegen Elternbeziehungen, kooperieren mit anderen Einrichtungen sowie Schulen, reflektieren parallel hierzu ihre eigene Arbeit und bilden sich fort. Die Vielfalt der Aufgaben wäre fortsetzbar.

Bereits 1994 stellte der Bundesverband der Betriebskrankenkassen in seinem Gesundheitsbericht der Betriebskrankenkasse (BBK-BV, 1994) fest, dass ErzieherInnen im Gesamtvergleich des öffentlichen Dienstes überdurchschnittlich hohe krankheitsbedingte Fehlzeiten aufweisen. Schad (2002) konnte dieses Ergebnis bestätigen und wies als Ursache für die überdurchschnittlich hohen, krankheitsbedingten Ausfallzeiten von ErzieherInnen auf die als belastend empfundenen Arbeitsbedingungen hin.

Die von Buch und Frieling (2001) initiierte „Kasseler Studie" stieß weitere Untersuchungen zu Arbeits- und Organisationsbedingungen sowie zum Arbeitsschutz und gesundheitlichen Belastungen in Kindertagesstätten an. So hat im Jahr 2000 im Rahmen des Projektes „Prävention arbeitsbedingter Gesundheitsgefahren" die Berufsgenossenschaft für Gesundheitsdienst und Wohlfahrtspflege (BGW) in Zusammenarbeit mit der Deutschen Angestellten Krankenkasse (DAK) den Zusammenhang von Arbeitsbedingungen und Stresserleben verschiedener Berufsgruppen untersucht. Dabei wurde auch die Gruppe der ErzieherInnen (n = 622) als insgesamt besonders belastete Berufsgruppe identifiziert (Berger et al., 2001), wobei die Einschätzungen der quantitativen Arbeitsbelastungen (z. B. „Ich habe zu viel Arbeit." oder „Ich stehe häufig unter Zeitdruck."), sowie der qualitativen Arbeitsbelastungen (z. B. zu hohe Ansprüche an Kompetenzen und Fähigkeiten sowie Überforderung durch die Arbeitsaufgaben) und der Belastungen durch Arbeitsunterbrechungen (z. B. ständige Telefonanrufe; Informationen, Materialien, Arbeitsmittel stehen nicht zur Verfügung) im Mittel eher unter dem Durchschnitt aller befragten Berufsgruppen lagen. Jedoch wurden Umgebungsbelastungen wie Raumausstattung und insbesondere die Lärmbedingungen im Vergleich als belastender eingeschätzt.

Im Ergebnis einer Untersuchung im Auftrag der Gewerkschaft Erziehung und Wissenschaft (GEW) wurde ebenfalls deutlich, dass ErzieherInnen im Vergleich zu anderen Berufsgruppen ihre Arbeit als überdurchschnittlich belastend einschätzen (Rudow, 2004). Unter anderem nannten hier 92% der untersuchten ErzieherInnen (n = 974) als Hauptbelastungsquelle die Fülle der zu bearbeitenden Arbeitsaufgaben (Betreuungs-, Bildungs-, Erziehungs-, Verwaltungsaufgaben) und 67,5% empfanden den Zeitdruck bei der Erfüllung der Arbeitsaufgaben als belastend. Knapp 58% der ErzieherInnen schätzten ihre Ausbildung als zu gering ein, um die vielfältigen Arbeitsaufgaben bewältigen zu können. Weiterhin empfanden 77% der Befragten die Anzahl der Kinder in ihrer Gruppe als zu hoch; hierdurch fühlten sich 25,2% stark bis sehr stark belastet. Wie in anderen Studien auch wurde die Belastung durch Lärm von über 50% der ErzieherInnen als ziemlich bis sehr stark belastend eingeschätzt.

Zudem gaben 45% an, ziemlich bis sehr stark durch zu wenige Kleingruppenräume und 38% durch fehlende Räume für ErzieherInnen selbst belastet zu sein. Als ein weiterer Belastungsfaktor wurde von 25,1% die fehlende bzw. unzureichende leistungsangemessene Rückmeldung durch die Kita-Leitung genannt. Nicht selten führen solche und andere für die Arbeit von ErzieherInnen typische Belastungsfaktoren (wie mangelhafte Unterstützung durch den Träger oder Umgang mit Verhaltensproblemen der Kinder) zu psychosomatischen Beschwerden wie Kopfschmerzen, erhöhte Reizbarkeit oder leichte Ermüdbarkeit (Rudow, 2004, S. 10).

Auch Seibt, Khan und Thinschmidt (2005) belegten mit ihrem Projekt „Netzwerk für gesunde Beschäftigte in Kindertagesstätten", an dem sich acht Kindertagesstätten in Sachsen beteiligten und das die Förderung der beruflichen Leistungs- und Arbeitsfähigkeit von ErzieherInnen zum Ziel hatte, dass zwei Drittel der Befragten Beschwerden angaben, die auf eine stark ausgeprägte körperliche und psychische Erschöpfung hinwiesen. Unter anderem wurden als hauptsächliche Belastungsfaktoren der Lärm in der Kindertagesstätte und Konflikte mit den Eltern angegeben (ebd.).

Seit 2007 werden jährlich von den DGB-Gewerkschaften Beschäftigte in ganz Deutschland befragt, um über die Qualität der Arbeit in Deutschland zu informieren und selbige zu verbessern. 2007 und 2008 nahmen insgesamt fast 14.000 Beschäftigte, unter anderem 202 ErzieherInnen, teil. Hier wurde deutlich, dass mehr als die Hälfte (55%) der ErzieherInnen mit ihrem Beruf „alles in allem zufrieden" (Fuchs & Trischler, 2008, S. 3) ist, wobei sich die ErzieherInnen durch ihre Tätigkeit an sich (d.h. intrinsisch) motiviert fühlen. Jedoch erreicht die Berufsgruppe bezüglich der Rahmenbedingungen am Arbeitsplatz und der Arbeits- und Einkommensbedingungen im Vergleich zu anderen Berufsgruppen nur „unteres Mittelmaß" (ebd., S. 6). Besonders belastende Arbeitsbedingungen sind aus Sicht der ErzieherInnen neben der fehlenden Leistungs- und Bedürfnisgerechtigkeit des Einkommens und den ungünstigen beruflichen Zukunftsaussichten hauptsächlich der Zeit- und Leistungsdruck bei zu hoher Arbeitsintensität und zu hohen körperlichen Anforderungen (insbesondere durch Lärm). Erschreckend hoch war mit 26% auch der Anteil der Befragten, die sich nicht vorstellen können, gesund das Rentenalter zu erreichen.

Ein ähnliches Bild zeigt sich in der 2007 von der Gewerkschaft Erziehung und Wissenschaft durchgeführten Kita-Studie „Wie geht's im Job?". Befragt wurden ca. 2.000 Kindertageseinrichtungen in ganz Deutschland, um die Arbeitssituation und -zufriedenheit zu untersuchen. Insgesamt konnte herausgearbeitet werden, dass ErzieherInnen mit Ihrer Tätigkeit zufrieden sind, obwohl die Belastungen durch Lärm sowie Zeit- und Personalmangel im Durchschnitt hoch sind (GEW, 2007).

Jungbauer und Ehlen (2013) erfassten im Rahmen einer Online-Befragung mit 834 ErzieherInnen (davon 61 Print-Versionen des Fragebogens) deren Stressbelastung als Risikofaktor für psychische und psychosomatische Beschwerden (insbesondere Burnout) sowie Belastungs- und Schutzfaktoren. Fast 20% der Befragten gaben an, unter starken bis sehr starken beruflichen Stressbelastungen zu leiden und können demnach als Hochrisikogruppe für Burnout identifiziert werden. Als besonders belastend empfinden ErzieherInnen den Personalmangel – damit einhergehend große Gruppen, Zeitdruck und vielfältige, zeitgleiche Arbeitsaufgaben (ebd.).

In einem neueren Forschungsprojekt (STEGE; Viernickel & Voss, 2014) wurden 2.744 pädagogische Fach- und Leitungskräfte aus 809 Einrichtungen in Nordrhein-Westfalen auf Zusammenhänge zwischen der Strukturqualität, der erlebten Belastung und den individuellen Ressourcen untersucht. Unter dem Begriff Strukturqualität werden u. a. Daten zur Fachkräftestruktur, dem Erzieher-Kind-Schlüssel, der Gruppengröße, zu Vor- und Nachbereitungszeiten, dem Raumangebot und der Bezahlung der pädagogischen Fachkräfte subsumiert. Die Ergebnisse belegen, dass mit schlechten strukturellen Rahmenbedingungen die Arbeitsfähigkeit abnimmt. Zudem schätzten die Befragten ihren gesundheitlichen Zustand im Vergleich zur deutschen Bevölkerung deutlich schlechter ein. Als besonders belastende strukturelle Rahmenbedingungen wurden u. a. die schlechte finanzielle und räumliche Ausstattung, die schlechten ergonomischen Arbeitsbedingungen, der chronische Zeitdruck, die ständig steigenden Arbeitsanforderungen, der Lärm und die geringe gesellschaftliche Reputation genannt (Viernickel & Voss, 2014). Zugleich wird erwartet, dass Kooperationen einen erheblichen Gewinn durch Synergieeffekte mit Blick auf die Handlungsfähigkeit und das Problemlöseverhalten und vieles mehr mit sich bringen (Koslowski, 2013, S. 31 f.).

Zusammenfassend kann festgestellt werden, dass sich die Ergebnisse der bisherigen Forschung zu Arbeitsbedingungen von ErzieherInnen hauptsächlich auf belastende, die Gesundheit bedrohende berufliche Bedingungen, den daraus resultierenden Beanspruchungsfolgen und daraus abzuleitende Präventivmaßnahmen beziehen.

Stand der Forschung: GrundschullehrerInnen

Forschungen zum Lehrerberuf haben eine längere und breiter gefächerte Tradition als zum Beruf der ErzieherInnen, damit einher geht eine unübersichtliche aktuelle Forschungsliteratur (Rothland & Terhart, 2009; Schäfers & Koch, 2000). Auch die Ergebnisse empirischer Studien zur Lehrerbelastungsforschung sind sehr heterogen (Scharenberg & Rollett, 2013). Häufig werden Belastungen und Beanspruchungen im Lehrerberuf im Zusammenhang mit anderen Themen wie Stress, dessen Bewältigung (Copingstrategien) und Prävention (Košinár & Leineweber, 2010) sowie Burnout aus den unterschiedlichsten Perspektiven der Wissenschaft (z. B. Arbeitswissenschaft, Erziehungswissenschaft, Medizin, Psychologie) untersucht.

Krause und Dorsemagen (2007, S. 59) schlagen ein *neun Rubriken umfassendes Raster* vor, welches die bis dato vorhandenen empirischen Untersuchungen einordnet und damit der systematischen Orientierung in der Lehrerbelastungsforschung dient:

1. *gesellschaftliche Rahmenbedingungen* – z. B. strukturelle Aspekte des Bildungs- und Schulsystems,
2. *arbeitsbezogene Einflussfaktoren* – z. B. Schallpegelmessungen im Rahmen objektiver Erhebungsmethoden oder Einschätzung der Kooperation durch Arbeitskollegen im Rahmen subjektiver Erhebungsmethoden,
3. *personenbezogene Einflussfaktoren* – z. B. demographische Personenangaben, aber auch Persönlichkeitseigenschaften wie Selbstwirksamkeit,

4. *außerberufliche Einflussfaktoren* – z. B. Auswirkungen besonderer Lebensereignisse außerhalb des Berufs,

5. kurzfristige, *aktuelle Beanspruchungsreaktionen* – z. B. physiologische (Herzschlag), affektive (Unsicherheit) sowie verhaltensbezogene (Redelautstärke) Reaktionen,

6. mittel- bis langfristige, *chronische Beanspruchungsfolgen* – z. B. physiologische (psychosomatische Störungen), affektive (Burnout) sowie verhaltensbezogene (Fehlzeiten) Reaktionen,

7. *nicht lehrerbezogene* Folgen – z. B. Auswirkungen von Frühpensionierungen auf gesellschaftliche Kosten sowie hinsichtlich der Intervention zur Reduzierung von Arbeitsbelastungen,

8. *Verhältnisprävention* – z. B. Arbeits- und Organisationsgestaltung,

9. *Verhaltensprävention* – z. B. individuelle Kompetenzen und Bewältigungsstrategien.

In Anlehnung an dieses Raster sind thematische Schwerpunkte der bisherigen Forschungstätigkeit auf dem Gebiet der Lehrerbelastungsforschung folgende:

- individuelle Aspekte,
- affektive Beanspruchungsfolgen,
- kognitive (mittel- und langfristige) Beanspruchungsfolgen,
- subjektive Einschätzung der Belastungen.

Als *hauptsächliche Belastungsfaktoren* wurden von LehrerInnen häufig Unterrichtsstörungen (Krause, 2004; Gerwing, 1994), Disziplinschwierigkeiten sowie verhaltensauffällige und unmotivierte SchülerInnen (Tsouloupas et al., 2010; Hakanen, Bakker & Schaufeli, 2006; van Dick, 2006; Kramis-Aebischer, 1995) genannt. Auch ein hohes Arbeitspensum und großer Zeitdruck (Bradley, 2007; Abel & Sewell, 1999), ein hoher Lärmpegel (Oberdörster & Tiesler, 2006) und die soziale Interaktion mit anderen Lehrkräften, Eltern und der Schulleitung (Nübling et al., 2008; Geving, 2007; Kalimo et al., 2003) wurden als belastend geschildert. Als besonders stark belastend wurde in der Untersuchung von Frenzel & Götz (2007) auch die Klassenstärke (insbesondere wenn der Anteil „schwieriger SchülerInnen" hoch war) angegeben. Kunter et al. (2008) benennen als Ergebnis eine hohe Anzahl zu unterrichtender Klassen als Belastungsfaktor. Jedoch ließ sich ebenfalls feststellen, dass sich gerade die Lehrer-Schüler-Interaktionen respektive die SchülerInnen an sich ebenso als Quelle der Motivation und Lehrerarbeitszufriedenheit erweisen (Ipfling, Peez & Gamsjäger, 1995; Grunder & Bieri, 1995).

Empirische Arbeiten zu *individuellen Aspekten der Lehrerpersönlichkeit* messen u. a. die emotionale Stabilität und internale Kontrollüberzeugung (Maslach, Schaufeli & Leiter, 2001; Byrne, 1999). Der berufsbezogenen Selbstwirksamkeitsüberzeugung (Klassen & Chiu, 2011; Chan, 2002) kommt in diesem Zusammenhang eine besondere Rolle im Sinne einer Bewältigungsressource zu. Klusmann et al. (2012) konnten für das pädagogisch-psychologische Wissen einen negativen Zusammenhang mit der erlebten Beanspruchung nachweisen (LehramtskandidatInnen mit mehr Wissen gaben weniger Erschöpfung im Vorbereitungsdienst an); für das fachdidaktische Lehrerwissen wurden jedoch keinerlei Zusammenhänge gefunden. Im berufsübergreifenden Vergleich der Potsdamer Lehrerstudie konnte herausgestellt werden, dass

LehrerInnen riskante persönliche Muster des arbeitsbezogenen Verhaltens und Erlebens aufweisen, d. h. die Auseinandersetzung mit Arbeitsanforderungen auf gesundheitsgefährdende Art und Weise geschieht (Schaarschmidt & Kieschke, 2007; Schaarschmidt, 2005a). Schröder (2006) konnte in seiner Untersuchung eine Fehlpassung von Persönlichkeitsmerkmalen und Anforderungen des Berufes bzw. Tätigkeitsbedingungen nachweisen.

Auch die zahlreichen Untersuchungen zum *Burnout-Syndrom* (Schmitz, 2004; Körner, 2003) zählen zum Forschungsschwerpunkt langfristiger affektiver Beanspruchungsfolgen.

Die Erfassung der Arbeitszeit als möglicher Belastungsfaktor wurde in unregelmäßigen Abständen wiederkehrend untersucht. Bereits Ende der 1950er Jahre gab es hierzu umfangreiche Arbeitszeitstudien (Rutenfranz & Graf, 1963). Sowohl Hübner und Werle (1997) wie auch Schönwälder (1997) fanden heraus, dass die zeitliche Arbeitsbelastung – in Abhängigkeit von Schulform, Fächerkombination, Funktion, Alter – von Lehrkräften mit durchschnittlich 48 Wochenarbeitsstunden bei Vollzeittätigen deutlich über der anderer Berufsgruppen liegt. Dennoch ist das öffentliche Bild von Lehrkräften anders geprägt. So werden sie als „Halbtagsjobber" betitelt (Schaarschmidt, 2005b), was unter anderem in der anders strukturierten Arbeitszeit (Schulzeit – Ferienzeit) begründet liegt.

Obgleich es zahlreiche Untersuchungen zu Arbeitsbelastungen von ErzieherInnen und LehrerInnen gibt, sind die Ergebnisse zum einen sehr heterogen und zum zweiten werden die professions- und/oder institutionsspezifischen Ergebnisse häufig nicht aufeinander bezogen. Ergebnisse diesbezüglich sind jedoch nicht unwesentlich, wenn realistische Anknüpfungspunkte für Maßnahmen zur Gestaltung respektive zur Intensivierung der Kooperation sowohl auf der individuellen als auch auf der institutionellen Ebene formuliert werden sollen.

Zusammenhang von Kooperation und Arbeitsbelastung

Eine verbindliche Kooperation zwischen den Institutionen des Primar- und Elementarbereiches ist sinnvoll und wird allgemein als notwendig akzeptiert. Dies geschieht nicht nur aufgrund veränderter Anforderungen an die pädagogischen Fachkräfte und an die Qualität des Übergangs durch das Kind. Dies geschieht auch, weil – wenn die Bedingungen für eine gute Kooperation gegeben sind – sowohl Arbeitsabläufe als auch Tätigkeiten inhaltlich und organisatorisch effektiver gestaltet werden können. Hinzu kommt, dass soziales Zusammenwirken die Motivation und Reflexion der eigenen Tätigkeit unterstützen und dass Belastungen bzw. die dadurch erzeugten Beanspruchungen reduziert werden.

Dennoch gibt es eine große *Diskrepanz zwischen Anspruch und Wirklichkeit*, zwischen der als selbstverständlich, im fachlichen Diskurs einheitlich als notwendig erachteten Kooperation und der Praxis. In der Literatur werden mögliche hemmende Faktoren diskutiert (Koslowski, 2013). So sind u. a. berufsständische Konflikte, formaler wie inhaltlicher Art, zu spüren (Geene & Borkowski, 2009, S. 159). Begründet sind diese zum Teil bereits in der Unterschiedlichkeit der Ausbildung der pädagogischen Fachkräfte, was sich auch in den unterschiedlichen arbeitsvertraglichen Regelungen (Entlohnung, Arbeitsplatzsicherheit) widerspiegelt. Auch in Bezug auf die Selbstwahrnehmung „ist ein deutliches Hierarchiegefälle von Lehrer/innen hin zu den Erzieher/innen zu konstatieren. [...] Das macht es den Erzieher/innen schwerer, sich gegenüber den Lehrer/innen zu vermitteln" (ebd., S. 159). Zudem spielt auch die Unkenntnis über die jeweils anderen Arbeitsinhalte und -weisen sowie über das Bildungsverständnis der jeweils anderen Profession eine nicht unwesentliche Rolle. Ein weiterer kontraproduktiver Punkt ist das Beharren auf der Integrität des Bildungsauftrages der jeweiligen Bildungseinrichtungen (ebd., S. 157). Dies erschwert eine effektive, offene und wertschätzende Kommunikationskultur, die Voraussetzung für eine gelingende Kooperation der Fachkräfte sowie der Institutionen ist. Auch der Mangel an zeitlichen und personellen Ressourcen wirkt sich erschwerend aus (Huppertz & Rumpf, 1983, S. 127 f.).

Diese hemmenden Faktoren können in der Summe dazu führen, dass die Kooperation zwischen Elementar- und Primarbereich eher nicht positiv konnotiert wird, sondern vielmehr als Belastung und mit Schwierigkeiten verbunden empfunden wird.

Ein noch junger Forschungszweig beschäftigt sich mit diesem Thema. Eine Reihe von Autoren (Fussangel & Gräsel, 2012; Dizinger, Fussangel & Böhm-Kasper, 2011; Böhm-Kasper, 2004) untersucht die Beziehung zwischen professioneller respektive professionsübergreifender Kooperation und dem Belastungs- und Beanspruchungserleben für den schulischen Bereich – u. a. in Abhängigkeit von der Organisationsform (Ganztags- versus Halbtagsschulen). In Anlehnung an das theoretische Belastungs-Beanspruchungs-Modell (Rudow, 1990) wurde ein erweitertes Rahmenmodell zur schulischen Belastung und Beanspruchung (Böhm-Kasper, 2004) zugrunde gelegt, welches als neue Elemente die Unterscheidung in situationsübergreifende (z. B. Organisationsform) und situative (z. B. Kooperation) Belastungsfaktoren beinhaltet.

Studien zum Zusammenhang zwischen der Kooperation des Elementar- und Primarbereiches mit dem Belastungs- und Beanspruchungserleben der entsprechenden Professionen sind bislang nicht bekannt. An dieses Forschungsdesiderat knüpft AnschlussM an, da davon ausgegangen werden kann, dass die Arbeitsbedingungen Einfluss auf mathematikdidaktische Überzeugungen und auf das mathematikdidaktische Handeln haben.

4.4.3 Hypothesen

In AnschlussM werden zwei Bereiche der Arbeitsbedingungen näher betrachtet. Zum einen untersuchen wir die Kooperation hinsichtlich ihrer Häufigkeit (Häufigkeit des Austausches der Hauptkooperationspartner, Anzahl der gegenseitigen Besuche der Kinder in der jeweils anderen Institution), der Qualität des Ist-Standes (Wertschätzung, Vertrauen, Interesse, Austausch auf der Ebene des Fachpersonals) und des Wunsches nach Kooperation (Häufigkeit und Intensität der Kooperation auf der Ebene des Fachpersonals und der Institutionen). Zum anderen untersuchen wir die erlebte Arbeitsbelastung der pädagogischen Fachkräfte.

Kooperation

Als mögliche Hindernisse für eine Kooperation werden häufig zwei Faktoren angeführt (Huppertz & Rumpf, 1983): *Zeit- und Personalmangel* (und eine damit einhergehende Arbeitsüberlastung) sowie *organisatorische Schwierigkeiten*, die zum einen durch eine große Anzahl an Kooperationspartnern und zum anderen durch fehlende zeitliche Ressourcen während der Arbeitszeit entstehen. Zu erwarten sind deshalb Unterschiede *sowohl zwischen den Bundesländern als auch zwischen städtischen und ländlichen Regionen*. Diese Unterschiede betreffen zunächst die Häufigkeit von Kooperationsmaßnahmen (z. B. gegenseitigen Besuche der Kinder in der jeweiligen anderen Einrichtung), darüber hinaus aber auch den Wunsch nach Kooperation überhaupt, da es in Ballungsräumen oder Stadtteilen mit einer hohen Dichte an Kindergärten und Grundschulen für die einzelnen Institutionen zwangsläufig wesentlich mehr potenzielle Kooperationspartner gibt als auf dem Land.

Hypothese D1: Bezüglich der Häufigkeit der Kooperationen und des Wunsches nach Kooperation gibt es Unterschiede auf der Ebene der beiden Bundesländer.

Hypothese D2: Bezüglich der Häufigkeit der Kooperationen und des Wunsches nach Kooperation gibt es Unterschiede zwischen städtischen und ländlichen Regionen.

Zum Zusammenhang der erlebten Belastung durch Arbeitsbedingungen und Kooperation finden sich widersprüchliche empirische Befunde. Untersuchungen im Rahmen der Lehrer-Belastungs-Forschung weisen einen günstigen Einfluss unter anderem der sozialen Unterstützung, des Sich-akzeptiert-Fühlens, des kollegialen Konsenses in fachlichen und pädagogischen Fragen, des Zusammengehörigkeitsgefühls und der Intensität der Kommunikation nach (Gerwing, 1994; Burke, Greenglass & Schwarzer, 1996; Dorman, 2003). Gerade diese kooperationserleichternden Bedingungen sind zwischen Kindergarten und Grundschule eher nicht gegeben. Im Rahmen von COACTIV (Klusmann et al., 2008) zeigte sich zudem, dass die Häufigkeit von Kooperationen – aggregiert auf Schulebene – leicht positiv mit dem Belastungserleben zusammenhängen: Je umfangreicher Lehrkräfte kooperierten, desto größer war ihre emotionale Erschöpfung. Insofern die schulinterne Kooperation als belastend erlebt wird, ist anzunehmen, dass damit einhergehend auch der Wunsch nach einer häufigeren und intensiveren Kooperation geringer ausfällt. Übertragen auf die interinstitutionelle Kooperation zwischen Kindergarten und Grundschule folgt hieraus:

Hypothese D3: Wenn sich ErzieherInnen und LehrerInnen durch ihre Arbeitsbedingungen belastet fühlen, nimmt ihr Wunsch nach wechselseitiger Kooperation ab.

Im Hinblick auf das Engagement und die Intensität von Kooperation lassen sich nach Gräsel, Fussangel und Pröbstel (2006) drei Kooperationsstufen unterscheiden: Kooperation als *wechselseitiger Austausch*, als *Arbeitsteilung* und als *Ko-Konstruktion*. Kennzeichnend für diese drei Kooperationsstufen ist: Wenn die Form der Zusammenarbeit intensiver wird, muss die personelle Autonomie zugunsten einer gemeinsamen Autonomie zurücktreten, und der Anspruch an eine vertrauensvolle, gleichberechtigte Beziehung unter den Kooperationspartnern steigt. Studien zur Kooperation unter Lehrkräften belegen jedoch, dass durch deren berufliche Sozialisation und aufgrund schulischer Organisationsstrukturen (Lortie, 1975) eher individualistische Einstellungen und eine autonome, von anderen Personen unabhängige Ausübung des Berufs gefördert werden, und schon im Vorfeld „viele Lehrkräfte ihren Beruf wählen, um mit einer kleinen Gruppe von Kindern in einem geschützten Raum arbeiten zu können" (Roth, 1994, S. 15). Im Kindergarten könnte von ähnlichen Bedingungen wie in der Grundschule ausgegangen werden. Deshalb wird angenommen, dass die Verpflichtung zur Kooperation von Kindergarten und Grundschule hauptsächlich in Form eines Austausches (z. B. gegenseitige Besuche der Kindergartenkinder und GrundschülerInnen sowie des jeweiligen Fachpersonals in der jeweils anderen Einrichtung) umgesetzt wird. Vor allem deshalb, weil dieser mit einem relativ unabhängigen Arbeiten der Kooperationspartner einhergeht und keine ausgehandelten Positionen, sondern eher kurze Gespräche und Treffen erfordert. Damit bleibt das Ausmaß an personeller Autonomie weitestgehend bestehen:

Hypothese D4: Austausch ist die häufigste Kooperationsform zwischen ErzieherInnen und GrundschullehrerInnen.

Auch berufsständische Konflikte können eine mögliche Ursache für fehlende oder oberflächliche Kooperation sein. So sehen ErzieherInnen ihre Arbeit von GrundschullehrerInnen in zu geringem Maße gewürdigt, weil GrundschullehrerInnen die Institution Kindergarten „eher unter der unmittelbaren Frage der Vorbereitung auf die Erreichung schulischer Ziele [...], weniger unter dem Aspekt des Anknüpfens an die Elementarpädagogik" (Geene & Borkowski, 2009, S. 157) betrachten. Weiter ist ein Hierarchiegefälle in der Selbstwahrnehmung von GrundschullehrerInnen hin zu ErzieherInnen zu erkennen, begründet unter anderem durch die verschiedenen Ausbildungswege (ebd., S. 159) und begünstigt sowohl durch arbeitsvertragliche Regelungen wie Bezahlung und Arbeitsplatzsicherheit (Kamski, 2011) als auch in der Außenwahrnehmung etwa durch die Eltern (Reyer, 2006). Auf dieser Grundlage lassen sich weitere Hypothesen formulieren:

Hypothese D5: ErzieherInnen und LehrerInnen unterscheiden sich bezüglich ihrer Einschätzung des Ist-Standes der Kooperation.

Hypothese D6: ErzieherInnen und LehrerInnen unterscheiden sich bezüglich ihres Wunsches nach engerer respektive intensiverer Kooperation.

Arbeitsbelastung

Arbeitsbelastungen beziehungsweise als Belastung erlebte Arbeitsbedingungen und deren Bewältigung sind zum einen eng an individuelle Eigenschaften und Ressourcen (wie die Ausbildung oder berufliche Erfahrungen) und zum anderen an den jeweiligen beruflichen Kontext gebunden. Arbeitsbedingungen sind Sachverhalte (Hacker, 2005, S. 88) und ergeben sich aus dem Arbeitsgegenstand, organisatorischen und Verfahrensvorschriften, räumlichen und zeitlichen Gegebenheiten und aus Umgebungsbedingungen (ebd., S. 74). Charakteristika des Arbeitsplatzes, der Arbeitsaufgabe und der Arbeitsbedingungen ergeben sich damit auch aus regionalen Unterschieden. Hinsichtlich möglicher bundeslandspezifischer Einflüsse (wie Unterschiede in den elementarpädagogischen Bildungsplänen, den Schulsystemen, den Lehrplangestaltungen und der sozioökonomischen Struktur) liegt folgende Hypothese nahe:

Hypothese D7: Bezüglich der Häufigkeit und des Erlebens von Arbeitsbelastungen gibt es Unterschiede auf der Ebene der beiden Bundesländer.

Für den Zusammenhang von unterrichtsbezogenen Überzeugungen und handlungsleitenden Kognitionen bei Mathematiklehrkräften in Deutschland und der Schweiz zeigt sich, dass die deutschen Lehrkräfte zwar stärker konstruktivistisch orientierte Überzeugungen besitzen, sich diese aber als kaum handlungsrelevant erweisen, was mit belastenden Rahmenbedingungen als möglicher Ursache erklärt wird (Leuchter et al., 2006). Dies wird darauf zurückgeführt, dass mit dem Überschreiten eines kritischen Schwellenwertes von als belastend empfundenen Arbeitsbedingungen unter Umständen konkurrierende oder widersprüchliche Überzeugungssysteme aktiviert werden, wobei der übergeordneten zielorientierten Steuerung ihre koordinierende Funktion abhandenkommt. Belastende, schwierige Situationen führen dann dazu, dass eine Lehrkraft anders reagiert, als sie es eigentlich vorhatte (Leuchter et al., 2006, in Anlehnung an Dann, 2000 und Thompson, 1992). Generell können länger andauernde belastende Rahmenbedingungen bei Lehrkräften ein Zurückgreifen auf adäquates Wissen und die Steuerung des Handelns nach übergeordneten Zielen behindern (Hofer, 1996). Im Hinblick auf epistemologische Überzeugungen zur Natur von Mathematik bei ErzieherInnen und GrundschullehrerInnen stellen sich weiter die Fragen, ob pädagogische Fachkräfte, die sich stark belastet fühlen, in rigidere Denkmuster verfallen respektive mit eher regelgeleiteten, formalen Überzeugungen auf Arbeitsbelastungen reagieren, ob als stark empfundene Arbeitsbelastungen zu einer eindeutigeren Positionierung respektive zu konsistenteren Überzeugungen führen.

Die Konsistenz von epistemologischen Überzeugungen zur Natur von Mathematik wird hier verstanden als eindeutige und klare Positionierung innerhalb der epistemologischen Überzeugungen zur Mathematik. Es findet sich in diesem Fall entweder eine statische oder eine dynamische Überzeugung, während sich diese beiden Dimensionen per se nicht gegenseitig ausschließen. Ein relativ gleichwertiges Nebeneinanderauftreten beider Perspektiven spricht deshalb für inkonsistente epistemologische Überzeugungen. Folgende Hypothesen lassen sich ableiten:

Hypothese D8: Eine als stark empfundene Arbeitsbelastung geht mit einer stärkeren Schemaorientierung einher.

Hypothese D9: Eine als stark empfundene Arbeitsbelastung geht mit konsistenten epistemologischen Überzeugungen zur Natur von Mathematik einher.

Zusammenfassend soll hervorgehoben werden, dass es bislang an einer bildungsstufen- sowie bundeslandübergreifenden Überprüfung von Zusammenhängen zwischen Bedingungen der Kooperation und von als belastend erlebten Arbeitsbedingungen mangelt. Dies erscheint vor dem Hintergrund der Differenz zwischen den bildungspolitisch und gesellschaftlich formulierten Anforderungen zur Kooperation des Elementar- und Primarbereichs und der tatsächlichen Kooperationspraxis jedoch sehr sinnvoll und wichtig, wenn Kooperation als eine Voraussetzung zur Gewährleistung von Anschlussfähigkeit sowie einer bruchlosen Bildungsbiografie des Kindes verstanden wird.

5 Fragebogenerhebung: Methode und Durchführung

Die repräsentative Fragebogenerhebung in Bremen und Baden-Württemberg, die zweite empirische Untersuchung in AnschlussM, zielt auf Aspekte professioneller Kompetenz, die als zentral für die Anschlussfähigkeit von ErzieherInnen und GrundschullehrerInnen erachtet werden: elementarmathematisches und mathematikdidaktisches Wissen, mathematikbezogene Überzeugungen, Interesse an Mathematik, Selbstwirksamkeitserwartung (allgemein und mathematikdidaktisch) und Belastungserleben. Ergänzend werden berufsbiografische Daten und die lokalen Rahmenbedingungen bezüglich der Kooperation von Kindergarten und Grundschule erfragt.

In Kapitel 5 werden die vorbereitenden Arbeiten und die Durchführung der repräsentativen Fragebogenerhebung geschildert: Die Fragebogenentwicklung (Kap. 5.1), die Beschreibung der Stichprobe (Kap. 5.2), die eingesetzten statistischen Auswertungsmethoden (Kap. 5.3) sowie die Gütekriterien der gebildeten Skalen (Kap. 5.4). Die Darstellung der Untersuchungsergebnisse und ihre Diskussion erfolgt dann in Kapitel 6.

5.1 Fragebogenentwicklung

Anne Levin, Katja Meyer-Siever, Dagmar Bönig, Gerald Wittmann, Johanna Gläser, Stephanie Schuler & Bernadette Thöne

Für die Gewinnung eines ersten Itempools für AnschlussM wurde, wenn möglich, auf Skalen einschließlich der zugehörigen Fragen aus TEDS-M Primarstufe (Laschke & Blömeke, 2014) sowie aus anderen berufsbezogenen Forschungsprojekten zurückgegriffen. Diese Skalen wurden teilweise unverändert eingesetzt. Teilweise mussten die übernommenen Items, entsprechend den Zielgruppen ErzieherInnen und GrundschullehrerInnen, den Institutionen Kindergarten und Grundschule, dem Lerngegenstand Mathematik oder den Regionen Baden-Württemberg bzw. Bremen modifiziert werden. Auch die Befunde aus der qualitativen Voruntersuchung (Kap. 3) führten zu vereinzelten Abwandlungen. In einigen Fällen war auch eine Reduktion der Skalen unumgänglich, um einen zu umfangreichen Fragebogen zu vermeiden.

Wenn keine geeigneten Skalen vorlagen, war eine Neuentwicklung notwendig. Für die Konzeptualisierung und vor allem die Operationalisierung der Konstrukte wurde dabei unter anderem auf Analysen von Bildungsplänen, Handreichungen und Materialien für Kindergarten und Grundschule sowie Schulbücher für Klasse 1 (Kap. 2.5) wie auch auf die Ergebnisse der qualitativen Untersuchung (Kap. 3) zurückgegriffen. Die endgültige Bildung der Skalen erfolgte auf der Grundlage von explorativen Faktorenanalysen, weshalb für ErzieherInnen und LehrerInnen bezogen auf die Arbeits- und Kooperationsbedingungen unterschiedliche Skalen existieren (s. Tab. 5-1). Einige der Skalen wurden später auf jeweils drei Items verschlankt, um sie als Basis von Strukturgleichungsmodellen verwenden zu können (s. Kap. 5.4).

Tabelle 5-1: Skalen der Fragebogenerhebung

Skala	Anzahl der Items*	
	ErzieherIn- nen	LehrerIn- nen
Epistemologische Überzeugungen zur Natur von Mathematik		
Schemaorientierung	6	
Anwendungsorientierung	3	
Prozessorientierung	3	
Überzeugungen zum Lehren und Lernen von Mathematik		
Sozialkonstruktivistische Überzeugung in Bezug auf das Lehren und Lernen von Mathematik in der Schule	5	
Ko-konstruktivistische Überzeugung in Bezug auf das Lehren und Lernen von Mathematik im Kindergarten	8	
Statischer Begabungsbegriff	6	
Überzeugung, dass altersheterogene Gruppen förderlich für das Mathematiklernen im Kindergarten sind	2	
Bedeutsamkeit mathematischer Vorerfahrungen am Schulanfang		
Bedeutsamkeit mathematischer Vorerfahrungen in Bezug auf die Leitidee „Zahlen und Operationen"	8	
Bedeutsamkeit mathematischer Vorerfahrungen in Bezug auf die Leitidee „Muster und Strukturen"	3	
Bedeutsamkeit mathematischer Vorerfahrungen in Bezug auf die Leitideen „Raum und Form" sowie „Größen und Messen"	5	
Kontraproduktivität von mathematischen Vorkenntnissen am Schulanfang	5	
Vorrangigkeit von allgemeinen und sozialen Fähigkeiten und Fertigkeiten vor mathematischen Vorkenntnissen am Schulanfang	10	
Elementarmathematisches und mathematikdidaktisches Wissen		
Elementarmathematisches und mathematikdidaktisches Wissen	14	
Selbstwirksamkeitserwartung und Interesse an Mathematik		
Allgemeine Selbstwirksamkeitserwartung	4	
Mathematikdidaktische Selbstwirksamkeitserwartung	5	
Interesse an Mathematik	4	
Arbeitsbedingungen – Kooperation		
Ist-Kooperation – Wertschätzung	7	9
Ist-Kooperation – Mathematiklernen	4	—
Soll-Kooperation	6	6
Arbeitsbedingungen – Belastung		
Sozioökonomischer Hintergrund der Kinder – Häufigkeit	5	7
Zeit- und Personalmangel – Häufigkeit	7	—
Zeitmangel und zu viel Arbeit – Häufigkeit	—	3
Mangel an Arbeitsmaterialien und -informationen – Häufigkeit	3	4
Sozioökonomischer Hintergrund der Kinder – erlebte Belastung	5	7
Zeit- und Personalmangel – erlebte Belastung	7	—
Zeitmangel und zu viel Arbeit – erlebte Belastung	—	3
Mangel an Arbeitsmaterialien und -informationen – erlebte Belastung	3	4

*Steht für ErzieherInnen und LehrerInnen eine gemeinsame Zahl von Items, so waren diese für beide Gruppen identisch, mit Ausnahme von institutionenspezifischen Formulierungen wie „in Ihrer Schule" oder „in Ihrem Kindergarten".

Durch Expertenkritik und Zielgruppenbefragungen ließen sich einige Items sprachlich und inhaltlich besser formulieren. Dafür wurde Anfang 2012 der erste Fragebogenentwurf ExpertInnen und pädagogischen Fachkräften aus Kindergarten und Grundschule zur kritischen Stellungnahme und zum kommentierten Beantworten („Think-Aloud-Methode") vorgelegt.

Im Mai 2012 wurde die solcherart verbesserte Fassung des Fragebogens einem itemkritischen Pretest mittels einer Erhebung an insgesamt 140 FachschülerInnen und Studierenden der Elementar- und Grundschulpädagogik in Bremen und Freiburg unterzogen. Der Fragebogen für GrundschullehrerInnen wurde bei n = 56 Lehramtsstudierenden im 2. Semester der Universität Bremen getestet. Der Fragebogen für ErzieherInnen wurde bei n = 45 Studierenden aus dem 2. Semester und n = 20 Studierenden aus dem 6. Semester des Bachelorstudiengangs Frühe Bildung an der Pädagogischen Hochschule Freiburg sowie bei n = 19 FachschülerInnen im 2. Ausbildungsjahr getestet. Mit n = 140 wurde eine hinreichend große ProbandInnenzahl erreicht, um zuverlässige Angaben zur internen Konsistenz und Reliabilität zu erhalten (dafür liegt die Mindestgrenze bei n = 100; vgl. Mendoza, Stafford & Stauffer, 2000, S. 367). Es erfolgte eine erste statistische Item- und Skalenkritik (psychometrische Güte der Items). Als ein Ergebnis wurde die Dimensionalität der Skalen überprüft und die Skalenbildung korrigiert. So konnten redundante Items eliminiert und missverständliche sprachlich überarbeitet werden.

Der endgültige Fragebogen umfasst ca. 140 Items in 27 Skalen, gegliedert in sieben Blöcke (Tab. 5-1). Er wurde in vier Versionen aufgelegt: Es gibt einen Fragebogen für ErzieherInnen und einen für GrundschullehrerInnen in Baden-Württemberg und je einen für die beiden Professionen in Bremen. Dabei sind insbesondere die berufsbiografischen und soziodemografischen Daten für die beiden Professionen und die beiden Länder passend formuliert. Bei den für beide Professionen identischen Items wurden zudem institutionenspezifische Formulierungen, wie „in Ihrer Schule" oder „in Ihrem Kindergarten" verwendet.

5.2 Beschreibung der Stichprobe

Anne Levin, Katja Meyer-Siever & Johanna Gläser

Zur Gewinnung der TeilnehmerInnen für die Fragebogenuntersuchung wurden zunächst die Einrichtungs- und Schulleitungen über die Untersuchung informiert (schriftlich und telefonisch), anschließend wurden die Fragebögen an die Einrichtungen und Schulen verschickt. Die Datenerhebung erfolgte anonymisiert im Zeitraum Oktober 2012 bis März 2013 in Bremen und Baden-Württemberg.

In Bremen wurden die Fragebögen in den Einrichtungen gesammelt (in einem nicht öffentlich zugänglichen Behältnis) und von den ProjektmitarbeiterInnen persönlich abgeholt. Um die Repräsentativität der Stichprobe im Bundesland Bremen zu gewährleisten, wurden Einrichtungen in beiden Städten (Bremen und Bremerhaven) angemessen berücksichtigt. Die Auswahl der Einrichtungen erfolgte auch unter Beachtung des Sozialindexes, so dass die Einrichtungen der Stichprobe die reale Verteilung widerspiegeln (Tab. 5.6).

In Baden-Württemberg erfolgte der Rücklauf teilweise ebenso, teilweise aber auch postalisch aufgrund der großen Anzahl einbezogener Institutionen und der größeren Entfernungen. Da sich im Rahmen der ersten Stichprobenziehung ein zu geringer Rücklauf ergab, wurde in einer zweiten Ziehung der Kreis der angefragten Einrichtungen systematisch und unter Berücksichtigung der Kriterien zur Gewährleistung der Repräsentativität erweitert.

5.2.1 Zur geplanten Repräsentativität der Stichprobe

Die Qualität einer Stichprobe hängt sowohl von ihrer strukturellen Repräsentativität wie auch von ihrer Größe ab. Gegen die Ziehung einer strukturell repräsentativen Zufallsstichprobe sprechen in unserem Falle vor allem zwei Gründe. Die Verteilungen und Ausprägungen der interessierenden Variablen in der stark heterogenen Grundgesamtheit der baden-württembergischen und bremischen ErzieherInnen und LehrerInnen sind nicht bekannt; zudem ist der Zugang zu den Befragten administrativ zu sehr reglementiert, um die zufällige Ziehung der StichprobenteilnehmerInnen praktisch realisieren zu können. Deshalb bietet sich als Alternative ein zwar statistisch weniger belastbares, aber für einen ersten repräsentativen Überblick durchaus verlässliches, systematisches Verfahren der Stichprobengewinnung an: das Quotenverfahren. Hierbei wird die Grundgesamtheit in solche Gruppen aufgeteilt, die eine möglichst homogene Struktur innerhalb jeder Gruppe bezüglich der Fragestellung erwarten lässt. Aufteilungsmerkmale sind in unserem Fall z. B. das Geschlecht, die Berufserfahrung, die Qualifikation, siedlungsräumliche Zugehörigkeiten und weitere interessierende Merkmalsausprägungen. Für jede dieser Gruppen wurde eine prozentuale Quote in der Stichprobe angestrebt, die in etwa ihrem Prozentanteil in der Grundgesamtheit entspricht. Bei der Festlegung der Quoten bildeten bildungs- und sozialstatistische Unterlagen der beiden Bundesländer die Grundlage.

Aufgrund der administrativen und institutionellen Zugangsbeschränkungen zum Feld konnte keine idealtypische Quotierungsstichprobe gezogen werden. Allerdings ergab die deskriptive Analyse zur Verteilung von Merkmalen in den Subgruppen (ErzieherInnen versus LehrerInnen, Baden-Württemberg versus Bremen) der Fragebogendaten, dass die wichtigsten Strukturmerkmale der Grundgesamtheiten von der Stichprobe hinreichend genau abgebildet werden.

Neben der systematischen Auswahl der wichtigsten Merkmalsgruppen setzt Repräsentativität auch eine bestimmte Stichprobengröße voraus. Nur bei einem hinreichend großen Stichprobenumfang können die in einer Befragung gefundenen Daten mit ausreichender Genauigkeit auf die Grundgesamtheit verallgemeinert werden. Für die Berechnung des notwendigen Stichprobenumfanges können in diesem Fall nur die Zahl der Variablen und ihrer Merkmalsausprägungen geschätzt werden, da alle anderen statistischen Verteilungsmerkmale der Grundgesamtheit ja nicht bekannt sind. Die Größe der Grundgesamtheit ist dabei weniger bedeutsam als die Mindestzahl in den *Zellen der Stichprobenmatrix*, also der Anzahl der Merkmalsausprägungen potenziert um die Anzahl der Variablen (Friedrichs, 1990, S. 144 ff.).

Nach dieser Schätzformel sollten bei einer repräsentativen und nach untersuchungsrelevanten Merkmalsausprägungen geschichteten Quotenstichprobe von je 120–130 (von rund 1.500 ErzieherInnen in Bremen) bzw. 600–700 (von rund 16.000 ErzieherInnen in Baden-Württemberg) sowie von je 120–130 bzw. 600–700 Grundschullehrerlnnen in Bremen (ca. 2.000) bzw. in Baden-Württemberg (ca. 25.000) in die Stichprobe einbezogen werden (Gesamt-n rund 1.500–1.700 pädagogische Fachkräfte).

Um in Baden-Württemberg eine repräsentative Stichprobe aus 4.617 Kindergärten (Einrichtungen, in denen ausschließlich Kinder im Alter von zwei Jahren bis zum Schuleintritt betreut werden) und 2.739 Kindertageseinrichtungen mit Kindern aller Altersgruppen (Einrichtungen, in denen auch Kleinstkinder oder Schulkinder nach dem Unterricht betreut werden)[10] sowie aus 2.451 öffentlichen und 94 privaten Grundschulen[11] gewinnen zu können, wurde wie folgt verfahren: Zunächst sollten Kindergärten bzw. Kindertageseinrichtungen und Schulen aus allen vier Regierungsbezirken (Stuttgart, Tübingen, Karlsruhe, Freiburg) in angemessener Weise vertreten sein. Da aufgrund der anschließenden computergestützten Erhebung ein Teil der erfassten Einrichtungen auch angefahren werden musste, schied eine völlige Randomisierung aus. Stattdessen wurden verschiedene Regionen ausgewählt, die gleichmäßig über das Bundesland verteilt waren, und in denen dann alle jeweiligen Einrichtungen angeschrieben wurden. Ein weiterer Faktor war die Gemeindegröße, die in vier Kategorien erfasst wurde. Weiter sollten die Einrichtungen aus Gemeinden mit unterschiedlich hohem Migrationsanteil (dieser Wert reicht von 14,8% im Landkreis Emmendingen bis zu 46,6% im Stadtkreis Pforzheim, jeweils bezogen auf die Gesamtbevölkerung)[12] vertreten sein, in der Annahme, dass dies Auswirkungen auf die erlebte Arbeitsbelastung von ErzieherInnen und LehrerInnen haben kann.

5.2.2 Strukturelle Merkmale der tatsächlichen Stichprobe

Neben der Größe spielt auch die strukturelle Qualität eine entscheidende Rolle für die Repräsentativität einer Stichprobe. Sie gibt an, wie sehr die für die Fragestellung zentralen Merkmale und damit auch alle wesentlichen Eigenschaften der Grundgesamtheit in der Stichprobe hinreichend korrekt vertreten sind.

---

10 Stand 01.03.2011; Quelle: www.statistik.baden-wuerttemberg.de/BildungKultur/Landesdaten/ Tageseinrichtungen.asp [06.08.2014]

11 Stand 20.10.2010; Quelle: www.statistik.baden-wuerttemberg.de/BildungKultur/Landesdaten/ Tageseinrichtungen.asp [06.08.2014]

12 Stand 09.05.2011; Quelle: www.statistik.baden-wuerttemberg.de/veroeffentl/Statistik_AKTU ELL/803413006.pdf [06.08.2014]. Als Personen mit Migrationshintergrund werden im Rahmen des Zensus 2011 neben AusländerInnen auch Deutsche bezeichnet, die nach 1955 zugewandert sind oder mindestens ein nach 1955 zugewandertes Elternteil haben.

Gesamtstichprobe

Insgesamt konnte ein Rücklauf von n = 1.525 Fragebögen erzielt werden (Tab. 5-2). Allerdings beantworteten nicht alle GrundschullehrerInnen die Frage nach einem Mathematikstudium, weshalb sich für einen Vergleich der drei Gruppen ErzieherInnen, LehrerInnen mit Mathematikstudium und LehrerInnen ohne Mathematikstudium die Stichprobengröße auf n = 1.488 reduziert (Tab. 5-3). Weiter erklären sich dadurch jeweils unterschiedliche Stichprobengrößen in der Ergebnisdarstellung (Kap. 6).

Tabelle 5-2:   Stichprobe nach Anzahl der ErzieherInnen und GrundschullehrerInnen

Bundesland	ErzieherInnen	GrundschullehrerInnen	Total
Bremen	111	127	238
Ba-Wü	658	629	1287
Total	769	756	1525

Tabelle 5-3:   Stichprobe nach Studium der GrundschullehrerInnen

		LehrerInnen		
Bundesland	ErzieherInnen	ohne Mathematikstudium	mit Mathematikstudium	Total
Bremen	111	47	75	233
Ba-Wü	658	294	303	1255
Total	769	341	378	1488

Es gelang annähernd, das Geschlechterverhältnis abzubilden, wenngleich die männlichen Teilnehmer in der Stichprobe etwas unterrepräsentiert sind. Der Anteil der männlichen Erzieher beträgt in der Gesamtstichprobe nur 3,1% (n = 24). Für Bremen liegt er mit 5,5% etwas unter dem für das Bundesland üblichen Anteil von 6,8% (Cremers & Krabel, 2012, S. 16; der Referenzwert beinhaltet jedoch nur ausgebildete Fachkräfte, keine PraktikantInnen). Für Baden-Württemberg fällt der Anteil der männlichen Erzieher in der Stichprobe mit 2,8% etwas höher aus als der Landesdurchschnitt von 1,6% (ebd., S. 16). Die Anteile der männlichen Grundschullehrer in der Stichprobe liegen mit 15% in Bremen (n = 19) und 10% in Baden-Württemberg (n = 63) insgesamt etwas niedriger als der Bundesdurchschnitt von 14,2% (Blossfeld et al., 2009).

Sowohl bei den ErzieherInnen als auch bei den GrundschullehrerInnen zeigt sich eine ausgewogene Verteilung auf die Altersgruppen, wobei die Randkategorien geringer belegt sind (Tab. 5-4). In beiden Gruppen liegt der Median in der Altersgruppe 40 bis 49 Jahre.

Tabelle 5-4: Stichprobe nach Altersgruppen der pädagogischen Fachkräfte

Altersgruppe	ErzieherInnen		LehrerInnen	
	Häufigkeit	Prozentualer Anteil	Häufigkeit	Prozentualer Anteil
Bis 19 Jahre	8	1.0	-	-
20 bis 29 Jahre	173	22.5	75	10.0
30 bis 39 Jahre	153	19.9	182	24.2
40 bis 49 Jahre	207	26.9	190	25.1
50 bis 59 Jahre	213	27.7	227	30.0
60 Jahre und älter	12	1.6	79	10.4
Fehlende Werte	3	3.0	3	0.4

Tabelle 5-5: Bremer Stichprobe nach Sozialstufen der Stadtteile

Sozialstufen	Häufigkeit	Prozentualer Anteil
Unbelastet	11	3.7
Wenig belastet	84	22.9
Mittel belastet	116	36.2
Stärker belastet	69	25.7
Stark belastet	38	11.5
Gesamt	238	100

Tabelle 5-6: Stichprobe nach Einwohnerzahl der Gemeinden in Baden-Württemberg

Einwohnerzahl der zugehörigen Gemeinde	ErzieherInnen %	GrundschullehrerInnen %	Bevölkerungsanteil %
Bis 5 000 Einwohner	21.0	33.1	14.7
5 001 bis 10 000 Einwohner	14.8	15.4	17.3
10 001 bis 100 000 Einwohner	46.2	31.6	40.7
Mehr als 100 000 Einwohner	18.0	18.0	27.3

In der Bremer Stichprobe ist die Verteilung auf die Stadtteile entsprechend dem Sozialindex relativ ausgeglichen (die reale Verteilung ist annähernd normalverteilt), die Zahl der belasteten Stadtteile ist leicht überrepräsentiert (Tab. 5-5). In der baden-württembergischen Stichprobe sind ErzieherInnen und LehrerInnen in Gemeinden mit bis zu 5.000 Einwohnern überrepräsentiert, während umgekehrt jene in Großstädten mit mehr als 100.000 Einwohnern unterrepräsentiert sind (Tab. 5-6). Allerdings zeigen Korrelationsanalysen, dass keine Zusammenhänge zwischen der Gemeindegröße und dem Antwortverhalten bestehen.

Teilstichprobe ErzieherInnen

Im Durchschnitt verfügen die teilnehmenden ErzieherInnen in Baden-Württemberg über eine etwa 15-jährige (s = 10.23) und in Bremen über eine etwa 14-jährige Berufserfahrung (s = 11.05). Im Hinblick auf die Funktionen der ErzieherInnen ist eine überdurchschnittliche Teilnahme von EinrichtungsleiterInnen in der Stichprobe aus Baden-Württemberg zu erkennen (Tab. 5-7).

Tabelle 5-7: Stichprobe nach Berufserfahrung und Leitungsfunktionen der ErzieherInnen

Funktion	Bremen		Baden-Württemberg	
	Häufigkeit	Prozentualer Anteil	Häufigkeit	Prozentualer Anteil
Einrichtungsleitung	6	5.6	79	12.1
(davon Einrichtungs- und Gruppenleitung)	(0)		(13)	
Stellvertr. Einrichtungsleitung	7	6.5	69	10.6
Gruppenleitung	67	62.0	288	56.0

Mehr als die Hälfte der ErzieherInnen verfügt über einen Fachschulabschluss; in Bremen besitzen deutlich mehr der teilnehmenden ErzieherInnen einen Hochschulabschluss als in Baden-Württemberg (Tab. 5-8).

Tabelle 5-8: Stichprobe nach berufsqualifizierenden Abschlüssen der ErzieherInnen

Abschluss	Bremen		Baden-Württemberg	
	Häufigkeit	Prozentualer Anteil	Häufigkeit	Prozentualer Anteil
Keine staatl. Anerkennung	0	0	1	0.2
2-jähriger Fachschulabschluss	12	19.8	150	22.8
3-jähriger Fachschulabschluss	42	37.8	252	38.3
Bachelor	1	0.9	12	1.8
Diplomstudiengänge; M. A./M. Ed.	21	18.9	22	3.3
Fehlende Angaben	25	22.5	221	33.6

Die Teilnahme an mathematikdidaktischen Fortbildungen ist in Bremen mit 27,9% (31 Personen) geringer als in Baden-Württemberg, wo sie bei 42,9% (282 Personen) liegt. Die durchschnittliche Fortbildungsdauer liegt in beiden Bundesländern bei etwa 14 Stunden mit einer großen Varianz in beiden Stichproben (Bremen: s = 31.74; Baden-Württemberg: s = 27.15).

Teilstichprobe LehrerInnen

Die durchschnittliche Berufserfahrung beträgt in der Bremer Stichprobe etwa 16,5 Jahre (s = 11.21), in der Stichprobe aus Baden-Württemberg liegt sie bei fast 18 Jahren (s = 11.0).

In der Stichprobe sind SchulleiterInnen überrepräsentiert, während der Anteil der KooperationslehrerInnen sehr gering ausfällt (Tab. 5-9).

Tabelle 5-9: Stichprobe nach Berufserfahrung und Leitungsfunktionen der LehrerInnen

	Bremen		Baden-Württemberg	
Merkmale	Häufigkeit	Prozentualer Anteil	Häufigkeit	Prozentualer Anteil
SchulleiterIn	15	11.8	90	14.3
KlassenlehrerIn	104	81.9	472	75.0
(davon SchulleiterIn und KlassenlehrerIn)	(3)		(13)	
KooperationslehrerIn	1	.8	28	4.5

Fast zwei Drittel der LehrerInnen aus Baden-Württemberg haben bereits an einer mathematikdidaktischen Fortbildung teilgenommen (64,9%; 408 Personen), in der Bremer Stichprobe ist dieser Anteil mit 102 Personen (80,3%; 102 Personen) höher. Auch bezogen auf die LehrerInnen zeigt sich eine große Varianz hinsichtlich der Länge der Fortbildung: Diese liegt im Durchschnitt bei 10 Stunden (s = 16.66) in Baden-Württemberg und knapp 15 Stunden (s = 20.41) in Bremen.

Insgesamt kann also die quantitative und qualitative Qualität der Stichprobe als hinreichend repräsentativ für die Grundgesamtheit der baden-württembergischen und bremischen ErzieherInnen und LehrerInnen am Übergang vom Kindergarten in die Grundschule angesehen werden.

5.3 Statistische Auswertungsmethoden

Anne Levin, Katja Meyer-Siever & Johanna Gläser

Der vorliegende Datensatz wird mit SPSS 20.0 ausgewertet. Neben deskriptiven Analysen zur Verteilung von Merkmalen in den Subgruppen (ErzieherInnen versus LehrerInnen, Baden-Württemberg versus Bremen) werden Korrelations-, Varianz- und Regressionsanalysen gerechnet. Die Beurteilung der Ergebnisse erfolgt auf Basis folgender Signifikanzniveaus:

- $p \leq 0.05$: signifikant (Irrtumswahrscheinlichkeit kleiner als 5%),
- $p \leq 0.01$: sehr signifikant (Irrtumswahrscheinlichkeit kleiner als 1%),
- $p \leq 0.001$: hochsignifikant (Irrtumswahrscheinlichkeit kleiner als 0.1%).

Bei Verletzung der Homogenitätsannahme der Varianzen (Levené-Test) wird das Signifikanzniveau adjustiert ($p \leq 0.01$: signifikant und $p \leq 0.001$: sehr signifikant).

Umgang mit fehlenden Werten

So genannte „survey nonresponses", also fehlende Werte durch die Nicht-Beant-
wortung von Items im Fragebogen, beruhen auf vielfältigen Ursachen (Rubin, 1987,
S. 1ff.) und kommen in fast allen groß angelegten empirischen Untersuchungen vor
(exemplarisch: Blömeke, Müller, Felbrich & Kaiser, 2008, S. 230). Bezüglich der Ursachen wird zunächst unterschieden:

- „Missing completely at random" (MCAR): Typisch sind hier Transferfehler bei der
  Eingabe der Fragebogendaten in z. B. SPSS.
- „Missing at random" (MAR): Fehlende bzw. zum Teil fehlende Daten durch eine
  mangelnde Motivation zur Teilnahme.
- „Not missing at random" (NMAR): Bewusstes Nicht-Beantworten von Items, z. B.
  Fragen nach der Ausbildung oder dem Schulabschluss.

Anhand folgender Analyseschritte wurden die Fehler diagnostiziert: Erstellung einer Indikatormatrix der Fehlwerte, Berechnung des Anteils fehlender Werte pro Fall
und pro Variable, Untersuchung häufig auftretender Muster fehlender Werte, Untersuchung von Gruppenunterschieden zwischen Respondern versus Nonrespondern
und Untersuchung von Korrelationen zwischen Indikatorvariablen. Mit Hilfe deskriptiver Analysen wurden fehlende Werte vom Typ MCAR überprüft und korrigiert. Fehlende Werte vom Typ MAR wurden in der Datenmatrix benutzerdefiniert
mit „99" codiert. Bezüglich fehlender Werte vom Typ NMAR konnten keine Ausfall-
mechanismen oder systematisch fehlenden Angaben identifiziert werden (vgl. Weiber
& Mühlhaus, 2010, S. 143).

In der Fragebogenuntersuchung von AnschlussM variiert die Anzahl der fehlenden Werte je nach Item zwischen 0.1% und 1%. Imputationen sind nicht notwendig,
da dieser Prozentsatz im moderaten Bereich liegt und statistische Analysen – auch
aufgrund der umfangreichen Stichprobe der Fragebogenuntersuchung – hierdurch
nicht eingeschränkt werden. Für statistische Berechnungen werden jene Fälle listen-
weise ausgeschlossen, die fehlende Werte für eine der in den Analysen verwendeten
Variablen aufweisen.

Prüfen von Zusammenhangshypothesen

Für die Berechnung von Zusammenhängen zwischen den Variablen werden Korrelationen gerechnet, um Aussagen zum Grad des linearen Zusammenhangs treffen zu
können. Dabei können sowohl metrische als auch nicht-metrische Skalenniveaus in
die Berechnungen einbezogen werden (Bortz & Schuster, 2010). Je nach Skalenniveau
der Variablen werden verschiedene Korrelationskonzepte angewendet. Bei intervall-
skalierten und bei dichotomen Daten wird der Korrelationskoeffizient nach Pearson
berechnet. Voraussetzung hierfür sind annähernd normalverteilte Variablen. Liegt
diese Voraussetzung nicht vor, wird auf den Rangkorrelationskoeffizient nach Spear-
man oder Kendalls Tau zurückgegriffen. Die Gleichheit von zwei Korrelationen wird
über den z-Test für z-transformierte Korrelationskoeffizienten geprüft (vgl. Leonhart,
2009).

Regressionsanalysen

Wenn zwei Variablen signifikant miteinander korrelieren, kann mit Hilfe der linearen Regressionsanalyse die prognostische Relevanz von einer oder mehreren unabhängigen Variablen (Regressor, Prädiktor) für eine abhängige Variable (Regressand, Kriterium) untersucht werden. Voraussetzung bei der abhängigen Variablen ist ein metrisches Skalenniveau, die unabhängige Variable kann metrisch oder dichotom-kategorial sein. Weitere Voraussetzungen für die Durchführung der linearen Regression sind Homoskedastizität bzw. die Homogenität der Varianzen der beteiligten Variablen (Prüfung durch Streudiagramm der vorhergesagten Werte versus Residuen), annähernd normalverteilte und unabhängige Regressionsresiduen (Differenz zwischen wahrem Wert und vorhergesagtem Wert; entspricht dem Vorhersagefehler) und Linearität der Zusammenhänge. Als Methode für die Variablenauswahl wird die Prozedur „Schrittweise" verwendet, bei der die Variablen in Abhängigkeit von der Höhe ihrer F-Wahrscheinlichkeit aufgenommen werden.

Die Anzahl der zu untersuchenden Prädiktoren richtet sich auch nach der Stichprobengröße (Wilks, 1995). Dabei sind die Angaben zum Verhältnis der Anzahl der Fälle zur Anzahl der Prädiktoren in der Literatur unterschiedlich. Nach Schendera (2008, S. 133) gilt als allgemeine Regel: $n \geq 50 + 8m$, wobei m für die Anzahl der Prädiktoren im Modell steht. Bühner und Ziegler (2009, S. 682) verweisen auf eine strengere Regel („15-mal die Anzahl der Prädiktoren") und eine Regel, die etwas weniger streng ist („50 plus die Anzahl der Prädiktoren").

Bezogen auf die Stichprobe der gematchten Fälle, die sowohl den Fragebogen als auch die computergestützte Erhebung bearbeitet haben, ergibt sich in Anlehnung an die Fachliteratur bei n = 108 für die lineare Regressionsanalyse eine kritische Anzahl von maximal zwei Prädiktoren, da sonst das Bestimmtheitsmaß (R^2, Maß für den Anteil der erklärten Varianz der abhängigen Variablen durch das errechnete Regressionsmodell) überschätzt wird. Die errechnete Regressionsgleichung wird mit einem F-Test auf Signifikanz überprüft. Ist der F-Wert mit $p < .05$ statistisch signifikant, kann das vorliegende Regressionsmodell gegen den Zufall abgesichert werden.

Zur Prüfung der Güte des Regressionsmodells wird das korrigierte Bestimmtheitsmaß (R^2) herangezogen, welches Einflüsse, die sich durch die Anzahl der Prädiktoren und durch die Stichprobengröße ergeben, bereinigt (Backhaus et al., 1994, S. 25). Das Bestimmtheitsmaß, welches Werte zwischen 0 und 1 annehmen kann, ist umso höher, je größer der Anteil der erklärten Varianz an der Gesamtvarianz ist. Im Extremfall, bei $R^2 = 1$, wird die abhängige Variable vollständig (also zu 100%) durch das vorliegende Regressionsmodell erklärt.

Prüfen von Unterschiedshypothesen

Gruppenvergleiche (unabhängige Variablen: z. B. pädagogische Fachkräfte; Bundesländer) werden mittels varianzanalytischer Berechnungen durchgeführt, die als unabhängige Variablen z. B. das Bundesland (Baden-Württemberg versus Bremen) und die Profession (ErzieherInnen versus GrundschullehrerInnen mit Mathematikstudium versus GrundschullehrerInnen ohne Mathematikstudium) berücksichtigen. Die unabhängigen Variablen werden im Folgenden als Faktoren und deren Ausprägungen als Faktorstufen bezeichnet. Bei einer abhängigen Variablen wird je nach Anzahl der Faktoren einfaktorielle oder mehrfaktorielle, univariate Varianzanalysen (ANOVA) gerechnet, bei mehr als einer abhängigen Variablen werden multivariate Varianzanalyen (MANOVA) durchgeführt. Um die Ergebnisse einer Varianzanalyse verwenden zu können, müssen neben dem metrischen Skalenniveau der abhängigen Variablen folgende Voraussetzungen erfüllt sein: Unabhängigkeit der Stichproben, normalverteilte Merkmale in den Stichproben und Varianzhomogenität der Faktoren.

Die Unabhängigkeit der Stichproben liegt vor, da es sich zum einen um eine Querschnittsanalyse (daher keine Messwiederholungen am gleichen Untersuchungsobjekt) und zum anderen um Kriterien der Stichproben aus verschiedenen Populationen handelt.

Die Verteilung der Merkmale wird sowohl mit Hilfe von Häufigkeitsverteilungen anhand von Histogrammen mit eingezeichneten Normalverteilungskurven als auch mittels des Kolmogorov-Smirnov-Tests auf Normalverteilung geprüft. Im Ergebnis wird deutlich, ob die mit Hilfe des Fragebogens erhobenen Merkmale approximativ normalverteilt sind und somit eine wichtige Voraussetzung für die Anwendung statistischer Verfahren vorliegt.

Ist die Voraussetzung der Normalverteilung im Einzelfall nicht erfüllt, wird als non-parametrische Alternative der Mann-Whitney-Test für zwei unabhängige Stichproben und bei mehr als zwei unabhängigen Stichproben die Rangvarianzanalyse nach Kruskal und Wallis (Bühner & Ziegler, 2009) verwendet. Als Prüfgröße des Kruskal-Wallis-Tests wird ein H-Wert errechnet. Ist der errechnete H-Wert größer als der H-Wert aus der Chi-Quadrat-Tabelle, unterscheiden sich die Gruppen signifikant voneinander.

Die Varianzhomogenität wird mit Hilfe des Levené-Tests überprüft. Ist der p-Wert des Levené-Tests kleiner als .05, wurde die Voraussetzung der Gleichheit der Varianzen verworfen und das Signifikanzniveau auf p = .01 adjustiert (vgl. Leonhart, 2009).

Eine weitere Voraussetzung für die sinnvolle Anwendung von varianzanalytischen Berechnungen ist eine ausreichend große Stichprobe. Für jeden freien Faktorterm (Anzahl der Faktorstufen minus 1; vgl. Bender, Ziegler & Lange, 2007) im Modell sollten mindestens zehn Fälle vorliegen. Wird der Schwellenwert diesbezüglich unterschritten, kommt der T-Test für unabhängige Stichproben zur Anwendung.

Um abzuschätzen, wie groß das Ausmaß ist, mit dem ein Faktor respektive eine unabhängige Variable oder eine Faktorkombination respektive zwei oder mehr unabhängige Variablen auf die abhängige(n) Variable(n) wirkt (wirken), wird als Effektstärke Eta-Quadrat (η^2) berechnet. Eta-Quadrat beschreibt den Anteil der Varianz an der Gesamtvarianz, der durch diese Variable(n) aufgeklärt wird. In Anlehnung an Cohen (1988) ergeben sich folgende kritische Schwellenwerte:

- schwacher Effekt bei $\eta^2 = .01$ bis $\eta^2 = .059$,
- mittlerer Effekt bei $\eta^2 = .06$ bis $\eta^2 = .139$,
- großer Effekt bei $\eta^2 \geq .14$.

Im Falle signifikanter Abweichungen der Mittelwerte wird mittels Post-Hoc-Analysen untersucht, welche Mittelwerte sich unterscheiden. Verwendet wurde hierfür der

Scheffé-Test, der alle möglichen Kombinationen von Gruppenmittelwerten prüft und größere Differenzen der Mittelwerte für ein signifikantes Ergebnis fordert.

Strukturgleichungsmodellierung

Im Rahmen der Erstellung der Strukturanalysen wurde auf das Programm Amos 20.0 zurückgegriffen. Mit Hilfe der Strukturanalyse als strukturprüfendes multivariates Verfahren (Backhaus & Weiber, 2007) können statistische Zusammenhänge zwischen den Variablen auf Grundlage theoretisch angenommener gerichteter Wirkungszusammenhänge statistisch geprüft und a priori formulierte Hypothesen beurteilt werden (Weiber & Mühlhaus, 2010, S. 17). Voraussetzungen für die Berechnung von Strukturgleichungsmodellen sind zum Einen – wie zuvor erwähnt – a priori formulierte Wirkungszusammenhänge, zum anderen das Vorliegen metrischer Skalenniveaus, einer vollständigen und von Ausreißern bereinigten Datenmatrix (siehe: Umgang mit fehlenden Werten) und Multinormalverteilung der erhobenen Daten.

Zur Beurteilung der Güte des Gesamtmodells wurden sowohl inferenzstatistische (χ^2, RMSEA) als auch deskriptive (absolute Fitmaße: SRMR; Goodness-of-Fit-Maße: AGFI) Kriterien herangezogen. Die Prüfgröße Chi-Quadrat (χ^2) ist das wichtigste inferenzstatistische Gütekriterium (Weiber & Mühlhaus, 2010, S. 160). Dennoch ist der Chi-Quadrat-Wert stark von der Größe der Stichprobe abhängig, da er das Produkt aus einer Abweichungssumme und N–1 ist. Somit können bei großen Stichprobenumfängen bereits kleine Abweichungen der geschätzten Varianz- oder Kovarianzmatrix von der empirischen zur Ablehnung des Modells führen. Als Faustregel gilt: Das Verhältnis von Chi-Quadrat zur Anzahl der Freiheitsgrade sollte den Wert 3 nicht unterschreiten (Kline, 2005).

Aufgrund des mit Vorsicht zu interpretierenden Chi-Quadrat-Wertes wird das ebenfalls inferenzstatistische Maß „Root-Mean-Square-Error of Approximation (RMSEA)" berücksichtigt. Bezüglich der Festlegung kritischer RMSEA-Werte erfolgt die Beurteilung in Anlehnung an Browne und Cudeck (1993, S. 136 ff.), wonach Werte zwischen .05 und .08 für eine akzeptable und Werte ≤ .05 für eine gute Modellanpassung sprechen. Werte ≥ .10 werden als inakzeptable Modell-Fits interpretiert.

Deskriptive Gütekriterien sind unabhängig vom Stichprobenumfang relativ robust gegenüber Verteilungsvoraussetzungen und bilden Cut-off-Werte, deren Überschreiten auf eine gute Modellpassung hinweisen (Weiber & Mühlhaus, 2010, S. 164). Als absolutes Fitmaß wird der Standardized Root Mean Square Residual (SRMR) berechnet, wobei dieser für einen guten Modell-Fit spricht, wenn die Werte ≤ .10 waren. Der Adjusted-Goodness-of-Fit-Index (AGFI) ist ein Maß für die erklärte Varianz im Modell und sollte Werte von ≥ .90 für einen guten Modell-Fit aufweisen.

Zusätzlich wird zur Beurteilung der Anpassungsgüte der theoretischen Modellstruktur an die empirischen Daten der Comparative-Fit-Index (CFI) berechnet, der das vom Anwender formulierte Modell mit einem sog. Basismodell respektive Nullmodell vergleicht. Der CFI kann Werte zwischen 0 und 1 annehmen, wobei erst ab einem kritischen Wert von CFI = .95 von einem guten Modell-Fit ausgegangen werden kann.

Itemstatistik und Itemkennwerte

Die Daten des Pretests wurden zunächst mit Hilfe deskriptiver Analysen auf Konsistenz und Richtigkeit hinsichtlich Ausreißern, Eingabefehlern und Antwortmustern überprüft und bereinigt.

Die Itemrohwerte des Pretests wurden einer Itemanalyse unterzogen, wobei im ersten Schritt auf die *Itemverteilung* – auch im Hinblick auf die Einschätzung der Itemschwierigkeit – geachtet wurde. Bei linkssteilen Verteilungen der Antworten liegt ein Bodeneffekt vor, das heißt, das Item ist zu leicht bzw. differenziert nicht, da es für die meisten zutrifft. Bei rechtssteilen Verteilungen liegt ein Deckeneffekt vor – auch hier differenziert das Item nicht, da es zu schwierig ist oder bzw. von den meisten abgelehnt wird. Zweigipfelige Verteilungen können ein Hinweis darauf sein, dass das Item unterschiedlich interpretiert wurde.

Im Anschluss an die Analyse der Itemverteilung erfolgte auf Basis der Itemrohwerte eine erste Itemanalyse, wobei die Itemschwierigkeit und die Itemtrennschärfe berechnet wurden. Die Itemschwierigkeit der dichotomen Items der Skala zum elementarmathematischen und mathematikdidaktischen Wissen wurde ermittelt, indem je Item der prozentuale Anteil der Richtig-Antwortenden ermittelt wurde. Items mit einem Schwierigkeitsindex kleiner als 20% (schwierig zu beantwortendes Item) oder größer als 80% (relativ leicht zu beantwortendes Item) wurden von der Hauptuntersuchung ausgeschlossen (Zöfel, 2006, S. 235). Zur Analyse der Itemschwierigkeit der Ratingskalen wurden Maße der zentralen Tendenz und Dispersionsmaße berechnet.

Zur Berechnung der Trennschärfe-Koeffizienten wurden im Rahmen von Reliabilitätsanalysen Part-whole-Korrelationen bzw. Korrelationen mit dem Skalenwert ohne das zu untersuchende Item gerechnet. In Anlehnung an Bortz und Döring (2006) werden Trennschärfen $\leq .30$ als gering, Trennschärfen $\geq .30$ und $\leq .50$ als mittel sowie Trennschärfen $\geq .50$ als hoch eingestuft (ebd., S. 220).

Bestimmung der Gütekriterien

Im nächsten Schritt wird als Gütekriterium die *Reliabilität* für die Pretest-Daten berechnet. Mit der Reliabilität wird die Zuverlässigkeit bzw. Genauigkeit bezeichnet, mit der der Fragebogen die Konstrukte misst. Voraussetzung einer Reliabilitätsanalyse ist die Prüfung der Eindimensionalität der Konstrukte.

Zur Überprüfung der Dimensionen werden explorative Faktoranalysen durchgeführt, um auf zugrunde liegende latente, voneinander unabhängige Variablen/Merkmale (Faktoren) zu schließen. Items, die hoch mit einem Faktor korrelieren bzw. auf ihm laden, werden gemeinsam als Faktor extrahiert (Koeffizienten mit absoluten Werten $> .40$). Items, die dieses Kriterium nicht erfüllen, werden – auch im Sinne einer angestrebten Dimensionsreduzierung – nicht in die Hauptuntersuchung bzw. in die Analysen aufgenommen. Als Methode der Faktorenextraktion wurde die Hauptkomponentenanalyse verwendet. Des Weiteren wird zur Bestimmung der Anzahl der zu extrahierenden Faktoren ein Scree-Test durchgeführt, bei dem die Eigenwerte in einem Koordinatensystem absteigend nach ihrer Größe dargestellt werden. Die Stelle, an der die Differenz der Eigenwerte zwischen zwei Faktoren am größten ist, ist als

Knick (sog. Elbow) dargestellt. Die Anzahl der zu extrahierenden Faktoren kann man am ersten Punkt links neben diesem Knick ablesen. Wenn kein eindeutiger Knick zu erkennen war, wurde das Kaiser-Kriterium (Kaiser, 1974) angelegt, dementsprechend die Faktoren ausgewählt wurden, deren Eigenwerte größer 1 sind bzw. einen nennenswerten Erklärungsgehalt aufweisen.

Zur Rotation der Faktorenstruktur wird als rechtwinklige Rotation Varimax verwendet, die die Anzahl der Variablen mit hohen Ladungen für jeden Faktor minimiert und so die Interpretation der Faktoren vereinfacht. Im Anschluss werden die extrahierten Messindikatoren bzw. Items erneut inhaltlich geprüft hinsichtlich der Interpretation des Faktors entsprechend der Konstruktbedeutung. Im besten Falle laden die Items auf den Faktoren hoch, denen sie auf konzeptioneller Ebene auch zugeordnet werden. Items, die negativ gepolt sind und daher negativ auf einem Faktor laden würden, wurden schon vor der Berechnung der Skalen umkodiert, sodass alle Items gleichartig gepolt sind.

Nach durchgeführter Prüfung der faktoriellen Struktur der Konstrukte erfolgt die *Reliabilitätsprüfung* der identifizierten Faktoren respektive Messindikatoren. Hierfür wird die Itemvarianz im Verhältnis zur Gesamtvarianz betrachtet. Als Kriterium für die Reliabilität wird die interne Konsistenz berechnet, wobei Cronbachs Alpha zur Beurteilung herangezogen wird. Sind die Itemvarianzen im Vergleich zur Gesamtvarianz niedrig, ergibt sich ein hohes Cronbachs Alpha. Es empfiehlt sich, ein Indikatorenset nur zu nehmen, wenn es einen Wert von mindestens $\alpha = .70$ aufweist (Nunnally & Bernstein, 1994, S. 252). Die Grenzwerte für eine akzeptable Reliabilität sind jedoch umstritten. Cronbachs-Alpha-Werte sind von der Anzahl der Indikatoren respektive Items, die einen Faktor abbilden, abhängig, da mit steigender Itemanzahl auch die Gesamtvarianz und damit der Cronbachs-Alpha-Koeffizient steigen. So kann in Anlehnung an Peter (1997, S. 180) speziell bei drei und zwei Indikatoren auch ein Cronbachs-Alpha-Wert von mindestens 0.4 als akzeptabel erachtet werden (ebd., S. 180). Bei sehr hohen Werten nahe 1 wird zusätzlich geprüft, ob die Items inhaltlich und/oder sprachlich deckungsgleich sind. Bei Werten unter $\alpha = .70$ werden – soweit die Ergebnisse dies zulassen – sukzessive Items eliminiert, um die Cronbachs-Alpha-Werte der Skala zu erhöhen.

Anhand von *Validitätsuntersuchungen* wird das Maß festgestellt, mit dem das Instrument das misst, was es messen soll (Gültigkeit eines Messinstruments). Die Validität kann an sich nicht bewiesen werden, vielmehr muss sie geschlussfolgert werden (Weiber & Mühlhaus, 2010, S. 137). „Wenn neben der Reliabilität der Messungen auch der Nachweis von Inhalts- und Konstruktvalidität erbracht ist", wird diese Schlussfolgerung als gerechtfertigt angesehen (ebd., S. 137). Sowohl die im Zuge der qualitativen Voruntersuchung durchgeführten Experteninterviews als auch die sorgfältige Auswahl der sachlogisch exakt operationalisierten Messindikatoren boten neben den studienbegleitenden Fachgesprächen eine Grundlage für die Sicherstellung der Inhaltsvalidität der Messungen. Zudem wurde im Laufe der Fragebogenkonstruktion darauf geachtet, eine repräsentative Itemmenge in Bezug auf das zu erfassende Konstrukt für den Test zu generieren. Der erste Fragebogenentwurf für den Pretest beinhaltete diesbezüglich bewusst eine größere Menge Items je Konstrukt. Weiter wurden die Angaben, die die Befragten zur Verständlichkeit der Items und zum Antwortmodus im Pretest – zusätzlich zur Beantwortung der Items – machten, bei der Auswahl der Items für die Hauptuntersuchung berücksichtigt.

5.4 Gütekriterien der Skalen

Anne Levin, Katja Meyer-Siever & Johanna Gläser

Der endgültige Fragebogen wurde im Rahmen einer semi-quotierten Stichprobe von N = 1.525 ErzieherInnen und GrundschullehrerInnen aus Baden-Württemberg und Bremen beantwortet. Die dabei gewonnenen Ergebnisse wurden im Rahmen der statistischen Auswertung auch einem ersten Test der Validität der Skalen unterzogen.

Im Folgenden werden die Validierungsergebnisse der 27 Einzelskalen bzw. der sieben Skalenblöcke (s. Tab. 5-1) der Übersichtlichkeit halber unter vier thematische Oberblöcke (Überzeugungen, Wissen, Motivation, Arbeitsbedingungen) zusammengefasst dargestellt.

5.4.1 Mathematikbezogene Überzeugungen

In AnschlussM werden die mathematikbezogenen Überzeugungen von ErzieherInnen und LehrerInnen so konzeptualisiert und operationalisiert, dass sie mit einem gemeinsamen Instrument für beide Professionen erfasst und damit in Beziehung gesetzt werden können. Die Qualität dieser Konzeptualisierung und Operationalisierung äußert sich in den folgenden Item- und Skalenanalysen.

Überzeugungen zur Natur von Mathematik

Die Skalen zu Überzeugungen zur Natur von Mathematik gehen auf Laschke und Blömeke (2014) zurück. Die Items wurden für die unterschiedlichen Zielgruppen (in AnschlussM: ErzieherInnen und GrundschullehrerInnen; in TEDS-M: angehende Grundschul- und SekundarstufenlehrerInnen) angepasst.

Laschke und Blömeke (2014) identifizieren in TEDS-M zwei Faktoren, die sie als Statische Perspektive (Math as Rules and Procedures) und Dynamische Perspektive (Math as Process of Inquiry) bezeichnen. In AnschlussM werden dagegen drei Faktoren identifiziert:

- *Schemaorientierung* (Beispielitem: „In der Mathematik geht es hauptsächlich um das Lernen von Fakten und Regeln.")
- *Prozessorientierung* (Beispielitem: „Die Beschäftigung mit Mathematik fördert und erfordert kreatives Denken.")
- *Anwendungsorientierung* (Beispielitem: „Die Mathematik hilft Probleme und Aufgaben im täglichen Leben zu lösen.")

Die Items des Faktors *Schemaorientierung* stimmen in großen Teilen mit denen von Laschke und Blömeke (2014) in der Skala *Statische Perspektive* gebündelten Items überein und bestehen primär aus Items zur Schemaorientierung sowie einzelnen Items zum Formalismusaspekt von Mathematik. Anders als bei Laschke und Blömeke (2014) lässt sich die dynamische Perspektive in der vorliegenden Untersuchung nicht replizieren. Es können stattdessen zwei moderat korrelierende Faktoren (r = .53) identifiziert werden. Auf einem Faktor laden Items, die eine prozessorientierte Sichtweise abbilden, auf dem anderen Faktor laden dagegen Items, die eine anwendungsorientierte Sichtweise beschreiben. Hinsichtlich der internen Konsistenz der Skalen kann Cronbachs Alpha durchweg als zufriedenstellend bezeichnet werden (Tab. 5-10), ebenso liegen die Trennschärfen (part-whole-korrigiert) im mittleren bis hohen Bereich. Alle Aussagen wurden auf einer Skala von 1 (volle Zustimmung) bis 5 (keine Zustimmung) eingeschätzt.

Tabelle 5-10: Skalen zu epistemologischen Überzeugungen zur Natur von Mathematik

	Anzahl der Items	Reliabilität	Trennschärfen (part-whole-korrigiert)
Schemaorientierung	6	.83	.31 – .52
Prozessorientierung	3	.73	.53 – .57
Anwendungsorientierung	3	.73	.45 – .62

Die Differenz der Skalenbildung aufgrund der unterschiedlichen Aggregationen von Items in AnschlussM zu im Primar- und Sekundarbereich bereits vorliegenden Untersuchungen (vgl. TEDS-M; Laschke & Blömeke, 2014) hat wahrscheinlich zwei Gründe: Erstens untersuchen Laschke und Blömeke (2014) Studierende, wohingegen AnschlussM nur in der Berufspraxis stehende pädagogische Fachkräfte befragt. Zweitens studieren die Befragten bei Laschke und Blömeke (2014) zum Teil Mathematik, weshalb sich ihre Antworten möglicherweise stärker auf die Hochschulmathematik (und weniger auf die Mathematik in Kindergarten und Grundschule) beziehen.

Epistemologische Überzeugungen zum Lehren und Lernen von Mathematik

Die Skalen zu *Überzeugungen zum Lernen und Lehren von Mathematik* für den Elementar- und Primarbereich weichen deutlich von den in TEDS-M (Laschke & Blömeke, 2014) verwendeten Skalen ab. Der Faktor Transmissionsorientierung lässt sich für die vorliegende Stichprobe nicht replizieren. Bezogen auf einzelne Items (Beispielitem: „Kinder lernen Mathematik am besten, indem sie den Erklärungen der ErzieherIn aufmerksam folgen (z. B. Zahlwortreihe vorsprechen – nachsprechen).") kann festgestellt werden, dass dieser Faktor von allen pädagogischen Fachkräften im Mittel deutlich abgelehnt wird (LehrerInnen: M = 4.36, s = .76; ErzieherInnen: M = 4.15, s = 1.01).

Auch die Skala zur Konstruktionsorientierung von Laschke und Blömeke (2014) unterscheidet sich von den Skalen in AnschlussM insofern, als dass weitere Items, die eine sozialkonstruktivistische Sicht auf das Lernen in der Grundschule und eine stärker ko-konstruktivistisch ausgerichtete Sichtweise auf das Lernen im Kindergarten beschreiben, auf den identifizierten Faktoren laden:

- *Sozialkonstruktivistische Überzeugung in Bezug auf das Lehren und Lernen von Mathematik in der Grundschule*: Der Fokus liegt auf dem Austausch der Kinder untereinander. Beispielitems: „Der Austausch der Kinder untereinander über ihr mathematisches Vorgehen ist ein wichtiger Motor für die mathematische Entwicklung." und „LehrerInnen sollten Kinder ermutigen, eigene Lösungen für mathematische Aufgaben zu finden."
- *Ko-konstruktivistische Überzeugung in Bezug auf das Lehren und Lernen von Mathematik im Kindergarten*: Der Fokus liegt hier eher auf dem Austausch der Kinder mit den ErzieherInnen sowie auf der Bedeutung von Lernangeboten. Beispielitems: „Für die Entwicklung des mathematischen Denkens von Kindern ist der kommunikative Austausch mit einem Erwachsenen wesentlich." und „Ein Kind braucht Denk- und Handlungsanreize von außen, um seine logisch-mathematischen Fähigkeiten zu entwickeln."

Beide Skalen weisen zufriedenstellende Reliabilitäten auf (Tab. 5-11). Die Trennschärfen liegen fast alle im mittleren Bereich; lediglich ein Item in der Skala Sozialkonstruktivistische Überzeugung weist eine niedrige Trennschärfe auf.

Tabelle 5-11: Skalen zu Überzeugungen zum Lehren und Lernen von Mathematik

Faktor	Anzahl der Items	Reliabilität	Trennschärfen (part-whole-korrigiert)
Sozialkonstruktivistische Überzeugung (Schule)	5	.84	.24 – .47
Ko-konstruktivistische Überzeugung (Kindergarten)	8	.67	.56 – .71
Statischer Begabungsbegriff	6	.77	.40 – .59
Überzeugung, dass altersheterogene Gruppen förderlich für das Mathematiklernen im Kindergarten sind	2	.61	.43

Die Natur von Leistungen in Mathematik wird bei Laschke und Blömeke (2014) durch die Skala *Mathematikleistung als anthropologische Konstante* erfasst. Damit wird ein statischer Begabungsbegriff beschrieben, der Mathematikleistung in erster Linie auf stabile und angeborene Fähigkeiten zurückführt. Die in AnschlussM identifizierte Skala *Statischer Begabungsbegriff* umfasst sechs Items (Beispielitem: „Manche Menschen sind gut in Mathematik und manche nicht.") und weist ein gutes Cronbachs Alpha von .77 auf. Sie deckt sich weitgehend mit dem bei Laschke und Blömeke (2014) berichteten Faktor und den dort verwendeten Items. Da die Benennung Anthropologische Konstante missverständlich ist, wird die Skala in AnschlussM mit *Statischer Begabungsbegriff* bezeichnet.

Die nur zwei Items umfassende und damit sehr kurze Skala zur Überzeugung, dass altersheterogene Gruppen förderlich für das *Mathematiklernen im Kindergarten sind*, erweist sich mit einem Cronbachs Alpha von .61 und einer zufriedenstellenden Trennschärfe von .43 als eingeschränkt reliabel. Zukünftig muss diese Skala um weitere Items erweitert werden. Dennoch findet – im Sinne einer groben Einschätzung der Bedeutung dieses Konstrukts – die Skala in der Auswertung weitere Beachtung.

Bedeutsamkeit von Vorerfahrungen am Schulbeginn

Die Konstruktion der Skalen zur *Bedeutung mathematischer Vorerfahrungen am Schulanfang* erfolgte in Anlehnung an die fünf Leitideen der Bildungsstandards (KMK, 2004a). Allerdings konnte in diesem Rahmen die Leitidee „Daten und Zufall" nicht repliziert werden, und die beiden Leitideen „Raum und Form" sowie „Größen und Messen" lassen sich empirisch nicht voneinander abgrenzen (Beispielitem: „Das Kind vergleicht Gegenstände nach Größe."). Insgesamt konnten drei Skalen identifiziert werden (Tab. 5-12; Beispielitem für die Skala „Zahlen und Operationen": „Das Kind kann Zahlen im Zahlenraum bis 10 ordnen."; Beispielitem für die Skala „Muster und Strukturen": „Das Kind kann Muster fortsetzen."). Sowohl die Reliabilitäten als auch die Trennschärfen liegen im mittleren Bereich und sind insgesamt zufriedenstellend.

Tabelle 5-12: Skalen zur Bedeutsamkeit mathematischer Vorerfahrungen am Schulanfang nach Leitideen

	Anzahl der Items	Reliabilität	Trennschärfen (part-whole-korrigiert)
„Raum und Form", „Größen und Messen"	5	.76	.53 – .58
„Zahlen und Operationen"	8	.84	.43 – .69
„Muster und Strukturen"	3	.70	.68 – .76

Neben der Einschätzung der Bedeutsamkeit mathematischer Vorerfahrungen bezogen auf die Leitideen wurde um zwei weitere Einschätzungen gebeten. Erstens wurde die Einschätzung der möglichen *Kontraproduktivität von mathematischen Vorkenntnissen am Schulanfang* insgesamt vorgeschlagen (Beispielitem: „Das Kind sollte bei der Einschulung keine mathematischen Vorkenntnisse haben."). Zweitens wurde um die Einschätzung der möglichen *Vorrangigkeit von allgemeinen und sozialen Fähigkeiten und Fertigkeiten vor mathematischen Vorkenntnissen am Schulanfang* gebeten (Beispielitem: „Wichtiger als mathematische Grunderfahrungen vor der Schule ist, dass Kinder den Umgang mit Schere und Stift (Stifthaltung) lernen."). Die beiden Skalen Bedeutsamkeit von mathematischen Vorkenntnissen und Vorrangigkeit von allgemeinen und sozialen Fertigkeiten weisen sowohl eine zufriedenstellende Reliabilität als auch mittlere bis teilweise hohe Trennschärfen auf (Tab. 5-13).

Tabelle 5-13: Skalen zur Bedeutsamkeit mathematischer und anderer Vorkenntnisse am Schulanfang

	Anzahl der Items	Reliabilität	Trennschärfen (part-whole-korrigiert)
Kontraproduktivität von mathematischen Vor-kenntnissen am Schulanfang	5	.81	.51 – .65
Vorrangigkeit von allgemeinen und sozialen Fähigkeiten und Fertigkeiten vor mathematischen Vorkenntnissen am Schulanfang	10	.90	.54 – .75

Bezogen auf die Überzeugungen zur Natur von Mathematik zeigen sich negative Korrelationen zwischen der Schemaorientierung und der Prozessorientierung sowie der Anwendungsorientierung; die beiden letztgenannten Skalen korrelieren dagegen positiv miteinander (Tab. 5-14). Weiter korrelieren die Skalen zu den Überzeugungen zum Lehren und Lernen von Mathematik untereinander positiv und darüber hinaus positiv mit den Skalen zur Prozess- und der Anwendungsorientierung; dies gilt insbesondere für die Skala Sozialkonstruktivistische Überzeugungen. Ein statischer Begabungsbegriff dagegen korreliert nur mit der Schemaorientierung positiv, während die Zusammenhänge mit der Prozess- und Anwendungsorientierung sowie einer sozialkonstruktivistischen Überzeugung negativ sind.

Tabelle 5-14: Korrelationen zwischen den Skalen zu epistemologischen Überzeugungen zur Natur von Mathematik (n = 1312)

	Schema-orientierung	Prozess-orientierung	Anwendungs-orientierung	Sozialkonstrukti-vistische Über-zeugung (Schule)	Ko-konstruktivisti-sche Überzeugung (Kindergarten)	Statischer Begabungsbegriff
Schemaorientierung	1	–.264**	–.243**	–.295**	–.009	.364**
Prozessorientierung	–.264**	1	.522**	.396**	.285**	–.238**
Anwendungsorientierung	–.243**	.522**	1	.341**	.262**	–.221**
Sozialkonstruktivistische Überzeugung (Schule)	–.295**	.396**	.341**	1	.287**	–.219**
Ko-konstruktivistische Überzeugung (Kindergarten)	–.009	.285**	.262**	.287**	1	–.036
Statischer Begabungsbegriff	.364**	–.238**	–.221**	–.219**	–.036	1

**Die Korrelation ist auf dem Niveau von p ≤ .01 (2-seitig) signifikant.

Es ergeben sich Zusammenhänge zwischen einer Schemaorientierung und der Ablehnung mathematischer Vorkenntnisse sowie der Vorrangigkeit allgemeiner und sozialer Fähigkeiten und Fertigkeiten vor mathematischen Kenntnissen am Schulanfang (Tab 5-15). Bezogen auf die Prozessorientierung und die Anwendungsorientierung sind die Zusammenhänge gegengleich, d.h. mathematische Vorkenntnisse am Schulanfang werden bei einer stärker prozessorientierten oder anwendungsorientierten Sicht auf die Natur von Mathematik eher vorrangig gesehen. Zudem ergibt sich ein moderat positiver Zusammenhang zwischen der Einschätzung der Bedeutsamkeit mathematischer Vorkenntnisse und der Vorrangigkeit von allgemeinen und sozialen Fertigkeiten. Dies erscheint zunächst widersprüchlich. Allerdings ließe sich der Befund auch derart interpretieren, dass pädagogische Fachkräfte zwar einerseits mathematische Vorkenntnisse für bedeutsam halten, gleichzeitig aber allgemeine und soziale Fertigkeiten als notwendige Voraussetzungen für erfolgreiches Lernen betrachten. Für beide Korrelationstabellen (Tab. 5-14 und 5-15) finden sich bei einem Vergleich von ErzieherInnen und GrundschullehrerInnen fast identische Korrelationsmuster.

Tabelle 5-15: Korrelationen zwischen den Skalen zur Natur von Mathematik und der Bedeutsamkeit mathematischer oder anderer Fähigkeiten (n = 1346)

	Schema-orientierung	Prozess-orientierung	Anwendungs-orientierung	Kontraproduktivität von mathematischen Vorkenntnissen am Schulanfang	Vorrangigkeit von allgemeinen und sozialen Fähigkeiten und Fertigkeiten
Schemaorientierung	1	–.265**	–.255**	.199**	.286**
Prozessorientierung	–.265**	1	.526**	–.256**	–.081**
Anwendungsorientierung	–.255**	.526**	1	–.227**	–.163**
Kontraproduktivität von mathematischen Vorkenntnissen am Schulanfang	.199**	–.256**	–.227**	1	.214**
Vorrangigkeit von allgemeinen und sozialen Fähigkeiten und Fertigkeiten	.286**	–.081**	–.163**	.214**	1

**Die Korrelation ist auf dem Niveau von $p \leq .01$ (2-seitig) signifikant.

5.4.2 Elementarmathematisches und mathematikdidaktisches Wissen

Die Skala *Elementarmathematisches und mathematikdidaktisches Wissen* enthält insgesamt 14 Items (Tab. 5-16). Sie wurde von der Arbeitsgruppe in AnschlussM entwickelt. Die Items decken vier der fünf Leitideen der Bildungsstandards für den Primarbereich (KMK, 2004a) ab (die Leitidee „Größen und Messen" fehlt), mit einem Schwerpunkt im Bereich der Zahlbegriffsentwicklung (Leitidee „Zahlen und Operationen"). Gemäß der Zielsetzung von AnschlussM beziehen sich alle Items ausschließlich auf elementarmathematisches und mathematikdidaktisches Wissen, über das beide Berufsgruppen im selben Maße verfügen sollten (vgl. Kap. 4.2). Dementsprechend lassen sich die in AnschlussM erzielten Werte der GrundschullehrerInnen auch nicht direkt mit jenen zum mathematikdidaktischen Wissen wie etwa in TEDS-M (Döhrmann, Kaiser & Blömeke, 2010) vergleichen.

Tabelle 5-16: Items der Skala Elementarmathematisches und mathematikdidaktisches Wissen – Lösungsquoten

Item	ErzieherInnen (n = 769)	LehrerInnen (n = 756)
Leitidee „Zahlen und Operationen"		
Wenn Kinder in ihrer Umwelt Ziffern entdecken und lesen können (z. B. Autokennzeichen, TV-Fernbedienung), dann haben sie bereits ein Zahlverständnis entwickelt.	.32	.74
Ein Kind, das sicher bis zehn zählen kann, kann stets auch acht Objekte (z. B. Gummibärchen aus einer Tüte) abzählen.	.40	.74
Wenn zwei Kinder wissen wollen, wer von beiden mehr Spielzeugautos hat, dann müssen beide ihre Autos zählen.	.48	.77
Wenn Kinder sicher bis 10 zählen und die Ziffern lesen und schreiben können, dann besitzen sie ein Zahlverständnis im Zahlenraum bis 10.	.54	.91
Wenn Kinder eine Ziffer wie die 5 spiegelbildlich schreiben, stellt dies für das Zahlverständnis kein großes Problem dar.	.68	.78
Für das Rechnenlernen ist es zentral, dass Kinder die Zahlzerlegung (z. B. lässt sich die „5" zusammensetzen aus „2" und „3") kennen.	.70	.94
Kinder sollen verschiedene Zahlbilder kennen. Nur die Würfelbilder zu kennen, genügt nicht.	.82	.91
Für das Zahlverständnis ist es notwendig, dass Kinder auch rückwärts zählen können.	.65	.74
Leitidee „Raum und Form"		
Schneidet man von einem Quadrat ein Stück ab, ist der Umfang der neuen Figur immer kleiner als der Umfang des ursprünglichen Quadrats.	.24	.29
Jedes Viereck mit vier gleich langen Seiten ist ein Quadrat.	.25	.56
Ein Kind hat den Begriff „Dreieck" gelernt, wenn es ein Dreieck zeichnen kann.	.72	.76
Leitidee „Daten, Häufigkeit und Wahrscheinlichkeit"		
Beim Würfeln mit zwei Würfeln ist die Wahrscheinlichkeit für die Augensumme 9 größer als die Wahrscheinlichkeit für die Augensumme 2.	.78	.85
Leitidee „Muster und Strukturen"		
Das folgende Muster ist auf verschiedene Weisen fortsetzbar: ○ □ ○ □ …	.29	.28
Wenn Kinder ein Muster mit farbigen Plättchen nachlegen können, dann können sie das Muster auch fortsetzen.	.46	.79

Bei den Items handelt es sich jeweils um Aussagen, die als richtig oder falsch identifiziert werden sollten. Für derartige dichotome Items liegt die Ratewahrscheinlichkeit bei 50%. Die Skala kann folglich keine statistisch fundierte Einschätzung des elementarmathematischen und mathematikdidaktischen Wissens liefern, vermag jedoch größere Unterschiede zwischen den Gruppen zu identifizieren. Eine Faktorenanalyse zeigt dementsprechend auch, dass eine Trennung der Items entsprechend den Leitideen der Bildungsstandards (KMK, 2004a) empirisch nicht möglich ist. Vielmehr lassen sich die Items auf einen Faktor abbilden, der eine zufriedenstellende Reliabilität aufweist (Cronbachs Alpha: .73), und dessen Trennschärfen im mittleren Bereich liegen (mit Ausnahme der beiden schwierigsten Items, die eine geringe Trennschärfe besitzen).

ErzieherInnen und GrundschullehrerInnen unterscheiden sich bei mehr als der Hälfte der Items deutlich voneinander. Während der Test für GrundschullehrerInnen durchgängig (mit Ausnahme von zwei Items) als leicht bezeichnet werden kann (Lösungsquote zwischen .56 und .94), liegt die Lösungsquote für ErzieherInnen bei neun von 14 Items unter 50%. Dies bestätigt, dass das gewählte Testformat richtig war und ein komplexeres Testformat für viele ErzieherInnen möglicherweise zu Motivationsverlusten oder zur Ablehnung geführt hätte.

5.4.3 Selbstwirksamkeitserwartungen und Interesse

Im folgenden Teilkapitel werden die Skalen zu *Selbstwirksamkeitserwartungen und Interesse* dargestellt. Weiter werden die Zusammenhänge zwischen Selbstwirksamkeitserwartungen, Interesse und den epistemologischen Überzeugungen zur Natur von Mathematik und zum Lehren und Lernen von Mathematik beschrieben. Zudem erfolgt eine begründete Darstellung von aufgrund der spezifischen Auswertungsergebnisse erforderlichen Reduktionen einiger Skalen.

Interskalenkorrelation, Selbstwirksamkeitserwartungen und Überzeugungen

Die Items zur *allgemeinen Selbstwirksamkeitserwartung* sind der gleichnamigen Skala von Schwarzer und Jerusalem (1999) entlehnt. Im Rahmen von AnschlussM kamen aufgrund des umfangreichen Fragebogens lediglich vier der zehn Items zum Einsatz (Beispielitem: „Was auch immer passiert, ich werde schon klarkommen."). Auch mit dieser verschlankten Skala konnte eine in Anbetracht der Stichprobengröße akzeptable Reliabilität von .77 mit Trennschärfen von .52 bis .65 erreicht werden (Tab. 5-17).

Die Skala zur *mathematikdidaktischen Selbstwirksamkeitserwartung* umfasst insgesamt fünf Items. Zwei davon entstammen der Lehrer-Selbstwirksamkeits-Skala von Schmitz und Schwarzer (2000) und wurden entsprechend modifiziert, indem sie sowohl an die beiden Zielgruppen (ErzieherInnen und GrundschullehrerInnen) als auch an das Mathematiklernen in Kindergarten und Grundschule angepasst wurden (Beispielitem: „Ich weiß, dass ich es schaffe, selbst weniger motivierten Kindern einen Zugang zu mathematischen Inhalten zu schaffen."). Die anderen drei Items der Skala wurden aufgrund der qualitativen Untersuchung entwickelt (Beispielitem: „Es fällt mir leicht, den Austausch der Kinder über mathematische Fragestellungen anzuregen.") und im Pretest empirisch geprüft. Die Reliabilität der Skala ist hoch (Cronbachs Alpha: .83) mit Trennschärfen zwischen .54 und .71.

Die vier Items umfassende Skala zum *Interesse an Mathematik* entstand ausschließlich infolge der qualitativen Untersuchung (Beispielitem: „Ich beschäftige mich gern mit mathematischen Inhalten.") und wurde im Pretest auf ihre Validität und Reliabilität geprüft. Die Reliabilität der Skala ist sehr hoch (Cronbachs Alpha: .91); sie weist Trennschärfen zwischen .73 und .85 auf.

Tabelle 5-17: Skalen zu motivationalen Bedingungen

	Anzahl der Items	Reliabilität	Trennschärfen (part-whole-korrigiert)
Allgemeine Selbstwirksamkeitserwartung	4	.77	.52 – .65
Mathematikdidaktische Selbstwirksamkeitserwartung	5	.83	.54 – .71
Interesse an Mathematik	4	.91	.73 – .85

Sowohl die allgemeine und die mathematikdidaktische Selbstwirksamkeitserwartung als auch das Interesse an Mathematik korrelieren durchgängig signifikant positiv sowohl mit der Prozessorientierung als auch mit der Anwendungsorientierung (Tab. 5-18). Hingegen stehen die mathematikdidaktische Selbstwirksamkeitserwartung und das Interesse an Mathematik in negativem Zusammenhang mit der Schemaorientierung. Die allgemeine Selbstwirksamkeitserwartung korreliert indessen positiv mit der Schemaorientierung, wenngleich nicht signifikant.

Tabelle 5-18: Korrelationen zwischen den Skalen zu motivationalen Bedingungen und epistemologischen Überzeugungen zur Natur von Mathematik (n = 1400)

	Allge-meine SWE	Mathematik-didaktische SWE	Interesse an Mathematik	Schema-orientie-rung	Prozess-orientie-rung	Anwendungs-orientierung
Allgemeine SWE	1	.236**	.071**	.047	.127**	.088**
Mathematik-didaktische SWE	.236**	1	.509**	–.229**	.411**	.367**
Interesse an Mathematik	.071**	.509**	1	–.274**	.339**	.330**
Schema-orientierung	.047	–.229**	–.274**	1	–.270**	–.254**
Prozess-orientierung	.127**	.411**	.339**	–.270**	1	.529**
Anwendungs-orientierung	.088**	.367**	.330**	–.254**	.529**	1

**Die Korrelation ist auf dem Niveau von p ≤ .01 (2-seitig) signifikant.

Die allgemeine und die mathematikdidaktische Selbstwirksamkeitserwartung sowie das Interesse an Mathematik korrelieren signifikant positiv mit einer sozialkonstruktivistischen Orientierung (Tab. 5-19). Eine ko-konstruktivistische Überzeugung steht lediglich zur mathematikdidaktischen Selbstwirksamkeitserwartung und dem mathematikdidaktischen individuellen Interesse an Mathematik in signifikant positivem Zusammenhang. Die allgemeine Selbstwirksamkeitserwartung korreliert indessen zwar ebenfalls positiv mit einer ko-konstruktivistischen Überzeugung, allerdings ist diese Beziehung nicht signifikant. Ein statischer Begabungsbegriff steht mit allen drei motivationalen Bedingungen in negativem Zusammenhang, wobei die Korrelation zwischen der allgemeinen Selbstwirksamkeitserwartung und einem statischen Begabungsbegriff nicht signifikant ist.

Tabelle 5-19: Korrelationen zwischen den Skalen zu motivationalen Bedingungen und Überzeugungen zum Lehren und Lernen der Mathematik (n = 1400)

	Allge-meine SWE	Mathematik-didaktische SWE	Interesse an Mathe-matik	Sozialkon-struktivistische Überzeugung	Ko-konstruk-tivistische Überzeugung	Statischer Begabungs-begriff
Allgemeine SWE	1	.236**	.071**	.127**	.003	–.034
Mathematikdidakti-sche SWE	.236**	1	.509**	.301**	.221**	–.255**
Interesse an Mathe-matik	.071**	.509**	1	.208**	.115**	–.244**
Sozialkonstruktivisti-sche Überzeugung	.127**	.301**	.208**	1	.148**	–.217**
Ko-konstruktivistische Überzeugung	.003	.221**	.115**	.148**	1	.046
Statischer Begabungsbegriff	–.034	–.255**	–.244**	–.217**	.046	1

**Die Korrelation ist auf dem Niveau von p ≤ .01 (2-seitig) signifikant.

Die Skalen zur Selbstwirksamkeitserwartung erreichen trotz einer deutlichen Verschlankung akzeptable Reliabilitäten und Trennschärfen. Sie können daher als brauchbar angesehen werden.

Reduktion einiger Skalen

Einige der Skalen mussten weiter verschlankt werden, da latente Variablen innerhalb eines Strukturgleichungsmodells nicht durch mehr Indikatoren als nötig erklärt werden sollen (Hair et al., 2006). Je mehr Items eine Skala beschreiben, desto höher ist das Risiko, Unterfaktoren innerhalb der Skala zu erzeugen, was letztlich die Richtung eines Zusammenhangs beeinflussen kann (ebd.), um die es jedoch in einem Strukturgleichungsmodell in erster Linie geht. Bis auf die Variable ko-konstruktivistische Überzeugung wurden die relevanten Variablen gemäß der etablierten Drei-Indikatoren-Regel (Ernste, 2011) reduziert. Im Zuge konfirmatorischer Faktorenanalysen wurden dazu die Items mit den niedrigsten Ladungen aus den Skalen ausgeschlossen.

Die Skala zur *Schemaorientierung* behält auch in ihrer verschlankten Form eine ausreichende Reliabilität (Cronbachs Alpha: .75) mit hohen part-whole-korrigierten Trennschärfen von .52 bis .68. (Tab. 5-20).

Tabelle 5-20: Reduzierte Skala zu epistemologischen Überzeugungen zur Natur von Mathematik

	Anzahl der Items	Reliabilität	Trennschärfen (part-whole-korrigiert)
Schemaorientierung	3	.75	.52 – .68

In Bezug auf die Überzeugungen *zum Lehren und Lernen von Mathematik* konnten die Skalen Sozialkonstruktivistische Überzeugung (Cronbachs Alpha: .77; Trennschärfen: .56 bis .64) und Statischer Begabungsbegriff (Cronbachs Alpha: .82; Trennschärfen: .57 bis .75) auf jeweils drei Items gekürzt werden (Tab. 5-21). Die Skala Ko-konstruktivistische Überzeugung hingegen konnte lediglich auf fünf Indikatoren reduziert werden. Cronbachs Alpha beträgt dann .60 und unterschreitet damit den allgemein anerkannten Grenzwert von .70, der allerdings auch kritisch gesehen wird, da auch Skalen mit geringeren Werten für Cronbachs Alpha interpretierbar bleiben, solange sie niedrige Interkorrelationen aufweisen und eindimensional sind (Cronbach, 1951; Cortina, 1993; Schmitt, 1996). Die Items weisen eine Trennschärfe im Bereich von .29 bis .42 auf. Das Weglassen jeweils eines weiteren Indikators lässt die Trennschärfen noch weiter sinken und würde der konfirmatorischen Faktorenanalyse zufolge die Modellgüte verschlechtern. Auch wenn diese Skala gemäß der konfirmatorischen Faktorenanalyse als nicht optimal bezeichnet werden muss, bewährt sie sich innerhalb des Strukturgleichungsmodells (Kap. 6.3) und wird aus diesem Grund in die Berechnungen miteinbezogen.

Tabelle 5-21: Reduzierte Skalen zu Überzeugungen zum Lehren und Lernen von Mathematik

	Anzahl der Items	Reliabilität	Trennschärfen (part-whole-korrigiert)
Sozialkonstruktivistische Überzeugung (Schule)	3	.82	.57 – .75
Ko-konstruktivistische Überzeugung (Kindergarten)	5	.60	.29 – .42
Statischer Begabungsbegriff	3	.77	.56 – .64

Die reduzierten Skalen zu den motivationalen Bedingungen weisen durchweg zufriedenstellende bis hohe Reliabilitäten und part-whole-korrigierte Trennschärfen auf (Tab. 5-22).

Tabelle 5-22: Reduzierte Skalen zu motivationalen Bedingungen

	Anzahl der Items	Reliabilität	Trennschärfen (part-whole-korrigiert)
Allgemeine Selbstwirksamkeitserwartung	3	.75	.58 – .59
Mathematikdidaktische Selbstwirksamkeitserwartung	3	.78	.58 – .65
Interesse an Mathematik	3	.91	.71 – .86

Die Korrelationen zwischen den drei Skalen zu *motivationalen Bedingungen* sind ausnahmslos signifikant positiv (Tab. 5-23). Die Beziehung zwischen mathematikdidaktischer Selbstwirksamkeitserwartung und Schemaorientierung ist signifikant negativ. Dies gilt auch für Interesse an Mathematik und Schemaorientierung.

Tabelle 5-23: Korrelationen zwischen den Skalen zu motivationalen Bedingungen und zur Schemaorientierung (n = 1225)

	Allgemeine SWE	Mathematik-didaktische SWE	Interesse an Mathematik	Schema-orientierung
Allgemeine SWE	1	.246**	.098**	.041
Mathematikdidaktische SWE	.246**	1	.458**	−.204**
Interesse an Mathematik	.098**	.458**	1	−.281**
Schemaorientierung	.041	−.204**	−.281**	1

**Die Korrelation ist auf dem Niveau von $p \leq .01$ (2-seitig) signifikant.

Die Skala Sozialkonstruktivistische Überzeugungen korreliert durchgehend signifikant positiv mit den Skalen zu den motivationalen Bedingungen (Tab. 5-24). Eine ko-konstruktivistische Überzeugung weist signifikant positive Korrelationen zur mathematikdidaktischen Selbstwirksamkeitserwartung und dem Interesse an Mathematik auf. Der Zusammenhang zwischen einer ko-konstruktivistischen Überzeugung und der allgemeinen Selbstwirksamkeitserwartung ist nicht signifikant. Die Beziehungen zwischen einem statischen Begabungsbegriff und der mathematikdidaktischen Selbstwirksamkeitserwartung sowie einem Interesse an Mathematik sind signifikant negativ.

Tabelle 5-24: Korrelationen zwischen den Skalen zu motivationalen Bedingungen und den Überzeugungen zum Lehren und Lernen von Mathematik (n = 1225)

	Allge-meine SWE	Mathematik-didaktische SWE	Interesse an Mathematik	Sozialkon-struktivisti-sche Über-zeugung	Ko-konstruk-tivistische Überzeugung	Statischer Begabungs-begriff
Allgemeine SWE	1	.246**	.098**	.098**	.026	−.020
Mathematik-didaktische SWE	.246**	1	.458**	.261**	.235**	−.185**
Interesse an Mathematik	.098**	.458**	1	.174**	.152**	−.139**
Sozialkonstruktivisti-sche Überzeugung	.098**	.261**	.174**	1	.223**	−.176**
Ko-konstruktivistische Überzeugung	.026	.235**	.152**	.223**	1	.048
Statischer Begabungs-begriff	−.020	−.185**	−.139**	−.176**	.048	1

**Die Korrelation ist auf dem Niveau von $p \leq .01$ (2-seitig) signifikant.

Die Korrelationen und Faktorladungen nach der Reduzierung der Skalen belegen die Rechtfertigung dieser Maßnahme und tragen wesentlich zur Verbesserung der Skalen zu den Selbstwirksamkeitserwartungen und zum Interesse an Mathematik bei.

5.4.4 Kooperation und Arbeitsbelastung

Zunächst werden die Skalenbildung und entsprechende Skalenstatistiken für die Kooperation sowohl auf der Ebene der Institutionen als auch auf der Ebene der pädagogischen Fachkräfte beschrieben. Gleichermaßen wird anschließend für den Bereich der Arbeitsbelastungen – untergliedert in die Häufigkeit von arbeitsbelastenden Aspekten und dem Erleben von Belastung durch diese Aspekte – vorgegangen.

Kooperation – Ebene der Institutionen und des Fachpersonals

Die Konstruktion der Skalen zur *Kooperation auf institutioneller und personaler Ebene* basiert auf Diskursanalysen der qualitativen Untersuchung. Im Rahmen faktoranalytischer Analysen wurden für die Gruppe der ErzieherInnen drei und für die Gruppe der LehrerInnen zwei Faktoren zur Kooperation ermittelt. Hier die drei Faktoren aus der *Gruppe der ErzieherInnen* (s. Tab. 5-25):

* *Ist-Kooperation – Wertschätzung:* Einschätzung der Qualität des Umgangs miteinander und der Zusammenarbeit; Beispielitems: „Der Umgang der ErzieherInnen und LehrerInnen ist von Vertrauen geprägt." – „Zwischen unserer Kita und der/ den kooperierenden Schule/n gibt es einen regen Informationsfluss."
* *Ist-Kooperation – Mathematiklernen:* Der Fokus liegt auf der Kooperation hinsichtlich fachbezogener Inhalte; Beispielitems: „Die Materialien, die in der kooperierenden Schule im Mathematikunterricht der 1. Klasse aktuell verwendet werden, sind mir bekannt." – „Ich weiß, welche Fähigkeiten und Kenntnisse die Kinder meiner Kita zu Schulbeginn für den Mathematikunterricht mitbringen sollten."
* *Soll-Kooperation:* Der Fokus liegt hier auf dem Wunsch nach häufigerer und/oder intensiverer Kooperation auf institutioneller und personaler Ebene; Beispielitem: „Ich wünsche mir eine engere Kooperation." – „Ich wünsche mir, dass die Materialien aus Kindergarten und Schule aufeinander abgestimmt sind."

Für die Gruppe der *GrundschullehrerInnen* konnte der Faktor Ist-Kooperation – Mathematiklernen nicht repliziert werden (Tab. 5-25). Jedoch bilden sich auch hier mit nahezu identischer Itemzusammensetzung folgende zwei Faktoren ab:

* *Ist-Kooperation – Wertschätzung;* Beispielitem: „Das Fachpersonal aus meiner Schule und kooperierenden Kitas geht wertschätzend miteinander um."
* *Soll-Kooperation;* Beispielitem: „Ich wünsche mir, dass zwischen unserer Grundschule und den kooperierenden Kitas eine gemeinsame Vorstellung zur Bildung und Entwicklung der Kinder entwickelt wird."

Hinsichtlich der internen Konsistenz der Skalen zur Kooperation ist Cronbachs Alpha durchgängig zufriedenstellend; die part-whole-korrigierten Trennschärfen liegen bis auf eine Ausnahme (ErzieherInnen, Ist-Kooperation – mathematische Vorkenntnisse: .184) im mittleren bis hohen Bereich.

Tabelle 5-25: Skalen zur Kooperation

	Anzahl der Items		Reliabilität		Trennschärfen (part-whole-korrigiert)	
	Erzieherinnen	Lehrerinnen	Erzieherinnen	Lehrerinnen	ErzieherInnen	LehrerInnen
Ist-Kooperation – Wertschätzung	7	9	.84	.86	.497 – .712	.458 – .712
Ist-Kooperation – Mathematiklernen	4		.65		.184 – .508	
Soll-Kooperation	6	6	.84	.83	.544 – .665	.541 – .642

Im Folgenden werden die Skaleninterkorrelationen aufgrund der teilweise abweichenden Skalen für beide Berufsgruppen getrennt betrachtet, wobei mit der Teilstichprobe der ErzieherInnen begonnen wird.

Beide Skalen zur bestehenden *Kooperation aus der Perspektive der ErzieherInnen* (Ist-Kooperation – Wertschätzung; Ist-Kooperation – Mathematiklernen) korrelieren positiv miteinander. Im Gegensatz dazu lässt sich bezüglich des Wunsches nach häufigerer und/oder intensiverer Kooperation (Soll-Kooperation) und den Einschätzungen zur bestehenden Kooperation (Ist-Kooperation – Wertschätzung) eine negative Korrelation ausmachen (Tab. 5-26).

Tabelle 5-26: Korrelationen zwischen den Skalen zur Kooperation (ErzieherInnen, n = 651)

	Ist-Kooperation – Wertschätzung	Ist-Kooperation – Mathematiklernen	Soll-Kooperation
Ist-Kooperation – Wertschätzung	1	.379**	–.225**
Ist-Kooperation – Mathematiklernen	.379**	1	–.029
Soll-Kooperation	–.225**	–.029	1

**Die Korrelation ist auf dem Niveau von $p \leq .01$ (2-seitig) signifikant.

Tabelle 5-27: Korrelationen zwischen den Skalen zur Kooperation (LehrerInnen, n = 622)

	Ist-Kooperation – Wertschätzung	Soll-Kooperation
Ist-Kooperation – Wertschätzung	1	–.182**
Soll-Kooperation	–.182**	1

**Die Korrelation ist auf dem Niveau von $p \leq .01$ (2-seitig) signifikant.

Im Vergleich zeigt sich für die Teilstichprobe der GrundschullehrerInnen ein signifikant negativer Zusammenhang zwischen der Einschätzung der Ist-Kooperationen und dem Wunsch nach häufigerer und/oder intensiverer Kooperation mit der jeweils anderen Institution bzw. mit deren pädagogischen Fachkräften (Tab. 5-27).

Häufigkeit und Erleben von Arbeitsbelastungen

Die Konstruktion der *Skalen zur Erhebung der Häufigkeit und des Erlebens von Arbeitsbelastungen* orientierte sich an der KiTa-Untersuchung der GEW (2007), wobei die Items in ihrer Formulierung entsprechend der Stichprobe der vorliegenden Untersuchung angepasst wurden. Darüber hinaus flossen auch hier die Ergebnisse der qualitativen Untersuchung in die Formulierung der Items ein.

Sowohl bei den ErzieherInnen als auch bei den GrundschullehrerInnen ergeben sich jeweils drei Faktoren (Tab. 5-28 und Tab. 5-29), die allerdings hinsichtlich der Aggregation der Items nur zum Teil identisch sind – so korreliert für die Teilstichprobe der GrundschullehrerInnen der Aspekt Personalmangel nicht hoch genug, um einem Faktor zugeordnet werden zu können.

Die drei Faktoren aus den Skalen zur Erhebung der Häufigkeit und des Erlebens von Arbeitsbelastungen bei Erzieher- und GrundschullehrerInnen sind:

- *Sozioökonomischer Hintergrund* (ErzieherInnen und LehrerInnen); Beispielitem: „Ich arbeite mit Kindern, die aus bildungsfernen Familien kommen.“
- *Zeit- und Personalmangel* (nur ErzieherInnen); Bespielitem: „Wir arbeiten mit zu wenig Personal.“
- *Zeitmangel und zu viel Arbeit* (nur LehrerInnen); Beispielitems: „Ich stehe unter Zeitdruck.“ – „Ich habe zu viel Arbeit.“
- *Mangel an Arbeitsmaterialien und -informationen* (ErzieherInnen und LehrerInnen); Beispielitems: „Benötigte Materialien und Arbeitsmittel stehen mir nicht zur Verfügung.“ – „Ich fühle mich schlecht informiert.“

Jedes Item der Skala Arbeitsbelastung wurde von den Teilnehmenden auf einer fünfstufigen Skala aus zwei Perspektiven eingeschätzt: zum einen nach der Häufigkeit des Auftretens von Arbeitsbelastungen (1 = praktisch immer, 5 = praktisch nie) und zweitens nach der erlebten Belastung durch diese Arbeitsbedingungen (1 = sehr stark, 5 = gar nicht).

Tabelle 5-28: Skalen zur Häufigkeit von Arbeitsbelastungen

	Anzahl der Items		Reliabilität		Trennschärfen (part-whole-korrigiert)	
	Erzieher-rInnen	Lehre-rInnen	Erzieher-rInnen	Lehre-rInnen	Erzieher-rInnen	Lehre-rInnen
Sozioökonomischer Hintergrund	5	6	.83	.82	.343 – .766	.412 – .732
Zeit- und Personalmangel (ErzieherInnen)	6		.73		.375 – .661	
Zeitmangel und zu viel Arbeit (GrundschullehrerInnen)		6		.72		.478 – .583
Mangel an Arbeitsmaterialien und -informationen	4	4	.63	.62	.387 – .456	.359 – .446

Tabelle 5-29: Skalen zur erlebten Arbeitsbelastung

	Anzahl der Items		Reliabilität		Trennschärfen (part-whole-korrigiert)	
	Erziehe-rInnen	Lehre-rInnen	Erziehe-rInnen	Lehre-rInnen	Erziehe-rInnen	Lehre-rInnen
Sozioökonomischer Hintergrund	5	7	.83	.83	.453 – .758	.427 – .702
Zeit- und Personalmangel (ErzieherInnen)	7		.80		.483 – .585	
Zeitmangel und zu viel Arbeit (GrundschullehrerInnen)		3		.74		.504 – .639
Mangel an Arbeitsmaterialien und -informationen	3	4	.65	.71	.394 – .535	.468 – .518

Die im Rahmen von Reliabilitätsanalysen berechnete interne Konsistenz der Skalen zur Häufigkeit von Arbeitsbelastung (Tab. 5-28) und zur erlebten Arbeitsbelastung (Tab. 5-29) liegen im akzeptablen (Arbeitsbelastungen durch Mangel an Arbeitsmaterialien und -informationen) bis zufriedenstellenden Bereich (sozioökonomischer Hintergrund) und weisen Trennschärfen (part-whole-korrigiert) im mittleren bis hohen Bereich auf.

Die Skaleninterkorrelationen werden wiederum für beide Berufsgruppen getrennt dargestellt. Für die ErzieherInnen korrelieren sowohl bezüglich der Häufigkeit von Arbeitsbelastungen (Tab. 5-30) als auch bezüglich der erlebten Arbeitsbelastungen (Tab. 5-31) alle Skalen untereinander im unteren bis mittleren Bereich positiv, wobei die Häufigkeit von Arbeitsbelastungen durch einen Mangel an Arbeitsmaterialien und -informationen und den sozioökonomischen Hintergrund die niedrigsten Zusammenhänge aufweisen.

Tabelle 5-30: Korrelationen zwischen den Skalen zur Häufigkeit der Arbeitsbelastungen (ErzieherInnen, n = 624)

	Sozioökonomischer Hintergrund	Zeit- und Personalmangel	Mangel an Arbeitsmaterialien und -informationen
Sozioökonomischer Hintergrund	1	.472**	.262**
Zeit- und Personalmangel	.472**	1	.501**
Mangel an Arbeitsmateriali-en und -informationen	.262**	.501**	1

**Die Korrelation ist auf dem Niveau von p ≤ .01 (2-seitig) signifikant.

Tabelle 5-31: Korrelationen zwischen den Skalen zur erlebten Arbeitsbelastung (ErzieherInnen, n = 624)

	Sozioökonomischer Hintergrund	Zeit- und Personalmangel	Mangel an Arbeitsmaterialien und -informationen
Sozioökonomischer Hintergrund	1	.502**	.302**
Zeit- und Personalmangel	.502**	1	.511**
Mangel an Arbeitsmaterialien und -informationen	.302**	.511**	1

**Die Korrelation ist auf dem Niveau von p ≤ .01 (2-seitig) signifikant.

Auch für die Gruppe der GrundschullehrerInnen stellen sich die Zusammenhänge aller Skalen sowohl bezüglich der Häufigkeit von Arbeitsbelastungen (Tab. 5-32) als auch bezüglich der erlebten Arbeitsbelastungen (Tab. 5-33) gleichermaßen als positiv dar. Die geringsten Zusammenhänge lassen sich auch hier zwischen der erlebten Arbeitsbelastung durch einen Mangel an Arbeitsmaterialien und -informationen einerseits und dem sozioökonomischen Hintergrund der Kinder respektive ihrer Familien andererseits finden.

Tabelle 5-32: Korrelationen zwischen den Skalen zur Häufigkeit der Arbeitsbelastungen (LehrerInnen, n = 649)

	Sozioökonomischer Hintergrund	Zeit- und Personal-mangel	Mangel an Arbeitsmaterialien und -informationen
Sozioökonomischer Hintergrund	1	.412**	.331**
Zeit- und Personalmangel	.412**	1	.484**
Mangel an Arbeitsmaterialien und -informationen	.331**	.484**	1

**Die Korrelation ist auf dem Niveau von p ≤ .01 (2-seitig) signifikant.

Tabelle 5-33: Korrelationen zwischen den Skalen zur erlebten Arbeitsbelastung (LehrerInnen, n = 649)

	Sozioökonomischer Hintergrund	Zeit- und Personal-mangel	Mangel an Arbeitsmaterialien und -informationen
Sozioökonomischer Hintergrund	1	.543**	.451**
Zeit- und Personalmangel	.543**	1	.534**
Mangel an Arbeitsmaterialien und -informationen	.451**	.534**	1

**Die Korrelation ist auf dem Niveau von p ≤ .01 (2-seitig) signifikant.

6 Fragebogenerhebung: Ergebnisse

Entsprechend den für AnschlussM zentralen Untersuchungshypothesen (s. Kap. 4) werden in Kapitel 6 die Ergebnisse der repräsentativen Fragebogenuntersuchung vorgestellt, interpretiert und diskutiert. Grundlage der Ergebnisse ist jeweils eine zweifaktorielle 2 x 3-Varianzanalyse, die als unabhängige Variablen das Bundesland (Bremen versus Baden-Württemberg) und die Profession (LehrerInnen mit Mathematikstudium versus LehrerInnen ohne Mathematikstudium versus ErzieherInnen) betrachtet.

Die Darstellung der Ergebnisse und ihre Diskussion folgt der schon in Kapitel 4 vorgenommenen Gliederung: Überzeugungen zur Natur von Mathematik, zum Lehren und Lernen von Mathematik und zur Bedeutung von allgemeinen wie mathematischen Vorerfahrungen der Kinder am Schulanfang (Kap. 6.1), elementarmathematisches und mathematikdidaktisches Wissen (Kap. 6.2), Selbstwirksamkeitserwartungen und Interesse als wichtige motivationale Variable (Kap. 6.3) sowie Kooperation und Arbeitsbelastung als relevante Tätigkeitsanforderungen (Kap. 6.4).

6.1 Mathematikbezogene Überzeugungen

Anne Levin, Gerald Wittmann & Dagmar Bönig

Die Darstellung ist entsprechend der Skalenblöcke gegliedert: Überzeugungen zur Natur von Mathematik (Kap. 6.1.1), Überzeugungen zum Lehren und Lernen von Mathematik (Kap. 6.1.2) sowie die Einschätzung von Vorerfahrungen am Schulanfang (Kap. 6.1.3). Abschließend werden die Ergebnisse zusammengefasst und diskutiert (Kap. 6.1.4).

6.1.1 Überzeugungen zur Natur von Mathematik

Zunächst werden die Überzeugungen zur Natur von Mathematik, auch als Bild von Mathematik oder „mathematisches Weltbild" bezeichnet, entsprechend den vorab formulierten Hypothesen (Kap. 4.1.4) betrachtet.

Hypothese A1: GrundschullehrerInnen mit Mathematikstudium besitzen ein weniger schemaorientiertes und ein stärker prozess- und anwendungsorientiertes Bild von Mathematik als GrundschullehrerInnen ohne Mathematikstudium und diese wiederum als ErzieherInnen.

Hypothese A4: Pädagogische Fachkräfte in Bremen unterscheiden sich von pädagogischen Fachkräften in Baden-Württemberg hinsichtlich ihrer Überzeugungen.

Eine *Schemaorientierung* wird durch die GrundschullehrerInnen mit Mathematikstudium stärker abgelehnt als durch die GrundschullehrerInnen ohne Mathematikstudium, welche sie wiederum stärker ablehnen als die ErzieherInnen (Tab. 6-1 und 6-2). Der Scheffé-Test zeigt drei Gruppen (GrundschullehrerInnen mit Mathematikstudium versus GrundschullehrerInnen ohne Mathematikstudium versus ErzieherInnen; kleiner Effekt: $\eta^2 = .04$). Die Ablehnung ist insgesamt eher schwach ausgeprägt; der Mittelwert der ErzieherInnen liegt im neutralen Bereich der fünfteiligen Skala („Teils, teils"). Hypothese A1 wird damit hinsichtlich der Schemaorientierung bestätigt.

Im Vergleich der beiden Bundesländer zeigen sich keine signifikanten Unterschiede. Die Hypothese A4 ist also bezüglich einer Schemaorientierung abzulehnen.

Tabelle 6-1: Ausprägung der Schemaorientierung in Abhängigkeit von Bundesland und Profession (1 = starke Schemaorientierung; 5 = keine Schemaorientierung)

Profession	Ba-Wü	Mittel-wert (M)	Standard-abweichung (SD)	Bremen	Mittel-wert (M)	Standard-abweichung (SD)
ErzieherInnen	n = 617	3.09	.87	n = 101	3.23	.81
LehrerInnen ohne M.studium	n = 274	3.45	.66	n = 41	3.43	.69
LehrerInnen mit M.studium	n = 295	3.63	.65	n = 75	3.67	.50
Gesamt	n = 1186	3.31	.81	n = 217	3.45	.71

Tabelle 6-2: Effekt der Zugehörigkeit zum Bundesland und zur Profession auf die Ausprägung der Schemaorientierung (n = 1403)

Quelle der Varianz	df	F[a,b]	Sig.	Eta-Quadrat
Bundesland (BL)	1	1.23	.27	.00
Profession (P)	2	27.20**	.00	.04
BL * P	2	1.31	.27	.00
Fehler innerhalb der Gruppen	1397	(.58)		

[a] Zweifaktorielle Varianzanalyse, *p < .05; **p < .01; ***p < .001.
[b] Varianzen nicht homogen, daher Adjustierung des Signifikanzniveaus, *p < .01; **p < .001.

Zur *Prozessorientierung* erfolgt eine signifikant stärkere Zustimmung der GrundschullehrerInnen mit Mathematikstudium im Vergleich zu den GrundschullehrerInnen ohne Mathematikstudium, welche wiederum stärker zustimmen als die ErzieherInnen (Tab. 6-3 und 6-4). Der Scheffé-Test zeigt drei Gruppen (GrundschullehrerInnen mit Mathematikstudium versus GrundschullehrerInnen ohne Mathematikstudium versus ErzieherInnen; kleiner Effekt: $\eta^2 = .03$). Hypothese A1 wird damit auch hinsichtlich der Prozessorientierung bestätigt.

Zwischen den beiden Bundesländern zeigen sich wiederum keine signifikanten Unterschiede. Hypothese A4 ist also auch im Hinblick auf die Prozessorientierung abzulehnen.

Tabelle 6-3: Ausprägung der Prozessorientierung in Abhängigkeit von Bundesland und Profession (1 = starke Prozessorientierung; 5 = keine Prozessorientierung)

Profession	Ba-Wü	Mittel-wert (M)	Standard-abweichung (SD)	Bremen	Mittel wert (M)	Standard-abweichung (SD)
ErzieherInnen	n = 630	1.81	.70	n = 105	1.95	.67
LehrerInnen ohne M.studium	n = 280	1.70	.55	n = 45	1.62	.50
LehrerInnen mit M.studium	n = 297	1.50	.49	n = 75	1.60	.52
Gesamt	n = 1207	1.71	.63	n = 225	1.77	.62

Tabelle 6-4: Effekt der Zugehörigkeit zum Bundesland und zur Profession auf die Ausprägung der Prozessorientierung (n = 1432)

Quelle der Varianz	df	$F^{a,b}$	Sig.	Eta-Quadrat
Bundesland (BL)	1	1.46	.23	.00
Profession (P)	2	22.05**	.00	.03
BL * P	2	1.97	.14	.00
Fehler innerhalb der Gruppen	1426	(.38)		

[a] Zweifaktorielle Varianzanalyse, *p < .05; **p < .0.1; ***p < .001.
[b] Varianzen nicht homogen, daher Adjustierung des Signifikanzniveaus, *p < .01; **p < .001.

Die Zustimmung zu einer *Anwendungsorientierung* ist bei den GrundschullehrerInnen mit Mathematikstudium größer als bei den GrundschullehrerInnen ohne Mathematikstudium und bei diesen wiederum größer als bei den ErzieherInnen (Tab. 6-5 und 6-6). Der Scheffé-Test zeigt drei Gruppen (GrundschullehrerInnen mit Mathematikstudium versus GrundschullehrerInnen ohne Mathematikstudium versus ErzieherInnen; kleiner Effekt: η^2 = .03). Hypothese A1 wird damit auch hinsichtlich der Anwendungsorientierung bestätigt.

Die Ausprägung der Anwendungsorientierung ergibt keine signifikanten Unterschiede zwischen den pädagogischen Fachkräften in Bremen und Baden-Württemberg. Hypothese A4 ist also auch diesbezüglich abzulehnen.

Tabelle 6-5: Ausprägung der Anwendungsorientierung in Abhängigkeit von Bundesland und Profession (1 = starke Anwendungsorientierung; 5 = keine Anwendungsorientierung)

Profession	Ba-Wü	Mittel-wert (M)	Standard-abweichung (SD)	Bremen	Mittel-wert (M)	Standard-abweichung (SD)
ErzieherInnen	n = 636	1.98	.76	n = 106	2.09	.79
LehrerInnen ohne M.studium	n = 281	1.83	.58	n = 45	1.68	.55
LehrerInnen mit M.studium	n = 299	1.62	.56	n = 75	1.80	.59
Gesamt	n = 1216	1.86	.69	n = 226	1.92	.70

Tabelle 6-6: Effekt der Zugehörigkeit zum Bundesland und zur Profession auf die Ausprägung der Anwendungsorientierung (n = 1442)

Quelle der Varianz	df	$F^{a,b}$	Sig.	Eta-Quadrat
Bundesland (BL)	1	0.85	.36	.00
Profession (P)	2	20.01**	.00	.03
BL * P	2	2.98	.05	.00
Fehler innerhalb der Gruppen	1436	(.46)		

[a] Zweifaktorielle Varianzanalyse, *p < .05; **p < 0.1; ***p < .001.
[b] Varianzen nicht homogen, daher Adjustierung des Signifikanzniveaus, *p < .01; **p < .001.

6.1.2 Überzeugungen zum Lehren und Lernen von Mathematik

Die Überzeugungen zum Lehren und Lernen von Mathematik wurden für Kindergarten und Grundschule getrennt erfragt, wobei sich auch unterschiedliche Skalen ergaben: eine ko-konstruktivistische Überzeugung in Bezug auf das Lehren und Lernen von Mathematik im Kindergarten und eine sozialkonstruktivistische Überzeugung in Bezug auf das Lehren und Lernen von Mathematik in der Schule (Kap. 5.4.1).

Hypothese A2: ErzieherInnen und GrundschullehrerInnen unterscheiden sich hinsichtlich ihrer Überzeugungen zum Lehren und Lernen von Mathematik.

Hypothese A4: Pädagogische Fachkräfte in Bremen unterscheiden sich von pädagogischen Fachkräften in Baden-Württemberg hinsichtlich ihrer Überzeugungen.

Bei den GrundschullehrerInnen (unabhängig von einem Mathematikstudium) zeigt sich eine *ko-konstruktivistische Überzeugung in Bezug auf das Lehren und Lernen von Mathematik im Kindergarten* in stärkerem Maße als bei den ErzieherInnen (Tab. 6-7 und 6-8). Der Scheffé-Test zeigt zwei Gruppen (LehrerInnen versus ErzieherInnen; kleiner Effekt: η^2 = .03). Die Zustimmung beider Professionen ist jedoch nur schwach ausgeprägt. Hypothese A2 wird damit diesbezüglich bestätigt.

Im Vergleich der Bundesländer ergaben sich keine Unterschiede, womit Hypothese A4 auch hinsichtlich bezüglich einer ko-konstruktivistischen Überzeugung in Bezug auf das Lehren und Lernen von Mathematik im Kindergarten abzulehnen ist.

Tabelle 6-7: Ausprägung der ko-konstruktivistischen Überzeugung in Bezug auf das Lehren und Lernen von Mathematik im Kindergarten in Abhängigkeit der Zugehörigkeit zum Bundesland und zur Profession (1 = starke ko-konstruktivistische Überzeugung; 5 = keine ko-konstruktivistische Überzeugung)

Profession	Ba-Wü	Mittel-wert (M)	Standard-abweichung (SD)	Bremen	Mittel-wert (M)	Standard-abweichung (SD)
ErzieherInnen	n = 605	2.45	.56	n = 105	2.35	.50
LehrerInnen ohne M.studium	n = 276	2.22	.48	n = 41	2.12	.43
LehrerInnen mit M.studium	n = 279	2.15	.46	n = 73	2.21	.50
Gesamt	n = 1160	2.32	.54	n = 219	2.26	.50

Tabelle 6-8: Effekt der Zugehörigkeit zum Bundesland und zur Profession auf die Ausprägung der ko-konstruktivistischen Überzeugung in Bezug auf das Lehren und Lernen von Mathematik im Kindergarten (n = 1379)

Quelle der Varianz	df	F[a,b]	Sig.	Eta-Quadrat
Bundesland (BL)	1	1.33	.25	.00
Profession (P)	2	4.83**	.00	.03
BL * P	2	0.51	.81	.00
Fehler innerhalb der Gruppen	1373	(.27)		

[a] Zweifaktorielle Varianzanalyse, *p < .05; **p < .0.1; ***p < .001.
[b] Varianzen nicht homogen, daher Adjustierung des Signifikanzniveaus, *p < .01; **p < .001.

Die Überzeugung, dass *altersheterogene Gruppen für das Mathematiklernen im Kindergarten förderlich sind*, ist bei GrundschullehrerInnen mit Mathematikstudium stärker ausgeprägt als bei GrundschullehrerInnen ohne Mathematikstudium und bei diesen wiederum stärker als bei ErzieherInnen (Tab. 6-9 und 6-10). Der Scheffé-Test zeigt drei Gruppen (GrundschullehrerInnen mit Mathematikstudium versus GrundschullehrerInnen ohne Mathematikstudium versus ErzieherInnen; mittlerer Effekt: η^2 = .07), wobei die Zustimmung insgesamt eher schwach ausfällt und der Mittelwert der ErzieherInnen fast schon im neutralen Bereich liegt. Hypothese A2 wird diesbezüglich bestätigt.

Auch auf der Ebene der Bundesländer zeigen sich signifikante Unterschiede: Pädagogische Fachkräfte aus Bremen schätzen altersheterogene Gruppen für das Mathematiklernen im Kindergarten als förderlicher ein denn jene aus Baden-Württemberg (Tab. 6-9 und 6-10; kleiner Effekt: η^2 = .02). Hypothese A4 kann in dieser Hinsicht bestätigt werden.

Tabelle 6-9: Überzeugung, dass altersheterogene Gruppen für das Mathematiklernen im Kindergarten förderlich sind, in Abhängigkeit von der Zugehörigkeit zum Bundesland und zur Profession (1 = starke Zustimmung; 5 = keine Zustimmung)

Profession	Ba-Wü	Mittel-wert (M)	Standard-abweichung (SD)	Bremen	Mittel-wert (M)	Standard-abweichung (SD)
ErzieherInnen	n = 624	2.72	.88	n = 106	2.44	.71
LehrerInnen ohne M.studium	n = 276	2.23	.80	n = 43	1.71	.61
LehrerInnen mit M.studium	n = 289	2.04	.80	n = 74	1.89	.63
Gesamt	n = 1189	2.44	.90	n = 223	2.12	.74

Tabelle 6-10: Effekt der Zugehörigkeit zum Bundesland und zur Profession auf die Überzeugung, dass altersheterogene Gruppen für das Mathematiklernen im Kindergarten förderlich sind (n = 1412)

Quelle der Varianz	df	F[a,b]	Sig.	Eta-Quadrat
Bundesland (BL)	1	24.53**	.00	.02
Profession (P)	2	52.99**	.00	.07
BL * P	2	1.51	.11	.00
Fehler innerhalb der Gruppen	1406	(.67)		

[a] Zweifaktorielle Varianzanalyse, $*p < .05$; $**p < .01$; $***p < .001$.
[b] Varianzen nicht homogen, daher Adjustierung des Signifikanzniveaus, $*p < .01$; $**p < .001$.

Eine *Sozialkonstruktivistische Überzeugung in Bezug auf das Lehren und Lernen von Mathematik in der Grundschule* wird von den GrundschullehrerInnen mit Mathematikstudium stärker vertreten als von den GrundschullehrerInnen ohne Mathematikstudium und von diesen wiederum stärker als von den ErzieherInnen (Tab. 6-11 und 6-12). Der Scheffé-Test zeigt drei Gruppen (GrundschullehrerInnen mit Mathematikstudium versus GrundschullehrerInnen ohne Mathematikstudium versus ErzieherInnen; kleiner Effekt: $\eta^2 = .04$). Die Zustimmung fällt hier in allen drei Gruppen sehr deutlich aus. Sie ist insbesondere weitaus stärker als die Zustimmung zu einer kokonstruktivistischen Auffassung vom Lehren und Lernen von Mathematik im Kindergarten. Hypothese A2 wird damit hinsichtlich einer sozialkonstruktivistischen Überzeugung in Bezug auf das Lehren und Lernen von Mathematik in der Grundschule bestätigt.

Zwischen den pädagogischen Fachkräften in Bremen und Baden-Württemberg zeigen sich keine signifikanten Unterschiede. Hypothese A4 wird deshalb in Bezug auf eine sozialkonstruktivistische Überzeugung das Lehren und Lernen von Mathematik in der Grundschule betreffend abgelehnt.

Tabelle 6-11: Ausprägung der sozialkonstruktivistischen Überzeugung in Bezug auf das Lehren und Lernen von Mathematik in der Grundschule in Abhängigkeit von der Zugehörigkeit zum Bundesland und zur Profession (1 = starke Zustimmung; 5 = keine Zustimmung)

Profession	Ba-Wü	Mittel-wert (M)	Standard-abweichung (SD)	Bremen	Mittel-wert (M)	Standard-abweichung (SD)
ErzieherInnen	n = 616	1.76	.60	n = 104	1.71	.58
LehrerInnen ohne M.studium	n = 288	1.54	.53	n = 44	1.43	.52
LehrerInnen mit M.studium	n = 298	1.43	.49	n = 73	1.41	.45
Gesamt	n = 1202	1.63	.57	n = 221	1.56	.55

Tabelle 6-12: Effekt der Zugehörigkeit zum Bundesland und zur Profession auf die Ausprägung der sozialkonstruktivistischen Überzeugung in Bezug auf das Lehren und Lernen von Mathematik in der Grundschule (n = 1423)

Quelle der Varianz	df	$F^{a,b}$	Sig.	Eta-Quadrat
Bundesland (BL)	1	2.13	.15	.00
Profession (P)	2	25.73**	.00	.04
BL * P	2	0.28	.75	.00
Fehler innerhalb der Gruppen	1417	(.31)		

[a] Zweifaktorielle Varianzanalyse, *p < .05; **p < .0.1; ***p < .001.
[b] Varianzen nicht homogen, daher Adjustierung des Signifikanzniveaus, *p < .01; **p < .001.

Ein *statischer Begabungsbegriff bezüglich Mathematik* wird von den GrundschullehrerInnen noch stärker abgelehnt als von den ErzieherInnen (Tab. 6-13 und 6-14). Der Scheffé-Test zeigt zwei Gruppen (GrundschullehrerInnen versus ErzieherInnen; kleiner Effekt: $\eta^2 = .01$). Damit wird Hypothese A2 auch hinsichtlich eines statischen Begabungsbegriffs bestätigt.

Darüber hinaus zeigen sich signifikante Unterschiede auf der Ebene der Bundesländer: Bremer pädagogische Fachkräfte stimmen einem statischen Begabungsbegriff noch weniger zu als ihre baden-württembergischen KollegInnen, wenngleich der Effekt klein ist ($\eta^2 = .01$). Hypothese A4 wird diesbezüglich bestätigt.

Tabelle 6-13: Zustimmung zu einem statischen Begabungsbegriff bezüglich Mathematik in Abhängigkeit von der Zugehörigkeit zum Bundesland und zur Profession (1 = starke Zustimmung; 5 = keine Zustimmung)

Profession	Ba-Wü	Mittel-wert (M)	Standard-abweichung (SD)	Bremen	Mittel-wert (M)	Standard-abweichung (SD)
ErzieherInnen	n = 611	3.51	.73	n = 102	3.69	.73
LehrerInnen ohne M.studium	n = 280	3.68	.66	n = 43	3.95	.74
LehrerInnen mit M.studium	n = 293	3.72	.66	n = 73	3.93	.48
Gesamt	n = 1184	3.60	.70	n = 218	3.82	.67

Tabelle 6-14: Effekt der Zugehörigkeit zum Bundesland und zur Profession auf die Zustimmung zu einem statischen Begabungsbegriff bezüglich Mathematik (n = 1402)

Quelle der Varianz	df	$F^{a,b}$	Sig.	Eta-Quadrat
Bundesland (BL)	1	16.73**	.00	.01
Profession (P)	2	9.79**	.00	.01
BL * P	2	0.21	.81	.00
Fehler innerhalb der Gruppen	1396	(.48)		

[a] Zweifaktorielle Varianzanalyse, *p < .05; **p < .01; ***p < .001.
[b] Varianzen nicht homogen, daher Adjustierung des Signifikanzniveaus, *p < .01; **p < .001.

6.1.3 Einschätzung von Vorerfahrungen am Schulanfang

Im Folgenden werden die Ergebnisse zu den Überzeugungen hinsichtlich der Bedeutung mathematischer und allgemeiner Vorerfahrungen für den Schuleintritt dargestellt.

Hypothese A3: ErzieherInnen und GrundschullehrerInnen unterscheiden sich hinsichtlich der Bedeutung, die sie Vorerfahrung (mathematisch wie allgemein) der Kinder am Schulanfang beimessen.

Hypothese A4: Pädagogische Fachkräfte in Bremen unterscheiden sich von pädagogischen Fachkräften in Baden-Württemberg hinsichtlich ihrer Überzeugungen.

Die *Bedeutung mathematischer Vorerfahrungen am Schulanfang* wurde entlang der Leitideen der Bildungsstandards (KMK, 2004a) erfasst. Empirisch lassen sich drei Faktoren voneinander abgrenzen und zu Skalen bündeln: „Zahlen und Operationen", „Muster und Strukturen" und eine Skala, die die beiden Leitideen „Raum und Form" sowie „Größen und Messen" vereinigt (s. Kap. 5.1).

Die ErzieherInnen weisen auf allen drei Skalen mathematischen Vorkenntnissen am Schulanfang eine größere Bedeutung zu als die GrundschullehrerInnen (Tab. 6-15 bis 6-20). Der Scheffé-Test zeigt jeweils zwei Gruppen (LehrerInnen versus ErzieherInnen). Bezüglich der Leitidee „Zahlen und Operationen" ist der Effekt mittel (η^2 = .09), bezüglich der Leitidee „Muster und Strukturen" klein (η^2 = .03) und bezüglich zusammengefassten Leitideen „Raum und Form" sowie „Größen und Messen" groß (η^2 = .13). Generell liegen alle Werte im Zustimmungsbereich, wenngleich die Zustimmung unterschiedlich hoch ausfällt. Hypothese A3 kann damit im Hinblick auf mathematische Vorerfahrungen bestätigt werden.

Im Vergleich der beiden Bundesländer zeigt sich, dass die pädagogischen Fachkräfte in Baden-Württemberg den mathematischen Vorerfahrungen der Kinder am Schulfang über alle drei Skalen hinweg etwas mehr Bedeutung beimessen als jene in Bremen. Die Effekte sind durchgängig klein (Leitidee „Zahlen und Operationen": η^2 = .03; Leitidee „Muster und Strukturen": η^2 = .03; Leitideen „Raum und Form" sowie „Größen und Messen" zusammengefasst: η^2 = .02). Damit wird Hypothese A4 bezüglich mathematischer Vorerfahrungen bestätigt.

Tabelle 6-15: Einschätzung der Bedeutung mathematischer Vorkenntnisse am Schulanfang zur Leitidee „Zahlen und Operationen" in Abhängigkeit von der Zugehörigkeit zum Bundesland und zur Profession (1 = große Bedeutung; 5 = keine Bedeutung)

Profession	Ba-Wü	Mittelwert (M)	Standardabweichung (SD)	Bremen	Mittelwert (M)	Standardabweichung (SD)
ErzieherInnen	n = 616	1.73	.54	n = 105	1.98	.56
LehrerInnen ohne M.studium	n = 273	2.26	.66	n = 43	2.50	.69
LehrerInnen mit M.studium	n = 281	2.16	.61	n = 72	2.58	.72
Gesamt	n = 1170	1.95	.64	n = 220	2.28	.70

Tabelle 6-16: Effekt der Zugehörigkeit zum Bundesland und zur Profession auf die Einschätzung der Bedeutung mathematischer Vorkenntnisse am Schulanfang zur Leitidee „Zahlen und Operationen" (n = 1390)

Quelle der Varianz	df	F[a,b]	Sig.	Eta-Quadrat
Bundesland (BL)	1	43.06**	.00	.03
Profession (P)	2	69.80**	.00	.09
BL * P	2	1.69	.19	.00
Fehler innerhalb der Gruppen	1384	(.35)		

[a] Zweifaktorielle Varianzanalyse, *p < .05; **p < .01; ***p < .001.
[b] Varianzen nicht homogen, daher Adjustierung des Signifikanzniveaus, *p < .01; **p < .001.

Tabelle 6-17: Einschätzung der Bedeutung mathematischer Vorkenntnisse am Schulanfang zur Leitidee „Muster und Strukturen" in Abhängigkeit von der Zugehörigkeit zum Bundesland und zur Profession (1 = große Bedeutung; 5 = keine Bedeutung)

Profession	Ba-Wü	Mittel-wert (M)	Standard-abweichung (SD)	Bremen	Mittel-wert (M)	Standard-abweichung (SD)
ErzieherInnen	n = 629	1.46	.51	n = 104	1.72	.61
LehrerInnen ohne M.studium	n = 279	1.72	.58	n = 45	1.96	.49
LehrerInnen mit M.studium	n = 290	1.69	.55	n = 73	1.98	.56
Gesamt	n = 1198	1.58	.55	n = 222	1.86	.58

Tabelle 6-18: Effekt der Zugehörigkeit zum Bundesland und zur Profession auf die Einschätzung der Bedeutung mathematischer Vorkenntnisse am Schulanfang zur Leitidee „Muster und Strukturen" (n = 1420)

Quelle der Varianz	df	$F^{a,b}$	Sig.	Eta-Quadrat
Bundesland (BL)	1	38.54**	.00	.03
Profession (P)	2	18.00**	.00	.03
BL * P	2	.08	.93	.00
Fehler innerhalb der Gruppen	1414	(.30)		

[a] Zweifaktorielle Varianzanalyse, *p < .05; **p < .01; ***p < .001.
[b] Varianzen nicht homogen, daher Adjustierung des Signifikanzniveaus, *p < .01; **p < .001.

Tabelle 6-19: Einschätzung der Bedeutung mathematischer Vorkenntnisse am Schulanfang zu den Leitideen „Raum und Form" sowie „Größen und Messen" in Abhängigkeit von der Zugehörigkeit zum Bundesland und zur Profession (1 = große Bedeutung; 5 = keine Bedeutung)

Profession	Ba-Wü	Mittel-wert (M)	Standard-abweichung (SD)	Bremen	Mittel-wert (M)	Standard-abweichung (SD)
ErzieherInnen	n = 632	1.55	.51	n = 106	1.86	.57
LehrerInnen ohne M.studium	n = 274	2.15	.65	n = 45	2.28	.54
LehrerInnen mit M.studium	n = 293	2.19	.61	n = 73	2.49	.43
Gesamt	n = 1199	1.84	.65	n = 224	2.15	.59

Tabelle 6-20: Effekt der Zugehörigkeit zum Bundesland und zur Profession auf die Einschätzung der Bedeutung mathematischer Vorkenntnisse am Schulanfang zu den Leitideen „Raum und Form" sowie „Größen und Messen" (n = 1423)

Quelle der Varianz	df	$F^{a,b}$	Sig.	Eta-Quadrat
Bundesland (BL)	1	33.57**	.00	.02
Profession (P)	2	104.00**	.00	.13
BL * P	2	1.48	.23	.00
Fehler innerhalb der Gruppen	1417	(.32)		

[a] Zweifaktorielle Varianzanalyse, *p < .05; **p < .0.1; ***p < .001.
[b] Varianzen nicht homogen, daher Adjustierung des Signifikanzniveaus, *p < .01; **p < .001.

Hinsichtlich der *Kontraproduktivität von mathematischen Vorkenntnissen am Schulanfang* zeigen sich weder zwischen den Professionen noch auf Bundeslandebene signifikante Unterschiede. Die Frage, ob mathematische Vorkenntnisse hinderlich sind bzw. erst in der Grundschule erworben werden sollen, wird durchgängig deutlich verneint (Tab. 6-21 und 6-22). Die Hypothesen A3 und A4 können diesbezüglich nicht bestätigt werden.

Tabelle 6-21: Einschätzung der Kontraproduktivität von mathematischen Vorkenntnissen am Schulanfang in Abhängigkeit von der Zugehörigkeit zum Bundesland und zur Profession (1 = sehr hinderlich; 5 = gar nicht hinderlich)

Profession	Ba-Wü	Mittel-wert (M)	Standard-abweichung (SD)	Bremen	Mittel-wert (M)	Standard-abweichung (SD)
ErzieherInnen	n = 624	4.45	.65	n = 104	4.45	.58
LehrerInnen ohne M.studium	n = 283	4.39	.62	n = 44	4.39	.74
LehrerInnen mit M.studium	n = 293	4.50	.58	n = 73	4.44	.52
Gesamt	n = 1200	4.45	.63	n = 221	4.43	.60

Tabelle 6-22: Effekt der Zugehörigkeit zum Bundesland und zur Profession auf die Einschätzung der Kontraproduktivität von mathematischen Vorkenntnissen am Schulanfang (n = 1421)

Quelle der Varianz	df	F^{a}	Sig.	Eta-Quadrat
Bundesland (BL)	1	.20	.66	.00
Profession (P)	2	.78	.47	.00
BL * P	2	.13	.88	.00
Fehler innerhalb der Gruppen	1415	(.37)		

[a] Zweifaktorielle Varianzanalyse, *p < .05; **p < .0.1; ***p < .001.

Hinsichtlich der *Vorrangigkeit von allgemeinen und sozialen Fähigkeiten und Fertigkeiten vor mathematischen Vorkenntnissen am Schulanfang* zeigen sich zwar keine signifikanten Unterschiede zwischen den Professionen, jedoch auf Bundeslandebene. Die pädagogischen Fachkräfte in Baden-Württemberg stimmen einer Vorrangigkeit etwas stärker zu als jene in Bremen (Tab. 6-23 und 6-24); es liegt ein kleiner Effekt vor (η^2 = .09). Über die Gesamtstichprobe hinweg findet die Vorrangigkeit moderate Zustimmung, wobei die Werte eine hohe Streuung aufweisen.

Hypothese A3 ist also bezüglich der Vorrangigkeit von allgemeinen und sozialen Fähigkeiten und Fertigkeiten vor mathematischen Vorkenntnissen am Schulanfang abzulehnen, während Hypothese A4 diesbezüglich bestätigt werden kann.

Tabelle 6-23: Zustimmung zur Vorrangigkeit allgemeiner und sozialer Fähigkeiten und Fertigkeiten vor mathematischen Vorkenntnissen am Schulanfang in Abhängigkeit von der Zugehörigkeit zum Bundesland und zur Profession (1 = starke Zustimmung; 5 = keine Zustimmung)

Profession	Ba-Wü	Mittel-wert (M)	Standard-abweichung (SD)	Bremen	Mittel-wert (M)	Standard-abweichung (SD)
ErzieherInnen	n = 613	2.10	.76	n = 103	2.47	.74
LehrerInnen ohne M.studium	n = 280	2.33	.76	n = 42	2.56	.65
LehrerInnen mit M.studium	n = 289	2.28	.67	n = 73	2.43	.66
Gesamt	n = 1182	2.20	.74	n = 218	2.47	.69

Tabelle 6-24: Effekt der Zugehörigkeit zum Bundesland und zur Profession auf die Einschätzung einer vorrangigen Bedeutung von allgemeinen und sozialen Fähigkeiten zu Beginn der Grundschulzeit vor mathematischen Grunderfahrungen (n = 1400)

Quelle der Varianz	df	F[a,b]	Sig.	Eta-Quadrat
Bundesland (BL)	1	18.95**	.00	.01
Profession (P)	2	2.54	.08	.00
BL * P	2	1.55	.21	.00
Fehler innerhalb der Gruppen	1394	(.54)		

[a] Zweifaktorielle Varianzanalyse, *p < .05; **p < .0.1; ***p < .001.
[b] Varianzen nicht homogen, daher Adjustierung des Signifikanzniveaus, *p < .01; **p < .001.

6.1.4 Zusammenfassung und Diskussion

Die Zusammenfassung, Interpretation und Diskussion der Ergebnisse richtet sich zunächst auf die Gemeinsamkeiten und Unterschiede zwischen den Professionen und anschließend auf den Vergleich der pädagogischen Fachkräfte in Bremen und Baden-Württemberg.

Bild von Mathematik und Überzeugungen zum Lehren und Lernen von Mathematik

Betreffend das *Bild von Mathematik* (epistemologische Überzeugungen zur Natur von Mathematik; Kap. 6.1.1) stimmen die LehrerInnen mit Mathematikstudium prozess- und anwendungsorientierten Sichtweisen stärker zu als die LehrerInnen ohne Mathematikstudium und diese stimmen wiederum stärker zu als die ErzieherInnen. Gleiches gilt für die – allerdings sehr moderate – Ablehnung einer schemaorientierten Sichtweise, die insbesondere bei den ErzieherInnen als unentschiedene Position bezeichnet werden darf.

Auch im Hinblick auf die Überzeugungen zum Lehren und Lernen von Mathematik (Kap. 6.1.2) zeigt sich diese Reihenfolge: LehrerInnen mit Mathematikstudium weisen ein stärker konstruktivistisches Bild vom Lehren und Lernen von Mathematik auf als die LehrerInnen ohne Mathematikstudium und diese wiederum als die ErzieherInnen; dies gilt sowohl in Bezug auf den Kindergarten (ko-konstruktivistische Sichtweise) als auch in Bezug auf die Grundschule (sozialkonstruktivistische Sichtweise). Die gleiche Reihenfolge ergibt sich hinsichtlich der Einschätzung, ob altersheterogene Gruppen förderlich für das Mathematiklernen im Kindergarten sind. Einen statischen Begabungsbegriff lehnen GrundschullehrerInnen (unabhängig von einem Mathematikstudium) stärker ab als ErzieherInnen.

Alle diese Befunde sind konsistent untereinander und dahingehend, dass eine *größere Ausbildungstiefe* in Mathematik und Mathematikdidaktik einhergeht mit Überzeugungen, die näher an einem dynamischen und prozessorientierten Bild von Mathematik sind und näher an konstruktivistischen Vorstellungen vom Lehren und Lernen von Mathematik, damit also auch näher an Positionen, die im gegenwärtigen wissenschaftlichen Diskurs vertreten werden (vgl. Kap. 2 und Kap. 4.1) und näher an den Ausbildungszielen (vgl. KMK, 2004b).

Ergänzend hierzu ergeben sich im Vergleich der Professionen über alle Skalen zum Bild von Mathematik und zum Lehren und Lernen von Mathematik hinweg zwei Muster:

- Die LehrerInnen mit Mathematikstudium positionieren sich im Mittel stärker als die LehrerInnen ohne Mathematikstudium und diese positionieren sich wiederum stärker als die ErzieherInnen: Sie stimmen einer Aussage jeweils stärker zu oder lehnen sie deutlicher ab.
- Die LehrerInnen sind (sowohl zusammengefasst als auch mit der Unterscheidung, ob sie Mathematik studiert haben oder nicht) stets eine homogenere Gruppe als die ErzieherInnen (die Standardabweichung ist stets geringer).

Die eingangs beschriebenen Unterschiede dürfen aber nicht überbewertet werden. So ergeben sich bei allen drei Skalen zum Bild von Mathematik und bei drei der vier Skalen zum Lehren und Lernen von Mathematik für die drei Gruppen (LehrerInnen mit Mathematikstudium, LehrerInnen ohne Mathematikstudium, ErzieherInnen) vergleichsweise kleine Differenzen, die jedoch angesichts der großen Stichprobe signifikant werden. Auch ist der Effekt der Zugehörigkeit zu einer der Gruppen jeweils klein. Lediglich bei der Überzeugung, dass altersheterogene Gruppen im Kindergarten förderlich für das Mathematiklernen sind, tritt ein mittlerer Effekt auf. In allen

Fällen *sind die interindividuellen Unterschiede deutlich größer als die professionsbezogenen*, wie die Standardabweichung zeigt. Generell lassen sich auftretende Unterschiede stets als stärkere Zustimmung oder deutlichere Ablehnung beschreiben; bei keiner Skala finden sich konträre Positionen.

Damit bestehen hinsichtlich der expliziten Überzeugungen, die in einem geschlossenen Fragebogen erfasst werden können, keine grundlegenden Differenzen zwischen ErzieherInnen und GrundschullehrerInnen, die im Hinblick auf die Anschlussfähigkeit von Kindergarten und Grundschule bezüglich des Mathematiklernens problematisch werden können. Dies gilt zumindest auf der Ebene der Professionen – im Einzelfall vor Ort mag es deutlich anders aussehen. Möglich erscheint auch, dass die erfassten mathematikbezogenen Überzeugungen überwiegend stabile und eher handlungsferne Grundüberzeugungen ansprechen, die sich im Handeln in einer konkreten Situation sehr unterschiedlich auswirken können. In dieselbe Richtung weist der Befund, dass ein mittlerer Effekt nur in Bezug auf die Überzeugung auftritt, ob altersheterogene Gruppen förderlich für das Mathematiklernen im Kindergarten sind – also bei einer Skala, die unmittelbar die Gestaltung vorschulischer mathematischer Bildung und damit den Übergang betrifft. Allerdings ist gerade diese Skala sehr kurz, weshalb sie auch keine hohe Reliabilität aufweist (Kap. 5.4.1).

Ein genauerer Blick auf die Skalen lohnt sich aber auch noch an einer anderen Stelle: Die Zustimmung zu einer ko-konstruktivistischen Sichtweise auf das Lehren und Lernen von Mathematik im Kindergarten fällt über beide Professionen hinweg eher verhalten aus und insbesondere deutlich niedriger als die Zustimmung zu einer sozialkonstruktivistischen Sichtweise auf das Lehren und Lernen von Mathematik in der Grundschule (Kap. 6.1.1; Tab. 6.11 und 6.12). Dies kann natürlich ein Indikator für eine unterschiedliche Sichtweise sein, möglicherweise bedingt durch das unterschiedliche Alter der betroffenen Kinder (der Austausch der Kinder untereinander im Kindergarten wird als noch nicht möglich oder als nicht so bedeutend eingeschätzt wie der Austausch mit der ErzieherIn). Gestützt wird diese Interpretation durch den Umstand, dass auch die Faktorenanalyse schon Skalen mit unterschiedlichen Schwerpunkten bezüglich Kindergarten und Grundschule lieferte (Kap. 5.4.1). Eine Betrachtung der Items legt aber auch noch eine andere Erklärung nahe. Items wie die folgenden können im Sinne eines Austausches mit der ErzieherIn aufgefasst werden, aber auch im Sinne eines angeleiteten Lernens:

- „Kinder nehmen den mathematischen Gehalt in Alltagssituationen oft nicht von allein wahr. Daher muss ich als ErzieherIn die Aufmerksamkeit der Kinder z. B. durch gezielte Fragen auf die mathematischen Aspekte lenken."
- „Für die mathematische Förderung in der Kita ist wöchentlich eine festgelegte ‚Mathe-Zeit' vorteilhaft, in der ErzieherInnen gezielt mathematikbezogene Lernaktivitäten anbieten."

Zwar lehnen pädagogische Fachkräfte eindeutig transmissionsorientierte Items ab, so auch das Folgende: „Kinder lernen Mathematik am besten, indem sie den Erklärungen der ErzieherIn aufmerksam folgen (z. B. Zahlwortreihe vorsprechen – nachsprechen)." Dennoch kann die geringe Zustimmung zu einer ko-konstruktivistischen Sichtweise ein Hinweis auf eine *versteckte oder moderate Transmissionsorientierung* sein, die auch im Einklang mit den Ergebnissen bei Benz (2012a) wäre. Diese Deutung wird durch weitere Ergebnisse zumindest für die Gruppe der ErzieherInnen gestützt: Hier zeigt sich eine signifikant positive Korrelation unter anderem zwischen dem genannten Transmissionsitem und den beiden Items zu ko-konstruktivistischen Überzeugungen (jeweils r = .16; p < .001). Weiter ergibt sich – ebenfalls nur für die Gruppe der ErzieherInnen – eine signifikante Korrelation zwischen einer Schemaorientierung und ko-konstruktivistischen Überzeugungen in Bezug auf das Lehren und Lernen von Mathematik im Kindergarten (r = .13, p <. 001); bei den LehrerInnen besteht für diesen Zusammenhang eine negative Korrelation. Mit anderen Worten: ErzieherInnen mit einer hohen Zustimmung zu einer schemaorientierten Sicht auf Mathematik befürworten auch jene Aussagen der Skala zu ko-konstruktivistischen Überzeugungen bezüglich des Lehrens und Lernens von Mathematik im Kindergarten, die im Sinne eines angeleiteten Lernens interpretierbar sind. Auch hier ist der weitere Forschungsbedarf unübersehbar, auch im Hinblick auf die Weiterentwicklung der eingesetzten Instrumente.

Vorkenntnisse der Kinder am Schulanfang

Bezüglich der Vorerfahrungen von Kindern am Schulanfang zeigen sich zunächst gemeinsame Positionen von ErzieherInnen und LehrerInnen. Beide Professionen stimmen zu, dass

- mathematische Vorkenntnisse am Schulanfang nicht hinderlich sind im Hinblick auf das Mathematiklernen in der Grundschule,
- jedoch allgemeine und soziale Fertigkeiten und Fähigkeiten am Schulanfang wichtiger sind als mathematische Vorerfahrungen.

Diesbezüglich ergeben sich keine signifikanten Abweichungen. Wird aber danach gefragt, über welche mathematischen Vorkenntnisse Kinder am Schulanfang verfügen sollten, zeigen sich klare Unterschiede: ErzieherInnen erachten durchgängig mathematische Vorkenntnisse als wichtiger denn LehrerInnen (unabhängig davon, ob diese Mathematik studiert haben), so dass man hier durchaus von professionsspezifischen Sichtweisen sprechen kann. Hierin kann ein Verständnis des Kindergartens als Bildungsinstitution bei den ErzieherInnen zum Ausdruck kommen, in Übereinstimmung mit den Befunden der qualitativen Vorstudie (vgl. Kap. 3.3.7). Obwohl weder der Bremer Bildungsplan noch der baden-württembergische Orientierungsplan konkrete Inhalte oder Ziele für das Mathematiklernen formulieren (vgl. Kap. 2.5.1), haben die ErzieherInnen offenbar doch relativ klare Überzeugungen davon, was Kinder im Kindergarten schon an mathematischen Kenntnissen erwerben sollen. Woher diese Überzeugungen resultieren, kann nicht geklärt werden. Allerdings zeigen empirische Untersuchungen (vgl. Kap. 2.2), dass viele Kinder in der Tat über die im Fragebogen aufgeführten Vorkenntnisse verfügen. Weiter deckt sich dieser Befund mit den bereits in den Fallstudien herausgearbeiteten Einschätzungen (vgl. Kap. 3.3) und vorliegenden empirischen Untersuchungen (von Bülow, 2011, S. 237), die aufzeigen, dass die Auseinandersetzung mit domänenspezifischen Inhalten bereits im Kindergarten von beiden Professionen nicht im gleichem Maße befürwortet wird.

Die Aufschlüsselung der mathematischen Vorkenntnisse, über die Kinder am Schulanfang verfügen sollen, nach den Leitideen der Bildungsstandards (KMK, 2004a), zeigt die geringsten Unterschiede zwischen den Professionen bei „Muster und Strukturen", gefolgt von „Zahlen und Operationen", während sich für die Zusammenfassung der beiden Leitideen „Raum und Form" sowie „Größen und Messen" sehr deutliche Differenzen erkennen lassen (es ist der einzige Professionsvergleich in der Fragebogenerhebung von AnschlussM, der einen großen Effekt liefert). Ein Blick auf die absoluten Zahlen verdeutlicht, dass die LehrerInnen Vorkenntnisse zu „Muster und Strukturen" als deutlich wichtiger erachten denn Vorkenntnisse zu den anderen Leitideen. Dies lässt in Übereinstimmung mit den Ergebnissen der qualitativen Studie die Interpretation zu, dass sich die LehrerInnen als die eigentlichen Experten für den mathematischen Kern, insbesondere die Zahlbegriffsentwicklung, verstehen und vom Kindergarten Grundlagen erwarten, jedoch nicht mehr. Hieraus könnte die Gefahr erwachsen, dass im Kindergarten erworbene Vorkenntnisse im Anfangsunterricht nicht entsprechend gewürdigt und aufgegriffen werden, weil sie auch nicht erwartet werden, was im Hinblick auf kontinuierliche Bildungsprozesse und damit die Anschlussfähigkeit speziell für leistungsstärkere Kinder kritisch zu sehen ist. Auch diese Folgerung deckt sich mit Befunden der qualitativen Studie. Allerdings muss offen bleiben, welche Bedeutung diese Einschätzungen (die sich durchaus auf konkrete Inhalte beziehen) für die praktische Arbeit im Kindergarten und in der Grundschule haben. So beschreibt Benz (2012a) deutliche Differenzen zwischen der Einschätzung der Bedeutsamkeit mathematischer Inhalte und der expliziten Angabe konkreter mathematikbezogener Aktivitäten im Kindergarten (insbesondere für eher schulbezogene Anforderungen wie das Lesen und Schreiben von Zahlen sowie das Rechnen).

Unterschiede zwischen den beiden Bundesländern

Zwischen den beiden Bundesländern finden sich keine signifikanten Unterschiede in Bezug auf das Bild von Mathematik und eine ko-konstruktivistische bzw. sozialkonstruktivistische Sichtweise auf das Lehren und Lernen von Mathematik. Hingegen treten signifikante Unterschiede (bei stets kleinen Effekten) auf, wenn konkreter nach Überzeugungen zur Gestaltung von Mathematiklernen, insbesondere auch im Übergang vom Kindergarten zur Grundschule, gefragt wird. Vergleicht man die pädagogischen Fachkräfte in Baden-Württemberg mit jenen in Bremen, so

- befürworten sie altersheterogene Gruppen für das Mathematiklernen im Kindergarten weniger stark,
- stimmen sie der Vorrangigkeit allgemeiner und sozialer Fähigkeiten und Fertigkeiten am Schulanfang im Vergleich zu mathematischen Vorkenntnissen stärker zu,
- messen sie den mathematischen Vorkenntnissen der Kinder am Schulfang über alle erfassten Leitideen hinweg mehr Bedeutung zu,
- lehnen sie einen statischen Begabungsbegriff weniger stark ab,

jeweils als Mittelwertunterschiede über beide Professionen hinweg. Dabei handelt es sich jedoch auch hier stets nur um unterschiedlich starke Ausprägungen derselben Überzeugungen und nicht um konträre Ansichten. Dennoch sind diese vier Befunde untereinander konsistent: Sie könnten darauf hindeuten, dass sich die Lernkultur in Baden-Württemberg durch eine etwas höhere Leistungsorientierung und eine etwas stärkere Segregation von SchülerInnen auszeichnet als in Bremen. Auch hier sind validierende und vertiefende Studien wünschenswert.

6.2 Elementarmathematisches und mathematikdidaktisches Wissen

Gerald Wittmann & Anne Levin

Das elementarmathematische und mathematikdidaktische Wissen wird in AnschlussM mit einer Skala aus 14 dichotomen Items erfasst (s. Kap. 5.2). Auf dieser Basis werden zwei Hypothesen geprüft:

Hypothese B1: GrundschullehrerInnen mit Mathematikstudium verfügen über ein signifikant größeres deklaratives elementarmathematisches und mathematikdidaktisches Wissen als GrundschullehrerInnen ohne Mathematikstudium und diese wiederum als ErzieherInnen.

Hypothese B8: Pädagogische Fachkräfte in Bremen unterscheiden sich von pädagogischen Fachkräften in Baden-Württemberg hinsichtlich ihres elementarmathematischen und mathematikdidaktischen Wissens.

In Bezug auf das elementarmathematische und mathematikdidaktische Wissen, das für die Gestaltung mathematischer Bildung im Übergang vom Kindergarten zur Grundschule unverzichtbar ist, erreichen die ErzieherInnen einen Wert, der nur geringfügig über der Ratewahrscheinlichkeit liegt. Die LehrerInnen schneiden demgegenüber besser ab. Die GrundschullehrerInnen mit Mathematikstudium verfügen über ein größeres Wissen als GrundschullehrerInnen ohne Mathematikstudium und diese wiederum über ein größeres als die ErzieherInnen (Tab. 6-25 und 6-26). Der Scheffé-Test zeigt drei Gruppen (mittlerer Effekt: η^2 = .13). Damit kann Hypothese B1 als bestätigt angesehen werden. Durch die dichotome Beurteilung der Items als richtig oder falsch ist die Ratewahrscheinlichkeit mit 50% sehr hoch. Es ist daher anzunehmen, dass bei einem anderen Testformat die Unterschiede zwischen den drei Gruppen noch deutlich größer ausfallen würden (s. Kap. 5.4).

Die Unterschiede zwischen den Bundesländern sind hingegen nicht signifikant. Deshalb kann Hypothese B8 nicht bestätigt werden.

Tabelle 6-25: Elementarmathematisches und mathematikdidaktisches Wissen in Abhängigkeit von der Zugehörigkeit zum Bundesland und zur Profession (Anzahl korrekter Antworten, maximal 14)

Profession	Ba-Wü	Mittel-wert (M)	Standard-abweichung (SD)	Bremen	Mittel-wert (M)	Standard-abweichung (SD)
ErzieherInnen	n = 658	7.28	2.74	n = 111	7.59	2.50
LehrerInnen ohne M.studium	n = 294	9.69	2.57	n = 47	9.98	2.47
LehrerInnen mit M.studium	n = 303	10.44	2.18	n = 75	10.19	2.21
Gesamt	n = 1255	8.61	2.94	n = 233	8.91	2.71

Tabelle 6-26: Effekt der Zugehörigkeit zum Bundesland und zur Profession auf das elementarmathematische und mathematikdidaktische Wissen (n = 1488)

Quelle der Varianz	df	$F^{a,b}$	Sig.	Eta-Quadrat
Bundesland (BL)	1	.33	.57	.00
Profession (P)	2	110.58**	.00	.13
BL * P	2	.97	.37	.00
Fehler innerhalb der Gruppen	1482	(6.49)		

[a] Zweifaktorielle Varianzanalyse, *p < .05; **p < .0.1; ***p < .001.
[b] Varianzen nicht homogen, daher Adjustierung des Signifikanzniveaus, *p < .01; **p < .001.

Die Skala zum elementarmathematischen und mathematikdidaktischen Wissen enthält ausnahmslos solche Items, die auf Basiswissen am Übergang zielen. Zumindest für diesen Bereich verweisen die Ergebnisse auf Wissensdefizite bei den ErzieherInnen. Auch wenn – ähnlich wie bei den Überzeugungen – nicht geklärt werden kann, welche Elemente der Ausbildung und der bisherigen Berufstätigkeit bei den Lehrkräften für deren Wissensvorsprung sorgen, zeigt sich doch andeutungsweise, dass fachfremd unterrichtende Lehrkräfte die fehlende Ausbildung größtenteils, wenn auch nicht vollständig, kompensieren können. Setzt man ein gemeinsames deklaratives Basiswissen als Grundlage für eine fachlich tragende Kooperation voraus, erscheint es notwendig, angehenden ErzieherInnen in Mathematik jeweils elementare fachliche und fachdidaktische Grundlagen zu vermitteln. Gleiches gilt natürlich auch für die fachfremd unterrichtenden MathematiklehrerInnen.

Dass sich im Hinblick auf die beiden Bundesländer Baden-Württemberg und Bremen keine signifikanten Unterschiede zeigen, kann – bei aller gebotener Vorsicht – wie folgt gedeutet werden: AnschlussM liefert keine Hinweise dafür, dass die unterschiedlichen bildungspolitischen Rahmenbedingungen in Baden-Württemberg und Bremen Auswirkungen auf das elementarmathematische und mathematikdidaktische Wissen der ErzieherInnen und Lehrerinnen haben. Da die eingesetzte Skala nur einen kleinen Ausschnitt des professionellen Wissens erfasst, verbieten sich jedoch alle weiterreichenden Interpretationen.

6.3 Selbstwirksamkeitserwartungen und Interesse an Mathematik

Johanna Gläser

Die in diesem Kapitel dargestellten Ergebnisse knüpfen an die Hypothesen aus Kapitel 4.3 an. Tendenziell weisen die Berufsgruppen der ErzieherInnen und Grundschullehrkräfte vergleichbare Korrelationsmuster hinsichtlich der betrachteten Variablen auf. Aus diesem Grund wird für die Auswertung ein Strukturgleichungsmodell (Abb. 6-1) herangezogen, das die Gesamtstichprobe (ErzieherInnen und GrundschullehrerInnen aus Baden-Württemberg und aus Bremen) einschließt. Aus methodischen Gründen kommen in dem Strukturgleichungsmodell die gekürzten Versionen der Skalen aus Kapitel 5.4.3 zum Einsatz.

6.3.1 Strukturgleichungsmodell

Vor der Berechnung der Faktorladungen für das Strukturgleichungsmodell mussten einige Bereinigungen der Gesamtstichprobe und der Skalen-Items vorgenommen werden. Das hatte folgende Gründe: Die Ermittlung der Anpassungsgüte (absoluten Fitmaße) für die Ähnlichkeit zwischen den Modellannahmen und den empirischen Werten des Strukturgleichungsmodells, der „Adjusted-Goodness-of-Fit-Index (AGFI)" und das „Standardized Root Mean Square Residual (SRMR)", stieß beim AMOS-Modul („Analysis of Moment Structures") von SPSS auf Schwierigkeiten. Die Ermittlung des AGFI und der SRMR ist mit Datensätzen, die fehlende Werte enthalten, nicht möglich (vgl. Kap. 5.4; Gläser, 2015, S. 176ff.). Das gilt auch für die Durchführung des „Bootstrappings" (der wiederholten „statistischen" Ziehung von Unterstichproben) zur Prüfung der Signifikanz von partiellen und totalen Effekten. Für den Umgang mit fehlenden Werten sieht AMOS die Methode der Maximum-Likelihood-Schätzung vor (vgl. Arbuckle, 2011). Die Maximum-Likelihood-Methode bringt jedoch den Nachteil mit sich, dass eine konkrete Annahme über die gesamte Verteilung der Zufallsvariable getroffen werden muss. Bei einer fehlerhaften Zufallsvariable, kann es zu einer Inkonsistenz des Maximum-Likelihood-Schätzers kommen. Deshalb wird die vollständige Entfernung aller unvollständigen Datensätze der Maximum-Likelihood-Schätzung vorgezogen. Infolgedessen verringerte sich für die Strukturgleichungsmodellierung die Gesamtstichprobe von 1525 auf 1229 TeilnehmerInnen. Ein Teil der ausgeschlossenen TeilnehmerInnen hat den gesamten zweiten Teil des Fragebogens nicht beantwortet. Dies ist vermutlich auf die Zeit zurückzuführen, die eine vollständige Beantwortung des Fragebogens in Anspruch genommen hätte. Andere TeilnehmerInnen ließen einzelne Fragen ohne erkennbares Muster unbeantwortet (vgl. Kap. 5.2.2).

Im Rahmen eines Strukturgleichungsmodells sollten die latenten Variablen nicht durch mehr Indikatoren als nötig beschrieben werden (vgl. Hair et al., 2006). Die Wahrscheinlichkeit einer hohen Reliabilität steigt zwar mit der Anzahl der Items, jedoch nimmt damit auch das Risiko zu, Unterfaktoren innerhalb der Skala zu erzeugen. Unterfaktoren können die Richtung des Effekts beeinflussen, die das betreffende Konstrukt auf weitere Variablen ausübt (vgl. ebd.). Aus diesem Grund werden die ursprünglichen Skalen aus Kapitel 5 verschlankt. Im Zuge der konfirmatorischen Faktoranalyse werden die Items mit den niedrigsten Faktorladungen aus dem Strukturgleichungsmodell ausgeschlossen. Mit Ausnahme der Variable Ko-konstruktivistische Überzeugung können alle Variablen im Einklang mit der etablierten Drei-Indikatoren-Regel (vgl. Ernste, 2011) durch drei Indikatoren wiedergegeben werden. Auf diese Weise wird die gewünschte Eindimensionalität der latenten Variablen erreicht. Tabelle 6-27 zeigt die Faktorladungen der reduzierten Skalen.

Tabelle 6-27: Faktorladungen für das Strukturgleichungsmodell zur Schemaorientierung

	Latente Variablen						
Indikator	Schema-orientie-rung	Allgemeine SWE	Mathe-matik-didakt. SWE	Interesse an Mathe-matik	Sozialkon-struktivisti-sche Über-zeugung	Ko-kon-struktivisti-sche Über-zeugung	Statischer Bega-bungs-begriff
G1d	.608						
G1g	.872						
G1h	.673						
G4b		.707					
G4c		.715					
G4d		.717					
G5c			.659				
G5k			.772				
G5l			.777				
G5a				.945			
G5b				.937			
G5g umk.				.738			
G3l					.619		
G3m					.880		
G3n					.845		
G2k						.459	
G2O						.578	
G2t						.405	
G2u						.539	
G2w						.487	
G3a							.763
G3b							.786
G3c							.639

Anmerkungen: umk. = umkodiert

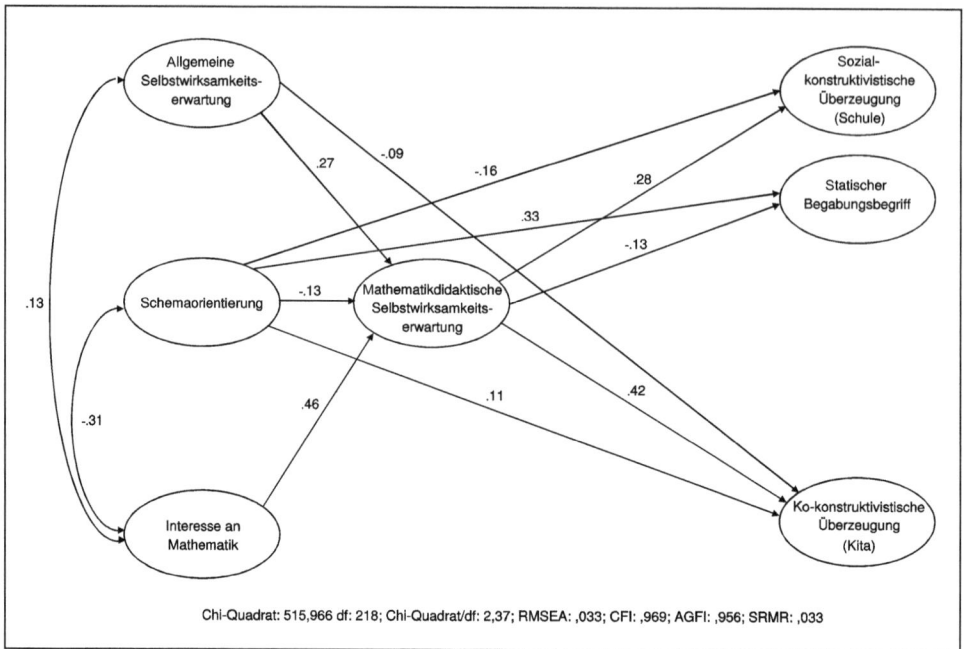

Abbildung 6-1: Messmodell des Strukturgleichungsmodells zur Schemaorientierung

Alle Indikatoren des Strukturgleichungsmodells wurden auf Schiefe (skewness) und Exzess (kurtosis) getestet. Die Werte der einzelnen Indikatoren liegen durchweg innerhalb der von Curran, West und Finch (1996) angegebenen Grenzen (Schiefe < 2; Exzess < 7). Mithilfe des Mardia-Tests wurden die Indikatoren auf multivariaten Exzess geprüft. Mit einem multivariaten Exzess von 95.103 und ein<em entsprechenden Critical Ratio (C. R.) von 49.158 werden sehr hohe Werte erreicht. Auch wenn die C. R. der einzelnen Indikatoren und die des multivariaten Exzess als Z-Test für Schiefe bzw. Exzess herangezogen werden können (vgl. Bühner, 2011; Kline, 2005), reagieren diese sehr leicht auf die Stichprobengröße (DeCarlo, 1997).

Die hohen Werte für den multivariaten Exzess und die entsprechenden C. R. werden auf die umfangreiche Stichprobengröße zurückgeführt und zusätzlich deskriptive Gütekriterien herangezogen: Chi-Quadrat von 515.966 mit einem Freiheitsgrad (df) von 218 ergibt in der Division den Quotienten von 2.37. In Kombination mit dem RMSEA („Root Mean Square Error of Approximation") oder auch „Approximationsdiskrepanzwurzel" von .033 kann eine ausreichend gute Modellpassung angenommen werden. Weiterhin weist das Strukturgleichungsmodell den Anpassungsgütewert CFI (Comparative Fit Index) von .969, einen AGFI von .956 und SRMR von .033 auf, was ebenfalls für einen guten Modell-Fit spricht (vgl. Kap. 5.3).

Abbildung 6-1 zeigt das betreffende Messmodell des Strukturgleichungsmodells zur *Schemaorientierung*. Pfade mit nicht signifikanten Regressionsgewichten sowie nicht signifikante Kovarianzen wurden schrittweise aus dem Null-Modell entfernt.

Alle Varianzen der latenten Variablen werden signifikant (p < .001) durch die manifesten Variablen (Indikatoren) erklärt.

Die Tabelle 6-28 dokumentiert die (un-)standardisierten Regressionsgewichte, die (un-)standardisierten Korrelationen, die Standardfehler und die C. R. der latenten Variablen (in dem vorliegenden Messmodell).

Tabelle 6-28: Regressionsgewichte, Korrelationen, Standardfehler und Critical Ratios der latenten Variablen (linke Spalte) im Messmodell zur Schemaorientierung

	unstandardisiertes Regressionsgewicht	standardisiertes Regressions-gewicht	unstandardisierte Kovarianz	standardisierte Korrelation	Standard-Error	Critical Ratio C. R.
Schemaorientierung – Mathematik-didaktische SWE	–.090***	–.134			.022	–4.063
Schemaorientierung – Sozial-konstruktivistische Überzeugungen	–.109***	–.158			.024	–4.617
Schemaorientierung – Ko-konstruktivistische Überzeugungen	.066**	.108			.026	2.550
Schemaorientierung – Statischer Begabungsbegriff	.269***	.331			.031	8.711
Allgemeine SWE – Mathematikdidaktische SWE	.344***	.273			.043	7.995
Allgemeine SWE – Ko-konstruktivistische Überzeugungen	–.109*	–.096			.052	–2.123
Interesse an Mathematik – Mathematik-didaktische SWE	.268***	.461			.019	14.108
Mathematikdidaktische SWE – Sozial-konstruktivistische Überzeugung	.291***	.284			.036	8.034
Mathematikdidaktische SWE – Ko-konstruktivistische Überzeugung	.379***	.416			.050	7.649
Mathematikdidaktische SWE – Statischer Begabungsbegriff	–.159***	–.131			.044	–3.644
Interesse an Mathematik – Allgemeine SWE			.059***	.117	.017	3.414
Schemaorientierung – Interesse an Mathematik			–.290***	–.306	.032	–9.017

Anmerkungen: Signifikanzniveau: *p < .05, **p < .01, ***p < .001; SE = Standard Error, C. R. = Critical Ratio

Das hohe C. R. (14.108) für die Beziehung (Regression) zwischen dem Interesse an Mathematik und der mathematikdidaktischen Selbstwirksamkeitserwartung liefert einen Hinweis darauf, dass der Zusammenhang zwischen diesen beiden Variablen einen bedeutenden Anteil zur Modellstruktur beiträgt. Ebenso relevant scheinen die Regressionen zwischen mathematikdidaktischer Selbstwirksamkeitserwartung und

Tabelle 6-29: (Un-)Standardisierte direkte Effekte des Messmodells zur Schemaorientierung (10.000 Bootstrap Samples; Bias-corrected Confidence Interval 95)

| | Endogene Variablen | | | | | | | | | | | | | | | | | | | |
| | Mathematikdidaktische Selbstwirksamkeitserwartung | | | | | Sozialkonstruktivistische Überzeugung | | | | | Ko-konstruktivistische Überzeugung | | | | | Statischer Begabungsbegriff | | | | |
Exogene Variablen	unst.	st.	SE	LL 95 CI	UL 95 CI	unst.	st.	SE	LL 95 CI	UL 95 CI	unst.	st.	SE	LL 95 CI	UL 95 CI	unst.	st.	SE	LL 95 CI	UL 95 CI
Allgem. SWE	.341***	.271	.037	.243	.441	–	–	–	–	–	-.108*	-.094	.048	-.218	.002	–	–	–	–	–
Schema-orientierung	-.087**	-.130	.037	-.104	-.037	-.109***	-.159	.037	-.161	-.058	.065*	.106	.047	.010	.126	.270***	.331	.041	.198	.346
Interesse an Mathematik	.269***	.463	.031	.227	.315	–	–	–	–	–	–	–	–	–	–	–	–	–	–	–
Mathematik-didaktische SWE	–	–	–	–	–	.290***	.284	.036	.211	.375	.379***	.418	.053	.271	.498	-.157**	-.130	.043	-.257	-.052

Anmerkungen: Signifikanzniveau ***p < .001, **p < .01, *p < .05 (2-seitig)
unst. = unstandardisiert, st. = standardisiert, SE = Standard Error, LL 95 CI = Lower Limit for a 95% Confidence Interval, UL 95 CI = Upper Limit for a 95% Confidence Interval

Tabelle 6-30: (Un-)standardisierte partielle und totale Effekte des Messmodells zur Schemaorientierung (10.000 Bootstrap Samples, Bias-corrected Confidence Interval 95)

Exogene Variablen	Endogene Variablen														
	Sozialkonstruktivistische Überzeugung					Ko-konstruktivistische Überzeugung					Statischer Begabungsbegriff				
	unst.	st.	SE	LL 95 CI	UL 95 CI	unst.	st.	SE	LL 95 CI	UL 95 CI	unst.	st.	SE	LL 95 CI	UL 95 CI
Allgemeine SWE															
partiell	–	–	–	–	–	.129***	.113	.026	.085	.157	–	–	–	–	–
total	.099***	.075	.019	.066	.141	.022	.013	.053	–.079	.126	–.054**	–.038	.020	–.096	–.018
Schemaorientierung															
partiell	–.025***	–.037	.008	–.042	–.011	–.033***	–.054	.011	–.057	–.015	.014***	.017	.006	.004	.029
total	–.135***	–.195	.026	–.187	–.083	.032	.052	.029	–.023	.091	.284***	.348	.037	.213	.351
Interesse an Mathematik															
partiell	–	–	–	–	–	–	–	–	–	–	–	–	–	–	–
total	.078***	.131	.012	.056	.103	.102***	.192	.018	.069	.140	–.042**	–.060	.014	–.070	–.015

Anmerkungen: Signifikanzniveau ***p < .001, **p < .01, *p < .05 (2-seitig)
unst. = unstandardisiert, st. = standardisiert, SE = Standard Error, LL 95 CI = Lower Limit for a 95% Confidence Interval, UL 95 CI = Upper Limit for a 95% Confidence Interval

sozialkonstruktivistischer Überzeugung (8.034), zwischen allgemeiner Selbstwirksamkeitserwartung und mathematikdidaktischer Selbstwirksamkeitserwartung (7.995) sowie zwischen mathematikdidaktischer Selbstwirksamkeitserwartung und ko-konstruktivistischer Überzeugung (7.649) zu sein. Dahingegen scheinen die Beziehungen (Regressionen) zwischen Schemaorientierung und ko-konstruktivistischer Überzeugung sowie zwischen allgemeiner Selbstwirksamkeitserwartung und ko-konstruktivistischer Überzeugung mit den niedrigen C. R. von 2.550 bzw. -2.123 von nur geringer Bedeutsamkeit für die Modellstruktur zu sein.

In Tabelle 6-29 sind die direkten Effekte des Messmodells dokumentiert. Direkte Effekte bezeichnen direkte Einflussbeziehungen, die nicht durch dritte Variablen unterbrochen bzw. interveniert werden. Auffallend ist, dass die direkten Effekte zwischen allgemeiner Selbstwirksamkeitserwartung und ko-konstruktivistischer Überzeugung sowie zwischen Schemaorientierung und ko-konstruktivistischer Überzeugung lediglich das niedrige Signifikanzniveau von p < .05 erreichen. Die geringen C. R. der Regressionen zwischen diesen Variablen (Tab. 6-28) haben bereits angedeutet, dass die Zusammenhänge dieser Parameter keinen wesentlichen Beitrag zur Bildung der Modellstruktur liefern.

Tabelle 6-30 zeigt die partiellen und totalen Effekte des Messmodells. Ein partieller Mediator-Effekt bezeichnet den Zusammenhang zwischen einer abhängigen und einer unabhängigen Variable, der zusätzlich durch eine intervenierende Variable (Mediator) verstärkt wird. Ein totaler Mediator-Effekt liegt hingegen vor, wenn der Effekt der unabhängigen Variable auf die abhängige Variable ausschließlich durch die Mediator-Variable zustande kommt und kein direkter Effekt zwischen der unabhängigen und der abhängigen Variable besteht.

6.3.2 Prüfung der Hypothesen

Im Folgenden wird jeweils zunächst die betreffende Hypothese genannt, anschließend diskutiert und dann einer Akzeptanzaussage unterzogen.

Hypothese C1: Allgemeine Selbstwirksamkeitserwartung, Interesse an Mathematik und Schemaorientierung üben als überdauernde Personenmerkmale einen Einfluss auf die mathematikdidaktische Selbstwirksamkeitserwartung aus, die wiederum einen Effekt auf Überzeugungen zum Lehren und Lernen von Mathematik hat.

Für die Zusammenhänge zwischen allgemeiner Selbstwirksamkeitserwartung und Überzeugungen zum Lehren und Lernen von Mathematik sowie zwischen Interesse an Mathematik und Überzeugungen zum Lehren und Lernen von Mathematik nimmt die mathematikdidaktische Selbstwirksamkeitserwartung deutlich die Rolle eines Mediators ein. Demnach steigt mit einer hohen allgemeinen Selbstwirksamkeitserwartung auch die mathematikdidaktische Selbstwirksamkeitserwartung an. Eine hohe mathematikdidaktische Selbstwirksamkeitserwartung geht wiederum mit einer verstärkten ko-konstruktivistischen Überzeugung einher (zur Veranschaulichung s. Abb. 6-1).

Hingegen korreliert eine hohe allgemeine Selbstwirksamkeitserwartung nur schwach mit einer ko-konstruktivistischen Überzeugung. Aufgrund der verstärkenden Wirkung der mathematikdidaktischen Selbstwirksamkeitserwartung auf den Zusammenhang zwischen der allgemeinen Selbstwirksamkeitserwartung und einer ko-konstruktivistischen Überzeugung ist der mathematikdidaktischen Selbstwirksamkeitserwartung hierfür zweifellos die Funktion eines partiellen Mediators zuzuschreiben (zur Veranschaulichung s. Abb. 6-1).

In Bezug auf die Zusammenhänge zwischen allgemeiner Selbstwirksamkeitserwartung und sozialkonstruktivistischer Überzeugung sowie zwischen allgemeiner Selbstwirksamkeitserwartung und statischem Begabungsbegriff nimmt die mathematikdidaktische Selbstwirksamkeitserwartung die Rolle eines totalen Mediators (allein wirksamer, vermittelnder Faktor) ein. Eine erhöhte allgemeine Selbstwirksamkeitserwartung geht mit einer gesteigerten mathematikdidaktischen Selbstwirksamkeitserwartung einher. Die mathematikdidaktische Selbstwirksamkeitserwartung hat wiederum sowohl einen direkten Effekt auf eine sozialkonstruktivistische Überzeugung als auch auf den statischen Begabungsbegriff. Keinerlei direkte Effekte hat die allgemeine Selbstwirksamkeitserwartung jedoch auf die sozialkonstruktivistische Überzeugung und auf den statischen Begabungsbegriff.

Gleicherweise nimmt die mathematikdidaktische Selbstwirksamkeitserwartung die Rolle einer totalen Mediator-Variable hinsichtlich des Zusammenhangs zwischen Interesse an Mathematik und Überzeugungen zum Lehren und Lernen von Mathematik ein. Das Interesse an Mathematik weist keinerlei direkte Effekte auf die Überzeugungen zum Lehren und Lernen von Mathematik auf. Jedoch hängt ein verstärktes Interesse an Mathematik mit einer erhöhten mathematikdidaktischen Selbstwirksamkeitserwartung zusammen. Die mathematikdidaktische Selbstwirksamkeitserwartung hat wiederum einen direkten Einfluss auf alle Überzeugungen zum Lehren und Lernen von Mathematik.

Keine vermittelnde Wirkung hat die mathematikdidaktische Selbstwirksamkeitserwartung auf den Zusammenhang zwischen Schemaorientierung und statischem Begabungsbegriff. In diesem Fall ist der direkte Zusammenhang zwischen Schemaorientierung und statischem Begabungsbegriff stärker als die Zusammenhänge zwischen mathematikdidaktischer Selbstwirksamkeitserwartung und Schemaorientierung sowie zwischen mathematikdidaktischer Selbstwirksamkeitserwartung und statischem Begabungsbegriff.

Die Zusammenhänge zwischen Schemaorientierung und sozialkonstruktivistischer bzw. ko-konstruktivistischer Überzeugung werden durch die mathematikdidaktische Selbstwirksamkeitserwartung verstärkt. Daher kann der mathematikdidaktischen Selbstwirksamkeitserwartung in beiden Fällen die Funktion eines partiellen Mediators zugesprochen werden.

Auch wenn die mathematikdidaktische Selbstwirksamkeitserwartung nicht in allen Zusammenhängen die Funktion eines Mediators einnimmt, stehen alle epistemologischen Überzeugungen und motivationalen Bedingungen in Beziehung zu der mathematikdidaktischen Selbstwirksamkeitserwartung. Infolgedessen wird Hypothese C1 angenommen.

Hypothese C2: Eine dominierende Schemaorientierung geht mit einer Zustimmung zu einem statischen Begabungsbegriff einher. Eine hohe mathematikdidaktische Selbstwirksamkeitserwartung geht hingegen sowohl mit einer geringen Schemaorientierung als auch mit einer Ablehnung des statischen Begabungsbegriffs einher.

Das Verhältnis zwischen Schemaorientierung, einem statischen Begabungsbegriff und mathematikdidaktischer Selbstwirksamkeitserwartung erweist sich als erwartungskonform:

- Der direkte Effekt zwischen Schemaorientierung und statischem Begabungsbegriff mit einem Schätzwert von .270 (95% CL: .198 ~ .346); p < .001 ist bedeutsam, d.h. je ausgeprägter die Schemaorientierung ist, desto stärker ist auch der statische Begabungsbegriff ausgeprägt.
- Ebenso erweist sich der direkte Effekt von mathematikdidaktischer Selbstwirksamkeitserwartung auf den statischen Begabungsbegriff mit einem Schätzwert von −.157 (95% CL: −.257 ~ −.052); p < .01 als negativ bedeutsam. In diesem Fall sinkt die Zustimmung für den statischen Begabungsbegriff mit steigender mathematikdidaktischer Selbstwirksamkeitserwartung.
- Der direkte Effekt der Schemaorientierung auf die mathematikdidaktische Selbstwirksamkeitserwartung ist mit einem Schätzwert von −.087 (95% CL: −.104 ~ −.037); p < .01 ebenfalls signifikant. Wie erwartet geht eine ausgeprägte Schemaorientierung mit einer niedrigen mathematikdidaktischen Selbstwirksamkeitserwartung einher und umgekehrt.

Die Ergebnisse zeigen einerseits einen partiellen Mediator-Effekt der mathematikdidaktischen Selbstwirksamkeitserwartung auf den Zusammenhang zwischen Schemaorientierung und statischem Begabungsbegriff. Dieser Effekt ist mit einem Schätzwert von .014 (95% CL: .004 ~ .029); p < .001 hochsignifikant. Andererseits demonstriert die mathematikdidaktische Selbstwirksamkeitserwartung einen totalen Mediator-Effekt auf den Zusammenhang zwischen Schemaorientierung und statischem Begabungsbegriff mit einem Schätzwert von .284 (95% CL: .213 ~ .351); p < .001. Jedoch ist das C. R. (vgl. Tab. 6-28) für den direkten Effekt zwischen Schemaorientierung und statischem Begabungsbegriff mit 8.711 sehr viel höher als die C. R. zwischen Schemaorientierung und mathematikdidaktischer Selbstwirksamkeitserwartung (−4.063) sowie als das C. R. zwischen mathematikdidaktischer Selbstwirksamkeitserwartung und statischem Begabungsbegriff (−3.644). Infolgedessen existieren zwar Mediator-Effekte der mathematikdidaktischen Selbstwirksamkeitserwartung auf den Zusammenhang zwischen Schemaorientierung und statischem Begabungsbegriff, jedoch haben diese keine wesentliche Bedeutung für den Zusammenhang dieser beiden Variablen. Dennoch geht eine dominierende Schemaorientierung mit einem ausgeprägten statischen Begabungsbegriff einher und steht eine hohe mathematikdidaktische Selbstwirksamkeitserwartung sowohl mit einer schwachen Schemaorientierung als auch mit einer Ablehnung des statischen Begabungsbegriffs in Zusammenhang. Dementsprechend ist die Hypothese C2 anzunehmen.

Hypothese C3: Die mathematikdidaktische Selbstwirksamkeitserwartung wirkt als Mediator zwischen der Schemaorientierung und einer sozialkonstruktivistischen Überzeugung.

Der direkte Effekt der Schemaorientierung auf eine sozialkonstruktivistische Überzeugung ist mit einem Schätzwert von −.109 (95% CL: −.161 ~ −.058); p < .001 hochsignifikant. Das negative Vorzeichen besagt: Je deutlicher die Schemaorientierung, desto schwächer ist die sozialkonstruktivistische Überzeugung. Ebenso sind die direkten Effekte zwischen Schemaorientierung und mathematikdidaktischer Selbstwirksamkeitserwartung mit einem Schätzwert von −.087 (95% CL: −.104 ~ −.037); p < .01 sowie zwischen mathematikdidaktischer Selbstwirksamkeitserwartung und sozialkonstruktivistischer Überzeugung mit einem Schätzwert von .290 (95% CL: .211 ~ .375); p < .001 signifikant. Folglich ist der Mediator-Effekt zwischen Schemaorientierung und sozialkonstruktivistischer Überzeugung sowohl in partieller als auch totaler Beschaffenheit signifikant. Der partielle Mediator-Effekt hat einen Schätzwert von −.025 (95% CL: −.042 ~ −.011); p < .001 und der totale Mediator-Effekt zeigt einen Schätzwert von −.135 (95% CL: −.187 ~ −.083); p < .001. Daher wird auch die dritte Hypothese C3 angenommen.

Hypothese C4: Die mathematikdidaktische Selbstwirksamkeitserwartung wirkt als Mediator zwischen dem Interesse an Mathematik und einer sozialkonstruktivistischen Überzeugung.

Das Interesse an Mathematik zeigt mit einem Schätzwert von .269 (95% CL: .227 ~ .315); p < .001 einen starken direkten Effekt auf die mathematikdidaktische Selbstwirksamkeitserwartung. Mit steigendem Interesse geht also auch eine Erhöhung der mathematikdidaktischen Selbstwirksamkeitserwartung einher. Ebenso zeigt die mathematikdidaktische Selbstwirksamkeitserwartung mit einem Schätzwert von .290 (95% CL: .211 ~ .375); p < .001 einen direkten Effekt auf eine sozialkonstruktivistische Überzeugung. Mit steigender mathematikdidaktischer Selbstwirksamkeitserwartung geht demnach auch eine Erhöhung der sozialkonstruktivistischen Überzeugung einher. In diesem Fall ist die Mediator-Funktion der mathematikdidaktischen Selbstwirksamkeitserwartung mit dem Schätzwert von .078 (95% CL: .056 ~ .103); p < .001 von totaler Ausprägung und demnach ist Hypothese C4 ebenfalls anzunehmen.

6.3.3 Zusammenfassung und Diskussion

Die hierarchische Anordnung von überdauernden Personenmerkmalen (allgemeine Selbstwirksamkeitserwartung, Interesse an Mathematik und Schemaorientierung) über die mathematikdidaktische Selbstwirksamkeitserwartung und von dieser über die Überzeugungen zum Lehren und Lernen von Mathematik scheint sich auf den ersten Blick zu bestätigen (siehe Abb. 6-1, Kap. 6.3.1).

Wie in Kapitel 4.3 angenommen, geht eine hohe allgemeine Selbstwirksamkeitserwartung mit einer gesteigerten mathematikdidaktischen Selbstwirksamkeitserwartung einher. Ebenso steigert ein verstärktes Interesse an Mathematik die mathematikdidaktische Selbstwirksamkeitserwartung. Zwischen einem hohen Interesse an Mathematik und den Überzeugungen zum Lehren und Lernen von Mathematik bestehen in den (abgespeckten) Befragungswerten unserer Stichprobe hingegen keine direkten Zusammenhänge. Diese entstehen erst durch die mediatorische Wirkung der mathematikdidaktischen Selbstwirksamkeitserwartung. Ein erhöhtes Interesse an Mathematik hängt demnach nicht zwangsläufig auch mit den Überzeugungen zum Lehren und Lernen von Mathematik zusammen, sondern betrifft in erster Linie die eigene Auseinandersetzung mit dem Gegenstand der Mathematik.

Weiterhin bestätigt sich die Annahme, dass eine dominierende Schemaorientierung mit einer niedrigen mathematikdidaktischen Selbstwirksamkeitserwartung zusammenfällt (Kapitel 4.3). Eine niedrige mathematikdidaktische Selbstwirksamkeitserwartung geht wiederum mit einer Zustimmung zum statischen Begabungsbegriff einher und umgekehrt. Dieser Zusammenhang legt die Vermutung nahe, dass eine ausgeprägte mathematikdidaktische Selbstwirksamkeitserwartung die Konzentration auf Begabungs- und Intelligenzunterschiede verringert. Wer über eine hohe mathematikdidaktische Selbstwirksamkeitserwartung verfügt, traut sich zu, auch schwächere SchülerInnen in ihren Lernprozessen zu unterstützen. Dieses Ergebnis stützt frühere Befunde, nach denen Lehrkräfte mit höheren Selbstwirksamkeitserwartungen eher Verantwortung für SchülerInnen mit besonderen Bedürfnissen übernehmen als Lehrkräfte mit geringeren Selbstwirksamkeitserwartungen (z. B. Jordan, Kircaali-Iftar & Diamond, 1993; Podell & Soodak, 1993).

Die in den bisherigen Auswertungen zu den mathematikbezogenen Überzeugungen und zum elementarmathematischen und mathematikdidaktischen Wissen zu Tage getretenen Zusammenhänge sind eher unbedeutend im Vergleich zu dem starken Zusammenhang zwischen Schemaorientierung und Zustimmung zum statischen Begabungsbegriff. Dies veranlasst zu der Annahme, dass in diesem Fall die Richtung des kausalen Zusammenhangs umgekehrt verläuft, als er im Modell angenommen wurde. Folglich ist es denkbar, dass eine geringe mathematikdidaktische Selbstwirksamkeitserwartung pädagogische Fachkräfte dazu veranlasst, sich statisch an einem rigiden Regelwerk zu orientieren, um auf diese Weise die fehlende Sicherheit auszugleichen. Umgekehrt wäre auch denkbar, dass die Regelwerkorientierung der Entwicklung mathematikdidaktischer Selbstwirksamkeitserwartung keinen Entwicklungsraum lässt.

Hier ergibt sich ein interessantes Desiderat: Unter der veränderten Modellannahme könnte der Schemaorientierung eine Mediator-Funktion zwischen mathematikdidaktischer Selbstwirksamkeitserwartung und einem statischen Begabungsbegriff zuteilwerden. Entsprechend hätte eine niedrige mathematikdidaktische Selbstwirksamkeitserwartung eine dominierende Schemaorientierung zur Folge, die wiederum die Zustimmung zum statischen Begabungsbegriff verstärken würde. Die Richtung der kausalen Zusammenhänge zwischen diesen drei Variablen ist unbedingt erneut in einer Folgeuntersuchung zu prüfen.

Wie erwartet, steht eine ausgeprägte Schemaorientierung in einer negativen Beziehung zu einer sozialkonstruktivistischen Überzeugung. Ein ausgeprägtes Lernen voneinander und miteinander widerspricht der Schemaorientierung. Eine sozialkonstruktivistische Überzeugung setzt eine hohe mathematikdidaktische Selbstwirksamkeitserwartung voraus (vgl. Kap. 4.3). Übergreifend zieht demnach eine ausgeprägte Schemaorientierung eine niedrige mathematikdidaktische Selbstwirksamkeitserwartung nach sich. Eine geringe mathematikdidaktische Selbstwirksamkeitserwartung hat wiederum eine Abschwächung der sozialkonstruktivistischen Überzeugung zufolge.

Zusätzlich fällt bei näherer Betrachtung des Messmodells (Abb. 6-1) auf, dass sowohl die mathematikdidaktische Selbstwirksamkeitserwartung als auch die dominierende Schemaorientierung mit einer Zustimmung der ko-konstruktivistischen Überzeugung zum Lehren und Lernen von Mathematik einhergehen. Ein möglicher Erklärungsansatz für diesen Befund ist, dass schematisch orientierte TeilnehmerInnen die Items der Skala zur ko-konstruktivistischen Überzeugung eher als eine unterstützende Kommunikation im Sinne des statischen Begabungsbegriffs interpretieren. Diese impliziert eine stärkere Steuerung des kindlichen Lernens und begrenzt infolgedessen die kindlichen Freiräume. Vor diesem Hintergrund könnte der Zusammenhang zwischen Schemaorientierung und ko-konstruktivistischer Überzeugung durch eine Fokussierung auf den Erwerb von Regeln und Prozeduren zu erklären sein.

Dagegen ist die Sichtweise von pädagogischen Fachkräften mit hoher mathematikdidaktischer Selbstwirksamkeitserwartung mit hoher Wahrscheinlichkeit eine andere. Hier könnten die Items zur ko-konstruktivistischen Überzeugung derart interpretiert werden, dass die soziale Interaktion als Möglichkeit verstanden wird, die Neugier und das Bedürfnis des Kindes, sich mit mathematischen Fragestellungen auseinanderzusetzen, aufzugreifen. Der ausschlaggebende Unterschied besteht darin, dass aus diesem Verständnis heraus das Kind selber seinen Bildungsprozess steuert. In Verbindung mit einer deutlichen Schemaorientierung werden dem Kind hingegen Lösungswege eher kleinschrittig vorgegeben.

Insgesamt können die Zusammenhänge zwischen den Überzeugungen und der Selbstwirksamkeitserwartung aufgrund der methodischen Unklarheiten der Skala zur ko-konstruktivistischen Überzeugung nicht eindeutig interpretiert werden. Vor dem Hintergrund dieser kritischen Deutung der vorliegenden Befunde ist davon auszugehen, dass die Items der Skala zur ko-konstruktivistischen Überzeugung von den teilnehmenden pädagogischen Fachkräften unterschiedlich wahrgenommen werden. Für eine differenzialanalytische Erfassung dieser voneinander abweichenden Dimensionen ist die Generierung deutlich abgrenzbarer Items erforderlich. Auf diese Weise kann die dargelegte Schwäche des Fragebogens künftig gezielt behoben werden.

6.4 Arbeitsbedingungen

Katja Meyer-Siever

Mathematikdidaktische Anschlussfähigkeit zwischen Kindergarten und Grundschule ist nur dann möglich, wenn ErzieherInnen und GrundschullehrerInnen kooperieren und ihre Arbeitsbelastung diese Kooperation zulässt. In Kapitel 6.4 werden die kooperationsförderlichen und -hemmenden Arbeitsbedingungen und -faktoren am Übergang vom Kindergarten in die Grundschule untersucht.

Es werden die Ergebnisse zu den in Kapitel 4.4 entwickelten Untersuchungsfragen und Hypothesen zunächst zur individuellen und institutionellen Kooperation sowie anschließend zu den erlebten Arbeitsbelastungen vorgestellt. Empirisch liegen dem die Antworten auf die unter Verwendung der in Tabelle 5-1 kurz skizzierten und in Kapitel 5.4.4 statistisch untersuchten Skalen zugrunde. Die statistischen Analysen der Ergebnisse erfolgen auf der Grundlage von Häufigkeitsverteilungen, bivariaten Korrelationen (Pearson), einfaktoriellen sowie zweifaktoriellen Varianzanalysen. Als unabhängige Variablen dienen die Bundesländer (Baden-Württemberg versus Bremen) und die Professionen (ErzieherInnen versus GrundschullehrerInnen). Aufgrund ordinaler abhängiger Variablen und nichtparametrischer Verteilungen einiger der abhängigen Variablen wurde für die Analyse von Gruppenunterschieden auf den Mann-Whitney-Test (bei zwei unabhängigen Stichproben, Hypothese D1) sowie auf den Kruskal-Wallis-Test (bei mehr als zwei unabhängigen Stichproben, Hypothese D2) zurückgegriffen. Die statistischen Auswertungsmethoden und Prüfgrößen sind eingehend in Kapitel 5.3 erläutert. Dort finden sich auch die Bewertungsgrenzen für die „Effektstärken", d.h. für die Beurteilung der praktischen Bedeutsamkeit der Unterschiede bzw. Zusammenhänge. Im Folgenden werden „schwach", „klein" bzw. „geringfügig" zur Klassifizierung der Effektstärke synonym gebraucht. Zunächst werden die Ergebnisse zu den individuellen und institutionellen Kooperationen dargestellt und geprüft – dies betrifft die Hypothesen D1 bis D6 (Kap. 6.4.1). Dann folgen die Ergebnisse zur erlebten Arbeitsbelastung – dies betrifft die Hypothesen D7 bis D9 (Kap. 6.4.2). Am Schluss werden die Gesamtergebnisse zu den Tätigkeitsanforderungen aus Kooperation und Arbeitsbelastung zusammenfassend diskutiert (Kap. 6.4.3). Eine vertiefte Darstellung der Ergebnisse ist in Meyer-Siever (2015) nachzulesen.

Im Folgenden wird zunächst die zu prüfende Hypothese genannt, dann folgen die darauf bezogenen Ergebnisse. Schließlich wird die Annahme oder Ablehnung der Hypothese erörtert.

6.4.1 Ergebnisse

Zunächst werden zur Beantwortung der Frage nach der Bestätigung von Hypothese D1 und D6 die Ergebnisse zur genannten Häufigkeit von Kooperation und des Wunsches nach einer Intensivierung der Kooperation dargestellt.

Überprüfung der Hypothese D1 zum Ländervergleich der Kooperationshäufigkeit

Hypothese D1: Bezüglich der Häufigkeit der Kooperationen und des Wunsches nach Kooperation gibt es Unterschiede auf der Ebene der beiden Bundesländer.

Zunächst werden die Ergebnisse zur Beantwortung der Hypothese in Bezug auf die Häufigkeit der interinstitutionellen Kooperationen vorgestellt.

Der Fragebogen erfasste neben den Angaben zur Häufigkeit des Austausches mit den Hauptkooperationspartnern (Grundschulen bzw. Kindergärten), auch die Häufigkeit der gegenseitigen Besuche der Kinder aus Kindergarten und Grundschule. Beides dient als Indiz für Kooperation (Kap. 4.4.1). In Abbildung 6-2 ist die Verteilung der Häufigkeiten des Austausches mit den Hauptkooperationspartnern nach Bundesland abgebildet. Mit Hilfe des Mann-Whitney-Tests (U = 85079, p = .000, r = −.25) wurde statistisch geprüft, ob ErzieherInnen und GrundschullehrerInnen in Baden-Württemberg sich überzufällig häufiger untereinander austauschen (xMdn = 2, 1–2-mal im Monat) als ihre KollegInnen in Bremen (xMdn = 3, alle 2–6 Monate).

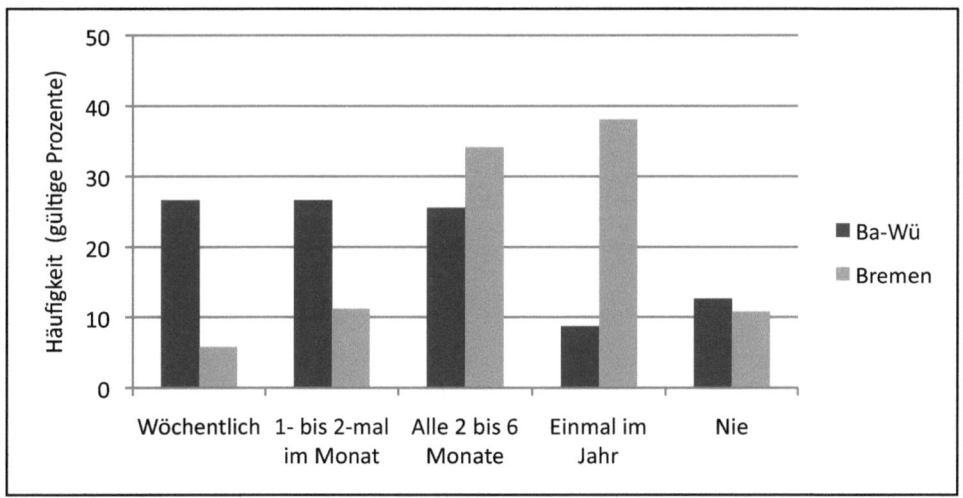

Abbildung 6-2:   Häufigkeit des Austausches mit den Hauptkooperationspartnern
im Bundesländervergleich (Baden-Württemberg: n = 1250; Bremen: n = 223)

Die Unterschiede in den Häufigkeitsverteilungen auf der Ebene der Bundesländer (vgl. Tab. 6-31 und 6-32) weisen statistisch immerhin einen geringen (fast mittelstarken) Effekt auf (Mann-Whitney-Test: r = −.25[13]).

---

13 In Anlehnung an Rosenthal (1991, S. 19) können r ≥ .10 als geringer Effekt, r ≥ .30 als mittlerer Effekt und r ≥ .50 als großer Effekt interpretiert werden; diese Werte liegen etwas höher als unsere Effektstärkeinterpretationen von Eta-Quadrat (η^2) in Kapitel 5.3. Danach wäre r = .25 fast mittelstark bewertet worden.

Tabelle 6-31: Häufigkeit des Austausches mit dem Hauptkooperationspartner
(1 = Wöchentlich, 2 = 1–2 Mal im Monat, 3 = Alle 2–6 Monate, 4 = Einmal im Jahr, 5 = Nie)

Profession	Ba-Wü	Median (xMdn)	Spannweite (R)	Bremen	Median (xMdn)	Spannweite (R)
ErzieherInnen	n = 639	2	4	n = 104	3	4
LehrerInnen	n = 611	2	4	n = 119	4	4
Gesamt	n = 1250	2	4	n = 223	3	4

Tabelle 6-32: Häufigkeit des Austausches mit Hauptkooperationspartnern in Abhängigkeit von der Zuge-hörigkeit zur Profession und zum Bundesland

| | Baden-Württemberg | | | | Bremen | | | |
| | ErzieherInnen | | LehrerInnen | | ErzieherInnen | | LehrerInnen | |
	gültige Prozente	n	gültige Prozente	n	gültige Prozente	n	gültige Prozente	n
Wöchentlich	19.9	127	33.6	205	8.7	9	3.4	4
1–2 Mal im Monat	32.4	207	20.6	126	7.7	8	14.3	17
Alle 2–6 Monate	35.5	227	15.1	92	37.5	39	31.1	37
Einmal im Jahr	8.0	51	9.5	58	38.5	40	37.8	45
Nie	4.2	27	21.3	130	7.7	8	13.4	16
Gesamt		639		611		104		119

Im nächsten Schritt folgt die Analyse bezüglich der unterschiedlichen bundeslandspezifischen Angaben zur Häufigkeit des Austausches mit den Hauptkooperationspartnern in Abhängigkeit von deren Anzahl. In Baden-Württemberg, als Flächenstaat mit vielen kleinen Gemeinden, bieten sich mehr kleine Verbünde mit wenigen Kooperationspartnern an als im Vergleich zur Großstadt Bremen (vgl. Kap. 5.2). Gefragt wurde allerdings nicht nach der Zahl aller Kooperationseinrichtungen, sondern nach der Zahl der Hauptkooperationspartner.

Wie Tabelle 6-34 zu entnehmen ist, gibt es hinsichtlich des Vergleichs der Bundesländer keine Unterschiede in der benannten Anzahl der Hauptkooperationspartner. Diese sind ausschließlich, wenn auch aufgrund der geringen Effektstärken (Tab. 6-34) wenig bedeutsam, auf der Ebene der pädagogischen Fachkräfte bzw. der Institutionen auszumachen (Tab. 6-33 und 6-34). GrundschullehrerInnen – insbesondere in Baden-Württemberg – geben eine höhere Anzahl an Hauptkooperationspartnern aus dem Elementarbereich an.

Tabelle 6-33: Anzahl der Hauptkooperationspartner (1 = 1 bis 2 Kitas/Schulen; 2 = 2 bis 3 Kitas/Schulen; 3 = 3 bis 4 Kitas/Schulen; 4 = 4 bis 5 Kitas/Schulen; 5 = 5 bis 6 Kitas/Schulen; 6 = mehr als 6 Kitas/Schulen)

Profession	Ba-Wü	Mittel-wert (x)	Standard-abweichung (s)	Bremen	Mittel-wert (x)	Standard-abweichung (s)
ErzieherInnen	n = 647	1.06	.28	n = 107	1.29	.75
LehrerInnen	n = 603	2.14	1.42	n = 121	1.92	1.16
Gesamt	n = 1250	1.58	1.14	n = 228	1.62	1.04

Tabelle 6-34: Effekt der Zugehörigkeit zur Profession und zum Bundesland auf die Anzahl der Hauptkooperationspartner (n = 1478)

Quelle der Varianz	df	$F^{a,b}$	Sig.	Eta-Quadrat
Bundesland (BL)	1	.01	.94	.00
E_L	1	139.49**	.000	.09
BL*E_L	1	9.75*	.002	.01
Fehler	1474			

[a] Zweifaktorielle Varianzanalyse, *p < .05; **p < .01; ***p < .001.
[b] Varianzen nicht homogen, daher Adjustierung des Signifikanzniveaus, *p < .01; **p < .001.

Der statistische Zusammenhang zwischen der Anzahl der Hauptkooperationspartner und der Häufigkeit des Austausches mit diesen ergibt einen wenig bedeutsamen Wert (Tab. 6-35). Mit zunehmender Anzahl der Hauptkooperationspartner nimmt die Häufigkeit des Austausches ganz leicht ab.

Tabelle 6-35: Zusammenhänge zwischen den Skalen zur Anzahl der Hauptkooperationspartner und der Häufigkeit des Austauschs mit den Hauptkooperationspartnern (ErzieherInnen: n = 739; GrundschullehrerInnen: n = 714)

	Anzahl Haupt-kooperations-partner Erzie-herInnen	Häufigkeit des Austausches mit Hauptkoope-rationspartner ErzieherInnen	Anzahl Haupt-kooperations-partner Leh-rerInnen	Häufigkeit des Austausches mit Hauptkoope-rationspartner LehrerInnen
Anzahl Hauptkooperations-partner ErzieherInnen	1	.124** n = 739		
Häufigkeit des Austausches mit Hauptkooperationspartner ErzieherInnen	.124** n = 739	1		
Anzahl Hauptkooperations-partner LehrerInnen			1	.115** n = 714
Häufigkeit des Austausches mit Hauptkooperationspartner LehrerInnen			.115** n = 714	1

**Die Korrelation ist auf dem Niveau von .01 (2-seitig) signifikant.

Ebenso lassen sich in Bezug auf die Angaben zur Häufigkeit der Besuche der Kindergartenkinder in der Grundschule und gegebenenfalls der Besuche der Schulkinder im Kindergarten im Laufe des vorangegangenen Jahres Unterschiede auf Bundesländerebene feststellen (Mann-Whitney-Test: U = 122379, p = .011, r = −.07). Aus Abbildung 6-3 geht hervor, dass in Bremen (xMdn = 3, 2 bis 4 Mal im letzten Jahr) gegenseitige Besuche der Kinder in der jeweiligen anderen Einrichtung etwas häufiger stattfinden als in Baden-Württemberg (xMdn = 2, einmal im letzten Jahr).

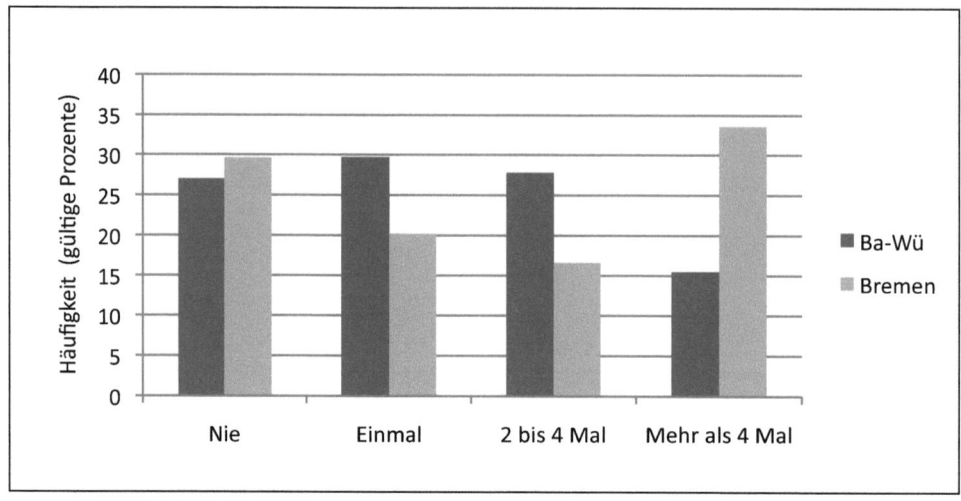

Abbildung 6-3:   Häufigkeit der gegenseitigen Besuche der Kinder in der jeweiligen anderen Institution im vorangegangenen Jahr (Ba-Wü: n = 1224; Bremen: n = 223)

In Tabelle 6-36 ist anhand der Mediane zu erkennen, dass Unterschiede auf der Professionsebene zu finden sind (Bremen: U = 2901, p = .000, r = .48; Baden-Württemberg: U = 93575.5, p = .000, r = .45). Sowohl in Bremen als auch in Baden-Württemberg gibt etwa die Hälfte der befragten GrundschullehrerInnen an, dass im vergangenen Jahr keine Schulkinder einen Kindergarten besuchten (Tab. 6-37). Besonders groß ist der Unterschied zwischen dem pädagogischen Fachpersonal in Bremen – die Hälfte der befragten ErzieherInnen gab an, dass Kindergartenkinder mehr als vier Mal im vergangenen Jahr eine Grundschule besuchten.

Tabelle 6-36: Häufigkeit der Besuche der Kinder in der jeweils anderen Institution (1 = Nie, 2 = Einmal, 3 = 2 bis 4 Mal, 4 = mehr als 4 Mal)

Bundesland	Ba-Wü	Median (xMdn)	Spann-weite (R)	Bremen	Median (xMdn)	Spann-weite (R)
Kita-Kinder besuchen GS	n = 641	3	3	n = 108	4	3
Schulkinder besuchen Kita	n = 583	1	3	n = 115	1	3
Gesamt	n = 1224	2	3	n = 223	3	3

Tabelle 6-37: Prozentuale Häufigkeit der Besuche der Kinder in der jeweils anderen Institution

| | Baden-Württemberg | | | | Bremen | | | |
| | ErzieherInnen | | LehrerInnen | | ErzieherInnen | | LehrerInnen | |
	gültige Prozente	n	gültige Prozente	n	gültige Prozente	n	gültige Prozente	n
Nie	2.8	18	53.5	312	7.4	8	50.4	58
Einmal	38.5	247	20.1	117	21.3	23	19.1	22
2 bis 4 Mal	40.2	258	14.1	82	20.4	22	13.0	15
Mehr als 4 Mal	18.2	118	12.3	72	50.9	55	17.4	20
Gesamt		641		583		108		115

Überprüfung der Hypothese D6 zum Wunsch nach Intensivierung der Kooperation

Nach den Ergebnissen der Analysen zur Häufigkeit der Kooperation werden im Folgenden die Ergebnisse zur Beantwortung von Hypothese D1 bezüglich des Wunsches nach intensiverer und häufigerer Kooperation sowohl auf der Ebene des Fachpersonals als auch auf institutioneller Ebene in Abhängigkeit von der Bundeslandzugehörigkeit vorgestellt. Im gleichen Zug werden diese Ergebnisse in Abhängigkeit von der Professionszugehörigkeit beschrieben. Damit wird zusätzlich zur abschließenden Überprüfung der Hypothese D1 auch die Fragestellung der Hypothese D6 untersucht.

Hypothese D6: ErzieherInnen und LehrerInnen unterscheiden sich bezüglich ihres Wunsches nach engerer respektive intensiverer Kooperation.

Im Mittel stimmen alle Teilnehmenden dem Wunsch nach häufigerer und intensiverer Kooperation auf individueller und institutioneller Ebene eher zu (alle liegen im positiven Bereich). Sowohl bezüglich der Zugehörigkeit zum Bundesland als auch zur Profession gibt es signifikante, wenn auch aufgrund der sehr kleinen Effektstärken eher zu vernachlässigende Unterschiede, wobei die Zugehörigkeit zum Bundesland vergleichsweise bedeutender ist. Das heißt, dass Bremer ErzieherInnen und GrundschullehrerInnen eher als ihre KollegInnen in Baden-Württemberg dem Wunsch nach intensiverer und häufigerer Kooperation (z. B. indem gegenseitig in den Institutionen hospitiert wird), nach der Entwicklung einer gemeinsamen Vorstellung zur Bildung und Entwicklung der Kinder bzw. nach dem Aufeinanderabstimmen der in Kita und Grundschule verwendeten Materialien zustimmen (Tab. 6-38 und 6-39).

Tabelle 6-38: Wunsch nach Kooperation (1 = Stimme völlig zu resp. Bestehender Wunsch nach Intensivierung der Kooperation; 5 = Stimme nicht zu resp. Kein Wunsch nach Kooperation)

Profession	Ba-Wü	Mittel-wert (x)	Standard-abweichung (s)	Bremen	Mittel-wert (x)	Standard-abweichung (s)
ErzieherInnen	n = 606	2.25	.85	n = 96	2.07	.69
LehrerInnen	n = 541	2.59	.82	n = 115	2.16	.60
Gesamt	n = 1147	2.41	.85	n = 211	2.11	.64

Tabelle 6-39: Effekt der Zugehörigkeit zur Profession und zum Bundesland auf den Wunsch nach interinstitutioneller Kooperation (n = 1358)

Quelle der Varianz	df	$F^{a,b}$	Sig.	Eta-Quadrat
Bundesland (BL)	1	25.21**	.00	.02
E_L	1	12.25**	.00	.01
BL*E_L	1	4.15	.04	.00
Fehler	1356			

[a] Zweifaktorielle Varianzanalyse, *p < .05; **p < .01; ***p < .001.
[b] Varianzen nicht homogen, daher Adjustierung des Signifikanzniveaus, *p < .01; **p < .001.

Entsprechend der dargestellten Ergebnisse können sowohl Hypothese D1 als auch D6 als bestätigt angesehen werden. ErzieherInnen und GrundschullehrerInnen in Baden-Württemberg kooperieren etwas häufiger miteinander und erleben den Umgang miteinander wertschätzender und vertrauensvoller (D6). Entsprechend äußern die pädagogischen Fachkräfte in Bremen ein wenig häufiger als ihre KollegInnen in Baden-Württemberg den Wunsch nach Kooperation mit Blick z.B. auf gegenseitige Hospitationen, die Entwicklung einer gemeinsamen Vorstellung zur Bildung und Entwicklung der Kinder sowie das gemeinsame Abstimmen der in Kita und Grundschule verwendeten Materialien (D6).

Überprüfung der Hypothese D2 zum Stadt-Land-Unterschied

Hypothese D2: Bezüglich der Häufigkeit der Kooperationen und des Wunsches nach Kooperation gibt es Unterschiede zwischen städtischen und ländlichen Regionen.

Zur Beantwortung der Hypothese fallen, in Anlehnung an die Begriffsbestimmungen des Zensus 2011 für Baden-Württemberg, Angaben zu Einwohnerzahlen mit bis zu 5000 in die Kategorie Land, bis zu 10.000 in die Kategorie Kleinstadt, Gemeinden mit bis zu 100.000 gelten als Mittelstadt und ab 100.000 Einwohner als Großstadt. Zu Bremen als Zwei-Städte-Staat gehört neben der Großstadt Bremen noch die 60 Kilometer nördlich gelegene Großstadt Bremerhaven. Insgesamt umfasst das Land Bremen knapp 650.000 Einwohner, davon rund 550.000 in der Stadt Bremen; es wird jedoch in die statistischen Berechnungen nicht aufgenommen, da es zum einen in Bremen keine vergleichbaren Land-Stadt-Regionen gibt und es zum anderen aufgrund der Bundeslandeffekte (s. o.) zu verzerrten Ergebnissen kommen kann.

Die Berechnungen zur Beantwortung der Hypothese D2 finden somit ausschließlich auf der Datenbasis der Stichprobe aus Baden-Württemberg statt. Die Abbildung 6-4 veranschaulicht die unterschiedlichen Verteilungen hinsichtlich der Häufigkeit des Austausches mit den Hauptkooperationspartnern. Es fällt auf, dass bei wöchentlichem Austausch mit der kooperierenden Einrichtung die größten regionalen Unterschiede bestehen. Fast 40% der Kindergärten und Grundschulen in ländlichen Regionen tauschen sich wöchentlich, im Mittel 1- bis 2-mal im Monat aus (vgl. Tab. 6-40: xMdn = 2).

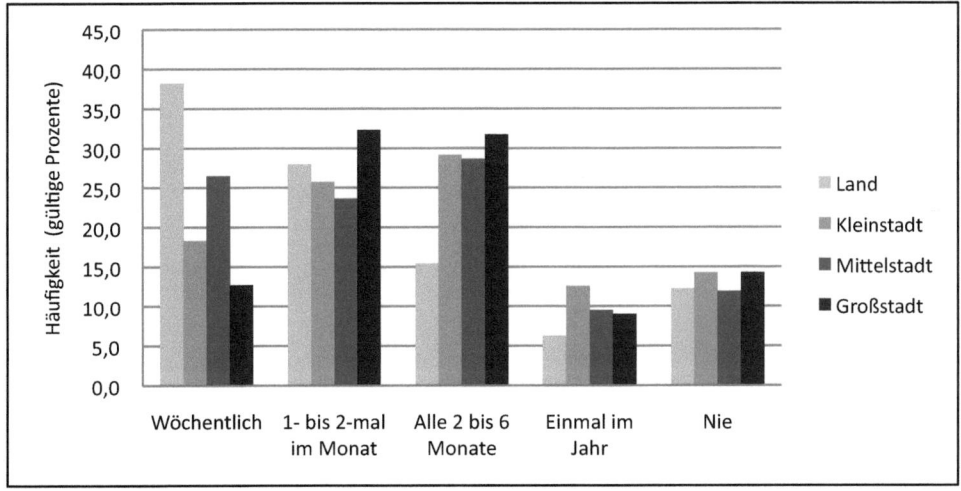

Abbildung 6-4:   Häufigkeit des Austausches mit dem Hauptkooperationspartner in Abhängigkeit von der Region (n = 1250)

Ländliche Regionen mit vergleichsweise geringen Einwohnerzahlen (Tab. 6-40 und 6-41) tauschen sich am häufigsten aus.

Tabelle 6-40: Häufigkeit des Austausches mit Hauptkooperationspartner in Baden-Württemberg
(1 = wöchentlich; 2 = 1–2-mal im Monat; 3 = alle 2–6 Monate; 4 = einmal im Jahr; 5 = Nie)

Region	Ba-Wü	Median (xMdn)	Spannweite (R)
Land	n = 351	2	4
Kleinstadt	n = 175	3	4
Mittelstadt	n = 454	3	4
Großstadt	n = 189	3	4
Gesamt	n = 1250	2	4

Tabelle 6-41: Kruskal-Wallis-Teststatistik zur Häufigkeit des Austausches mit Hauptkooperationspartner in Abhängigkeit von der Region

Region	H	Mittlerer Rang	Chi-Quadrat	df	Asympt. Sig.
Land	351	502.9			
Kleinstadt	175	651.0			
Mittelstadt	454	593.5			
Großstadt	190	658.8			
Gesamt	1170		38.93	3	.000

Der Wunsch nach intensiverer und häufigerer Kooperation ist hingegen statistisch unabhängig von der regionalen Zugehörigkeit im Land Baden-Württemberg (Tab. 6-42 und 6-43).

Tabelle 6-42: Wunsch nach Kooperation (1 = Stimme völlig zu resp. Bestehender Wunsch nach interinstitutioneller Kooperation; 5 = Stimme nicht zu resp. Kein Wunsch nach interinstitutioneller Kooperation)

Region	Ba-Wü	Mittelwert (x)	Standardabweichung (s)
Land	n = 326	2.49	.90
Kleinstadt	n = 161	2.45	.85
Mittelstadt	n = 420	2.36	.82
Großstadt	n = 169	2.32	.84
Gesamt	n = 1076	2.41	.85

Tabelle 6-43: Effekt der Zugehörigkeit zur Region auf den Wunsch nach Kooperation (n = 1076)

Quelle der Varianz	df	F[a]	Sig.	Eta-Quadrat
Region	1	2.23	.084	.01
Fehler	1072			

[a] einfaktorielle Varianzanalyse, *p < .05; **p < .01; ***p < .001.

Demzufolge ist die Hypothese D2 nur bezüglich der Häufigkeit des Austausches mit den Hauptkooperationspartnern in Abhängigkeit von der Region anzunehmen. Auf dem Lande kooperieren Kindergärten und Grundschulen deutlich häufiger. Hinsichtlich des Aspekts des Wunsches nach intensiverer und häufigerer Kooperation lassen sich keine regionalen Unterschiede feststellen. Somit ist die Hypothese D2 diesbezüglich abzulehnen.

Überprüfung der Hypothese D3 zu Arbeitsbelastung und Kooperation

Zur Beantwortung der Hypothese wird aufgrund verschiedener Skalenzusammensetzungen hinsichtlich der Aggregation der Items (vgl. Kap. 5.1.4) die Stichprobe der ErzieherInnen getrennt von der Stichprobe der GrundschullehrerInnen betrachtet. Zunächst werden für die ErzieherInnen die Zusammenhänge zwischen dem Wunsch nach intensiverer und häufigerer Kooperation und der erlebten Arbeitsbelastung (Tab. 6-44) insgesamt sowie anschließend zwischen dem Wunsch nach Kooperation und den einzelnen Skalen der erlebten Arbeitsbelastung (Sozioökonomischer Hintergrund, Zeit- und Personalmangel, Mangel an Arbeitsmaterialien und -informationen, Tab. 6-45) dargestellt.

Hypothese D3: Wenn sich ErzieherInnen und LehrerInnen durch ihre Arbeitsbedingungen belastet fühlen, nimmt ihr Wunsch nach wechselseitiger Kooperation ab.

Die empirischen Daten widersprechen unseren Annahmen: Je belastender die Arbeitsbedingungen von den ErzieherInnen erlebt werden, desto eher stimmen sie dem Wunsch nach intensiverer und häufigerer Kooperation zu (Tab. 6-45). Dieser Zusammenhang ist zwar schwach, fällt in der Tendenz noch etwas höher aus, wenn ErzieherInnen die für ihre Arbeit benötigten Materialien und Informationen nicht im entsprechenden Maße zur Verfügung stehen und sie diesen Mangel als belastend erleben (Tab. 6-45).

Tabelle 6-44: Zusammenhang zwischen der erlebten Arbeitsbelastung und dem Wunsch nach interinstitutioneller Kooperation bei ErzieherInnen (n = 702)

	Soll-Kooperation	Erlebte Arbeitsbelastung gesamt
Soll-Kooperation	1	.182**
Erlebte Arbeitsbelastung gesamt	.182**	1

**Die Korrelation ist auf dem Niveau von .01 (2-seitig) signifikant.

Tabelle 6-45: Zusammenhänge zwischen den Skalen zur erlebten Arbeitsbelastung und dem Wunsch nach Kooperation bei ErzieherInnen (n = 711)

	Soll-Kooperation	Sozioökonomischer Hintergrund	Zeit- und Personalmangel	Mangel an Arbeitsmaterialien u. -informationen
Soll-Kooperation	1	.112**	.117**	.210**
Sozioökonomischer Hintergrund	.112**	1	.512**	.298**
Zeit- und Personalmangel	.117**	.512**	1	.519**
Mangel an Arbeitsmaterialien u. -informationen	.210**	.298**	.519**	1

** Die Korrelation ist auf dem Niveau von .01 (2-seitig) signifikant.

In vergleichbarem Ausmaß mit den Ergebnissen der ErzieherInnen stimmen auch GrundschullehrerInnen umso stärker dem Wunsch nach intensiverer und häufigerer Kooperation zu, je belastender die Arbeitsbedingungen insgesamt von ihnen erlebt werden (Tab. 6-45 versus Tab. 6-47).

Tabelle 6-46: Zusammenhang zwischen der erlebten Arbeitsbelastung und dem Wunsch nach interinstitutioneller Kooperation bei LehrerInnen (n = 660)

	Soll-Kooperation	Erlebte Arbeitsbelastung gesamt
Soll-Kooperation	1	.193**
Erlebte Arbeitsbelastung gesamt	.193**	1

** Die Korrelation ist auf dem Niveau von .01 (2-seitig) signifikant.

Für die Stichprobe der GrundschullehrerInnen besteht ein etwas höherer Zusammenhang zwischen dem Wunsch nach Kooperation mit den ErzieherInnen und einem Mangel an Zeit sowie einem als zu hoch empfundenem Arbeitspensum (Tab. 6-47). Der Mangel an für ihre Arbeit benötigten Materialien und Informationen weist einen geringeren Zusammenhang mit dem Wunsch nach Kooperation auf als bei den ErzieherInnen (Tab. 6-45 versus Tab. 6-47).

Tabelle 6-47: Zusammenhänge zwischen den Skalen zur erlebten Arbeitsbelastung und dem Wunsch nach interinstitutioneller Kooperation bei LehrerInnen (n = 716)

	Soll-Kooperation	Sozioökonomischer Hintergrund	Zeitmangel und zu viel Arbeit	Mangel an Arbeitsmaterialien u. -informationen
Soll-Kooperation	1	.126**	.192**	.163**
Sozioökonomischer Hintergrund	.126**	1	.531**	.445**
Zeitmangel und zu viel Arbeit	.192**	.531**	1	.526**
Mangel an Arbeitsmaterialien u. -informationen	.163**	.445**	.526**	1

** Die Korrelation ist auf dem Niveau von .01 (2-seitig) signifikant.

In Tabelle 6-48 wird für beide Professionen dargestellt, inwieweit die Häufigkeit des Austausches mit den Hauptkooperationspartnern an sich mit dem Belastungserleben zusammenhängt. Es zeigt sich ein leicht gegenläufiger Zusammenhang zwischen der erlebten Arbeitsbelastung insgesamt und der Häufigkeit der Kooperationen: Ein zunehmender Austausch mit den Hauptkooperationspartnern aus dem jeweiligen anderen Bereich geht mit einem leicht abnehmenden Empfinden von Arbeitsbelastung einher.

Tabelle 6-48: Zusammenhang zwischen der erlebten Arbeitsbelastung und der Häufigkeit des Austausches mit dem/den Hauptkooperationspartner/n (n = 1307)

	Häufigkeit der Kooperation	Erlebte Arbeitsbelastung gesamt
Häufigkeit der Kooperation	1	–.111**
Erlebte Arbeitsbelastung gesamt	–.111**	1

** Die Korrelation ist auf dem Niveau von .01 (2-seitig) signifikant.

Hypothese D3 kann durch die erhaltenen Antworten der ErzieherInnen und LehrerInnen zum Zusammenhang von Kooperation und Arbeitsbelastung nicht bestätigt werden. Kooperation scheint – wenn auch nur sehr schwach – entlastend zu wirken. Als schwach bis mittelstark kooperationshemmend werden dagegen Zeit-, Material- und Informationsmangel beschrieben.

Überprüfung der Hypothese D4 zum Austausch am Übergang

Hypothese D4: Austausch ist die häufigste Kooperationsform zwischen ErzieherInnen und GrundschullehrerInnen.

Die Art der Kooperation zwischen den Institutionen wird differenziert in Austausch (z. B. „gegenseitige Besuche" der pädagogischen Fachkräfte), „Teamarbeit und Arbeitsteilung" (z. B. gemeinsame Aktivitäten) und „Ko-Konstruktion" (z. B. gemeinsame Fortbildungen der ErzieherInnen und GrundschullehrerInnen). Die Einschätzung der tatsächlich angewandten Kooperationsform durch die pädagogischen Fachkräfte war im Fragebogen durch Mehrfachnennungen, Likert-Skalen und dichotome Antwortformate möglich.

Wenn ErzieherInnen und GrundschullehrerInnen miteinander kooperieren, dann geschieht das fast immer in Form des Austauschs im Sinne gegenseitiger Besuche der Kinder und des Fachpersonals in der jeweiligen Institution des anderen Bildungsbereiches (Tab. 6-49 und 6-50). Dabei lassen sich signifikante Unterschiede zwischen den drei Kooperationsformen anhand eines asymptotischen McNemar-Tests für zwei verbundene Stichproben bei dichotomen, abhängigen Variablen feststellen (für alle Paarungsmöglichkeiten in beiden Stichprobengruppen: p = .000).

Tabelle 6-49: Häufigkeiten der Kooperationsformen aus der Perspektive der ErzieherInnen (Mehrfachnennungen möglich)

Kooperationsform	Baden-Württemberg		Bremen	
	Anzahl	Gültige Prozente	Anzahl	Gültige Prozente
Austausch	n = 628	98	n = 99	92
Arbeitsteilung	n = 310	48	n = 47	44
Ko-Konstruktion	n = 155	24	n = 17	16
Gesamt	n = 643	100	n = 108	100

Tabelle 6-50: Häufigkeiten der Kooperationsformen aus der Perspektive der GrundschullehrerInnen (Mehrfachnennungen möglich)

Kooperationsform	Baden-Württemberg		Bremen	
	Anzahl	Gültige Prozente	Anzahl	Gültige Prozente
Austausch	n = 586	97	n = 112	96
Arbeitsteilung	n = 274	45	n = 27	23
Ko-Konstruktion	n = 202	33	n = 23	20
Gesamt	n = 604	100	n = 117	100

Hypothese D4, nach der Austausch die häufigste Kooperationsform darstellt, wird durch die Angaben der ErzieherInnen und GrundschullehrerInnen deutlich bestätigt.

Überprüfung der Hypothese D5 zur Kooperation-Ist-Stand-Einschätzung

Hypothese D5: ErzieherInnen und LehrerInnen unterscheiden sich bezüglich ihrer Einschätzung des Ist-Standes der Kooperation.

Der Tabelle 6-51 ist zu entnehmen, dass ErzieherInnen und GrundschullehrerInnen in Baden-Württemberg den Umgang miteinander wertschätzender und vertrauensvoller erleben als in Bremen (M = 2,2 gegenüber M = 2,8). Zudem vertreten sie im Vergleich zu ihren KollegInnen in Bremen stärker die Meinung, dass eine gemeinsame Vorstellung zur kindlichen Bildung und Entwicklung und ein reger Informationsaustausch die Kooperation prägen. Insgesamt sind die teilnehmenden pädagogischen Fachkräfte in Baden-Württemberg zufriedener mit der Qualität der vorherrschenden Kooperationen. Dieser Unterschied ist statistisch signifikant, wenn auch nur wenig bedeutsam (Tab. 6-52).

Dagegen unterscheiden sich diese Einschätzungen nicht zwischen den beiden Professionen in den beiden Bundesländern (Tab. 6-52).

Tabelle 6-51: Einschätzung der Ist-Kooperation (1 = Stimme völlig zu resp. positive Einschätzung der interinstitutionellen Kooperation; 5 = Stimme nicht zu resp. negative Einschätzung der interinstitutionellen Kooperation)

Profession	Ba-Wü	Mittelwert (M)	Standardabweichung (SD)	Bremen	Mittelwert (M)	Standardabweichung (SD)
ErzieherInnen	n = 604	2.23	.70	n = 91	2.89	.69
LehrerInnen	n = 552	2.26	.64	n = 106	2.78	.53
Gesamt	n = 1156	2.24	.67	n = 197	2.83	.60

Tabelle 6-52: Effekt der Zugehörigkeit zur Profession und zum Bundesland auf die Einschätzung der Ist-Kooperation (n = 1353)

Quelle der Varianz	Df	$F^{a,b}$	Sig.	Eta-Quadrat
Profession (E_L)	1	.443	.51	.00
Bundesland (BL)	1	133.47**	.00	.09
BL*E_L	1	1.87	.17	.00
Fehler	1349			

[a] Zweifaktorielle Varianzanalyse, *p < .05; **p < .01; ***p < .001.
[b] Varianzen nicht homogen, daher Adjustierung des Signifikanzniveaus, *p < .01; **p < .001.

Hypothese D5 fragte nur nach den Unterschieden zwischen den Professionen hinsichtlich ihrer Bewertung der Kooperation und kann aufgrund der varianzanalytischen Prüfung nicht bestätigt werden. Der Unterschied zwischen den beiden Ländern ist deutlich, wenn auch nur mit schwachem Effekt. Bemerkenswert ist die Qualität ihrer Bewertungen der vorherrschenden Kooperation. Insgesamt fällt sie nicht sehr positiv aus, in Bremen nur bei „teils-teils" (2,8), in Baden-Württemberg nur bei „eher positiv" (2,2).

6.4.2 Erlebte Arbeitsbelastung

Zunächst werden zur Beantwortung der Frage nach der Bestätigung von Hypothese D7 die Ergebnisse zur genannten Häufigkeit von Arbeitsbelastungen dargestellt.

Überprüfung der Hypothese D7 zur Arbeitsbelastung in den Bundesländern

Hypothese D7: Bezüglich der Häufigkeit und des Erlebens von Arbeitsbelastungen gibt es Unterschiede auf der Ebene der beiden Bundesländer.

Die pädagogischen Fachkräfte beider Länder sehen sich insgesamt weder besonders häufig noch besonders selten besonderen Arbeitsbelastungen ausgesetzt (Tab. 6-53). Die ErzieherInnen und GrundschullehrerInnen aus Bremen tendieren dabei ganz leicht Richtung „teils-teils". Dieser insgesamt unbedeutende Unterschied resultiert statistisch auch nur in einem kleinen Effekt (Tab. 6-54).

Tabelle 6-53: Häufigkeit der Arbeitsbelastungen (1 = praktisch immer; 5 = praktisch nie)

Profession	Ba-Wü	Mittel-wert (M)	Standard-abweichung (SD)	Bremen	Mittel-wert (M)	Standard-abweichung (SD)
ErzieherInnen	n = 577	3.36	.62	n = 102	3.13	.70
LehrerInnen	n = 586	3.40	.52	n = 119	2.95	.56
Gesamt	n = 1163	3.38	.57	n = 221	3.03	.64

Tabelle 6-54: Effekt der Zugehörigkeit zur Profession und zum Bundesland auf die Einschätzung der Häufigkeit von Arbeitsbelastungen (n = 1384)

Quelle der Varianz	df	$F^{a,b}$	Sig.	Eta-Quadrat
Profession (E_L)	1	2.76	.10	.00
Bundesland (BL)	1	62.79**	.00	.04
BL*E_L	1	6.52	.01	.01
Fehler	1380			

[a] Zweifaktorielle Varianzanalyse, *p < .05; **p < .01; ***p < .001.
[b] Varianzen nicht homogen, daher Adjustierung des Signifikanzniveaus, *p < .01; **p < .001.

Fast wertgleich fällt die Einschätzung des Erlebens der Belastungen bei den pädagogischen Fachkräften in Bremen und Baden-Württemberg aus. Das gilt auch für die Effektstärke des Landesunterschiedes (Tab. 6-55 und 6-56).

Tabelle 6-55: Erleben von Arbeitsbelastungen (1 = sehr stark als belastend empfunden; 5 = gar nicht als belastend empfunden)

Profession	Ba-Wü	Mittel-wert (x)	Standard-abweichung (s)	Bremen	Mittel-wert (x)	Standard-abweichung (s)
ErzieherInnen	n = 548	3.33	.63	n = 99	3.08	.61
LehrerInnen	n = 547	3.42	.57	n = 113	3.00	.60
Gesamt	n = 1095	3.37	.60	n = 212	3.04	.61

Tabelle 6-56: Effekt der Zugehörigkeit zum Bundesland und zur Profession auf die erlebte Arbeitsbelastung (n = 1307)

Quelle der Varianz	df	F^{a}	Sig.	Eta-Quadrat
Profession (E_L)	1	.01	.916	.00
Bundesland (BL)	1	54.14***	.000	.04
E_L*BL	1	3.71	.054	.00
Fehler	1303			

[a] Zweifaktorielle Varianzanalyse, *p < .05; **p < .01; ***p < .001.

Die ausgeglichenen „teils-teils"-Urteile der pädagogischen Fachkräfte zur Häufigkeit und zur Schwere im Erleben von Arbeitsbelastungen widerlegen die Hypothese D7 inhaltlich. Statistisch gesehen reichen aber die geringen Urteilsdifferenzen zwischen den baden-württembergischen und den bremischen PädagogInnen für eine schwache Effektstärke des Landesunterschieds und bestätigen insofern die Hypothese D7.

Überprüfung der Hypothese D8 zu Arbeitsbelastung und Schemaorientierung

Hypothese D8: Eine als stark empfundene Arbeitsbelastung geht mit einer stärkeren Schemaorientierung einher.

Das Erleben der Arbeitsbedingungen als belastend steht in keinem Zusammenhang mit epistemologischen Überzeugungen, insbesondere nicht mit der Orientierung an Regeln und Prozeduren (Schemaorientierung; Tab. 6-57). Zudem lassen sich anhand der Daten keine, hinsichtlich der Gruppengröße, vergleichbaren Extremgruppen (1 = sehr stark belastend versus 5 = gar nicht belastend) identifizieren. Auch bezüglich der Zugehörigkeit zu einem Bundesland oder zu einer Profession lassen sich keine Unterschiede feststellen.

Tabelle 6-57: Zusammenhänge zwischen den Skalen zu erlebter Arbeitsbelastung und zur Schemaorientierung (n = 1244, ErzieherInnen: n = 647, LehrerInnen: n = 660)

	Schema-orientierung	Erlebte Arbeits-belastung gesamt	Erlebte Arbeits-belastung ErzieherInnen	Erlebte Arbeits-belastung LehrerInnen
Schemaorientierung	1	.01	–.04	.03
Erlebte Arbeitsbelastung gesamt	.01	1	1	
Erlebte Arbeitsbelastung ErzieherInnen	–.04	1	1	
Erlebte Arbeitsbelastung LehrerInnen	.03	1		1

** Die Korrelation ist auf dem Niveau von .01 (2-seitig) signifikant.

Aus den Daten heraus kann die Hypothese D8, nach der eine als stark empfundene Arbeitsbelastung mit einer stärkeren Schemaorientierung einhergeht, nicht als bestätigt gelten.

Überprüfung der Hypothese D9 zur Arbeitsbelastung und zum Bild von Mathematik

Hypothese D9: Eine als stark empfundene Arbeitsbelastung geht mit konsistenten epistemologischen Überzeugungen zur Natur von Mathematik einher.

Zur Überprüfung der Hypothese D9 wurden erweiterte (bzw. „mildere") Extremgruppen hinsichtlich des Merkmals „empfundene Arbeitsbelastung" gebildet. Dabei wurden Einschätzungen bis zum Wert ≤ 2 (sehr starke bis starke Belastung) der Extremgruppe „belastet" und Werte ab ≥ 4 (geringe Belastung bis gar keine Belastung) der Extremgruppe „nicht belastet" zugeordnet. Die Tabelle 6-58 zeigt die Ergebnisse der Häufigkeitsverteilung dieser Extremgruppenbildung. Deutlich wird, wie klein die Gruppe derjenigen ausfällt, die sich „belastet" fühlten (14%).

Tabelle 6-58: Häufigkeitsverteilung der Extremgruppen hinsichtlich der erlebten Arbeitsbelastung (ErzieherInnen und GrundschullehrerInnen)

Erlebte Arbeitsbelastung – Extremgruppen	Anzahl	Gültige Prozente (%)
Starke Belastung	n = 33	14%
Keine Belastung	n = 210	86%
Gesamt	n = 243	100%

Das Erleben von Arbeitsbelastungen steht offensichtlich in keinem statistischen Zusammenhang mit einer bestimmten Überzeugung zur Natur des Lehrens und Lernens (Tab. 6-59). Allerdings muss dieser Befund, vor dem Hintergrund der sehr unterschiedlich großen Extremgruppen mit Vorsicht bewertet werden.

Tabelle 6-59: Zusammenhänge zwischen erlebter Arbeitsbelastung und epistemologischem Überzeugungen zur Natur von Mathematik („belastete" ErzieherInnen und GrundschullehrerInnen, n = 33)

	Schemaorientierung	Prozessorientierung	Anwendungsorientierung	Erlebte Arbeitsbelastung – gesamt
Schemaorientierung	1	–.27**	–.25**	–.22
Prozessorientierung	–.28**	1	–.53**	.14
Anwendungsorientierung	–.25**	–.53**	1	.16
Erlebte Arbeitsbelastung – gesamt	–.22	.14	.16	1

** Die Korrelation ist auf dem Niveau von .01 (2-seitig) signifikant.

Auch die statistische Analyse der Extremgruppenunterschiede hinsichtlich ihrer epistemologischen Überzeugungen (Schemaorientierung, Prozessorientierung, Anwendungsorientierung) bestätigt dieses Ergebnis. Es zeigen sich keine bedeutsamen Zusammenhangseffekte (Tab. 6-60 bis 6-63).

Tabelle 6-60: Epistemologische Überzeugungen in Abhängigkeit vom Erleben starker Arbeitsbelastungen (1 = sehr stark als belastend empfunden; 5 = gar nicht als belastend empfunden)

Überzeugungen	Stark belastet	Mittelwert (x)	Standardabweichung (s)	Nicht belastet	Mittelwert (x)	Standardabweichung (s)
Schemaorientiert	n = 33	3.32	.78	n = 196	3.31	.85
Prozessorientiert	n = 33	1.60	.61	n = 202	1.62	.60
Anwendungsorientiert	n = 33	1.86	.77	n = 203	1.75	.66

Tabelle 6-61: Effekt der erlebten Arbeitsbelastung auf die Schemaorientierung (n = 229)

Quelle der Varianz	df	F[a]	Sig.	Eta-Quadrat
Profession (E_L)	1	.01	.94	.00
Fehler	227			

[a] einfaktorielle Varianzanalyse, *p < .05; **p < .01; ***p < .001.

Tabelle 6-62: Effekt der erlebten Arbeitsbelastung auf die Prozessorientierung (n = 235)

Quelle der Varianz	df	F[a]	Sig.	Eta-Quadrat
Profession (E_L)	1	.05	.98	.00
Fehler	233			

[a] einfaktorielle Varianzanalyse, *p < .05; **p < .01; ***p < .001.

Tabelle 6-63: Effekt der erlebten Arbeitsbelastung auf die Anwendungsorientierung (n = 236)

Quelle der Varianz	df	F[a]	Sig.	Eta-Quadrat
Profession (E_L)	1	.68	.41	.00
Fehler	234			

[a] einfaktorielle Varianzanalyse, *p < .05; **p < .01; ***p < .001.

Bei aller Vorsicht der Interpretation, liefern die Äußerungen zum Belastungserleben also auch keinen Beleg dafür, dass es einen Zusammenhang mit konsistenten epistemologischen Überzeugungen zur Natur von Mathematik (Schemaorientierung, Prozessorientierung, Anwendungsorientierung) gibt. Infolgedessen kann auch die Hypothese D9 nicht bestätigt werden.

6.4.3 Zusammenfassung und Diskussion

Haben abweichende bildungspolitische Rahmenbedingungen bezüglich Kindergarten und Grundschule in Bremen und Baden-Württemberg einen spürbaren Einfluss auf die Kooperation und die Arbeitsbelastung der pädagogischen Fachkräfte in beiden Bundesländern? In welcher Weise wirken sich die unterschiedlichen Rahmenbedingungen auf die Kooperation zwischen Kindergarten und Grundschule aus? Bestätigt sich der Schluss aus der qualitativen Voruntersuchung, dass sich keine grundsätzlich unterschiedlichen Praktiken und Überzeugungen bei den pädagogischen Fachkräften finden? Kapitel 6.4.3 versucht darauf eine zusammenfassende Antwort.

Tätigkeitsanforderung Kooperation

In Bezug auf die Kooperation von Kindergarten und Grundschule zeigte die Voruntersuchung, dass in allen einbezogenen Einrichtungen eine als funktionierend beschriebene Kooperation stattfindet. In der Fragebogenuntersuchung geben ErzieherInnen und GrundschullehrerInnen in Baden-Württemberg einen häufigeren Austausch bzw. eine häufigere Kooperation untereinander an als ihre KollegInnen in Bremen. Dabei ist dieser Unterschied nicht auf die Annahme zurückzuführen, dass im Flächenstaat Baden-Württemberg per se mehr potentielle Kooperationspartner zur Auswahl stehen. Im Durchschnitt geben die Professionen für ihr Bundesland je gleich viele Hauptkooperationspartner an (Tab. 6-33 und Tab. 6-34). Zudem wird die Qualität der bestehenden Kooperationen von ErzieherInnen und GrundschullehrerInnen in Baden-Württemberg ein wenig besser eingeschätzt. Bemerkenswert ist die Qualität dieser Bewertungen: Insgesamt fällt sie nicht sehr positiv aus, in Bremen nur bei „teils-teils", in Baden-Württemberg nur bei „eher positiv". Es bleibt zu prüfen, ob die Wahrnehmung der existierenden Kooperationen die Häufigkeit der selbigen beeinflusst oder umgekehrt.

Unabhängig davon ist auch zu erkennen, dass in Bremen – insbesondere von den ErzieherInnen – vermehrt der Wunsch nach Kooperation, nach dem Aufbau einer gemeinsamen Vorstellung zur Bildung und Entwicklung der Kinder sowie nach dem Abstimmen der in den Institutionen verwendeten Materialien besteht. Es ist also davon auszugehen, dass auf Seiten der ErzieherInnen und GrundschullehrerInnen das Bewusstsein und die Kenntnis über die Notwendigkeit und den Nutzen von Kooperation auf institutioneller und individueller Ebene – unabhängig davon, wie die bestehenden Kooperationen eingeschätzt werden – existiert. Zu eruieren wäre an dieser Stelle jedoch, welche „Stolpersteine" die Umsetzung des Wunsches nach Kooperation zwischen dem Elementar- und dem Primarbereich behindern.

Austausch ist für ErzieherInnen und GrundschullehrerInnen in gleichem Maße das erste Mittel der Wahl zur Umsetzung von kooperativen Tätigkeiten. Dabei fällt in Bremen eine besondere Diskrepanz auf: Über die Hälfte der ErzieherInnen geben an, dass mehr als vier Mal im vorangegangenen Jahr Kindergartenkinder die Schule besuchten. Hier bildet sich ein asymmetrisches Muster ab, denn in fast demselben Maße (50%) geben Bremer LehrerInnen an, dass im vorangegangenen Jahr keine SchülerInnen ihrer Grundschule einen Kindergarten besuchten.

Auf der Datengrundlage der Stichprobe aus Baden-Württemberg wurde eine Einteilung in ländliche und städtische Regionen vorgenommen, um diesbezüglich den Einfluss auf die Häufigkeit der und den Wunsch nach Kooperation zu analysieren. In ländlichen Regionen tauschen sich ErzieherInnen und GrundschullehrerInnen im Durchschnitt häufiger – ein bis zwei Mal pro Monat – aus als in Regionen mit höheren Einwohnerzahlen (Klein-, Mittel-, Großstadt). Ab einer Einwohnerzahl von 5.000 reduziert sich der Austausch mit Kooperationspartnern aus dem jeweiligen anderen Bildungsbereich auf alle zwei bis sechs Monate. Möglicherweise ergibt sich in den Bereichen mit hohen Einwohnerzahlen und dem damit einhergehenden höheren Anteil potentieller Kooperationspartner ein erhöhter Organisations- und Zeitmehraufwand. Dieser wird wiederum insbesondere von GrundschullehrerInnen als belastend erlebt (vgl. Tab. 6-46) und kann sich auf Kosten des Ausschöpfens von potentiellen Kooperationsmöglichkeiten auswirken. Dennoch besteht unabhängig von der Regionszugehörigkeit der Wunsch nach intensiverer und häufigerer Kooperation. Es lässt sich – wenn auch ohne statistische Beweislage – eine Tendenz im Mittel erkennen (vgl. Tab. 6-40), die vermuten lässt, dass mit zunehmender Einwohnerzahl, und der damit einhergehenden abnehmenden Häufigkeit der Kooperationen, der Wunsch nach kooperativer Tätigkeit steigt. Eventuell geht mit der Anzahl der existierenden und potentiellen Kooperationspartner auch ein Stück Anonymität einher, die ein mögliches Kooperationshindernis sein kann.

Der bereits angesprochene Zeitmangel stellt für beide Professionen, in der Tendenz jedoch eher für GrundschullehrerInnen einen als belastend erlebten Aspekt von Arbeitsbedingungen dar, der in Zusammenhang mit dem Wunsch nach Kooperation mit ErzieherInnen steht. Zwar kann der Mangel an Zeit ein Grund für die eher zurückhaltende Häufigkeit der Kooperationen – insbesondere von Bremer GrundschullehrerInnen – sein, im gleichen Atemzug geht der berichtete Zeitmangel aber auch mit dem gestiegenen Wunsch nach intensiverer und häufigerer Kooperation einher. Möglicherweise spiegelt sich hier die Diskrepanz wider, indem sich GrundschullehrerInnen der Notwendigkeit und des synergetischen Nutzens von Kooperation bewusst sind, es aber in der Praxis an Umsetzungsmöglichkeiten und greifbaren Ansatzpunkten fehlt, die über bestehende Kooperationshindernisse hinweghelfen. Dass Kooperation auch als Gestaltungsmöglichkeit effektiverer Arbeitstätigkeiten und gegenseitiger Unterstützung dienen kann, könnte aus den Ergebnissen interpretiert werden, die zeigen, dass – entgegen der Ergebnisse in COACTIV (Brunner et al., 2006a; 2006b) – die Häufigkeit der Kooperationen das Belastungserleben – soweit es überhaupt vorhanden ist – nicht ungünstig beeinflusst.

Bei den PädagogInnen des Elementarbereichs verdeutlicht sich der Wunsch nach Kooperation besonders dann, wenn die für ihre Arbeit nötigen Materialien und Informationen nicht im gewünschten Maße zur Verfügung stehen und dies als eher belastend erlebt wird. Wie bereits diskutiert wurde, findet Austausch als die am wenigsten aufwendigste und am einfachsten zu realisierende Kooperationsform statt. Hierzu würde in Anlehnung an Gräsel, Fussangel und Pröbstel (2006) ebenso der Austausch von Materialien und berufsbezogenen Informationen zählen (Kap. 4.4.1). Jedoch beschränken sich in Bezug auf die untersuchte Stichprobe die Austauschprozesse augenscheinlich nur auf gegenseitige Besuche der Kinder. Dabei wäre der Austausch der in Kindergarten und Schule verwendeten Materialien und arbeitsrelevanten Informationen mindestens ebenso notwendig.

Tätigkeitsanforderung Arbeitsbelastung

Die Ergebnisse zur Häufigkeit und erlebten Arbeitsbelastung sind vor dem Hintergrund zu diskutieren, dass sich PädagogInnen in Bremen und Baden-Württemberg weder besonders stark noch besonders wenig durch die erfragten Arbeitsbedingungen belastet fühlen, sondern eher im mittleren Bereich („regelmäßig" resp. „mäßig") ihre Einschätzungen abgeben. Daher war es auch schwierig vergleichbare Extremgruppen zu bilden, um diesbezüglich die Ergebnisse zu interpretieren.

ErzieherInnen und GrundschullehrerInnen aus Baden-Württemberg erleben zum einen seltener belastende Arbeitsbedingungen und diese zum anderen auch weniger stark bezogen auf das Ausmaß der Belastung als ihre KollegInnen aus Bremen. Möglicherweise haben bundeslandspezifische Einflüsse wie z. B. Unterschiede in den elementarpädagogischen Bildungsplänen (Orientierungsplan für Bildung und Erziehung für die baden-württembergischen Kindergärten versus Rahmenplan für Bildung und Erziehung im Elementarbereich für Bremen), den Schulsystemen, den Lehrplangestaltungen und der sozioökonomischen Struktur tatsächlich einen Einfluss auf den jeweiligen Arbeitskontext respektive das Erleben dessen als belastend oder nicht. So hat Bremen unter den Bundesländern nach Berlin den zweithöchsten Anteil an Sozialhilfeempfängern in der Bevölkerung.

Hinsichtlich des Zusammenhangs von als belastend empfunden Arbeitsbedingungen und epistemologischen Überzeugungen deuten die Ergebnisse – entgegen der von Leuchter et al. (2006) aufgestellten Annahme des Einflusses belastender Rahmenbedingungen auf Überzeugungen bei Mathematiklehrpersonen – darauf hin, dass es keinen Zusammenhang gibt, weder hinsichtlich der Schema-, noch der Anwendungs- oder der Prozessorientierung.

Im Rahmen unserer Stichprobe ließ sich nicht verifizieren – evtl. auch aufgrund der durchschnittlichen Ergebnisse bzw. der fehlenden Gruppe der stark belasteten PädagogInnen –, dass jemand, der sich stark belastet fühlt, eine eindeutige Positionierung innerhalb der epistemologischen Überzeugungen zur Mathematik, im Sinne eher regelgeleiteter, formaler Überzeugungen in Form einer Schemaorientierung, aufweist.

7 Computergestützte Erhebung: Methode und Durchführung

Die computergestützte Erhebung mittels Bild- und Videovignetten ist die dritte Teilstudie von AnschlussM. Sie zielt auf das intendierte Handeln von ErzieherInnen und GrundschullehrerInnen in Situationen, die für das Mathematiklernen im Übergang vom Kindergarten zur Grundschule typisch sind. Damit sollen nach der Fragebogenuntersuchung (vgl. Kap. 5 und 6) weiterführende Indikatoren für die professionelle Kompetenz beider Berufsgruppen gewonnen werden.

Im Folgenden werden zunächst die methodologischen Grundlagen der computergestützten Erhebung sowie die Entwicklung der Bild- und Videovignetten dargestellt (Kap. 7.1). Weiter wird die Durchführung der eigentlichen Erhebung geschildert (Kap. 7.2). Die Beschreibung der Stichprobe (Kap. 7.3) und des Vorgehens bei der Auswertung mit einem Schwerpunkt auf den Kodier- und Ratingverfahren (Kap. 7.4) schließen sich an.

Die Ergebnisse der computergestützten Erhebung werden anschließend in Kapitel 8 dargestellt und diskutiert.

7.1 Entwicklung der Bild- und Videovignetten

Dagmar Bönig, Gerald Wittmann, Stephanie Schuler & Bernadette Thöne

Wenn eine pädagogische Fachkraft mathematische Lernprozesse bei Kindern fördern will, muss sie in einer Vielzahl von Situationen entscheiden, ob und wie sie handeln soll. Diese Entscheidung setzt unter anderem elementarmathematisches und mathematikdidaktisches Wissen voraus, aber auch die Wahrnehmung des mathematischen Potenzials der Situation und die Fähigkeit und Bereitschaft, aktiv zu werden und den Lernprozess der Kinder durch eigenes Handeln zu begleiten. Aufgrund der Schwierigkeit, diese Aspekte der professionellen Kompetenz unter Realbedingungen zu erfassen, zielt AnschlussM mittels Bild- und Videovignetten in einer computergestützten Erhebung auf das *intendierte Handeln*. Es kann Indikatoren dafür liefern, ob ErzieherInnen und GrundschullehrerInnen die Voraussetzungen mitbringen, um Lehr-Lern-Prozesse im Übergang adäquat anzuregen und zu begleiten und auf diese Weise die Anschlussfähigkeit beider Institutionen auf der Ebene des Kindes herzustellen.

Das intendierte Handeln gibt allerdings lediglich *Hinweise auf das Handeln unter Realbedingungen* und darf nicht mit diesem gleichgesetzt werden. So muss offen bleiben, ob eine ErzieherIn oder LehrerIn das intendierte Handeln situationsspezifisch umsetzen kann, z. B. ob sie über die entsprechenden Möglichkeiten zur Gesprächsführung verfügt. Auch ist nicht auszuschließen, dass eine Realsituation gerade aufgrund ihrer Lebendigkeit und Vielfältigkeit einer ErzieherIn oder LehrerIn Inspirationen liefern kann, die in der Nüchternheit einer Bild- oder Videovignette fehlen. Ferner ist in der Praxis ein schrittweises und adaptives Vorgehen möglich, wenn ein erster Impuls oder eine erste Frage fehlschlägt, was eine Antwort am Computer nicht erlaubt (es können allenfalls mögliche Reaktionen des Kindes antizipiert werden). Da das computergestützte Setting eine Versprachlichung und darüber hinaus auch Verschriftlichung des intendierten Handelns erfordert, lassen sich nur jene Aspekte des Handelns erfassen, die den betreffenden Personen bewusst sind. Zudem liefern Vignetten keine Informationen über die Lernbiografie eines Kindes, die eine Grundlage für das Handeln pädagogischer Fachkräfte darstellen sollte. Ferner können sich andere Ausbildungsgänge (von ErzieherInnen und GrundschullehrerInnen) auch in unterschiedlich elaborierten Antworten äußern, ohne dass dies einen Einfluss auf das tatsächliche Handeln haben muss.

Bild- und Videovignetten eignen sich jedoch besonders zur Fokussierung auf die eingangs formulierten mathematikdidaktischen Untersuchungsfragen, weil der Gruppenraum bzw. das Klassenzimmer ebenso ausgeblendet werden wie der emotionale Bezug zu den Kindern. Für Bild- und Videovignetten sprechen weiter die *Standardisierung* und die *Forschungsökonomie*. Für AnschlussM sind beide Aspekte relevant, da eine ausreichend hohe Anzahl von TeilnehmerInnen Voraussetzungen für die geplante Verknüpfung mit der Fragebogenstudie ist. Die schriftliche Erfassung der Antworten direkt am Computer macht insbesondere ein Transkribieren überflüssig.

Die in AnschlussM eingesetzten Bild- und Videovignetten zeigen *Situationen mit großem mathematischem Potenzial*, wie sie *typischerweise im letzten Kindergartenjahr und im ersten Schuljahr* auftreten können. Diese Situationen beziehen sich nicht auf Lernprogramme oder stark vorstrukturierte Arrangements, sondern auf *offene Lehr-Lern-Situationen*, entsprechend der in Kapitel 2.5 erfolgten Analyse aktueller Konzepte zum Mathematiklernen in Kindergarten und Grundschule. Es findet demnach vielfach als inzidentelles Lernen statt, sei es im Freispiel im Kindergarten oder in der Freiarbeit in der Grundschule. Für ErzieherInnen und LehrerInnen gilt es, das mathematische Potenzial solcher offener Situationen zu erkennen und in der Folge auch zu nutzen.

Die *Lernbegleitung* erweist sich gerade in offenen Situationen als ein erfolgskritischer Aspekt des Handelns von ErzieherInnen, wie aktuelle Studien zeigen (exemplarisch: Albers, 2009; König, 2009; Hopf, 2011; Siraj-Blatchford et al., 2002; 2003). Dies gilt auch für LehrerInnen der Grundschule, wo dies für das Fach Mathematik aufgrund von Fallstudien der qualitativen mathematikdidaktischen Forschung schon länger bekannt ist, wenn auch unter anderen Forschungsfragen und in anderer Terminologie (exemplarisch für eine der ersten Arbeiten: Bauersfeld, 1978). Somit ist die Lernbegleitung individuell oder in Kleingruppen eine in beiden Institutionen relevante Anforderung an die pädagogischen Fachkräfte. Die Fokussierung auf die Lernbegleitung wird zusätzlich dadurch erreicht, dass sich alle Vignetten auf nur wenige (überwiegend ein oder zwei) Kinder beziehen. Weitere Einflussfaktoren (etwa andere Kinder, die es im Auge zu behalten gilt) werden ausgeblendet und jeglicher Zeit- bzw. Handlungsdruck fehlt. Dass das Arbeiten mit einzelnen oder nur wenigen Kindern nicht nur in der Grundschule, sondern auch im Kindergarten verbreitet ist und dort keinesfalls eine Sondersituation darstellt, bestätigen die Befunde der PRIMEL-Studie (Hüttel & Rathgeb-Schnierer, 2014, S. 148 f.). Da den pädagogischen Fachkräften in den Vignetten eine reduzierte und „bereits vorstrukturierte ‚Wirklichkeit‘" (Atria,

Strohmeier & Spiel, 2006, S. 248) präsentiert wird, können sie sich auf den mathematischen Lernprozess der abgebildeten Kinder und seine Begleitung konzentrieren, was dem Ziel der Erhebung entspricht. Andere Aspekte professioneller Kompetenz (etwa allgemeinpädagogische und -didaktische Kompetenzen wie das Classroom-Management) bleiben damit außen vor. Auf diese Weise werden zwar nur Ausschnitte der professionellen Kompetenz angesprochen, jedoch jene Ausschnitte, die für die mathematikspezifische Begleitung einzelner Kinder im Übergang relevant sind. Diese Ausschnitte der professionellen Kompetenz können durch die klare Fokussierung valider erhoben werden.

Den bisherigen Überlegungen entsprechend zielen die Bild- und Videovignetten auf *drei Konstrukte*, die als Indikatoren dafür fungieren, ob ErzieherInnen und GrundschullehrerInnen mathematische Lehr-Lern-Prozesse im Übergang adäquat anregen und begleiten und auf diese Weise für ein individuell anschlussfähiges Mathematiklernen sorgen können.

- Das *Erkennen des mathematischen Potenzials einer gegebenen Situation* ist eine zentrale Voraussetzung, um die Situation als Gelegenheit für mathematisches Lernen der Kinder nutzen zu können. Es erfordert seitens der ErzieherInnen und LehrerInnen deklaratives Wissen (etwa über die verwendeten Materialien und die relevante Elementarmathematik), eine fokussierte Wahrnehmung, was in der Situation geschieht (im Sinne einer situativen diagnostischen Kompetenz), sowie eine klare Vorstellung von den Zielen mathematischer Bildung.
- Das *Aufgreifen von Aktivitäten der Kinder* mit dem Ziel der Entwicklung inhaltsbezogener Kompetenzen ist ein wesentlicher Aspekt der Lernbegleitung, der wiederum diagnostische Kompetenz erfordert (um Adaptivität erreichen zu können), aber auch ein Antizipieren möglicher weiterer Schritte des Lehr-Lern-Prozesses. Dahinter steht eine Auffassung vom Lehren und Lernen von Mathematik, die sich durch eine klare Lernorientierung bereits im Kindergarten auszeichnet und die kokonstruktivistisch geprägt ist: Der Austausch mit anderen Kindern, aber auch mit der pädagogischen Fachkraft, zielt auf eine kognitive Aktivierung der Kinder.[14]
- Lernbegleitung soll stets auch die *Förderung allgemeiner mathematischer Kompetenzen* umfassen und darf sich nicht auf inhaltsbezogene Kompetenzen beschränken. Dies ist umso schwieriger, je jünger die Kinder sind. Dennoch gilt die Entwicklung der allgemeinen mathematischen Kompetenzen auch im Kindergarten als relevant (Benz, Peter-Koop & Grüßing, 2015, S. 321 ff.; Steinweg, 2008, S. 146 ff.).

Diese drei Konstrukte bilden *gemeinsame Anforderungen an ErzieherInnen und LehrerInnen* bezüglich des Mathematiklernens im Übergang vom Kindergarten zur Grundschule ab. Die sechs Bild- und vier Videovignetten berücksichtigen alle fünf inhaltsbezogenen Leitideen und vier der fünf allgemeinen mathematischen Kompetenzen aus den Bildungsstandards (KMK, 2004a). Dies spiegelt das Konzept einer breiten mathematischen Bildung sowohl im Kindergarten als auch in der Grundschule wider:

---

14 Insbesondere werden Fehler von Kindern als Lerngelegenheiten verstanden, die es zu nutzen gilt (vgl. Prediger & Wittmann, 2009). In diesem Sinne sollen Fehler (etwa Zählfehler) auch schon im Kindergarten nicht überspielt, sondern aufgegriffen und produktiv genutzt werden.

Tabelle 7-1: Übersicht über die sechs Bild- und vier Videovignetten

		Erfasstes Konstrukt			Primär angesprochene Leitidee(n)
		Erkennen des mathematischen Potenzials	Aufgreifen von Aktivitäten der Kinder	Förderung allgemeiner mathematischer Kompetenzen	
Bildvignetten	Steine und Waage	x	x		Größen und Messen
	Quips – Zählen und Zählfehler	x	x		Zahlen und Operationen
	Muggelsteine – Muster fortsetzen	x	x		Muster und Strukturen
	Bärchen – Anzahlbestimmung	x	x		Zahlen und Operationen/Muster und Strukturen
	Legen mit bunten Holzwürfeln	x	x		Raum und Form/Muster und Strukturen
	Wendeplättchen werfen	x	x		Zahlen und Operationen/Daten, Zufall, Wahrscheinlich.
Videovignetten	Bauwerke aus Holzquadern	x		Kommunizieren Argumentieren	Raum und Form
	Punktebilder auf einen Blick		x	Argumentieren	Zahlen und Operationen/Muster und Strukturen
	Türme aus Duplo-Steinen		x	Argumentieren Problemlösen	Zahlen und Operationen
	Bohnen messen		x	Darstellen	Größen und Messen
		7	9	4	
		insgesamt 20 Variablen			

Die Leitidee „Zahlen und Operationen" ist zwar zentral, die Lehrangebote beschränken sich jedoch nicht darauf (vgl. Steinweg, 2008; Schuler, 2013). Die qualitative Vorstudie bestätigt, dass ein solches Konzept auch in der Praxis relevant ist (Kap. 3.3.2). Nicht zuletzt war entsprechend den Hypothesen zu erwarten, dass sich über die Leitideen hinweg auch Differenzen zwischen den Professionen ergeben (vgl. Kap. 4.2.4).

Zu jeder der zehn Situationen werden zwei offene Fragen gestellt, die jeweils auf eines der drei Konstrukte zielen. Insgesamt umfasst das Instrument damit 20 offene Fragen (Tab. 7.1). Gemäß KMK (2004a, S. 9) werden „einfache kombinatorische Aufgaben" unter die Leitidee „Zahlen und Operationen" subsumiert. Jede Vignette spricht zwar eine primäre Leitidee an, andere können aber tangiert werden, entsprechend der Annahme, dass ein *Kompetenzerwerb nur in vernetzter Form* möglich ist, insbesondere wenn es sich um offene Lehr-Lern-Situationen handelt. Dies gilt nicht nur für die allgemeinen mathematischen Kompetenzen, sondern auch für die Leitideen der inhaltsbezogenen Kompetenzen, die – entsprechend dem Wesen von Leitideen – nicht disjunkt sind, sondern in konkreten Situationen miteinander verknüpft werden: Beispielsweise kann eine Aktivität wie das Werfen von Wendeplättchen sowohl in Richtung Zahlzerlegungen als auch im Hinblick auf Darstellungen (Tabellen, Strichlisten, Säulendiagramme) oder den Aspekt Zufall vertieft werden.

Versuche, auch *Distraktoren* (d. h. Bildvignetten, die keinen sinnvollen mathematischen Bezug erlauben) einzusetzen, erwiesen sich als nicht erfolgreich, weil es erstens kaum Situationen gibt, zu denen sich nicht doch ein in irgendeiner Weise sinnvoller mathematischer Bezug herstellen lässt, und zweitens derartige Vignetten zu wenig zwischen den Testpersonen diskriminierten.

Der Aufbau der *Bildvignetten* ist einheitlich. Im Anschluss an einen Einführungstext und das Bild finden sich die beiden Fragen mit Freitextfeldern für die Antwort (Abb. 7-1). Die *Videovignetten* umfassen zwei Seiten: Die erste zeigt einen Einführungstext einschließlich der beiden Fragen, die später zu beantworten sind, und erlaubt ein zweimaliges Abspielen des Videos (Abb. 7-2). Auf der zweiten Seite finden sich neben einem Standbild als Erinnerungshilfe wiederum die beiden Fragen, nun mit Freitextfeldern für die Antwort. (Abb. 7-3). Ein Zurückspringen zu einer schon bearbeiteten Vignette war nicht möglich.

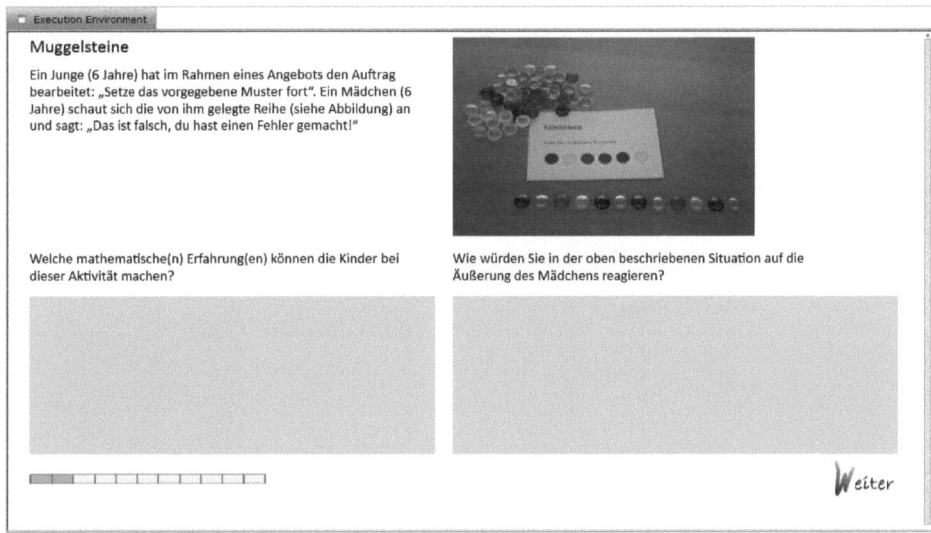

Abbildung 7-1: Beispiel einer Bildvignette („Muggelsteine – Muster fortsetzen"; Screenshot)

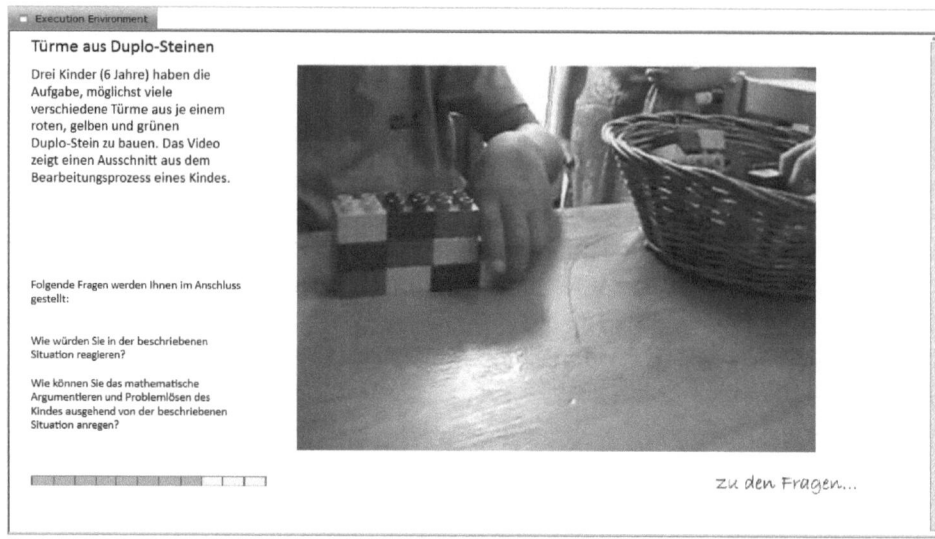

Abbildung 7-2: Beispiel der ersten Seite einer Videovignette („Türme aus Duplo-Steinen"; Screenshot)

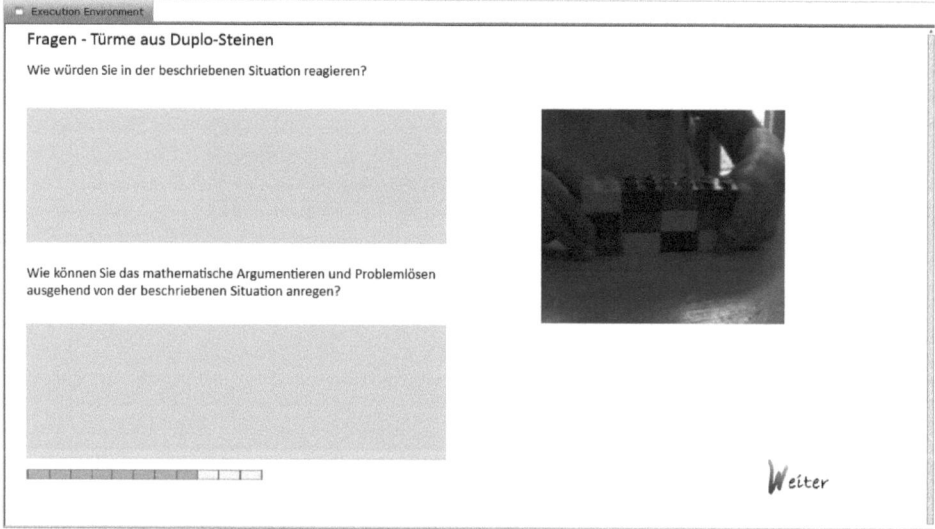

Abbildung 7-3: Beispiel der zweiten Seite einer Videovignette („Türme aus Duplo-Steinen"; Screenshot)

Die Frage „Welche mathematische(n) Erfahrung(en) können die Kinder bei dieser Aktivität machen?" (Abb. 7-1) erfordert ein Erkennen des mathematischen Potenzials der Situation, jedoch nicht im Sinne einer allgemeinen Analyse, sondern mit Bezug auf die beiden hier gezeigten Kinder. In ähnlicher Weise zielen „Wie würden Sie in der beschriebenen Situation auf die Äußerung des Mädchens reagieren?" (Abb. 7-1) und „Wie würden Sie in der beschriebenen Situation reagieren?" (Abb. 7-3) auf das Aufgreifen der Aktivitäten der Kinder im Sinne einer adaptiven Lernbegleitung. Da die vorgegebene Situation einen (kognitiven) Konflikt zweier Kinder bzw. einen Fehler eines Kindes enthält, wird deutlich, ob und in welcher Weise die pädagogische Fachkraft sie als Lernchance versteht und zu nutzen vermag. Die Frage „Wie können Sie das mathematische Argumentieren und Problemlösen ausgehend von der beschriebenen Situation anregen?" (Abb. 7-3) wiederum erfordert ein Weiterführen der Situation im Hinblick auf die beiden angesprochenen allgemeinen mathematischen Kompetenzen.

Die Bilder und Videosequenzen wurden aus vorhandenem Bild- und Filmmaterial aus dem Kindergarten- bzw. Unterrichtsalltag sowie den im Rahmen der qualitativen Vorstudie von AnschlussM erstellten Fallstudien (vgl. Kap. 3) entnommen oder eigens für die Vignetten nachgestellt. Aufgrund der qualitativen Vorstudie konnte die inhaltliche Validität der Vignetten gesichert werden. Die zehn eingesetzten Situationen wurden aus ursprünglich 21 nach einem *Pretest mit Studierenden sowie ErzieherInnen und LehrerInnen* ausgewählt. Maßgeblich für diese Entscheidungen waren auch *Expertengespräche zur Alltagsnähe und inhaltlichen Validität* der Vignetten; alle ausgewählten Situationen wurden als natürlich wirkend und realitätsnah beurteilt.

7.2 Durchführung der Erhebung

Katja Meyer-Siever, Dagmar Bönig, Stephanie Schuler & Gerald Wittmann

Für das Technology Based Assessment (TBA) wurde eine browserbasierte Lösung mit der Software Itembuilder realisiert[15], die sich allerdings nicht als sehr praktikabel erwies. So ist die für das Fenster benötigte Bildschirmauflösung voreingestellt, wodurch das TBA nicht flexibel auf verschiedenen Notebooks eingesetzt werden kann, sondern jedes Mal neu erstellt werden muss. Insgesamt wurden vier Versionen generiert, die sich jeweils in der Reihenfolge der Situationen unterscheiden, um Reihenfolgeneffekte ausschließen zu können. Erzeugt wurde jeweils ein umfangreiches Logfile, aus dem die zu analysierenden Antworten mittels eines speziellen Skripts extrahiert wurden.

Die Durchführung fand in Bremen und Baden-Württemberg im Zeitraum von Februar bis Juni 2013 statt. Aus der Gesamtstichprobe der Fragebogenerhebungen wurde für die Vignettenerhebung eine repräsentative Teilstichprobe gezogen, die eine Verknüpfung der Daten zulässt. Um den soziodemographischen Hintergrund des Stadtteils (in Bremen) bzw. die Verteilung von Stadt und Land (in Baden-Württemberg) berücksichtigen zu können, wurden systematisch Einrichtungen aus verschiedenen Stadtteilen (in Bremen) bzw. Regionen (in Baden-Württemberg) kontaktiert. Nach einer telefonischen Terminvereinbarung besuchten hierfür geschulte MitarbeiterInnen die jeweiligen Schulen und Kindergärten und führten das TBA mittels Notebooks vor Ort durch. Eine Durchführung des TBA an der jeweiligen Hochschule schied aus, da aufgrund der zusätzlichen zeitlichen Belastung durch die Anreise die Akzeptanz und damit die Beteiligungsquote vermutlich drastisch gesunken wä-

---

15 Unser Dank gilt hier dem Team vom DIPF in Frankfurt/Main, das die Software zur Verfügung stellte und bei allen technischen Fragen unterstützend wirkte.

ren. Auch unter den beschriebenen Bedingungen erwies sich die Akquise als ausgesprochen mühsam und langwierig.

Für die Dauer der Durchführung wurden etwa 1,5 Stunden anvisiert. Das Vorgehen (Einführung, Begleitung, Unterstützung bei technischen Problemen) erfolgte standardisiert. Die Beantwortung der Fragen erfolgte grundsätzlich direkt am Computer, es gab keine Zeitbeschränkung und die Videosequenzen konnten beliebig oft abgespielt werden. Bei Bedienungsproblemen konnten die ProbandInnen die MitarbeiterInnen um Unterstützung bitten. Für den Fall von Problemen mit dem Programm stand zusätzlich eine PowerPoint-Version zur Verfügung. Zudem wären im Falle ausgeprägter Vorbehalte der Befragten auch handschriftliche Aufzeichnungen möglich gewesen (vgl. Kersting, 2008).

Da zur technischen Unterstützung bei der Durchführung vor Ort immer MitarbeiterInnen von AnschlussM zugegen waren, konnte die eigentliche Erhebung zunächst nicht anonym erfolgen. Anschließend wurden die Daten jedoch anonymisiert gespeichert, so dass bereits in der Phase der Datenauswertung keine Zuordnung zu Personen mehr möglich war.

7.3 Beschreibung der Stichprobe

Anne Levin

Insgesamt konnten 161 ProbandInnen gewonnen werden, die sich entsprechend Tab. 7-2 auf die zwei Bundesländer Bremen und Baden-Württemberg sowie die beiden Berufsgruppen ErzieherInnen und GrundschullehrerInnen aufschlüsseln lassen.

Tabelle 7-2: Verteilung der Stichprobe nach Professionen (n = 161)

	ErzieherInnen	GrundschullehrerInnen	Total
Bremen	24	21	45
Baden-Württemberg	58	58	116
Total	82	79	161

Da nicht alle LehrerInnen eine Angabe bezüglich des Mathematikstudiums machten, reduziert sich die Zahl der TeilnehmerInnen auf 123, sobald drei Berufsgruppen (ErzieherInnen, LehrerInnen ohne Mathematikstudium, LehrerInnen mit Mathematikstudium) betrachtet werden (Tab. 7-3). Von den 41 LehrerInnen, über die Daten zum Studium vorliegen, haben 21 Mathematik studiert, davon 15 als Hauptfach und sechs als Nebenfach.

Tabelle 7-3: Verteilung der Stichprobe nach Ausbildung (n = 123)

	ErzieherInnen	GrundschullehrerInnen ohne Mathematikstudium	GrundschullehrerInnen mit Mathematikstudium	Total
Bremen	24	5	5	34
Baden-Württemberg	58	15	16	89
Total	82	20	21	123

Auch wenn die Stichprobe der computergestützten Erhebung ursprünglich als Teil-stichprobe der Fragebogenuntersuchung angelegt war und die jeweiligen Erhebungen über einen individuellen Code miteinander verknüpft werden sollten (Matchen bei-der Stichproben), gelang dies nicht in allen Fällen, so dass letztlich nur von 95 Per-sonen zwei einander ergänzende Datensätze aus beiden Untersuchungen existieren (Tab. 7-4).

Tabelle 7-4: Verteilung der Stichprobe nach Ausbildung (gematcht, n = 95)

	ErzieherInnen	GrundschullehrerInnen ohne Mathematikstudium	GrundschullehrerInnen mit Mathematikstudium	Total
Bremen	20	5	5	30
Baden-Württemberg	34	15	16	65
Total	54	20	21	95

Da weiterführende Angaben (wie Alter und Berufserfahrung oder Angaben zum Stadtteil bzw. zur Gemeinde, in der die Einrichtung sich befindet) ausschließlich mit-tels Fragebogen erfasst wurden, liegen auch nur von diesen 95 ErzieherInnen und LehrerInnen entsprechende Daten vor. Auf diese Teilstichprobe beziehen sich die fol-genden Ausführungen; eine niedrigere Anzahl erklärt sich dadurch, dass einige Teil-nehmerInnen einzelne Fragen nicht beantworteten.

Hinsichtlich des Merkmals Alter dominieren die hohen Altersgruppen sowohl bei den ErzieherInnen als auch (in noch stärkerem Maße) bei den LehrerInnen – min-destens die Hälfte ist jeweils 50 Jahre oder älter (Tab. 7-5). Dies spiegelt zum einen die demographische Situation dieser Berufsgruppen wider, kann aber auch daran lie-gen, dass bei den älteren LehrerInnen und ErzieherInnen eine höhere Bereitschaft zur Teilnahme vorhanden war. Während bei den ErzieherInnen auch die untere Al-tersgruppe (20–29 Jahre) relativ stark vertreten ist, fällt die Verteilung bei den Leh-rerInnen bis 49 Jahre gleichmäßiger aus. Die durchschnittliche Berufserfahrung be-trägt bei den ErzieherInnen 16,7 Jahre (s = 11.7) und bei den LehrerInnen 18,6 Jahre (s = 12.4). Der Anteil männlicher Erzieher ist mit drei Personen (5,6%) erwartungs-gemäß niedrig; gleiches gilt für den Anteil männlicher Lehrer mit fünf Personen (9,6%).

Tabelle 7-5:   Verteilung der Gesamtstichprobe nach Altersgruppen (n = 87)

Alter	ErzieherInnen Anzahl der ProbandInnen (in Klammern in %)	LehrerInnen Anzahl der ProbandInnen (in Klammern in %)
Bis 19 Jahre	0 (0%)	0 (0%)
20–29 Jahre	10 (21,7%)	5 (12,2%)
30–39 Jahre	4 (8,7%)	8 (19,5%)
40–49 Jahre	9 (19,6%)	7 (17,0%)
50–59 Jahre	21 (45,7%)	18 (44,0%)
60 Jahre und älter	2 (4,3%)	3 (7,3%)
Gesamt	46 (100%)	41 (100%)

Die Verteilung der Bremer Stichprobe auf die durch Sozialstufen charakterisierten Stadtteile ist relativ ausgeglichen, wobei die belasteten Stadtteile leicht überrepräsentiert sind (Tab. 7-6). In Baden-Württemberg ist die Stichprobe – bezogen auf das Merkmal Stadt/Land – hingegen im Bereich der Großstädte unterrepräsentiert (Tab. 7-7).

Tabelle 7-6:   Verteilung der Stichprobe aus Bremen auf die nach Sozialstufen charakterisierten Stadtteile (n = 29)

	Häufigkeit	Gültige Prozente
Unbelastet	3	10,3
Wenig belastet	8	27,6
Mittel belastet	7	24,1
Belastet	11	37,9
Gesamt	29	100,0

Tabelle 7-7:   Verteilung der Stichprobe aus Baden-Württemberg nach Einwohnerzahl der Gemeinde (n = 58)

	Häufigkeit	Gültige Prozente
Bis 1.000 EinwohnerInnen	3	5,2
Über 1.000 bis 5.000 EinwohnerInnen	14	24,1
Über 5.000 bis 10.000 EinwohnerInnen	8	13,8
Über 10.000 bis 100.000 EinwohnerInnen	27	46,6
Mehr als 100.000 EinwohnerInnen	6	10,3
Gesamt	58	100

Zwei Drittel der ErzieherInnen verfügt über einen Fachschulabschluss, insgesamt acht ErzieherInnen verfügen über einen Hochschulabschluss (Tabelle 7-8). Etwa 40% der ErzieherInnen (23) sind als Gruppenleitung tätig, eine ErzieherIn als stellvertretende Einrichtungsleitung und sieben als Einrichtungsleitung. Acht ErzieherInnen verantworten gruppenübergreifende Tätigkeiten (z. B. Konzeptentwicklung), vier davon waren EinrichtungsleiterInnen. Insgesamt sind demnach ErzieherInnen mit Leitungsfunktion überdurchschnittlich in der Stichprobe vertreten.

Tabelle 7-8: Verteilung der Stichprobe auf die berufsqualifizierenden Abschlüsse der ErzieherInnen (n = 40)

Abschluss	Anzahl der ErzieherInnen (in Klammern in %)
Sozialassistentenausbildung	1 (2,5%)
2-jähriger Fachschulabschluss	12 (30,0%)
3-jähriger Fachschulabschluss	19 (47,5%)
Diplomstudiengang FH	3 (7,5%)
Diplomstudiengang PH	1 (2,5%)
Bachelor	1 (2,5%)
Master	3 (7,5%)
Gesamt	40 (100%)

In der Stichprobe der LehrerInnen sind neun SchulleiterInnen, womit auch hier Leitungspositionen überrepräsentiert sind. Weiter arbeiteten 26 der 43 TeilnehmerInnen, die dieses Item beantworteten, als KlassenlehrerInnen und eine Teilnehmerin absolvierte gerade das Referendariat.

19 von 46 ErzieherInnen gaben an, eine mathematische Fortbildung besucht zu haben; acht ErzieherInnen machten keine Angabe zu dieser Frage. Bei den LehrerInnen war dieser Anteil mit zwei Drittel deutlich höher (27 von 41; 65,9 %).

Naheliegend ist die Vermutung, dass Unterschiede zwischen LehrerInnen und ErzieherInnen in den TBA-Ergebnissen von einer *mangelnden Vertrautheit der ErzieherInnen mit dem Computer* herrühren, die sich in einer niedrigeren Schreibgeschwindigkeit und damit verbunden kürzeren Antworten niederschlägt. Deshalb wurde von einer randomisierten Teilstichprobe (n = 58) die Anzahl der Zeichen inklusive Leerzeichen der geschriebenen Texte erhoben und zwischen den Gruppen verglichen: Die ErzieherInnen unterschieden sich in der Textproduktion allerdings nicht von den LehrerInnen (t-Test, $T(57) = .25$; $p > .10$). Dies ist insofern bedeutsam, als sich signifikante Zusammenhänge zwischen Quantität und Qualität derart zeigen lassen, dass eine höhere Anzahl von Zeichen mit einer höheren Qualität sowohl hinsichtlich des Erkennens des mathematischen Potentials einer Situation ($r = .66$; $p < .001$) als auch des Aufgreifens mathematischer Aktivitäten von Kindern einhergeht ($r = .66$; $p < .001$).

7.4 Kodier- und Ratingverfahren

Anne Levin, Gerald Wittmann, Dagmar Bönig & Stephanie Schuler

Von allen TeilnehmerInnen liegen jeweils 20 Freitextantworten vor (vgl. den Überblick in Tab. 7-1), aus denen mittels Kodier- bzw. Ratingverfahren quantitative Daten extrahiert werden müssen. Insgesamt ergeben sich hierdurch zehn Variablen (Tab. 7-9).

Tabelle 7-9:   Mittels Kodieren bzw. Raten erzeugte Variablen

Erkennen des mathematischen Potenzials der Situation (7 Items, Cronbachs α = .80)	Wertebereich: 0 bis 3
Aufgreifen von Aktivitäten der Kinder (9 Items, Cronbachs α = .78)	Wertebereich: 0 bis 3
Förderung allgemeiner mathematischer Kompetenzen (4 Items, keine Skalenbildung)	
Sinnvolles Nennen von Zählen als Aktivität der Kinder (Häufigkeit über alle 20 Antworten)	Wertebereich: 0 bis 20
Nicht sinnvolles Nennen von Zählen als Aktivität der Kinder (Häufigkeit über alle 20 Antworten)	Wertebereich: 0 bis 20
Sinnvolles Ansprechen der Leitidee „Zahlen und Operationen" (Häufigkeit über 18 Antworten)	Wertebereich: 0 bis 18
Sinnvolles Ansprechen der Leitidee „Muster und Strukturen" (Häufigkeit über 18 Antworten)	Wertebereich: 0 bis 18
Sinnvolles Ansprechen der Leitidee „Raum und Form" (Häufigkeit über 18 Antworten)	Wertebereich: 0 bis 18
Sinnvolles Ansprechen der Leitidee „Größen und Messen" (Häufigkeit über 18 Antworten)	Wertebereich: 0 bis 18
Sinnvolles Ansprechen der Leitidee „Daten, Häufigkeit und Wahrscheinlichkeit" (Häufigkeit über 18 Antworten)	Wertebereich: 0 bis 18

Zunächst werden alle Antworten auf einer vierstufigen Skala von 0 bis 3 geratet. Hierzu liegt ein *allgemeines Ratingschema* vor (Tab. 7-10), das jeweils vorab für die betreffenden Vignetten konkretisiert und im Laufe des Ratings ergänzt wurde (Tab. 7-11). Den *Referenzrahmen* für das Ratingschema bildet eine Darstellung zu erwartender sinnvoller (und zur Abgrenzung auch nicht sinnvoller) intendierter Handlungen der pädagogischen Fachkräfte. Hinter dem Referenzrahmen steht die in Kapitel 7.1 explizierte Auffassung von mathematischer Bildung im Kindergarten und im Anfangsunterricht, die von einer starken Lernorientierung auch schon im Kindergarten geprägt ist und eine gezielte Lernbegleitung als sinnvoll und sogar notwendig erachtet. Diese Form des Ratens kann als hochinferent eingeordnet werden (vgl. Hugener et al., 2006), weil es um eine inhaltliche Analyse von Antworten geht.

Tabelle 7-10: Allgemeines Ratingschema zur Variable Aufgreifen von Aktivitäten der Kinder

Kode	Beschreibung
0	Kein sinnvolles oder kein mathematikbezogenes Handeln • Intendiertes Handeln hat keinen Bezug zu mathematischen Lehr-Lern-Prozessen (z. B. ausschließlich allgemeinpädagogisch oder beziehungsorientiert) • Beschriebenes Handeln ist zwar mathematikbezogen, aber in Bezug auf die beschriebene Situation unpassend • Kein Bezug zur gegebenen Situation • Kernaspekte der Situation (z. B. Fehler eines Kindes) werden nicht angesprochen.
1	Ansatzweise sinnvolles Handeln • Beschriebenes Handeln hat einen Bezug zu mathematischen Lehr-Lern-Prozessen • Bezug zur gegebenen Situation ist erkennbar • Beschriebenes Handeln trifft die gegebene Situation zumindest teilweise • Beschriebenes Handelns ist ansatzweise mathematikdidaktisch sinnvoll
2	Sinnvolles Handeln • Umfassende Beschreibung des Handelns • Klarer Bezug zur gegebenen Situation • Beschriebenes Handeln trifft die Situation genau • Beschriebenes Handelns ist mathematikdidaktisch sinnvoll
3	Sinnvolles Handeln, Beschreibung auf substanziellem Niveau • Umfassende und mehrperspektivische Beschreibung des Handelns • Ausführen mehrerer Aspekte • Beschreibung sinnvoller Alternativen • Antizipation möglicher Reaktionen des Kindes

Tabelle 7-11: Konkretisiertes Ratingschema zur Variable „Aufgreifen von Aktivitäten der Kinder" am Beispiel der Videovignette „Türme aus Duplo-Steinen"[16]

Kode	Ankerbeispiel mit Begründung der Einordnung
0	Ich würde dem Kind sagen, dass er das gut gesehen hat, dass er einen Turm doppelt gebaut hat. *Begründung der Einordnung:* Ausschließliches Loben und Bestärken des Kindes, kein weiterführender Impuls. Der zentrale Aspekt, dass es sechs Lösungen gibt und nicht nur drei, wird nicht angesprochen. Ich würde ein anderes Kind zur Unterstützung hinzuziehen. *Begründung der Einordnung:* Es wird nicht weiter ausgeführt, in welcher Weise das andere Kind unterstützend wirken könnte. Der zentrale Aspekt wird nicht angesprochen. Ich würde das Kind bitten, den letzten Turm noch einmal zu bauen und dann noch einmal zu vergleichen. Ich würde das Kind bitten, die Türme noch einmal hinzulegen, auseinanderzuschieben und dann zu vergleichen. Ich würde das Kind loben. *Begründung der Einordnung:* Das Kind hat seinen zwischenzeitlichen „Fehler", das doppelte Bauen eines Turmes, bereits selbst erkannt, weshalb es nicht sinnvoll ist, nochmals darauf hinzuweisen. Der zentrale Aspekt wird nicht angesprochen.
1	Diese beiden Türme sind gleich. Gibt es noch einen anderen Turm, der mit einem gelben Stein beginnt? *Begründung der Einordnung:* Der zentrale Aspekt wird angesprochen. Der genannte Impuls ist sinnvoll, wird jedoch nicht weiter ausgeführt.

---

16 Um die Lesbarkeit zu erleichtern, wurden Rechtschreibfehler und sprachliche Besonderheiten (z. B. durchgängige Kleinschreibung) korrigiert.

2	Ich würde den Tipp geben, dass es z.B. noch einmal versuchen kann, den vierten Versuch minimal zu ändern. Oder man könnte darauf hinweisen, dass es nur einmal den grünen Stein unten hat und dass es noch eine andere Möglichkeit geben könnte, einen Turm von unten mit grün aufzubauen usw. *Begründung der Einordnung:* Anregung zur weiteren Auseinandersetzung wird gegeben, ein sinnvoller, fachlicher Impuls. Ich würde das Kind fragen, wie es vorgegangen ist. Ich würde dem Kind vorschlagen, die beiden unteren Steine zu tauschen und dann noch mal zu schauen. Gibt es vielleicht doch noch mehr Möglichkeiten? Dann würde ich mit dem Kind gemeinsam überprüfen, ob wirklich alle Türme unterschiedlich sind. Mein Vorschlag wäre, das Ganze nun mit vier verschiedenen Farben auszuprobieren, und das Kind zu fragen, ob es schon eine Vorstellung davon hat, wie viele Türme sich nun ergeben. (Das wird vermutlich aber zu viel verlangt sein.) *Begründung der Einordnung:* Sowohl der diagnostische Ansatz als auch der beschriebene Impuls sind sinnvoll. Ein sechsjähriges Kind vorab danach zu fragen, wie viele Kombinationen sich bei vier Farben ergeben, ist jedoch nicht sinnvoll. Ich würde das Kind erst mal erklären lassen, warum es alle Möglichkeiten hat. Dann könnte es seine, für sich momentan einsichtige Lösung erklären. Es würde vielleicht begründen, dass jede Farbe einmal oben, einmal in der Mitte und einmal unten ist und es deswegen keine anderen Türme mehr geben kann! Es kann seine Strategien aber erweitern und so zur Anzahl 6 kommen! *Begründung der Einordnung:* Diagnostische Aspekte stehen im Vordergrund. Mögliche Antworten des Kindes werden antizipiert, es fehlen aber weiterführende Impulse.
3	Ich würde das Kind fragen, ob es der Meinung ist, dass es alle möglichen Türme hat und wie es darauf kommt. Anschließend würde ich mir die Türme mit ihm genau anschauen. Dann würde ich ihn fragen, ob ich die Türme anders anordnen dürfte, um so darauf zu kommen, dass beispielsweise der rote Stein zweimal in der Mitte anzutreffen ist, der gelbe und grüne jedoch jeweils nur einmal. Ich würde das Kind fragen, ob es eine Idee hat, wieso das so ist, bzw. ob es eine Idee hat, wie auch der grüne und der gelbe Stein jeweils zweimal in der Mitte auftauchen. Wenn das Kind auf die Kombinationen gekommen ist und es nicht von alleine weiter kommt, könnte man es fragen, ob er das auch bei den anderen Plätzen, nämlich oben und unten, untersuchen kann. Anschließend kann man, je nach Interesse des Kindes, auch noch weitere Türme aus einer anderen Anzahl von Steinen bauen. *Begründung der Einordnung:* Umfassende, mehrschrittige Darstellung des intendierten Handelns.

Weil die Ratingschemata für alle zwanzig Antworten identisch sind und als gleichabständig interpretiert werden können, wurden die Daten anschließend zu Skalen zusammengefasst. Auch wenn dieses Vorgehen nicht unkritisch ist, erlaubt doch erst die Aggregierung der Einzeldaten zu Skalen einen fundierten Vergleich der Qualität des intendierten Handelns der Testpersonen. Auf diese Weise lassen sich zwei Variablen gewinnen, die jeweils Werte von 0 bis 3 annehmen können:

- Erkennen des mathematisches Potenzials der Situation (7 Items, Cronbachs α = .80)
- Aufgreifen von Aktivitäten der Kinder (9 Items, Cronbachs α = .78)

Die Reliabilität der gebildeten Skalen kann damit als gut bezeichnet werden. Auch die Trennschärfen liegen im zufriedenstellenden Bereich (zwischen .3 und .6). Beide Skalen korrelieren miteinander (Kendalls τ = .61; $p < .001$). Sie sind erwartungsgemäß nicht unabhängig, da das Erkennen des mathematischen Potenzials einer Situation eine wesentliche Voraussetzung dafür ist, um die Aktivitäten der Kinder in mathematikdidaktisch adäquater Weise aufgreifen zu können.

In Bezug auf das intendierte Handeln zur Förderung allgemeiner mathematischer Kompetenzen war keine Skalenbildung möglich, stattdessen musste die Auswertung auf Itemebene erfolgen (s. Kap. 8.2). Hierfür gibt es verschiedene Ursachen: Die Normalverteilung der Daten war nicht gegeben, es zeigten sich Bodeneffekte (s. Tab. 8-18), die einzelnen Kompetenzen ließen sich den Videosequenzen nicht trennscharf zuordnen (weil allgemeine mathematische Kompetenzen immer im Verbund auftreten und nie isoliert) und die Anzahl der Situationen war mit vier zu gering (aus Zeitgründen wurde das intendierte Handeln zur Förderung allgemeiner mathematischer Kompetenzen nur mittels vier Videovignetten erhoben; Tab. 7-1).

Weiter wurden 18 der 20 Antworten danach dichotom kodiert, welche der fünf inhaltsbezogenen Leitideen gemäß KMK (2004a) in sinnvoller Weise angesprochen werden (0: kein Ansprechen oder Ansprechen in nicht sinnvoller Weise; 1: Ansprechen in sinnvoller Weise)[17]. Dieses *sinnvolle Ansprechen* kann auch implizit erfolgen, etwa durch das Beschreiben einer entsprechenden Aktivität der Kinder oder eines in diese Richtung führenden Impulses. Ein *nicht sinnvolles Ansprechen* wurde nicht erfasst. Durch das Aufsummieren der Kodierungen lassen sich fünf metrisch skalierte Variablen berechnen, die jeweils ganzzahlige Werte von 0 bis 18 annehmen können. Sie geben an, bei wie vielen Antworten die ErzieherInnen oder LehrerInnen die jeweilige Leitidee in sinnvoller Weise angesprochen haben.

Ergänzend hierzu wurden alle 20 Antworten danach kodiert, in welcher Weise dort das Zählen als anzuregende oder zu unterstützende Aktivität der Kinder erwähnt wird (Tab. 7-10). Hierbei sind zwei Fälle zu unterscheiden:

- Das Zählen wird als Aktivität der Kinder genannt und ist *situativ passend*, weil es das Potenzial der vorgegebenen Situation oder bereits stattgefundene Aktivitäten der Kinder in organischer Weise aufgreift.
- Das Zählen wird als Aktivität der Kinder genannt, ist aber in der vorgegebenen Situation *deplatziert und damit nicht sinnvoll*, weil die beschriebenen Zählaktivitäten nicht zur Situation passen oder sogar davon wegführen. (Dies ist beispielsweise dann der Fall, wenn bei dem Item „Muggelsteine" der Impuls gegeben wird, alle Muggelsteine auf den Tisch zu schütten und ihre Anzahl durch Zählen zu ermitteln, obwohl die zu begleitenden oder zu vertiefenden Aktivitäten der beiden beteiligten Kinder auf das Legen geometrischer Muster gerichtet sind; vgl. Abb. 7-1).

Dementsprechend umfasst die Kodierung drei Kategorien (0: Zählen wird nicht angesprochen; 1: Zählen wird in sinnvoller Weise angesprochen; 2: Zählen wird in nicht sinnvoller Weise angesprochen). Durch das Aufsummieren der Anzahl gleicher Kodierungen lassen sich zwei weitere metrisch skalierte Variable berechnen, die jeweils ganzzahlige Werte von 0 bis 20 annehmen können. Sie geben an, bei wie vielen Antworten die ErzieherInnen oder LehrerInnen das Zählen als Aktivität in sinnvoller oder nicht sinnvoller Weise genannt haben.

Alle Antworten wurden auch nach dahinter erkennbaren Lehr-Lern-Überzeugungen (Anleitung, Begleitung, weitgehend unbeeinflusstes Lernen; vgl. Schuler, 2013,

---

17 Nicht auf diese Weise kodiert wurden die beiden Antworten zur Videovignette „Türme aus Duplo-Steinen", da dort infolge der beiden gezielten Fragen ein sinnvolles Ansprechen anderer Leitideen als „Zahlen und Operationen" (elementare Kombinatorik) nicht möglich ist.

S. 65 f.) kodiert, um Zusammenhänge mit den in der Fragebogenerhebung ermittelten Überzeugungen herstellen zu können. Dieser Ansatz war aber nicht erfolgreich, weil sich keine statistisch zufriedenstellenden Skalen ergaben; zu viele Antworten ließen sich keiner der drei Kategorien zuordnen. Die Kodierung konnte jedoch im Rahmen einer qualitativen Auswertung genutzt werden (vgl. Kap. 8.3).

Die Ratingskalen und das Kodierschema wurden vorab anhand der Antworten aus der Pilotierung entwickelt und anhand von zwanzig Fällen der Untersuchung nochmals geprüft und überarbeitet. Dazu wurden zu jedem Item typische Antworten für die einzelnen Kategorien zusammengestellt. Die zwanzig Fälle, die zur Modifizierung des Rating- und Kodiermanuals dienten, wurden – auch um die zeitliche Konsistenz des Ratens und Kodierens sicherzustellen – am Ende nochmals ausgewertet.

Das eigentliche Raten und Kodieren erfolgte durch jeweils zwei fachkundige Personen. Diese bewerteten die Antworten zunächst unabhängig voneinander, um dann eventuelle Abweichungen zu diskutieren und eine gemeinsame Entscheidung zu treffen (konsensuales Kodieren, vgl. Bortz & Döring, 2006, S. 328). Die Interraterreliabilität liegt bei .88 (gemessen als relative Häufigkeit übereinstimmender Ratings bzw. Kodierungen) und kann als zufriedenstellend eingestuft werden.

8 Computergestützte Erhebung: Ergebnisse

Gerald Wittmann, Dagmar Bönig, Anne Levin & Stephanie Schuler

Anknüpfend an Kapitel 6.2, das die Ergebnisse der Fragebogenstudie zum deklarativen elementarmathematischen und mathematikdidaktischen Wissen pädagogischer Fachkräfte vorstellt, werden nun in Kapitel 8 die Ergebnisse der computergestützten Erhebung zum intendierten Handeln präsentiert (zu Methode und Durchführung s. Kap. 7). Das Kapitel gliedert sich in vier Abschnitte: Zunächst werden die Ergebnisse hinsichtlich der Förderung inhaltsbezogener Kompetenzen (Kap. 8.1) und allgemeiner mathematischer Kompetenzen (Kap. 8.2) dargestellt sowie die Ergebnisse der Fragebogenerhebung mit jener der computergestützten Erhebung zusammengeführt (Kap. 8.3). Abschließend erfolgt die Zusammenfassung und Diskussion der Ergebnisse (Kap. 8.4).

8.1 Förderung inhaltsbezogener Kompetenzen

Die Prüfung der Unterschiede zwischen den Professionen erfolgt auf der Grundlage einer einfaktoriellen Varianzanalyse, die als unabhängige Variable die drei Gruppen (ErzieherInnen versus GrundschullehrerInnen ohne Mathematikstudium versus GrundschullehrerInnen mit Mathematikstudium) berücksichtigt. Der Bundesländervergleich wird aufgrund der geringen Fallzahlen pro Zelle separat mittels t-Test durchgeführt.

Zunächst werden die beiden Konstrukte Erkennen des mathematischen Potenzials einer Situation und Aufgreifen von Aktivitäten der Kinder betrachtet, anschließend wird dargestellt, in welcher Breite dabei jeweils die Leitideen entsprechend den Bildungsstandards (KMK, 2004a) berücksichtigt werden.

Erkennen des mathematischen Potenzials einer Situation

Leitend für diese Analysen sind die beiden folgenden Hypothesen:

Hypothese B2: GrundschullehrerInnen mit Mathematikstudium können das mathematische Potenzial einer gegebenen Situation signifikant besser erkennen als GrundschullehrerInnen ohne Mathematikstudium und diese wiederum als ErzieherInnen.

Hypothese B8: Pädagogische Fachkräfte in Bremen unterscheiden sich von pädagogischen Fachkräften in Baden-Württemberg hinsichtlich ihres elementarmathematischen und mathematikdidaktischen Wissens.

Tabelle 8-1: Erkennen des mathematischen Potenzials einer Situation in Abhängigkeit von der Berufsgruppe (0 = nicht erkannt; 3 = mehrperspektivische Ausführung)

Profession	Bremen und Ba-Wü	Mittelwert (M)	Standardabweichung (SD)
ErzieherInnen	n = 82	0.79	.45
LehrerInnen ohne M.studium	n = 20	0.82	.55
LehrerInnen mit M.studium	n = 21	1.23	.55
Gesamt	n = 123	0.88	.52

Tabelle 8-2: Effekt der Zugehörigkeit zur Profession auf das Erkennen des mathematischen Potenzials einer Situation (n = 123)

Quelle der Varianz	df	F[a]	Sig.	Eta-Quadrat
Profession (P)	2	8.65***	.00	.13
Fehler innerhalb der Gruppen	120	(.24)		

[a] Einfaktorielle Varianzanalyse, *p < .05; **p < .0.01; ***p < .001.

GrundschullehrerInnen mit Mathematikstudium erkennen im Vergleich zu GrundschullehrerInnen ohne Mathematikstudium und ErzieherInnen deutlich besser das mathematische Potenzial einer vorgegebenen Situation (Tab. 8-1 und 8-2); der Scheffé-Test zeigt zwei Gruppen (GrundschullehrerInnen mit Mathematikstudium versus GrundschullehrerInnen ohne Mathematikstudium und ErzieherInnen; mittlerer Effekt: η^2 = .13). Infolgedessen kann Hypothese B2 nur teilweise bestätigt werden. Denn anders als beim deklarativen Wissen (vgl. Kap. 6.1) zeigt sich kein signifikanter Vorsprung der LehrerInnen ohne Mathematikstudium vor den ErzieherInnen.

Bezüglich der Bundesländer zeigen sich keine Unterschiede (zweiseitiger t-Test; T (122) = −.67; p > .10). Hypothese B8 kann deshalb bezüglich des Erkennens des mathematischen Potenzials einer Situation nicht bestätigt werden.

Die Qualität der Antworten (bezogen auf die vierstufige Ratingskala) ist insgesamt eher niedrig. Das bedeutet, dass das von den Experten vorab ermittelte mathematische Potenzial der ausgewählten Situationen von den pädagogischen Fachkräften im Mittel nur ansatzweise erkannt wird. Zudem ist die Streuung auch innerhalb der Professionen groß.

Aufgreifen von Aktivitäten der Kinder

Die Analysen beziehen sich auf diese beiden Hypothesen:

Hypothese B3: GrundschullehrerInnen mit Mathematikstudium können die Aktivitäten von Kindern in mathematikdidaktisch adäquater Weise signifikant besser aufgreifen als GrundschullehrerInnen ohne Mathematikstudium und diese wiederum als ErzieherInnen.

Hypothese B8: Pädagogische Fachkräfte in Bremen unterscheiden sich von pädagogischen Fachkräften in Baden-Württemberg hinsichtlich ihres elementarmathematischen und mathematikdidaktischen Wissens.

Erwartungsgemäß zeigen sich Unterschiede zwischen den Professionen: Die Qualität der vorgeschlagenen Maßnahmen ist bei GrundschullehrerInnen mit Mathematikstudium signifikant höher als bei GrundschullehrerInnen ohne Mathematikstudium und ErzieherInnen (Tab. 8-3 und 8-4); der Scheffé-Test zeigt zwei Gruppen (GrundschullehrerInnen mit Mathematikstudium versus GrundschullehrerInnen ohne Mathematikstudium und ErzieherInnen; großer Effekt: $\eta^2 = .25$). Hypothese B3 kann nur teilweise angenommen werden, weil sich keine signifikanten Unterschiede zwischen LehrerInnen ohne Mathematikstudium und ErzieherInnen ergeben.

Zwischen den Bundesländern liegen keine signifikanten Unterschiede vor (zweiseitiger t-Test; $T(122) = .14$; $p > .10$). Hypothese B8 ist also diesbezüglich abzulehnen.

Tabelle 8-3: Aufgreifen der Aktivitäten der Kinder in Abhängigkeit von der Zugehörigkeit zur Profession (0 = nicht sinnvolle Intervention oder kein Vorschlag; 3 = mehrperspektivische Ausführung)

Profession	Bremen und Ba-Wü	Mittelwert (M)	Standardabweichung (SD)
ErzieherInnen	n = 82	0.57	.37
LehrerInnen ohne M.studium	n = 20	0.58	.42
LehrerInnen mit M.studium	n = 21	1.15	.49
Gesamt	n = 123	0.68	.46

Tabelle 8-4: Effekt der Zugehörigkeit zur Profession auf das Aufgreifen der Aktivitäten der Kinder (n = 123)

Quelle der Varianz	df	F[a,b]	Sig.	Eta-Quadrat
Profession (P)	2	19.69**	.00	.25
Fehler innerhalb der Gruppen	120	(.16)		

[a] Einfaktorielle Varianzanalyse, *p < .05; **p < .0.01; ***p < .001.
[b] Varianzen nicht homogen, daher Adjustierung des Signifikanzniveaus, *p < .01; **p < .001.

Die insgesamt sehr niedrigen Ratingwerte sind ein Indikator dafür, dass auch hier – und zwar noch deutlicher als beim Erkennen des mathematischen Potenzials der jeweiligen Situation – die Antworten im Mittel weit unter den vorab festgestellten Möglichkeiten bleiben. Während das Erkennen des mathematischen Potenzials der jeweiligen Situation in erster Linie elementarmathematisches und mathematikdidaktisches Wissen anspricht, erfordert das Aufgreifen der Aktivitäten der Kinder darüber hinaus eine klare Situationswahrnehmung sowie das Wissen um entsprechende Handlungsoptionen. Weiter spielen hier Überzeugungen eine gewichtige Rolle. So ist beispielsweise die Frage, ob eine ErzieherIn oder LehrerIn in einer bestimmten Situation überhaupt eingreifen will, entscheidend für die mathematikdidaktische Qualität der Antwort (vgl. Kap. 4.1 und 8.3). Die hohe Standardabweichung verweist darauf, dass die mathematikdidaktische Qualität der gegebenen Antworten wiederum sowohl in der Gesamtstichprobe als auch innerhalb der Professionen sehr unterschiedlich ausfällt.

Ansprechen der Leitideen

Die beiden Hypothesen gehen davon aus, dass es einerseits Leitideen gibt, die pädagogische Fachkräfte auch intuitiv, d. h. ohne einschlägige Ausbildung, ansprechen und andererseits Leitideen, die mit einer entsprechenden Ausbildung verstärkt angesprochen werden.

Hypothese B4: GrundschullehrerInnen (unabhängig von einem Mathematikstudium) und ErzieherInnen unterscheiden sich nicht hinsichtlich des Ansprechens der Leitideen „Zahlen und Operationen" oder „Größen und Messen" in gegebenen Situationen.

Hypothese B5: GrundschullehrerInnen mit Mathematikstudium sprechen die Leitideen „Muster und Strukturen", „Raum und Form" sowie „Daten, Häufigkeit und Wahrscheinlichkeit" signifikant häufiger an als GrundschullehrerInnen ohne Mathematikstudium und diese wiederum als ErzieherInnen.

Das Ansprechen einer Leitidee muss hierbei nicht explizit erfolgen, sondern geschieht in den Antworten implizit, etwa beim Beschreiben des mathematischen Potenzials oder durch das Nennen von Aktivitäten der Kinder, die angeregt werden sollen. Die entsprechenden Variablen sind also das Ergebnis einer Kodierung.

Die drei Gruppen unterscheiden sich nicht darin, wie oft sie in ihren Antworten die drei Leitideen „Zahlen und Operationen", „Raum und Form" sowie „Größen und Messen" sinnvoll ansprechen (Tab. 8-5 bis 8-10). Anders verhält es sich in Bezug auf die beiden Leitideen „Muster und Strukturen" sowie „Daten, Häufigkeit und Wahrscheinlichkeit":

- Die Leitidee „Muster und Strukturen" wird von den LehrerInnen (unabhängig von einem Mathematikstudium) signifikant häufiger sinnvoll angesprochen als von den ErzieherInnen (Tab. 8-11 und 8-12; der Scheffé-Test zeigt zwei Gruppen; großer Effekt; $\eta^2 = .16$).
- Die Leitidee „Daten, Häufigkeit und Wahrscheinlichkeit" wird von den LehrerInnen mit Mathematikstudium signifikant häufiger sinnvoll angesprochen als von den ErzieherInnen und den LehrerInnen ohne Mathematikstudium (Tab. 8-13 und 8-14; Scheffé-Test zeigt zwei Gruppen; großer Effekt: $\eta^2 = .17$).

Tabelle 8-5: Sinnvolles Ansprechen der Leitidee „Zahlen und Operationen" (Anzahl der Antworten)

Profession	Bremen und Ba-Wü	Mittelwert (M)	Standardabweichung (SD)
ErzieherInnen	n = 82	7.31	2.34
LehrerInnen ohne M.studium	n = 20	6.35	1.63
LehrerInnen mit M.studium	n = 21	8.10	1.64
Gesamt	n = 123	7.28	2.18

Tabelle 8-6: Effekt der Zugehörigkeit zur Profession auf das sinnvolle Ansprechen der Leitidee „Zahlen und Operationen" (n = 123)

Quelle der Varianz	df	$F^{a,b}$	Sig.	Eta-Quadrat
Profession (P)	2	3.43	.04	.05
Fehler innerhalb der Gruppen	120	(6.02)		

[a] Einfaktorielle Varianzanalyse, *p < .05; **p < .0.01; ***p < .001.
[b] Varianzen nicht homogen, daher Adjustierung des Signifikanzniveaus, *p < .01; **p < .001.

Tabelle 8-7: Sinnvolles Ansprechen der Leitidee „Raum und Form" (Anzahl der Antworten)

Profession	Bremen und Ba-Wü	Mittelwert (M)	Standardabweichung (SD)
ErzieherInnen	n = 82	2.94	1.12
LehrerInnen ohne M.studium	n = 20	2.70	1.34
LehrerInnen mit M.studium	n = 21	3.33	.80
Gesamt	n = 123	2.97	1.00

Tabelle 8-8: Effekt der Zugehörigkeit zur Profession auf das sinnvolle Ansprechen der Leitidee „Raum und Form" (n = 123)

Quelle der Varianz	df	F^{a}	Sig.	Eta-Quadrat
Profession (P)	2	1.75	.18	.03
Fehler innerhalb der Gruppen	120	(1.23)		

[a] Einfaktorielle Varianzanalyse, *p < .05; **p < .0.01; ***p < .001.

Tabelle 8-9: Sinnvolles Ansprechen der Leitidee „Größen und Messen" (Anzahl der Antworten)

Profession	Bremen und Ba-Wü	Mittelwert (M)	Standardabweichung (SD)
ErzieherInnen	n = 82	2.50	.71
LehrerInnen ohne M.studium	n = 20	2.75	.64
LehrerInnen mit M.studium	n = 21	2.76	.44
Gesamt	n = 123	2.59	.66

Tabelle 8-10: Effekt der Zugehörigkeit zur Profession auf das sinnvolle Ansprechen der Leitidee „Größen und Messen" (n = 123)

Quelle der Varianz	Df	F[a,b]	Sig.	Eta-Quadrat
Profession (P)	2	2.07	.13	.03
Fehler innerhalb der Gruppen	120	(.43)		

[a] Einfaktorielle Varianzanalyse, *p < .05; **p < .0.01; ***p < .001.
[b] Varianzen nicht homogen, daher Adjustierung des Signifikanzniveaus, *p < .01; **p < .001.

Tabelle 8-11: Sinnvolles Ansprechen der Leitidee „Muster und Strukturen" (Anzahl der Antworten)

Profession	Bremen und Ba-Wü	Mittelwert (M)	Standardabweichung (SD)
ErzieherInnen	n = 82	2.26	.87
LehrerInnen ohne M.studium	n = 20	2.95	1.23
LehrerInnen mit M.studium	n = 21	3.19	.75
Gesamt	n = 123	2.53	1.00

Tabelle 8-12: Effekt der Zugehörigkeit zur Profession auf das sinnvolle Ansprechen der Leitidee „Muster und Strukturen" (n = 123)

Quelle der Varianz	Df	F[a]	Sig.	Eta-Quadrat
Profession (P)	2	11.10***	.00	.16
Fehler innerhalb der Gruppen	120	(.85)		

[a] Einfaktorielle Varianzanalyse, *p < .05; **p < .0.01; ***p < .001.

Tabelle 8-13: Sinnvolles Ansprechen der Leitidee „Daten, Häufigkeit und Wahrscheinlichkeit" (Anzahl der Antworten)

Profession	Bremen und Ba-Wü	Mittelwert (M)	Standardabweichung (SD)
ErzieherInnen	n = 82	1.68	.97
LehrerInnen ohne M.studium	n = 20	2.10	1.07
LehrerInnen mit M.studium	n = 21	2.81	.87
Gesamt	n = 123	1.94	1.05

Tabelle 8-14: Effekt der Zugehörigkeit zur Profession auf das sinnvolle Ansprechen der Leitidee „Daten, Häufigkeit und Wahrscheinlichkeit" (n = 123)

Quelle der Varianz	df	$F^{a,b}$	Sig.	Eta-Quadrat
Profession (P)	2	11.84	.00	.17
Fehler innerhalb der Gruppen	120	(.94)		

[a] Einfaktorielle Varianzanalyse, *p < .05; **p < .0.01; ***p < .001.
[b] Varianzen nicht homogen, daher Adjustierung des Signifikanzniveaus, *p < .01; **p < .001.

Beide Hypothesen können nur eingeschränkt angenommen werden. Warum die GrundschullehrerInnen ohne Mathematikstudium im statistischen Mittel einmal näher bei ihren KollegInnen mit Mathematikstudium und einmal näher bei den ErzieherInnen liegen, lässt sich nicht erklären.

Vertiefend wurde geprüft, in wie vielen Antworten die pädagogischen Fachkräfte Zählen als Aktivität der Kinder nennen, wobei eine sinnvolle und eine nicht sinnvolle Nennung unterschieden wird (Kap. 7.4). Zu vermuten ist, dass pädagogische Fachkräfte mit einer geringen mathematikdidaktischen Ausbildungstiefe (insbesondere also ErzieherInnen) sehr viel häufiger Zählen als anzuregende bzw. zu vertiefende Aktivität der Kinder nennen als jene mit einer substanziellen mathematikdidaktischen Ausbildung, unabhängig davon, ob das Zählen in der gegebenen Situation sinnvoll ist oder oder nicht.

ErzieherInnen und GrundschullehrerInnen mit Mathematikstudium unterscheiden sich signifikant von den GrundschullehrerInnen ohne Mathematikstudium derart, dass sie deutlich häufiger Zählen als Aktivität der Kinder in sinnvoller Weise nennen (Tab. 8-15 und 8-16); der Scheffé-Test zeigt zwei Gruppen (ErzieherInnen und GrundschullehrerInnen mit Mathematikstudium versus GrundschullehrerInnen ohne Mathematikstudium; mittlerer Effekt: η^2 = .09). Dieses Ergebnis korrespondiert mit dem sinnvollen Ansprechen der Leitidee „Zahlen und Operationen", wo sich dieselbe Rangfolge der Häufigkeiten ergibt (vgl. Tab. 8-5), wenngleich dort die Unterschiede nicht signifikant sind. Eine Erklärung für diese Rangfolge ist allerdings schwierig. Da die LehrerInnen mit Mathematikstudium über alle Bereiche die substanziellsten Antworten geben, ist es plausibel, dass sie von allen drei Gruppen auch die meisten sinnvollen Zählanlässe beschreiben. Berücksichtigt man bei den ErzieherInnen, dass diese insgesamt die schwächsten Antworten geben, lässt die relativ hohe

Anzahl der Nennungen von Zählen die Dominanz der Arithmetik in ihren Konzepten (vgl. Kap. 4.1.3) noch deutlicher hervortreten.

Tabelle 8-15: Durchschnittliche Anzahl sinnvoller Nennungen von Zählen als Aktivität (n = 123)

Profession	Bremen und Ba-Wü	Mittelwert (M)	Standardabweichung (SD)
ErzieherInnen	n = 82	4.30	1.95
LehrerInnen ohne M.studium	n = 20	2.85	1.87
LehrerInnen mit M.studium	n = 21	4.67	1.77
Gesamt	n = 123	4.13	1.98

Tabelle 8-16: Effekt der Zugehörigkeit zur Profession auf die Anzahl sinnvoller Nennungen von Zählen als Aktivität (n = 123)

Quelle der Varianz	df	F[a]	Sig.	Eta-Quadrat
Profession (P)	2	5.68	.01	.09
Fehler innerhalb der Gruppen	120	(3.64)		

[a] Einfaktorielle Varianzanalyse, *p < .05; **p < .01; ***p < .001.

In Bezug auf die Anzahl der nicht sinnvollen Nennungen lassen sich hingegen keine Unterschiede zwischen den beiden Professionen feststellen (Tab. 8.17; $F(2, 122) = 1.36$, $p < .05$). Hier zeigen sich ferner Bodeneffekte, d. h. entsprechende Antworten treten deutlich seltener auf, als vorab angenommen wurde.

Tabelle 8-17: Durchschnittliche Anzahl nicht sinnvoller Nennungen von Zählen als Aktivität (n = 123)

Profession	Bremen und Ba-Wü	Mittelwert (M)	Standardabweichung (SD)
ErzieherInnen	n = 82	.93	1.15
LehrerInnen ohne M.studium	n = 20	.50	.69
LehrerInnen mit M.studium	n = 21	.86	.79
Gesamt	n = 123	.84	1.03

8.2 Förderung allgemeiner mathematischer Kompetenzen

Die beiden zu prüfenden Hypothesen postulieren, dass in Bezug auf die Förderung allgemeiner mathematischer Kompetenzen das Niveau insgesamt niedrig ist, die drei Gruppen sich aber dennoch unterscheiden.

Hypothese B6: Sowohl GrundschullehrerInnen (unabhängig von einem Mathematikstudium) als auch ErzieherInnen können nur in geringem Maß in vorgegebenen Situationen allgemeine mathematische Kompetenzen fördern.

Hypothese B7: GrundschullehrerInnen mit Mathematikstudium können signifikant besser in vorgegebenen Situationen mathematikdidaktische Ideen zur Förderung allgemeiner mathematischer Kompetenzen entwickeln als GrundschullehrerInnen ohne Mathematikstudium und diese wiederum als ErzieherInnen.

Da in Bezug auf das intendierte Handeln zur Förderung allgemeiner mathematischer Kompetenzen keine Skalenbildung erfolgen konnte (s. Kap. 7.4), werden die Vergleiche der drei Berufsgruppen für jede der vier Videovignetten einzeln mit Hilfe des H-Tests nach Kruskal und Wallis durchgeführt. Um bei signifikanten Ergebnissen zu ermitteln, welche Gruppen sich jeweils signifikant voneinander unterscheiden, wird der U-Test von Mann und Whitney herangezogen.

Tabelle 8-18: Förderung allgemeiner mathematischer Kompetenzen in Abhängigkeit von der Profession

			Bauwerke aus Holzquadern	Punktebilder auf einen Blick	Türme aus Duplosteinen	Bohnen messen
			Kommunizieren, Argumentieren	Argumentieren	Argumentieren, Problemlösen	Darstellen
ErzieherInnen	n	gültig	82	82	82	82
		fehlend	1	1	1	1
	Median		.00	.00	.00	.00
	Modus		0	0	0	0
	Schiefe		1.541	1.336	3.001	.983
	Standardfehler der Schiefe		.266	.266	.266	.266
LehrerInnen ohne Mathematikstudium	n	gültig	20	20	20	20
		fehlend	1	1	1	1
	Median		.00	.50	.00	1.00
	Modus		0	0	0	0[a]
	Schiefe		1.283	.583	2.888	.549
	Standardfehler der Schiefe		.512	.512	.512	.512
LehrerInnen mit Mathematikstudium	n	gültig	21	21	21	21
		fehlend	0	0	0	0
	Median		1.00	1.00	.00	1.00
	Modus		0[a]	0	0	1
	Schiefe		1.593	.626	1.150	.806
	Standardfehler der Schiefe		.501	.501	.501	.501

[a] Mehrere Modi vorhanden. Der kleinste Wert wird angezeigt.

In Bezug auf die Gruppe der ErzieherInnen zeigen sich durchweg linkssteile Verteilungen (Abb. 8-1). Mit Ausnahme der vierten Videovignette („Bohnen messen"; Darstellen), wo etwas größere Unterschiede im Antwortverhalten zu erkennen sind, weisen die Antworten zu den anderen drei Videovignetten insgesamt nur wenige sinnvolle Vorschläge zur Förderung allgemeiner mathematischer Kompetenzen auf. Hier kann also ein Bodeneffekt unterstellt werden, was an den Vignetten liegen kann, aber auch an einem im unteren Bereich zu wenig fein auflösenden Ratingverfahren.

Für die LehrerInnen ergeben sich ähnliche Verteilungen (unabhängig davon, ob sie Mathematik studiert haben oder nicht), wenn auch nicht ganz so extrem (Abb. 8-1). Die Varianz ist diesmal bei den LehrerInnen etwas größer als bei den ErzieherInnen; zumeist finden sich die Antworten in zwei Kategorien annähernd gleichverteilt wieder. Auch für die LehrerInnen scheint es bezüglich der personalen Voraussetzungen zur Förderung allgemeiner mathematischer Kompetenzen durchaus noch Entwicklungspotenzial zu geben.

Ein Vergleich der drei Berufsgruppen ergibt zwei unterschiedliche Resultate:
- In ihrer Einschätzung der ersten beiden Videovignetten („Bauwerke aus Holzquadern"; Kommunizieren, Argumentieren; $\chi^2 = 5.82$, df = 2, p < .05; „Punktebilder auf einen Blick"; Argumentieren; $\chi^2 = 9.00$, df = 2; p < .05) unterscheiden sich die LehrerInnen signifikant von den ErzieherInnen. Der U-Test von Mann-Whitney bestätigt diese beiden Gruppen (Mann-Whitney-U = 2578.50, z = −2.62, p < .01 bzw. Mann-Whitney-U = 2003.00, z = −4.70, p < .001).
- Die Kodierung der Einschätzungen zu den beiden letzten Videovignetten zeigen einen hochsignifikanten Unterschied zwischen den LehrerInnen mit Mathematikstudium einerseits sowie ErzieherInnen und LehrerInnen ohne Mathematikstudium andererseits („Türme aus Duplo-Steinen"; Argumentieren, Problemlösen; $\chi^2 = 9.08$, df = 2; p < .05; „Bohnen messen"; Darstellen; $\chi^2 = 12.03$, df = 2; p < .01). Der U-Test von Mann-Whitney bestätigt diese beiden Gruppen (Mann-Whitney-U = 126.00, z = −2.45, p < .05 bzw. Mann-Whitney-U = 636.00, z = −2.79, p <. 01).

Warum die LehrerInnen ohne Mathematikstudium einmal mit ihren KollegInnen mit Mathematikstudium eine Gruppe bilden und einmal mit den ErzieherInnen, erschließt sich nicht auf Anhieb. Eine mögliche Erklärung lautet, dass bei den Vignetten „Bauwerke aus Holzquadern" (aus dem kommerziell erhältlichen Spiel „Make 'N' Break") und „Punktebilder auf einen Blick" eine – zumindest ansatzweise – Förderung allgemeiner mathematischer Kompetenzen auch auf der Basis situationsunabhängiger Routinen (Fragen nach Begründungen, Einbeziehen anderer Kinder, ...) gelingen kann. Für die anderen beiden Vignetten ist dagegen explizit elementarmathematisches Wissen notwendig („Türme aus Duplo-Steinen": elementare Kombinatorik; „Bohnen messen": korrektes Anlegen eines Meterstabs sowie als Hintergrundwissen die Längenbeziehung von Dreiecksseiten), weil ihnen typische Fehler zugrunde liegen. Wenn eine pädagogische Fachkraft diese Fehler nicht erkennt, weil sie nicht über das notwendige elementarmathematische Wissen verfügt, kann sie auch die diesbezüglichen allgemeinen mathematischen Kompetenzen nicht hinreichend fördern.

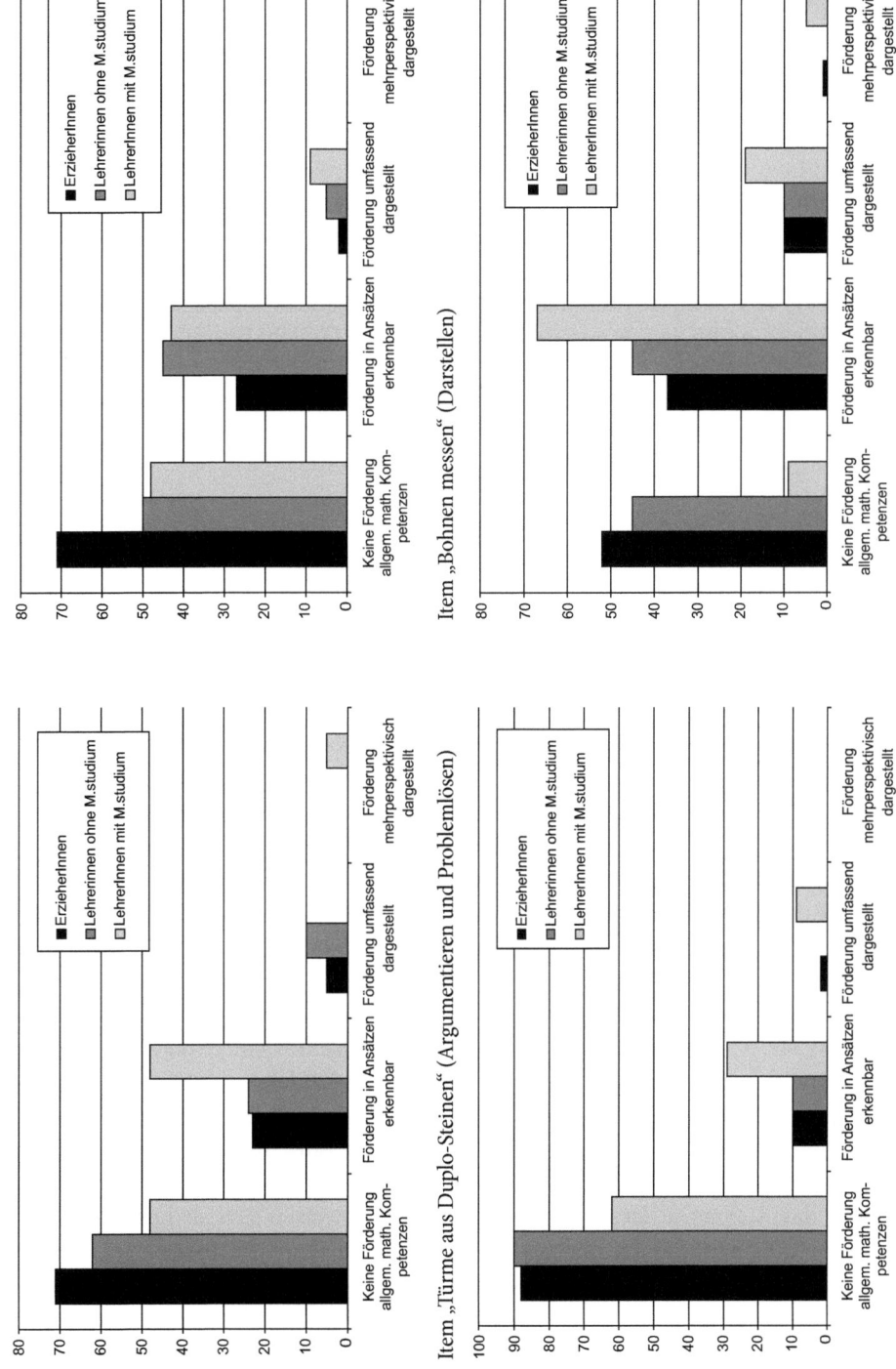

Abbildung 8-1: Förderung allgemeiner mathematischer Kompetenzen in Abhängigkeit von der Profession (Angaben in Prozent)

Fasst man die Ergebnisse zusammen, kann Hypothese B6 angenommen werden: Alle drei Berufsgruppen können nur in geringem Maße substanzielle Vorschläge zur Förderung allgemeiner mathematischer Kompetenzen machen. Dabei schneiden die ErzieherInnen allerdings noch etwas schlechter ab als die LehrerInnen. Deshalb kann Hypothese B7 teilweise bestätigt werden.

8.3 Einfluss von Überzeugungen und Professionswissen

Abschließend wird dargestellt, in welcher Weise mathematikbezogene Überzeugungen sowie das elementarmathematische und mathematikdidaktische Wissen von ErzieherInnen und LehrerInnen deren intendiertes Handeln beeinflussen.

Hypothese B9: Mathematikbezogene Überzeugungen beeinflussen als Hintergrundmerkmale das Erkennen des mathematischen Potenzials einer Situation und das Aufgreifen der Aktivitäten von Kindern.

Hypothese B10: Elementarmathematisches und mathematikdidaktisches Wissen beeinflusst als Hintergrundmerkmal das Erkennen des mathematischen Potenzials einer Situation und das Aufgreifen der Aktivitäten von Kindern.

Verknüpfung von Fragebogenerhebung und computergestützter Erhebung

Zur Prüfung beider Hypothesen werden die Ergebnisse des TBA mit jenen aus der Fragebogenstudie verknüpft und lineare Regressionsmodelle gerechnet. Dabei wird die gematchte Gesamtstichprobe (n = 95) betrachtet; eine Ausdifferenzierung nach Berufsgruppen oder Bundesländern ist aufgrund der relativ geringen Stichprobengröße nicht mehr möglich. Vielmehr interessieren grundsätzliche Aspekte der Struktur professioneller Kompetenz.

Für das *Erkennen des mathematischen Potenzials einer Situation* erweist sich lediglich eine schemaorientierte Überzeugung als Prädiktor: Eine geringere Schemaorientierung geht mit einer qualitätsvolleren Beschreibung des mathematischen Potenzials einher. R^2 liegt bei .12 (korrigiertes R^2 = .10; F(1,72) = 9.34; p < .01; standardisiertes Beta = .34). Schließt man in die Regressionsanalyse das entsprechend Hypothese B1 erhobene elementarmathematische und mathematikdidaktische Wissen ein (Wissensskala: standardisiertes Beta = .16; Schemaorientierung: standardisiertes Beta = .27), so verbessert sich die Vorhersage der Qualität der Einschätzung des mathematischen Potenzials leicht: R^2 liegt dann bei .14 (korrigiertes R^2 = .11; F(2, 72) = 61; p < .01).

Für das *Aufgreifen der Aktivitäten der Kinder* erweisen sich als bedeutsam:
- das mathematikdidaktische und elementarmathematische Wissen (ein umfangreicheres Wissen geht mit einem qualitativ besseren Aufgreifen einher; standardisiertes Beta = .39),
- die Schemaorientierung (eine geringere Schemaorientierung geht mit einem qualitativ besseren Aufgreifen einher; standardisiertes Beta = .14)

- und – eher am Rande – die Überzeugungen zum Lehren und Lernen im Kindergarten (eine stärker ausgeprägte ko-konstruktivistische Orientierung geht mit einem qualitativ besseren Aufgreifen einher; standardisiertes Beta = –.05; das R^2 liegt bei .24; korrigiertes R^2 = .21; F(3,72) = 7.30; p < .01).

Die Hypothesen B9 und B10 können also trotz der relativ kleinen Stichprobe als bestätigt gelten. Allerdings sind die Effekte nicht sehr groß. Damit zeigt sich auch in AnschlussM die Schwierigkeit, den allseits angenommenen Einfluss von Überzeugungen und Professionswissen auf das (intendierte) Handeln pädagogischer Fachkräfte testexperimentell abzubilden (vgl. Blömeke et al., 2014).

Qualitative Analyse der Antworten

Einen tieferen Einblick in den Zusammenhang von Überzeugungen und Professionswissen einerseits sowie intendiertem Handeln andererseits kann die qualitative Analyse der schriftlichen Antworten liefern. Alle im Folgenden dargestellten Beispiele beziehen sich auf das Aufgreifen der Aktivitäten der Kinder, konkret auf die erste Frage („Wie würden Sie in der beschriebenen Situation reagieren?") zur Videovignette „Türme aus Duplo-Steinen" (s. Tab. 7-1 und Abb. 7-2).

Zahlreiche pädagogische Fachkräfte erkannten hier nicht, dass es sechs und nicht – wie vom Jungen geäußert – nur drei mögliche Türme gibt, was als Indikator für *fehlendes elementarmathematisches Wissen* (konkret: kombinatorisches Wissen) gelten kann. Das Nicht-Erkennen der Lösungsanzahl kann nicht ohne Einfluss auf die Reaktion der pädagogischen Fachkraft bleiben, weil es die Lernbegleitung hin zum Finden aller Lösungen versperrt. Es schließt allerdings nicht aus, dass trotzdem punktuell sinnvolle Reaktionen erfolgen, etwa das Fragen nach einer Begründung. So zeigt sich ein breites Spektrum an Antworten, das von einer einfachen Bestätigung der falschen Lösung bis hin zum Anregen mathematischen Argumentierens (also allgemeiner mathematischer Kompetenzen) reicht, auch wenn dieses dem Begründen einer falschen Lösung dienen soll.[18]

- „Super gemacht! Du hast alle Möglichkeiten gefunden." (E-HB)
- „Ich würde das Kind in Ruhe noch viele weitere Türme bauen und vergleichen lassen, bis es selbst feststellt, dass nur drei Variationen möglich sind und dass es diese bereits gefunden hat." (L-BW)
- „Ich würde erstmal abwarten und dann, wenn das Kind es selbst entdeckt hat, dass es alle Möglichkeiten ausprobiert hat und gebaut hat, würde ich es erstmal für die gelungene Arbeit loben. Ich würde das Kind fragen, ob es weitere Aufgaben wünscht und ich ihm eine Aufgabe geben soll. Möchte das Kind dies, würde ich ihm vorschlagen eine fortführende Reihe der Türme zu bauen." (E-BW)
- „Ich würde das Kind fragen, ob es denn schon alle Lösungen gefunden hat. Wenn das Kind sich nicht sicher ist, würde ich es noch weitere Male ausprobieren lassen. Des Weiteren würde ich die anderen Kinder um Hilfe bitten, dass sie gemein-

---

18 Alle schriftlichen Antworten werden ungekürzt, jedoch – der besseren Lesbarkeit wegen – mit korrigierter Zeichensetzung und Rechtschreibung wiedergegeben. Analog zu Kapitel 3 bedeutet E-HB, dass die betreffende Person eine ErzieherIn aus Bremen ist, oder analog L-BW, dass es sich um eine GrundschullehrerIn aus Baden-Württemberg handelt.

sam überlegen sollen, ob das die richtige Lösung ist, oder ob der Junge noch einen Turm bauen kann. Wenn sie die Lösung haben, würde ich mit den Kindern darüber sprechen, warum nur drei Türme zu bauen sind." (E-BW)

Alle Antworten wurden *nach dahinter stehenden Lehr-Lern-Überzeugungen* kodiert, gemäß drei Kategorien: weitgehend unbeeinflusstes Lernen der Kinder, Anleitung, Begleitung (zur Kodierung vgl. Kap. 7.4; zu den theoretischen Grundlagen vgl. Schuler, 2013, S. 65 ff.). Auch wenn der ursprüngliche Plan einer statistischen Auswertung nicht realisiert werden konnte, weil zu wenige Antworten inhaltlich kodiert werden konnten und zu viele einer Restkategorie zugeordnet werden mussten (etwa wenn eine reine stoffdidaktische Analyse erfolgte oder die Antwort insgesamt zu kurz, überwiegend schlagwortartig oder in sich widersprüchlich war), so vermögen die Antworten doch in Einzelfällen auf den Einfluss von Überzeugungen hinweisen.

Ein *weitgehend unbeeinflusstes Lernen* der Kinder zeichnet sich dadurch aus, dass keine inhaltlichen Impulse oder Anregungen gegeben werden. Beschriebene Interventionen sind ausschließlich motivational oder sozial-moderierend, auftretende Fragen oder die Korrektheit einer Lösung sollen die Kinder untereinander klären. Die Kinder werden viel gelobt, trotz auftretender Fehler; diese Fehler werden nicht angesprochen (und damit auch nicht als Lerngelegenheit verstanden), was vielfach motivational begründet wird. Eine wichtige Rolle nimmt das Beobachten der Kinder ein.

- „Ich würde nur beobachten." (E-BW)
- „Die Meinung des Kindes akzeptieren oder ihn beim Weiterbauen unterstützen, nur wenn er möchte." (E-HB)
- „Dem Kind Aufmerksamkeit schenken und zeigen, dass man Interesse an seinem Tun hat; es dabei begleiten." (E-BW)

Eine als *Anleitung* kodierte Intervention zeichnet sich generell dadurch aus, dass die geplante Interaktion sehr kurztaktig und eng geführt ist. Die Intervention zielt vielfach stärker auf das richtige Ergebnis als auf den Weg dorthin, dementsprechend finden sich häufig Aktivitäten im Sinne von Vormachen und Nachmachen. Teilweise wird das richtige Ergebnis vorab genannt, es zeigt sich ein vorschnelles oder ausschließliches Erklären. Auch ein gleichzeitiges Agieren von pädagogischer Fachkraft und Kind kann entsprechend eingeordnet werden (z. B. „gemeinsames Zählen"). Umgekehrt fehlen diagnostische Elemente (wie Impulse zum Wiederholen der Aktivität oder zum Erläutern der Intention durch das Kind).

- „Ich würde das Kind loben, dass es den ‚Fehler' bemerkt hat, und ihm sagen, dass ich noch drei weitere andere Türme bauen kann und er das bestimmt auch hinbekommt. Ggf. würde ich mit ihm einen seiner drei Türme nehmen und versuchen einen vierten anderen zu bauen. Den unteren Stein würde ich gleich lassen und den Jungen dann fragen, was man anders machen kann. Er soll die Erfahrung dann auf die anderen beiden Türme übertragen." (L-HB)
- „Ich würde den Tipp geben, dass es z. B. noch einmal versuchen kann, den vierten Versuch minimal zu ändern. Oder man könnte darauf hinweisen, dass es nur einmal den grünen Stein unten hat und dass es noch eine andere Möglichkeit geben könnte, einen Turm von unten mit grün aufzubauen, usw." (L-HB)

- „Ich würde die beiden gleichen Türme nebeneinander stellen und fragen, ob ihm etwas auffällt. Anschließend würde ich behaupten, dass ich noch mehr Türme finde. Wenn das Kind selbst nicht weiter kommt, würde ich ihm vormachen, wie ich aus dem doppelten Turm durch Tauschen der beiden oberen Steine einen neuen Turm bekomme. Vielleicht findet er dann auch noch die beiden anderen fehlenden Kombinationen." (L-BW)
- „Ich würde mir erst mal erklären lassen, warum es denkt, es hätte alle, wie es sich sicher sein kann. Dann würde ich die drei fertigen Türme auseinander schieben, einen roten, gelben und grünen Klotz hinlegen und fragen, wie viele Möglichkeiten es z. B. bei Rot unten gibt. Entsprechend würde ich bei gelb unten und bei grün unten fragen." (L-BW)

Eine als *Begleitung* charakterisierte Intervention beginnt häufig mit Fragen oder Impulsen, die das Kind zum Verbalisieren anregen und diagnostische Aspekte verfolgen. Sie zielt primär auf eine kognitive Unterstützung des Kindes und versucht, einen Austausch anzuregen (der pädagogischen Fachkraft mit dem Kind oder der Kinder untereinander). Impulse oder Fragen stoßen Erkundungen seitens der Kinder an und lassen Raum für substanzielle Erfahrungen, Problemlösungen oder Vertiefungen erfolgen im Gespräch anknüpfend an Erfahrungen der Kinder. „Nachfragen, warum er denkt, dass alle Variationen hat. Anregen, noch weiter zu probieren: Kann man noch Steine vertauschen, um neue Türme zu bekommen? Andere Kinder miteinbeziehen: Wer findet vielleicht doch noch einen weitere Variante?" (E-HB).

Zusammenfassend lässt sich festhalten, dass unzureichende elementarmathematische und mathematikdidaktische Kenntnisse den Weg zu einer adäquaten Lernbegleitung in den meisten Fällen verschließen und dass sich im Einzelfall hinter dem Handeln auch eine entsprechende Überzeugung ausmachen lässt. Offen bleiben muss, ob diese punktuelle Überzeugung eine stabile, situationsübergreifende Lehr-Lern-Überzeugung widerspiegelt oder eher situations- und kontextspezifisch ist.

8.4 Zusammenfassung und Diskussion

Auf der Ebene der Bundesländer zeigen sich an keiner Stelle signifikante Unterschiede, wie schon in der Fragebogenstudie beim deklarativen elementarmathematischen und mathematikdidaktischen Wissen (s. Kap. 6.2). Offensichtlich machen sich die bundeslandspezifischen Rahmenbedingungen im Hinblick auf den in AnschlussM erfassten Ausschnitt aus dem professionellen Wissen nicht bemerkbar.

Betrachtet man die Professionen, so lassen sich in der Fragebogenstudie bezüglich des deklarativen elementarmathematischen und mathematikdidaktischen Wissens drei Gruppen trennen (LehrerInnen mit Mathematikstudium, LehrerInnen ohne Mathematikstudium und ErzieherInnen; mittlerer Effekt; Kap. 6.2). Dagegen ergeben sich in der computergestützen Erhebung im Hinblick auf die mathematikdidaktische Qualität des intendierten Handelns sowohl bezüglich des Erkennens des mathematischen Potenzials einer Situation als auch bezüglich des Aufgreifens der Aktivitäten der Kinder nur zwei Gruppen (LehrerInnen mit Mathematikstudium versus LehrerInnen ohne Mathematikstudium und ErzieherInnen; mittlerer bzw. großer Effekt). Auch schöpfen die LehrerInnen mit Mathematikstudium das Spektrum der Leitideen, die die inhaltsbezogenen Kompetenzen gliedern, besser aus als ihre KollegInnen ohne Mathematikstudium und die ErzieherInnen. Die Anzahl der Nennungen sinnvollen (d. h. situationsadäquaten) Zählens deutet darauf hin, dass LehrerInnen mit Mathematikstudium dabei das Zählen durchaus nicht vernachlässigen, sondern insgesamt einen weiteren Blick auf die gegebenen Situationen haben.

Die LehrerInnen ohne Mathematikstudium unterscheiden sich also beim deklarativen Wissen von den ErzieherInnen, verhalten sich beim intendierten Handeln, das anforderungsbezogenes und handlungsnahes Wissen erfordert, jedoch ähnlich wie diese. Interpretieren lässt sich dieser Befund so, dass LehrerInnen ohne Mathematikstudium zwar im Rahmen ihrer Ausbildung und wohl auch durch ihre Berufspraxis in einem gewissen Umfang deklaratives elementarmathematisches und mathematikdidaktisches Wissen erwerben, jedoch nur in begrenztem Umfang auch ein entsprechendes anforderungsbezogenes und handlungsnahes Wissen. Dieser Befund bestätigt die *Problematik fachfremd erteilten Unterrichts* (s. Kap. 2.4.2) für den kleinen Ausschnitt des professionellen Wissens, den AnschlussM erfasst.

Hinsichtlich der Förderung allgemeiner mathematischer Kompetenzen lassen sich wiederum Unterschiede zwischen den drei Gruppen erkennen. Diese zeigen sich in den vier Videovignetten aber in unterschiedlicher Weise. Dieser Befund ist mit Vorsicht zu betrachten, denn das spezifische deklarative Wissen bezüglich einzelner Materialien besitzt hierbei großen Einfluss. Die qualitative Analyse der gegebenen Antworten weist darauf hin, dass eine Reihe von ErzieherInnen bewusst sehr zurückhaltend bei der Lernbegleitung ist – ob dahinter ein falsch verstandener Selbstbildungsansatz oder Unsicherheit bezüglich elementarmathematischer (Anzahl der Lösungen, ...) und mathematikdidaktisch-pädagogischer (Lerntheorien, Zone der nächsten Entwicklung, Fragetechniken, ...) Aspekte steht, kann im Rahmen von AnschlussM nicht geklärt werden und ist ein Forschungsdesiderat. Dass die allgemeinen mathematischen Kompetenzen *nicht* im Fokus von LehrerInnen und ErzieherInnen liegen, trat allerdings auch schon in der qualitativen Vorstudie zutage (s. Kap. 3). So gesehen sind die Ergebnisse konsistent und finden sich auch durch andere publizierte Studien bestätigt (s. Kap. 4.1.3).

Insgesamt sind die Rating-Werte in der computergestützten Erhebung *sehr niedrig*; es treten mehrfach – insbesondere bei der Förderung allgemeiner mathematischer Kompetenzen – *Bodeneffekte* auf. Dafür finden sich zwei mögliche Erklärungen. Erstens kann die professionelle Kompetenz von ErzieherInnen und LehrerInnen im Bereich der Anregung und Begleitung offener Lehr-Lern-Situationen im Übergang vom Kindergarten zur Grundschule im statistischen Mittel tatsächlich nicht besonders hoch sein, was ein ernüchterndes Ergebnis wäre, zumal die Stichprobe überproportional viele pädagogische Fachkräfte mit Leitungsfunktion umfasst (s. Kap. 7.3) wohl auch einen hohen Anteil Mathematik-affiner ErzieherInnen und LehrerInnen. Zweitens kann die Ursache im gewählten Erhebungsverfahren liegen: Eventuell ist das Instrument zu wenig sensibel für eher niedrige Kompetenzen, oder die Erhebungssituation ist für PraktikerInnen zu fremd oder ungeeignet, um ihre Kompetenz zeigen zu können, so dass diese unterschätzt wird. Beispielsweise ist davon auszugehen, dass ErzieherInnen und LehrerInnen auch über implizites Wissen verfügen (vgl. Neuweg, 2004; 2000), das nicht oder nur eingeschränkt versprachlicht und deshalb im gewählten computerbasierten Setting nur unzureichend erfasst werden kann. Das gesamte Erhebungsverfahren einschließlich der Auswertung bedarf deshalb einer kritischen Überprüfung in weiteren Validierungsstudien.

Im Hinblick auf die Anschlussfähigkeit des mathematischen Lernens in Kindergarten und Grundschule sind die Ergebnisse sowohl der Fragebogenerhebung als auch der computergestützten Erhebung ein Indikator dafür, dass *weniger die Unterschiede* zwischen den Professionen oder Institutionen einen bezüglich Mathematik lernförderlichen Übergang der Kinder gefährden, als vielmehr eine Gemeinsamkeit: Ein – in nicht wenigen Fällen – unzureichendes anforderungsbezogenes und handlungsnahes Wissen bezüglich Elementarmathematik und Mathematikdidaktik auf beiden Seiten, was einer konstruktiven Übergangsplanung bezüglich des Mathematiklernens hinderlich sein kann. Insbesondere unterscheiden sich die LehrerInnen ohne Mathematikstudium in der mathematikdidaktischen Qualität ihres intendierten Handelns nur wenig von den ErzieherInnen (s. oben). Vor diesem Hintergrund ist es schwer vorstellbar, dass sie in der Kooperation von Kindergarten und Grundschule Impulse bezüglich des Mathematiklernens setzen können. Dabei deutet die qualitative Studie darauf hin, dass genau dies häufig in beiden Institutionen von ihnen erwartet wird („asymmetrische Kooperation", Kap. 3.3.6 und 3.3.7).

9 Diskussion der Ergebnisse

Gerald Wittmann, Anne Levin & Dagmar Bönig

Das Forschungsprogramm von AnschlussM umfasst neben einer Bestandsaufnahme der Rahmenbedingungen zur Anschlussfähigkeit von Kindergarten und Grundschule sowie zum Lehren und Lernen von Mathematik in beiden Einrichtungen (Kap. 2) auch eine Darstellung der Forschungslage zur (mathematikbezogenen) professionellen Kompetenz von ErzieherInnen und GrundschullehrerInnen (Kap. 4). Zentral sind drei miteinander verknüpfte empirische Erhebungen: eine qualitative Untersuchung (Kap. 3), eine repräsentative Fragebogenstudie (Methode und Durchführung: Kap. 5; Ergebnisse: Kap. 6) sowie eine computergestützte Erhebung (TBA) mittels Bild- und Videovignetten, die auf das intendierte Handeln der beiden Professionen zielt (Methode und Durchführung: Kap. 7; Ergebnisse: Kap. 8).

Im letzten Kapitel werden nun die Ergebnisse der Teilstudien zusammengeführt und in den aktuellen wissenschaftlichen Diskurs eingeordnet. Hierbei treten auch Forschungsdesiderate deutlich zu Tage. Zunächst werden aus den Ergebnissen von AnschlussM weiterreichende Konsequenzen für anschlussfähiges Mathematiklernen in Kindergarten und Grundschule gezogen (Kap. 9.1). Anschließend werden die eingesetzten Methoden kritisch betrachtet und Perspektiven für ihre Weiterentwicklung skizziert (Kap. 9.2).

9.1 Konsequenzen für anschlussfähiges Mathematiklernen

Einer der Ausgangspunkte von AnschlussM ist die Annahme, dass ErzieherInnen und GrundschullehrerInnen gemeinsamer Überzeugungen, eines gemeinsamen Wissens und gemeinsamer Handlungsweisen bedürfen, um Kinder im Übergang vom Kindergarten zur Grundschule auch bezüglich des Mathematiklernens adäquat begleiten zu können (Kap. 1). Im Folgenden wird zusammengefasst, welche Übereinstimmungen, aber auch welche Differenzen AnschlussM diesbezüglich aufzeigen kann, und welche Konsequenzen für die Anschlussfähigkeit von Kindergarten und Grundschule sich daraus ergeben.

Überzeugungen zur Natur von Mathematik und zum Lehren und Lernen von Mathematik

Die Fragebogenuntersuchung offenbart sowohl bei den ErzieherInnen als auch bei den GrundschullehrerInnen ein prozess- und anwendungsorientiertes Bild von Mathematik sowie konstruktivistische Lehr-Lern-Überzeugungen; demgegenüber spielen ein schemaorientiertes Bild von Mathematik und transmissive Lehr-Lern-Überzeugungen eine geringere Rolle, wenngleich sie auch auftreten (Kap. 6.1). Dies bedeutet zunächst, dass der aktuelle Stand der Lehr-Lern-Forschung bei beiden Professionen angekommen ist (zumindest auf der Ebene von Aussagen, die ein Fragebogen erfassen kann), was als sehr positiv gesehen werden kann.

Weiter gilt, dass sich die LehrerInnen durchgängig etwas deutlicher positionieren als die ErzieherInnen: Sie stimmen vorgegebenen Aussagen in höherem Maße zu oder lehnen sie stärker ab als ErzieherInnen, die eher neutrale Antworten geben. Diese Rangfolge zeichnet sich in der Fragebogenstudie von AnschlussM als Muster ab. Die LehrerInnen besitzen also ein stärker prozess- und anwendungsorientiertes sowie weniger schemaorientiertes Bild von Mathematik und zeigen in höherem Maße konstruktivistische mathematikbezogene Lehr-Lern-Überzeugungen als die ErzieherInnen.

Allerdings sind die Differenzen zwischen den drei Gruppen – LehrerInnen mit Mathematikstudium, LehrerInnen ohne Mathematikstudium und ErzieherInnen – gering, insbesondere auch im Vergleich mit den Differenzen innerhalb der Gruppen. Insbesondere ergeben sich im Vergleich der drei Gruppen keine grundsätzlich anderen oder gar konträren Überzeugungen, sondern allenfalls graduelle Unterschiede, die infolge der großen Stichprobe häufig signifikant werden (Kap. 6.1). Dafür spricht auch, dass ein gemeinsames Strukturgleichungsmodell möglich ist (Kap. 6.3.1). Die *Homogenität der Gesamtstichprobe* ist folglich auch ein wesentliches Ergebnis. Selbst wenn man in Betracht zieht, dass dies ein fast unvermeidbares Problem der Stichprobenziehung sein könnte (mathematikaffine pädagogische Fachkräfte sind möglicherweise überrepräsentiert), bestätigt AnschlussM damit für LehrerInnen und ErzieherInnen, dass sich das Bild von Mathematik und die Überzeugungen zum Lehren und Lernen von Mathematik in den verschiedenen Ausbildungsgängen nur wenig unterscheiden, was zuvor schon in TEDS-M (Felbrich, Schmotz & Kaiser, 2010) für LehrerInnen verschiedener Schulformen aufgezeigt wurde.

Für die Anschlussfähigkeit von Kindergarten und Grundschule können sich die nur wenig abweichenden Überzeugungen als eine *gemeinsame Basis* erweisen. Sie deuten auf einen *breiten grundsätzlichen Konsens* bezüglich der Auffassung vom Mathematiklernen in Kindergarten und Grundschule hin. In AnschlussM konnten die Überzeugungen allerdings nur auf der Diskursebene (qualitative Vorstudie; Kap. 3) und der Zustimmung oder Ablehnung von Aussagen (Fragebogenstudie; Kap. 5.1 und 6.1) erhoben werden. Offen bleiben muss deshalb, ob sich die diesbezüglichen Gemeinsamkeiten auch in einem übereinstimmenden und vor allem für die Kinder anschlussfähigen Handeln niederschlagen. Insbesondere liefert die computergestützte Erhebung mittels Bild- und Videovignette zumindest Anhaltspunkte dafür, dass sich in konkreten Situationen durchaus unterschiedliche professionsspezifische Handlungsweisen ergeben können (z. B. Nicht-Eingreifen in Folge eines falsch verstandenen Selbstbildungsansatzes, der ebenfalls einer konstruktivistischen Grundüberzeugung entspringen kann; Kap. 8.3).

Die computergestützte Erhebung mittels Bild- und Videovignetten zeigt weiter, dass eine geringere Schemaorientierung sich auch auf das intendierte Handeln auswirkt, und zwar erwartungsgemäß: Sie geht sowohl mit einem besseren Erkennen des mathematischen Potenzials einer gegebenen Situation als auch einem lernförderlicheren Aufgreifen der Aktivitäten der Kinder einher, selbst wenn die Effekte jeweils nicht groß sind (Kap. 8.3). Damit tritt auch in AnschlussM ein *Zusammenhang von Überzeugungen mit dem Handeln* pädagogischer Fachkräfte zu Tage, wenngleich das Handeln in AnschlussM nur als intendiertes Handeln in einer Laborsituation erhoben wird (Kap. 7.1). Der Zusammenhang von Überzeugungen und Handeln wird vielfach auch als ein Einfluss der Überzeugungen auf das Handeln gedeutet (Kap. 4.1), wobei in AnschlussM die Frage der Kausalität offen bleiben muss, weil mögliche Ursachen (Selbstselektion vor Ausbildungsbeginn, Ausbildungseffekte oder unterschiedliche Berufserfahrungen) generell noch offen sind.

Professionswissen und Lernbegleitung

In Bezug auf deklaratives elementarmathematisches und mathematikdidaktisches Wissen schneiden die LehrerInnen mit Mathematikstudium deutlich besser ab als die LehrerInnen ohne Mathematikstudium und diese wiederum als die ErzieherInnen (Kap. 6.2). Letztere Gruppe erzielt eine mittlere Lösungshäufigkeit, die nur wenig über der Ratewahrscheinlichkeit liegt, obwohl es sich durchweg um basales und unmittelbar professionsbezogenes Wissen handelt. Beim intendierten Handeln liegen die Ergebnisse aller drei Gruppen weit unter dem vorab ermittelten Rahmen; nur wenigen pädagogischen Fachkräften gelingt es, das Spektrum adäquater Antworten auch nur ansatzweise auszuschöpfen (Kap. 8.1). Im Vergleich der Berufsgruppen waren sowohl beim Erkennen des mathematischen Potenzials einer gegebenen Situation als auch beim Aufgreifen der Aktivitäten der Kinder die LehrerInnen mit Mathematikstudium ungleich stärker (oder: weniger schwach) als die LehrerInnen ohne Mathematikstudium und als die ErzieherInnen.

Grundsätzlich passen diese Befunde zu den Ergebnissen anderer Untersuchungen: Fallstudien der qualitativen mathematikdidaktischen Forschung zur Interaktion im Mathematikunterricht (sog. „Interpretative Unterrichtsforschung") zeichneten schon weitaus früher ein ernüchterndes Bild der Lernbegleitung im alltäglichen Mathematikunterricht (exemplarisch: Bauersfeld, 1978; Voigt, 1984). In TIMSS-Video (Klieme, Schümer & Knoll, 2001) fielen einige LehrerInnen der Sekundarstufe I durch einen Mathematikunterricht auf, in dem die kognitive Aktivierung der SchülerInnen auf einem sehr niedrigen Niveau verbleibt, teilweise trotz einer effektiven Klassenführung. Auch im Rahmen der PRIMEL-Studie wird deutlich, dass ErzieherInnen (im Querschnitt über die Bildungsbereiche) zwar ein hohes Maß an Classroom Management praktizieren, jedoch zu wenig kognitiv anregende Lernbegleitung bieten (Mackowiak, Wadepohl & Bosshart, 2014, S. 188 ff.; Tournier, Wadepohl & Kucharz, 2014). Analoge Befunde – ebenfalls nicht mathematikspezifisch – gibt es bei König (2009).

Geht man davon aus, dass die überwiegend schwachen Leistungen von LehrerInnen und ErzieherInnen in der computergestützen Erhebung valide und nicht ausschließlich den Grenzen des Instruments geschuldet sind (Kap. 7.1), so zeigt sich die adäquate Lernbegleitung als ein wunder Punkt: Während die grundsätzlichen Auffassungen des Lehrens und Lernen von Mathematik zumindest auf der Ebene von Mittelwerten dem Stand der Bezugswissenschaften entspricht (Kap. 9.1.1), hinken die pädagogischen Fachkräfte bei der Lernbegleitung offenbar deutlich hinterher. Im wissenschaftlichen Diskurs seit längerem bekannte und akzeptierte Konzepte wie Scaffolding oder Sustained Shared Thinking werden demnach im Alltag von Kindergarten und Grundschule noch nicht im gewünschten Maße umgesetzt. Dies weist auf ein massives *Transferproblem* hin, denn die Bedeutung der Lernbegleitung in offenen Settings ist unbestritten (für die Grundschule vgl. exemplarisch Schütte, 2008; für den Kindergarten vgl. exemplarisch Schuler, 2013): Sie ist entscheidend dafür, dass aus Spielsituationen überhaupt substanzielle Lerngelegenheiten erwachsen können. Während eine Durchführung von genau beschriebenen und hochgradig vorstrukturierten Förderprogrammen (Kap. 2.5.2) auch ohne einschlägige Kenntnisse möglich ist, kann eine aus fachdidaktischer Perspektive favorisierte offene Förderung, die an Spiel- und andere Alltagssituationen anknüpft, nur stattfinden, wenn entsprechende Kompetenzen der pädagogischen Fachkräfte vorhanden sind (genau diese Prämisse liegt auch der Konstruktion der Bild- und Videovignetten zugrunde, Kap. 7.1 und 7.2). Ferner weisen die Antworten einer Reihe von ErzieherInnen zu den Bild- und Videovignetten darauf hin, dass sie den Selbstbildungsansatz falsch verstehen im Sinne eines möglichst unbeeinflussten, von jeglicher Begleitung freien Lernens (vgl. Kap. 8.3). Die Offenheit eines Settings darf jedoch nicht mit einem Nicht-Agieren oder Nicht-Eingreifen der pädagogischen Fachkraft verwechselt werden.

Bezieht man die Ergebnisse der computergestützten Erhebung auf die *Bildungsstandards* (KMK, 2004a), deren Unterscheidung inhaltsbezogener und allgemeiner mathematischer Kompetenzen bei der Konstruktion der Bild- und Videovignetten leitend war, so ergeben sich auch diesbezügliche Konsequenzen. Zunächst erweisen sich die Bildungsstandards für den Mathematikunterricht in der Grundschule auch als tragfähig für die Planung und Beschreibung des Mathematiklernens im Kindergarten. Allerdings bereitet die Förderung, der allgemeinen mathematischen Kompetenzen vielen ErzieherInnen und LehrerInnen große Probleme – diese lässt sich als ein Teil der Lernbegleitung einordnen. Obwohl die Einführung der Bildungsstandards zum Erhebungszeitpunkt schon fast zehn Jahre zurücklag, zeigt sich auch diesbezüglich eine große Herausforderung für die Aus- und Weiterbildung von LehrerInnen und ErzieherInnen. Die Herausforderung ist unter anderem deshalb so groß, weil die Förderung allgemeiner mathematischer Kompetenzen ein breites Spektrum von Fähigkeiten bei den pädagogischen Fachkräften voraussetzt, die weder rein theoretisch vermittelt noch kurzfristig im Zuge punktueller Fortbildungen erworben werden können.

Qualifikation von ErzieherInnen und fachfremd unterrichtenden LehrerInnen

Aus den Ergebnissen im TBA ergeben sich zwei zu diskutierende Aspekte: die elementarmathematische und mathematikdidaktische Qualifikation von ErzieherInnen und die Problematik fachfremd unterrichtender Lehrkräfte.

Für die *Mathematik fachfremd unterrichtenden GrundschullehrerInnen* kann AnschlussM die Defizite belegen. Zwar ist die Problematik schon seit längerem bekannt (Kap. 4.2.3), doch konnte AnschlussM nun auch an sehr unterrichtsnahen Inhalten die Defizite im Vergleich zu Lehrkräften mit Mathematikstudium zeigen. Die Konsequenz liegt auf der Hand – es bleibt abzuwarten, ob sie auch bildungspolitisch umgesetzt wird. Im Rahmen der Mathematikdidaktik ist der Handlungsbedarf insbesondere im Bereich der Weiterbildung fachfremd unterrichtender Mathematiklehrkräfte längst erkannt (exemplarisch: Bosse, 2014; Törner & Törner, 2010).

Auch wenn Programme die Aus- und Weiterbildung in den Blick nehmen, bleibt die Frage, *woher* die Unterschiede zwischen den drei Gruppen (GrundschullehrerInnen mit Mathematikstudium, GrundschullehrerInnen ohne Mathematikstudium, ErzieherInnen) resultieren, ein Forschungsdesiderat. Auch AnschlussM kann hierauf keine Antwort geben. Naheliegend sind Ausbildungseffekte – es gibt aber keine Anhaltspunkte dafür, welcher Art das entscheidende Wissen ist (elementarmathematisch, mathematikdidaktisch) und in welcher Phase der Ausbildung es erworben wird. Dies konnte die in AnschlussM eingesetzte Skala mit 14 dichotomen Items nicht leisten. Aus AnschlussM lässt sich jedoch die Hypothese ableiten, dass Mathematik fachfremd unterrichtende Lehrkräfte ihre geringere Ausbildung wohl nur in wenigen Fällen kompensieren können und sich das Problem wohl auch nicht mit zunehmender beruflicher Praxis löst, wie man vielleicht annehmen könnte. Mathematikkenntnisse aus der eigenen Schulzeit und pädagogisch-didaktische Kenntnisse und Erfahrungen aus anderen, studierten Unterrichtsfächer können eine mathematikspezifische Lehramtsausbildung offenbar nicht ersetzen; auch ein Transfer von studierten Unterrichtsfächern auf Mathematik scheint nicht in ausreichendem Maße zu gelingen, was aber angesichts der spezifischen theoretischen Grundlagen auch nicht verwundert. Die Problematik der Mathematik fachfremd unterrichtenden Lehrkräfte zeigt in Bezug auf die pädagogischen Fachkräfte im Elementarbereich eindeutig, dass ein nicht fachspezifischer formal höherer Abschluss offenbar kaum Auswirkungen auf eine bereichsspezifische Förderung der Kinder besitzt (für ähnliche Befunde bei SozialpädagogInnen vgl. Tournier, Wadepohl & Kucharz, 2014, S. 116 f.). Unklar bleibt, welche Rolle Selbstselektionseffekte zu Studienbeginn spielen. Aufschluss diesbezüglich können wohl nur echte Längsschnittstudien geben. Ergebnisse der AVE-Studie (Mischo, 2015) belegen allerdings, dass sich FachschülerInnen, Studierende der Frühpädagogik und Studierende des Grundschullehramts in ihrem sozialen Hintergrund deutlich unterscheiden, was dafür spricht, dass Selbstselektionseffekte zumindest ein relevanter Faktor sind.

Kooperation von Kindergarten und Grundschule

Entsprechend den Ergebnissen der Fragebogenerhebung sind die Beteiligten insgesamt – in Baden-Württemberg mehr als in Bremen – mit der stattfindenden Kooperation zufrieden und wünschen eine Intensivierung der bestehenden Kooperation, was in besonderem Maße für die Bremer ErzieherInnen gilt (Kap. 6.4.1). Die Fragebogenerhebung zeigt weiter, dass die Kooperation von Kindergarten und Grundschule entsprechend der Selbsteinschätzung der pädagogischen Fachkräfte überwiegend auf niedrigem Niveau stattfindet („Austausch", Kap. 6.4.1).

Die Ergebnisse von AnschlussM weisen darauf hin, dass die Kooperation von Kindergarten und Grundschule vielfach asymmetrisch verläuft: Dies betrifft sowohl die schulvorbereitenden Aktivitäten der pädagogischen Fachkräfte, die meist von einer Lehrkraft initiiert und angeleitet werden (Kap. 3.3.6 und 3.3.7), als auch Treffen der Kinder, die weitaus häufiger Besuche der Kindergartenkinder in der Schule sind als umgekehrt (Kap. 6.4.1). Die Asymmetrie scheint der Zufriedenheit mit der bestehenden Kooperation keinen Abbruch zu tun, sondern ist wohl eher Ausdruck einer von beiden Seiten akzeptierten Rollenverteilung (Kap. 3.4). Dass der Wunsch nach einer Intensivierung der Kooperation bei den ErzieherInnen höher ist als bei den LehrerInnen (Kap. 6.4.1), kann jedoch mit dieser Asymmetrie zusammenhängen. Aufschlussreich ist in diesem Zusammenhang der Befund, dass ein Wunsch nach verstärkter Kooperation unter der Bedingung einer erhöhten erlebten Belastung ansteigt, also möglicherweise Kooperation als Möglichkeit der Unterstützung und vielleicht auch der effizienteren Arbeitsgestaltung erlebt wird.

Das Mathematiklernen spielt in der Kooperation von Kindergarten und Grundschule und damit auch im Bemühen um Anschlussfähigkeit häufig nur eine untergeordnete Rolle; organisatorische Belange (wie die Durchführung gemeinsamer Elternabende) und die Sprachförderung stehen auf der Prioritätenliste weiter oben und lassen wohl keine Zeit mehr für die Thematisierung des Mathematiklernens. Diesbezüglich decken sich die Ergebnisse der qualitativen Studie (Kap. 3.3.6) mit jenen der Fragebogenerhebung (Kap. 6.4.1). Die Kooperationsaktivitäten mit den Kindern werden nur in geringem Maße für ein gemeinsames Mathematiklernen von Kindergarten- und Schulkindern genutzt; auch finden nur vergleichsweise selten mehrere Treffen statt. Ein gemeinsames Mathematiklernen von Kindergarten- und Grundschulkindern findet ebenfalls nicht sehr häufig statt; diesbezüglich stimmen wiederum die Befunde der Fragebogenerhebung (Kap. 6.4.1) und der Gruppendiskussionen (Kap. 3.3.6) überein und decken sich mit den Befunden aus der Literatur (Kap. 2.2). Die produktive Nutzung der Kooperationszeit für gemeinsame mathematische Aktivitäten findet in der Praxis noch zu wenig statt; entsprechende Anregungen – so die Nutzung von Bilderbüchern (Bönig & Thöne, 2015; Benz, 2012b; Peter-Koop & Grüßing, 2006), Gesellschaftsspielen (Schuler, 2015) oder geometrischen Materialien (Reinhold, 2015; Reuter & Wittmann, 2015; Eichler, 2012; Royar & Streit, 2010) – müssen wohl noch ihren Weg in die Praxis finden. Auch dies weist auf ein *Transferproblem* hin. Dabei ist längst bekannt, dass Aktivitäten, die auf ein bloßes Kennenlernen der Schule durch Kindergartenkinder zielen, in Bezug auf das Mathematiklernen wenig effektiv sind (Kap. 2.2). Die Gefahr einer *Anschlussfähigkeit auf niedrigem Niveau* (Kap. 8.4) wird wohl doch des Öfteren Realität. Es könnte sein, dass die pädagogischen Fachkräfte Modelle benötigen, wie eine intensive Kooperation – auch und gerade unter schwierigen Bedingungen – einerseits effektiv und erfolgreich durchgeführt und andererseits auch inhaltlich genutzt werden kann. Möglicherweise kann hier im Einzelfall auch eine Fachberatung oder Begleitung hilfreich sein.

9.2 Methodenkritik und Perspektiven

Die Fragebogenerhebung von AnschlussM war als „Breitband-Untersuchung" angelegt: Es sollten möglichst viele relevante Variablen erfasst werden (Kap. 1). Der Preis dafür war, dass die einzelnen Skalen nicht zu lang werden durften, um eine Erhebungszeit von 1,5 Stunden nicht zu überschreiten. Kürzere Skalen bringen jedoch zwangsläufig geringere Reliabilitäten mit sich, was sich auch zum Teil in den erzielten Werten für Cronbachs Alpha widerspiegelt. Deshalb dürfen die entsprechenden Ergebnisse nicht überbewertet werden. So kann AnschlussM zwar Hinweise auf relative Stärken und Schwächen im elementarmathematischen und mathematikdidaktischen Wissen sowie im intendierten Handeln liefern, die Befunde müssen jedoch überwiegend auf einer deskriptiven Ebene verbleiben. Weiter können die Instrumente entsprechend ihrer Konstruktion Unterschiede zwischen den drei Gruppen aufzeigen, jedoch vielfach nicht ausmachen, in welchen Bereichen sie genauer bestehen und woher sie kommen – hier besteht ein Forschungsdesiderat. Auch konnte keine Kompetenzstrukturmodellierung erfolgen, da hierfür eine deutliche vielschichtigere und umfassendere Erhebung professioneller Kompetenzen notwendig gewesen wäre (auch bezogen auf die Größe der Stichprobe der computergestützten Erhebung). Zwei große Stärken von AnschlussM – es wurden PraktikerInnen befragt (und nicht Studierende) und es wurde über personale Dispositionen hinaus auch das intendierte Handeln erfasst – erwiesen sich auch als Problem: Es gelang nicht im gewünschten Maße, die Datensätze der Fragebogenerhebung und der computergestützten Erhebung, die im Abstand von knapp einem Jahr durchgeführt wurden, zu verknüpfen. Allein schon die übliche Personalfluktuation in Kindergärten setzte hier Grenzen.

Generell können die eingesetzten Instrumente als ein erster – und dafür durchaus erfolgreicher – Ansatz gesehen werden, Überzeugungen, Professionswissen und das intendierte Handeln im Bereich der Mathematik und des Mathematiklernens von ErzieherInnen und GrundschullehrerInnen mit *gemeinsamen* Skalen zu erfassen und damit vergleichbar zu machen, auch wenn damit Schwierigkeiten wie Boden- oder Deckeneffekte verbunden waren. Dies spiegelt aber lediglich den Stand der Forschung zur Erfassung professioneller Kompetenzen pädagogischer Fachkräfte wider, der sich noch in einer Anfangsphase befindet: „Insgesamt sind auf methodischer Seite also noch wesentliche Schwierigkeiten zu lösen, bevor von breit einsetzbaren Maßen gesprochen werden kann." (Lindmeier, 2013, S. 57) Insbesondere sind weitere Validierungsstudien notwendig. In Bezug auf die computergestützte Studie, bei der sich sowohl die eigentliche Erhebung als auch das anschließende Kodieren und Raten sehr zeit- und personalaufwändig gestalten, ist auch die Frage der *Forschungsökonomie* kritisch zu diskutieren. Es kann noch nicht entschieden werden, ob die computergestützte Erfassung des intendierten Handelns mittels Bild- und Videovignetten einen Königsweg zwischen der Beobachtung in Realsituation einerseits und standardisierten Fragebogenerhebungen andererseits darstellt oder nur einen unglücklichen Kompromiss, der die Nachteile beider Verfahren vereint.

Es muss konstatiert werden, dass die in AnschlussM eingesetzten Skalen, die auch auf in der Mathematikdidaktik bewährte Instrumente zurückgehen (vgl. Laschke &

Blömeke, 2014), zum Teil nur *schwache Indikatoren für das Handeln* von ErzieherInnen und LehrerInnen liefern: Ein im Fragebogen geäußertes prozessorientiertes Bild von Mathematik muss nicht unbedingt mit einer entsprechenden Lernbegleitung einhergehen (vgl. exemplarisch analoge Befunde in Bezug auf GrundschullehrerInnen von Hess, 2005). Auch wenn Fragebogenstudien immer wieder belegen, dass die epistemologischen Überzeugungen bezüglich Mathematik in hohem Maße untereinander vernetzt sind (vgl. Felbrich, Schmotz & Kaiser, 2010), ist deren Abfragen in einer abstrakten, weitgehend kontextfreien Weise möglicherweise doch zu wenig mit dem Handeln pädagogischer Fachkräfte verknüpft. Während sich die Skalen von Staub & Stern (2002) zum Lehren und Lernen von Mathematik in der damaligen Studie konkret auf die Behandlung des Unterrichtsgegenstandes Textaufgaben beziehen, werden mathematische Weltbilder häufig in sehr allgemeiner Weise erfasst. Entwickelt und empirisch validiert wurden die entsprechenden Skalen Anfang der 1990er Jahre aufgrund von damals in der mathematischen, mathematikdidaktischen, mathematikhistorischen und mathematikphilosophischen Diskussion vertretenen Argumentationslinien; sie spiegeln jeweils darin vertretene Positionen wider (vgl. Grigutsch, 1996; Törner & Grigutsch, 1994). Während es damals gelang, für Lehrkräfte vier Faktoren (Grigutsch, Raatz & Törner, 1998) und für SchülerInnen teilweise sogar fünf zu extrahieren (Grigutsch, 1996), treten in AnschlussM nur drei und in TEDS-M (Laschke & Blömeke, 2014) nur zwei Faktoren auf. Dies kann zwei mögliche Ursachen haben: GrundschullehrerInnen und erst recht ErzieherInnen sind eine völlig andere Stichprobe als etwa jene bei Törner und Grigutsch (1994), die einen hohen Anteil von GymnasiallehrerInnen umfasst; es erscheint aufgrund der mathematikdidaktischen Entwicklungen plausibel, dass es damals unter GymnasiallehrerInnen ein sehr viel breiteres Spektrum an Positionen gab als unter aktuellen GrundschullehrerInnen und ErzieherInnen. Weiter ist nicht auszuschließen, dass sich die Überzeugungen der Lehrerschaft seit der damaligen Erhebung von Törner und Grigutsch (1994) generell geändert haben, unabhängig von der Schulform, an der sie unterrichten.

Als Forschungsdesiderat bleibt deshalb die Entwicklung von Instrumenten zur Erhebung der Überzeugungen zum Lehren und Lernen von Mathematik, die stärker kontextualisiert und damit an das Handeln der jeweiligen Personen in typischen Lehr-Lern-Situationen angebunden sind (vgl. Philipp, 2007). Potenzial diesbezüglich bieten die in AnschlussM eingesetzten Bild- und Videovignetten, da sie Situationen umfassen, in denen sowohl ein breites Spektrum möglicher Reaktionen auftritt als auch dahinter stehende handlungsleitende Überzeugungen zu Tage treten. Ihre Weiterentwicklung könnte Aufschluss nicht nur über die Ausrichtung der Überzeugungen, sondern auch über deren Sophistiziertheit geben.

Literatur

Abel, M. H. & Sewell, J. (1999). Stress and burnout in rural and urban secondary school teachers. *The Journal of Educational Research*, 92(5), 287–293.

Albers, T. (2009). *Sprache und Interaktion im Kindergarten: Eine quantitativ-qualitative Analyse der sprachlichen und kommunikativen Kompetenzen von drei- bis sechsjährigen Kindern*. Bad Heilbrunn: Klinkhardt.

Allinder, R. M. (1994). The relationship between efficacy and the instructional practices of special education teachers and consultants. *Teacher Education and Special Education*, 17(2), 86–95.

Anders, Y. (2012). *Modelle professioneller Kompetenzen für frühpädagogische Fachkräfte. Aktueller Stand und ihr Bezug zur Professionalisierung. Expertise zum Gutachten „Professionalisierung in der Frühpädagogik"*. München: Aktionsrat Bildung/VBW.

Anderson, R., Greene, M. & Loewen, P. (1988). Relationships among teachers' and students' thinking skills, sense of efficacy, and student achievement. *Journal of Educational Research*, 34(2), 148–165.

Antoni, C. H. (Hrsg.) (1994). *Gruppenarbeit in Unternehmen. Konzepte, Erfahrungen, Perspektiven*. Weinheim: PVU.

Arbuckle, J. L. (2011). *IBM SPSS Amos 20 User's Guide*. Chicago: IBM Software Group.

Armor, D. J., Conry-Oseguera, P., Cox, M. A., King, N., McDonnell, L. M., Pascal, A. H., Pauly, E., Zellman, G., Sumner, G. C. & Thompson, V. M. (1976). *Analysis of the school preferred reading program in selected Los Angeles minority schools*. Report No. R-2007-LAUSD. Santa Monica, CA: Rand.

Ashton, P. & Webb, R. (1986). *Making a difference: Teachers' sense of efficacy and student achievement*. New York: Longman.

Atria, M., Strohmeier, D. & Spiel, C. (2006). Der Einsatz von Vignetten in der Programmevaluation. Beispiele aus dem Anwendungsfeld „Gewalt in der Schule". In U. Flick (Hrsg.), *Qualitative Evaluationsforschung. Konzepte – Methoden – Umsetzung* (S. 233–249). Reinbek: Rowohlt.

Aufschnaiter, C. v. & Blömeke, S. (2010). Professionelle Kompetenz von (angehenden) Lehrkräften erfassen – Desiderata. *Zeitschrift für Didaktik der Naturwissenschaften*, 16, 361–367.

Backhaus, K., Erichson, B., Plinke, W. & Weiber, R. (1994). *Multivariate Analysemethoden. Eine anwendungsorientierte Einführung*. Berlin: Springer.

Backhaus, K. & Weiber, R. (2007). Forschungsmethoden der Datenauswertung. In R. Köhler, H.-U. Küpper & A. Pfingsten (Hrsg.), *Handwörterbuch der Betriebswirtschaft* (6. Aufl., Sp. 524–535). Stuttgart: Schäffer-Poeschel.

Ball, D. L. (1990). The mathematical understandings that prospective teachers bring to teacher education. *Elementary School Journal*, 90(4), 449–446.

Ball, D. L., Hill, H. C. & Bass, H. (2005). Knowing mathematics for teaching. Who knows mathematics well enough to teach third grade, and how can we decide? *American Educator*, 29(1), 14–17, 20–22, 43–46.

Ball, D. L., Thames, M. H. & Phelps, G. (2008). Content knowledge for teaching. What makes it special? *Journal of Teacher Education*, 59(5), 389–407.

Bandura, A. (1997). *Self-efficacy: The exercise of control*. New York: Freeman.

Bandura, A. (1993). Perceived self-efficacy in cognitive development and functioning. *Educational Psychologist*, 28(2), 117–148.

Bandura, A. (1986). *Social foundations of thought and action: A social cognitive theory*. New Jersey: Prentice Hall.

Bandura, A. (1979). *Sozial-kognitive Lerntheorie*. Stuttgart: Klett-Cotta.

Bandura, A. (1977). Self-efficacy: Toward a unifying theory of behavioral change. *Psychological Review*, 84(2), 191–215.

Bandura, A. & Walters, R. (1963). *Social learning and personality development*. New York: Holt, Rinehart & Winston.

Bauer, R. & Maurach, J. (2010). *Einstern 1. Mathematik für Grundschulkinder*. Berlin: Cornelsen.

Bauersfeld, H. (1978). Kommunikationsmuster im Mathematikunterricht – Eine Analyse am Beispiel der Handlungsverengung durch Antworterwartung. In H. Bauersfeld (Hrsg.), *Fallstudien und Analysen zum Mathematikunterricht* (S. 158–170). Hannover: Schroedel.

Baumert, J. & Kunter, M. (2011). Das Kompetenzmodell von COACTIV. In M. Kunter, J. Baumert, W. Blum, U. Klusmann, S. Krauss & M. Neubrand (Hrsg.), *Professionelle Kompetenz von Lehrkräften. Ergebnisse des Forschungsprogramms COACTIV* (S. 29–53). Münster: Waxmann.

Baumert, J. & Kunter, M. (2006). Stichwort: Professionelle Kompetenz von Lehrkräften. *Zeitschrift für Erziehungswissenschaft*, 9(4), 469–520.

BBK-BV – Bundesverband der Betriebskrankenkassen (Hrsg.) (1994). *Gesundheitsbericht der BBK Stadt Kassel*. Unveröff. Manuskript. Essen: Bundesverband der Betriebskrankenkassen.

Becker-Stoll, F., Niesel, R. & Wertefein, M. (2009). *Handbuch Kinder in den ersten drei Lebensjahren. Theorie und Praxis für die Tagesbetreuung*. Freiburg: Herder.

Beelmann, W. (2006). *Normative Übergänge im Kindesalter: Anpassungsprobleme beim Eintritt in den Kindergarten, in die Grundschule und in die weiterführende Schule*. Hamburg: Kovač.

Behringer, L. & Höfer, R. (2005). *Wie Kooperation in der Frühförderung gelingt*. München: Reinhard.

Bender, R., Ziegler, A. & Lange, S. (2007). Varianzanalyse. *Deutsche Medizinische Wochenschrift*, 132, Supplement 1, e 57–60. www.rbsd.de/PDF/DMW/DMW-2007-S1-21.pdf [03.08.2015]

Benz, C. (2012a). Attitudes of kindergarten educators about math. *Journal für Mathematik-Didaktik*, 33(2), 203–232.

Benz, C. (2012b). Es fährt ein Boot nach Schangrila. Förderung arithmetischer Kompetenzen im Elementar- und Primarbereich. *Mathematik differenziert*, 1(3), 40–44, 46.

Benz, C., Peter-Koop, A. & Grüßing, M. (2015). *Frühe mathematische Bildung. Mathematiklernen der Drei- bis Achtjährigen*. Wiesbaden: Springer Spektrum.

Berger, J., Niemann, D., Nolting, H.-D., Schiffhorst, G., Genz, H. O. & Kordt, M. (2001). *Arbeitsbedingungen und Stress bei Erzieher/innen. Ergebnisse einer BGW-DAK-Studie über den Zusammenhang von Arbeitsbedingungen und Stressbelastung in ausgewählten Berufen*. Hamburg: BGW, DAK.

Berlyne, D. E. (1949). Interest as a psychological concept. *British Journal of Psychology*, 39(4), 184–195.

Berman, P., McLaughlin, M., Bass, G., Pauly, E. & Zellman, G. (1977). *Federal programs supporting educational change. Vol. 7: Factors affecting implementation and continuation*. Santa Monica, CA: Rand.

Bertelsmann Stiftung (Hrsg.) (2014). *Tabellen zum Ländermonitor – Stand Juli 2014*. Gütersloh: Bertelsmann Stiftung. www.laendermonitor.de/downloads-presse/index.nc.html [23.07.2015].

BLK – Bund-Länder-Kommission für Bildungsplanung und Forschungsförderung (1998). *Gutachten zur Vorbereitung des Programms „Steigerung der Effizienz des mathema-*

tisch-naturwissenschaftlichen Unterrichts" (Materialien zur Bildungsplanung und zur Forschungsförderung, 60). www.blk-bonn.de/papers/heft60.pdf [18.05.2014].

Blömeke, S., Kaiser, G., Döhrmann, M., Suhl, U. & Lehmann, R. (2010). Mathematisches und mathematikdidaktisches Wissen angehender Primarstufenlehrkräfte im internationalen Vergleich. In S. Blömeke, G. Kaiser & R. Lehmann (Hrsg.), *TEDS-M 2008. Professionelle Kompetenz und Lerngelegenheiten angehender Primarstufenlehrkräfte im internationalen Vergleich* (S. 195–252). Münster: Waxmann.

Blömeke, S., Kaiser, G., Schwarz, B., Seeber, S., Lehmann, R., Felbrich, A. & Müller, C. (2008). Fachbezogenes Wissen am Ende der Ausbildung. In S. Blömeke, G. Kaiser & R. Lehmann (Hrsg.), *Professionelle Kompetenz angehender Lehrerinnen und Lehrer. Wissen, Überzeugungen und Lerngelegenheiten deutscher Mathematikstudierender und -referendare. Erste Ergebnisse zur Wirksamkeit der Lehrerausbildung* (S. 89–104). Münster: Waxmann.

Blömeke, S., König, J., Busse, A., Suhl, U., Benthien, J., Döhrmann, M. & Kaiser, G. (2014). Von der Lehrerausbildung in den Beruf. Fachbezogenes Wissen als Voraussetzung für Wahrnehmung, Interpretation und Handeln im Unterricht. *Zeitschrift für Erziehungswissenschaft*, 17(3), 509–542.

Blömeke, S., Müller, C., Felbrich, A. & Kaiser, G. (2008). Epistemologische Überzeugungen zur Mathematik. In S. Blömeke, G. Kaiser & R. Lehmann (Hrsg.), *Professionelle Kompetenz angehender Lehrerinnen und Lehrer. Wissen, Überzeugungen und Lerngelegenheiten deutscher Mathematikstudierender und -referendare. Erste Ergebnisse zur Wirksamkeit der Lehrerausbildung* (S. 219–246). Münster: Waxmann.

Blossfeld, H.-P., Bos, W., Lenzen, D., Hannover, B., Müller-Böling, D., Prenzel, M. & Wößmann, L. (2009). *Geschlechterdifferenzen im Bildungssystem – die Bundesländer im Vergleich. Fakten und Daten zum Jahresgutachten 2009*. München: Aktionsrat Bildung/VBW.

Böhm-Kasper, O. (2004). *Belastung und Beanspruchung. Eine Untersuchung von Schülern und Lehrern am Gymnasium*. Münster: Waxmann.

Bohnsack, R. (2010). *Rekonstruktive Sozialforschung: Einführung in qualitative Methoden* (8. Aufl.). Opladen: Budrich.

Bönig, D. & Thöne, B. (2015). „6 Entchen waren immer noch zu viele". Bilderbücher als gemeinsame Lernanlässe für Kindergarten- und Schulkinder. *Grundschulzeitschrift*, 281, 34–37.

Bortz, J. & Döring, N. (2006). *Forschungsmethoden und Evaluation für Human- und Sozialwissenschaftler* (4. überarb. Aufl.). Berlin: Springer.

Bortz, J. & Schuster, C. (2010). *Statistik für Human- und Sozialwissenschaftler*. Berlin: Springer.

Bosse, M. (2014). Wie können fachfremd unterrichtende Mathematiklehrkräfte durch Lehrerfortbildungen effektiv unterstützt werden? *Beiträge zum Mathematikunterricht 2014*, 221–224.

Bouffard-Bouchard, T. (1990). Influence of self-efficacy on performance in a cognitive task. *Journal of Social Psychology*, 130(3), 353–363.

Bradley, G. (2007). Job tenure as a moderator of stressor strain relations: A comparison of experienced and new-start teachers. *Work & Stress*, 21(1), 48–64.

Brooker, L. (2008). *Supporting transitions in the early years*. Maidenhead, NY: Open University Press.

Brouwers, A. & Tomic, W. (2000). A longitudinal study of teacher burnout and perceived self-efficacy in classroom management. *Teaching and Teacher Education*, 16(2), 239–253.

Browne, M. W. & Cudeck, R. (1993). Alternative ways of assessing model fit. In K. A. Bollen & J. S. Long (Hrsg.), *Testing Structural Equation Models* (S. 136–162). Beverly Hills, CA: Sage.

Brownlee, J. (2003). Changes in primary school teachers' beliefs about knowing: A longitudinal study. *Asia-Pacific Journal of Teacher Education*, 3(1), 87–98.

Brownlee, J. & Berthelsen, D. (2008). Developing relational epistemology through relational pedagogy: New ways of thinking about personal epistemology in teacher education. In M. Khine (Hrsg.), *Knowing, knowledge and beliefs. Epistemological studies across diverse cultures* (S. 405–422). New York: Springer.

Brügelmann, H. (1985). Erkennen und fördern, was Kinder schon können. Zur Bedeutung naiver Erfahrungen mit Schrift für das Lesen- und Schreibenlernen. In M. Bergk & K. Meiers (Hrsg.), *Schulanfang ohne Fibeltrott. Überlegungen und Praxisvorschläge zum Lesenlernen mit eigenen Texten* (S. 38–48). Bad Heilbrunn: Klinkhardt.

Brunner, M., Anders, Y., Hachfeld, A. & Krauss, S. (2011). Diagnostische Fähigkeiten von Mathematiklehrkräften. In M. Kunter, J. Baumert, W. Blum, U. Klusmann, S. Krauss & M. Neubrand (Hrsg.), *Professionelle Kompetenz von Lehrkräften. Ergebnisse des Forschungsprogramms COACTIV* (S. 215–234). Münster: Waxmann.

Brunner, M., Kunter, M., Krauss, S., Baumert, J., Blum, W., Neubrand, M., Dubberke, T., Jordan, A., Klusmann, U. & Tsai, Y. (2006a). Die professionelle Kompetenz von Mathematiklehrkräften: Konzeptualisierung, Erfassung und Bedeutung für die Unterrichtsgestaltung. Eine Zwischenbilanz des COACTIV-Projekts. In M. Prenzel & L. Allolio-Näcke (Hrsg.), *Untersuchungen zur Bildungsqualität von Schule. Abschlussbericht des DFG-Schwerpunktprogramms* (S. 54–82). Münster: Waxmann.

Brunner, M., Kunter, M., Krauss, S. Baumert, J., Blum, W., Neubrand, M., Dubberke, T., Jordan, A., Klusmann, U. & Tsai, Y. (2006b). Welche Zusammenhänge bestehen zwischen dem fachspezifischen Professionswissen von Mathematiklehrkräften und ihrer Ausbildung sowie beruflichen Fortbildung? *Zeitschrift für Erziehungswissenschaft*, 9(4), 521–544.

Buch, M. & Frieling, E. (2001). *Belastungs- und Beanspruchungsoptimierung in Kindertagesstätten*. Unveröff. Manuskript. Kassel: Gesamthochschule Kassel.

Buchholtz, N., Kaiser, G. & Blömeke, S. (2014). Die Erhebung mathematikdidaktischen Wissens – Konzeptualisierung einer komplexen Domäne. *Journal für Mathematik-Didaktik*, 35(1), 101–128.

Bühner, M. (2011). *Einführung in die Test- und Fragebogenkonstruktion*. München: Pearson.

Bühner, M. & Ziegler, M. (2009). *Statistik für Psychologen und Sozialwissenschaftler*. München: Pearson.

Bülow, K. von (2011). *Anschlussfähigkeit von Kindergarten und Grundschule. Rekonstruktion von subjektiven Bildungstheorien von Erzieherinnen und Lehrerinnen*. Bad Heilbrunn: Klinkhardt.

Burke, R. J., Greenglass, E. R. & Schwarzer, R. (1996). Predicting teacher burnout over time: Effects of work stress, social support, and self-doubts on burnout and its consequences. *Anxiety, Stress and Coping*, 9(3), 261–275.

Busse, A. & Kaiser, G. (2015). Wissen und Fähigkeiten in Fachdidaktik und Pädagogik: Zur Natur der professionellen Kompetenz von Lehrkräften. *Zeitschrift für Pädagogik*, 61(3), 328–344.

Byrne, B. M. (1999). The nomological network of teacher burnout: A literature review and empirically validated model. In R. Vandenberghe & A. Huberman (Hrsg.), *Un-*

derstanding and preventing teacher burnout: A sourcebook of international research and practice (S. 15–37). Cambridge, UK: Cambridge University Press.

Calderhead, J. (1996). Teachers: Beliefs and knowledge. In D. Berliner & R. Calfee (Hrsg.), *Handbook of educational psychology* (S. 709–725). New York: Macmillan.

Caluori, F. (2004). *Die numerische Kompetenz von Vorschulkindern. Theoretische Modelle und empirische Befunde.* Hamburg: Kovač.

Carle, U. (2014). Anschlussfähigkeit zwischen Kindergarten und Schule. In M. Stamm (Hrsg.), *Handbuch Talententwicklung. Theorien, Methoden und Praxis in Psychologie und Pädagogik* (S. 161–171). Bern: Huber.

Carle, U. (2008). *Anfangsunterricht in der Grundschule. Beste Lernchancen für alle Kinder. Expertise für die Enquetekommission „Chancen für Kinder" des Landtags Nordrhein-Westfalen.* www.landtag.nrw.de/portal/WWW/GB_I/I.1/EK/EKALT/14_EK2/Gutachten/ExpertiseCarle2008.pdf [19.11.2014].

Carle, U. (2004a). „Der (un)geschulte Kopf" – zur Systematisierung des Übergangs vom Kindergarten in die Grundschule. *SpielRäume*, 11(29/30), 31–39.

Carle, U. (2004b). Zur Bedeutung von Bildungsübergängen für die kindliche Persönlichkeitsentwicklung – transdisziplinäre Überlegungen. In L. Denner & E. Schumacher (Hrsg.), *Übergänge im Elementar- und Primarbereich reflektieren und gestalten. Beiträge zu einer grundlegenden Bildung* (S. 30–51). Bad Heilbrunn: Klinkhardt.

Carle, U. (2000). *Was bewegt die Schule? Internationale Bilanz – praktische Erfahrungen – neue systemische Möglichkeiten für Schulreform, Lehrerbildung, Schulentwicklung und Qualitätssteigerung.* Baltmannsweiler: Schneider Hohengehren.

Carle, U., Koeppel, G. & Wenzel, D. (2009). Kooperation. Chance für bessere Bildung von Anfang an. In D. Wenzel, G. Koeppel & U. Carle (Hrsg.), *Kooperation im Elementarbereich. Eine gemeinsame Ausbildung für Kindergarten und Grundschule* (S. 3–8). Baltmannsweiler: Schneider Hohengehren.

Carle, U., Košinár, J. & Leineweber, S. (2011). *Evaluierung der Umsetzung des Sächsischen Bildungsplans, des Schulvorbereitungsjahres und der Verzahnung mit der Schuleingangsphase. Abschlussbericht der Wissenschaftlichen Evaluation.* www.kita.sachsen.de/download/download_smk/bp_abschlussbericht_2011_07_01.pdf [18.05.2014].

Carle, U. & Metzen, H. (2014). *Wie wirkt Jahrgangsübergreifendes Lernen? Internationale Literaturübersicht zum Stand der Forschung, der praktischen Expertise und der pädagogischen Theorie.* Frankfurt a. M.: Grundschulverband.

Carle, U. & Metzen, H. (2009). Professionelle Kooperation als zentrales Erfolgsmoment in einem schulischen Transferprojekt zur Schuleingangsphase (BeSTe). In D. Wenzel, G. Koeppel & U. Carle (Hrsg.), *Kooperation im Elementarbereich. Eine gemeinsame Ausbildung für Kindergarten und Grundschule* (S. 176–196). Baltmannsweiler: Schneider Hohengehren.

Carle, U. & Samuel, A. (2007). *Frühes Lernen – Kindergarten und Grundschule kooperieren.* Baltmannsweiler: Schneider Hohengehren.

Chan, D. W. (2002). Stress, self-efficacy, social support, and psychological distress among prospective chinese teachers in Hong Kong. *Educational Psychology*, 22(5), 557–569.

Cloos, P. & Schröer, W. (2011). Übergang und Kindheit. Perspektiven einer erziehungswissenschaftlichen Forschung. In S. Oehlmann, Y. Manning-Chlechowitz & M. Sitter (Hrsg.), *Frühpädagogische Übergangsforschung. Von der Kindertageseinrichtung in die Grundschule* (S. 17–34). Weinheim: Juventa.

Cohen, J. (1988). *Statistical power analysis for the behavioral sciences* (2. Aufl.). Hillsdale, NJ: Erlbaum.

Cortina, J. M. (1993). What is Coefficient Alpha? An Examination of Theory and Applications. *Journal of Applied Psychology*, 78(1), 98–104.

Cremers, M. & Krabel, J. (2012). *Männliche Fachkräfte in Kindertagesstätten. Eine Studie zur Situation von Männern in Kindertagesstätten und in der Ausbildung zum Erzieher*. Berlin: Bundesministerium für Familie, Senioren, Frauen und Jugend.

Cronbach, L. J. (1951). Coefficient Alpha and the Internal Structure of Tests. *Psychometrika*, 16(3), 297–334.

Curran, P. J., West, S. G. & Finch, J. F. (1996). The robustness of test statistics to nonnormality and specification error in confirmatory factor analysis. *Psychological Methods*, 1(1), 16–29.

Dann, H.-D. (2000). Lehrerkognitionen und Handlungsentscheidungen. In M. K. W. Schweer (Hrsg.), *Lehrer-Schüler-Interaktion. Pädagogisch-psychologische Aspekte des Lehrens und Lernens in der Schule* (S. 79–108). Opladen: Leske + Budrich.

DeCarlo, L. T. (1997). On the meaning and use of kurtosis. *Psychological Methods*, 2(3), 292–307.

Deci, E. L. & Ryan, R. M. (1985). *Intrinsic motivation and self-determination in human behavior*. New York: Plenum Press.

Dick, R. van (2006). *Stress und Arbeitszufriedenheit bei Lehrerinnen und Lehrern. Zwischen „Horrorjob" und Erfüllung* (2. überarb. Aufl.). Marburg: Tectum.

Diehm, I. (2008). Kindergarten und Grundschule – Zur Strukturdifferenz zweier Erziehungs- und Bildungsinstitutionen. In W. Helsper & J. Böhme (Hrsg.), *Handbuch der Schulforschung* (2. durchges. u. erw. Aufl., S. 557–575). Wiesbaden: Verlag für Sozialwissenschaften.

Diskowski, D. (2008). Bildungspläne für Kindertagesstätten – ein neues und noch unbegriffenes Steuerungsinstrument. In H.-G. Roßbach & H.-P. Blossfeld (Hrsg.), *Frühpädagogische Förderung in Institutionen* (S. 47–61). Wiesbaden: Verlag für Sozialwissenschaften.

Dizinger, V., Fussangel, K. & Böhm-Kasper, O. (2011). Lehrer/in sein an der Ganztagsschule: Neue Kooperationsformen – neue Belastungen? *Zeitschrift für Erziehungswissenschaft*, 14(3), 43–61.

DMV, GDM & MNU – Deutsche Mathematiker-Vereinigung, Gesellschaft für Didaktik der Mathematik & Deutscher Verein zur Förderung des mathematischen und naturwissenschaftlichen Unterrichts (2008). *Standards für die Lehrerbildung im Fach Mathematik. Empfehlungen von DMV, GDM, MNU*. http://madipedia.de/images/2/21/Standards_Lehrerbildung_Mathematik.pdf [31.03.2015].

Dockett, S., Perry, B., Campbell, H., Hard, L., Kearney, E., Taffe, R. & Greenhill, J. (2007). *Early Years Learning and Curriculum, Reconceptualising Reception: Continuity of learning*. Adelaide, SA: Department for Education and Child Development (DECD).

Döhrmann, M., Kaiser, G. & Blömeke, S. (2010). Messung des mathematischen und mathematikdidaktischen Wissens: Theoretischer Rahmen und Teststruktur. In S. Blömeke, G. Kaiser & R. Lehmann (Hrsg.), *TEDS-M 2008. Professionelle Kompetenz und Lerngelegenheiten angehender Primarstufenlehrkräfte im internationalen Vergleich* (S. 169–194). Münster: Waxmann.

Dorman, J. P. (2003). Relationship between school and classroom environment and teacher burnout: A LISREL analysis. *Social Psychology of Education*, 6(2), 107–127.

Dornheim, D. (2008). *Prädiktion von Rechenleistung und Rechenschwäche: Der Beitrag von Zahlen-Vorwissen und allgemein-kognitiven Fähigkeiten*. Berlin: Logos.

Dreher, E. (2005). Entwicklungspsychologie des Kindes. In W. Einsiedler, M. Götz, H. Hacker, J. Kahlert, R. W. Keck & U. Sandfuchs (Hrsg.), *Handbuch Grundschulpä-*

dagogik und Grundschuldidaktik (2. überarb. Aufl., S. 146–154). Bad Heilbrunn: Klinkhardt.

Duncan, G., Dowsett, C., Claessens, A., Magnuson, K., Huston, A., Klebanov, P., Pagani, L., Feinstein, L., Engel, M., Brooks-Gunn, J., Sexton, H., Duckworth, K. & Japel, C. (2007). School readiness and later achievement. *Developmental Psychology, 43*(6), 1428–1446.

Dunekacke, S., Jenßen, L., Baack, W., Tengler, M., Wedekind, H., Grassmann, M. & Blömeke, S. (2013). Was zeichnet eine kompetente pädagogische Fachkraft im Bereich Mathematik aus? Modellierung professioneller Kompetenz für den Elementarbereich. *Beiträge zum Mathematikunterricht 2013*, 280–283.

Dunlop, A.-W. & Fabian, H. (2002). Conclusions. Debating transitions, continuity and progression in the early years. In H. Fabian & A.-W. Dunlop (Hrsg.), *Transitions in the Early Years. Debating Continuity and Progression for Children in Early Education* (S. 146–154). London: Routledge Falmer.

Egyed, C. J. & Short, R. J. (2006). Teacher self-efficacy, burnout, experience and decision to refer a distributive student. *School Psychology International, 27*(4), 462–474.

Eichler, K.-P. (2012). Erkundungen zur Symmetrie. *Mathematik differenziert, 1*(3), 18–21.

Eichler, K.-P. (2004). Geometrische Vorerfahrungen von Schulanfängern. *Praxis Grundschule, 27*(2), 12–20.

Ernste, H. (2011). *Angewandte Statistik in Geografie und Umweltwissenschaften.* Zürich: VDF Hochschulverlag.

Esslinger, I. (2002). *Berufsverständnis und Schulentwicklung: ein Passungsverhältnis? Eine empirische Untersuchung zu schulentwicklungsrelevanten Berufsauffassungen von Lehrerinnen und Lehrern.* Bad Heilbrunn: Klinkhardt.

Fabian, H. (2007). Informing Transitions. In A.-W. Dunlop & H. Fabian (Hrsg.), *Informing Transitions in the Early Years. Research, Policy and Practice* (S. 3–20). Maidenhead: McGraw-Hill.

Fabian, H. (2002). *Children starting school. A guide to successful transitions and transfers for teachers and assistants.* London: Fulton.

Faust, G. (Hrsg.) (2013). *Einschulung. Ergebnisse aus der Studie „Bildungsprozesse, Kompetenzentwicklung und Selektionsentscheidungen im Vorschul- und Schulalter (BiKS)".* Münster: Waxmann.

Faust, G. (2012). Zur Bedeutung des Schuleintritts für die Kinder – für eine wirkungsvolle Kooperation von Kindergarten und Grundschule. In S. Pohlmann-Rother & U. Franz (Hrsg.), *Kooperation von KiTa und Grundschule. Eine Herausforderung für das pädagogische Personal* (S. 11–21). Köln: Carl Link.

Faust, G. (2006). Die neue Schuleingangsstufe – Entstehung und aktueller Stand. In D. Diskowski, E. Hammes-Di Bernardo, S. Hebenstreit-Müller & A. Speck-Hamdan (Hrsg.), *Übergänge gestalten. Wie Bildungsprozesse anschlussfähig werden* (S. 136–149). Weimar: Das Netz.

Faust, G., Kratzmann, J. & Wehner, F. (2012). Schuleintritt als Risiko für Schulanfänger? *Zeitschrift für Pädagogische Psychologie, 26*(3), 197–212.

Faust, G., Wehner, F. & Kratzmann, J. (2011). Zum Stand der Kooperation von Kindergarten und Grundschule. Maßnahmen und Einstellungen der Beteiligten. *Journal for Educational Research Online, 3*(2), 38–61.

Faust-Siehl, G. (2001). Die neue Schuleingangsstufe in den Bundesländern. In G. Faust-Siehl & A. Speck-Hamdan (Hrsg.), *Schulanfang ohne Umwege. Mehr Flexibilität im Bildungswesen* (S. 194–252). Frankfurt a. M.: Grundschulverband.

Fegert, J. & Schrapper, C. (2004). *Handbuch Jugendhilfe-Jugendpsychiatrie. Interdisziplinäre Kooperation.* Weinheim: Juventa.

Feiman-Nemser, S. & Buchmann, M. (1987). When is student teaching teacher education? *Teaching and Teacher Education*, 3(4), 255–273.

Felbrich, A., Schmotz, C. & Kaiser, G. (2010). Überzeugungen angehender Primarstufenlehrkräfte im internationalen Vergleich. In S. Blömeke, G. Kaiser & R. Lehmann (Hrsg.), *TEDS-M 2008. Professionelle Kompetenz und Lerngelegenheiten angehender Primarstufenlehrkräfte im internationalen Vergleich* (S. 297–326). Münster: Waxmann.

Fengler, J. (1996). *Konkurrenz und Kooperation in Gruppe, Team und Partnerschaft*. München: Pfeiffer.

Foerster, F. (2012). Sprache und Literacy. Fachliche Grundlagen, Diagnose- und Fördermöglichkeiten. In S. Pohlmann-Rother & U. Franz (Hrsg.), *Kooperation von KiTa und Grundschule. Eine Herausforderung für das pädagogische Persona*l (S. 87–103). Köln: Carl Link.

Frenzel, A. C. & Götz, T. (2007). Emotionales Erleben von Lehrkräften beim Unterrichten. *Zeitschrift für Pädagogische Psychologie*, 21(3/4), 283–295.

Freudenthal, H. (1981). Kinder und Mathematik. *Grundschule*, 13(3), 100–102.

Fried, A. (2012). *Mathematische Erfahrungen im Kindergarten. Eine Fragebogenstudie in niedersächsischen Kindertageseinrichtungen*. Hildesheim: Franzbecker.

Fried, L. & Roux, S. (Hrsg.) (2006). *Pädagogik der frühen Kindheit*. Weinheim: Beltz.

Friedrich, G. & de Galgoczy, V. (2004). *Komm mit ins Zahlenland. Eine spielerische Entdeckungsreise in die Welt der Mathematik*. Freiburg: Christophorus.

Friedrichs, J. (1990). *Methoden empirischer Sozialforschung*. Wiesbaden: Springer VS.

Frith, U. (1985). Beneath the Surface of Developmental Dyslexia. In K. Patterson, J. Marshall & M. Coltheart (Hrsg.), *Surface Dyslexia: neuropsychological and cognitive studies of phonological reading* (S. 301–330). Hillsdale, NJ: Erlbaum.

Fthenakis, W. E., Gisbert, K., Griebel, W., Kunze, H.-R., Niesel, R. & Wustmann, C. (2004). *Auf den Anfang kommt es an: Perspektiven für eine Neuorientierung frühkindlicher Bildung* (Bildungsforschung, 16). Bonn: BMBF.

Fuchs, T. & Trischler, F. (2008). *Arbeitsqualität aus Sicht von Erzieherinnen und Erziehern. Ergebnisse aus der Erhebung zum DGB-Index Gute Arbeit*. Berlin: ver.di.

Fussangel, K. (2008). *Subjektive Theorien von Lehrkräften zur Kooperation. Eine Analyse der Zusammenarbeit von Lehrerinnen und Lehrern in Lerngemeinschaften*. Dissertation: Bergische Universität Wuppertal.

Fussangel, K. & Gräsel, C. (2012). Lehrerkooperation aus Sicht der Bildungsforschung. In E. Baum, T.-S. Idel & H. Ullrich (Hrsg.), *Kollegialität und Kooperation in der Schule. Theoretische Konzepte und empirische Befunde* (S. 29–40). Wiesbaden: Springer VS.

Gasteiger, H. (2010). *Elementare mathematische Bildung im Alltag der Kindertagesstätte. Grundlegung und Evaluation eines kompetenzorientierten Förderansatzes*. Münster: Waxmann.

Gasteiger, H. & Benz, C. (2012). Mathematiklernen im Übergang – kindgemäß, sachgemäß und anschlussfähig. In S. Pohlmann-Rother & U. Franz (Hrsg.), *Kooperation von KiTa und Grundschule. Eine Herausforderung für das pädagogische Personal* (S. 104–120). Köln: Carl Link.

Geene, R. & Borkowksi, S. (2009). Neue Wege in der Elementarpädagogik und die spezielle Problematik im Übergang Kindertagesstätte – Grundschule. In D. Wenzel, G. Koeppel & U. Carle (Hrsg.), *Kooperation im Elementarbereich. Eine gemeinsame Ausbildung für Kindergarten und Grundschule* (S. 156–166). Baltmannsweiler: Schneider Hohengehren.

Gellert, U. (1998). *Von Lernerfahrungen zu Unterrichtskonzeptionen. Eine soziokulturelle Analyse von Vorstellungen angehender Lehrerinnen und Lehrer zu Mathematik und Mathematikunterricht.* Berlin: VWF.

Gerwing, C. (1994). Stress in der Schule – Belastungswahrnehmung von Lehrerinnen und Lehrern. *Zeitschrift für Pädagogische Psychologie*, 8(1), 41–53.

Geving, A. M. (2007). Identifying the types of student and teacher behaviours associated with teacher stress. *Teaching and Teacher Education*, 23(5), 624–640.

GEW – Gewerkschaft für Erziehung und Wissenschaft (Hrsg.) (2007). *Wie geht's im Job? KiTa-Studie der GEW.* Frankfurt a. M.: GEW.

Gläser, J. L. (2015). *Die Zusammenhänge zwischen epistemologischen Überzeugungen und motivationalen Orientierungen als richtungsweisende Ausgangspunkte für die mathematikdidaktischen Fähigkeiten pädagogischer Fachkräfte im Elementar- und Primarbereich.* Dissertation: Universität Bremen.

Glickman, C. D. & Tamashiro, R. T. (1982). A comparison of first year, fifth year, and former teachers on efficacy, ego development and problem solving. *Psychology in the Schools*, 19(4), 558–562.

Gräsel, C., Fussangel, K. & Pröbstel, C. (2006). Lehrkräfte zur Kooperation anregen – eine Aufgabe für Sisyphos? *Zeitschrift für Pädagogik*, 52(2), 205–219.

Grassmann, M. (1996). Geometrische Fähigkeiten der Schulanfänger. *Grundschulunterricht*, 43(5), 25–27.

Grassmann, M., Mirwald, E., Klunter, M. & Veith, U. (1995). Arithmetische Kompetenzen von Schulanfängern – Schlussfolgerungen für die Gestaltung des Anfangsunterrichts. *Sachunterricht und Mathematik in der Primarstufe*, 23(7), 302–303, 314–321.

Griebel, W. & Niesel, R. (2011). Übergänge verstehen und begleiten. *Transitionen in der Bildungslaufbahn von Kindern.* Berlin: Cornelsen Scriptor.

Griebel, W. & Niesel, R. (2004). *Transitionen. Fähigkeit von Kindern in Tageseinrichtungen fördern, Veränderungen erfolgreich zu bewältigen.* Weinheim: Beltz.

Griebel, W. & Niesel, R. (2003). Die Bewältigung des Übergangs vom Kindergarten in die Grundschule. In W. Fthenakis (Hrsg.), *Elementarpädagogik nach PISA. Wie aus Kindertagesstätten Bildungseinrichtungen werden können* (S. 136–151). Freiburg: Herder.

Grigutsch, S. (1996). *Mathematische Weltbilder von Schülern. Struktur, Entwicklung, Einflussfaktoren.* Dissertation: Universität-Gesamthochschule Duisburg.

Grigutsch, S., Raatz, U. & Törner, G. (1998). Einstellungen gegenüber Mathematik bei Mathematiklehrern. *Journal für Mathematik-Didaktik*, 19(1), 3–45.

Grotz, T. (2005). *Die Bewältigung des Übergangs vom Kindergarten zur Grundschule. Zur Bedeutung kindbezogener, familienbezogener und institutionsbezogener Schutz- und Risikofaktoren im Übergangsprozess.* Hamburg: Kovač.

Grunder, H.-U. & Bieri, T. (1995). *Zufriedenheit in der Schule? Zufrieden mit der Schule? Berufszufriedenheit und Kündigungsgründe von Lehrkräften.* Bern: Haupt.

Grunwald, W. (1981). Konflikt-Konkurrenz-Kooperation: Eine theoretisch-empirische Konzeptanalyse. In W. Grunwald & H.-G. Lilge (Hrsg.), *Kooperation und Konkurrenz in Organisationen* (S. 50–96). Bern: Haupt.

Grüßing, M. & Peter-Koop, A. (2007). Mathematische Frühförderung. Inhalte, Aktivitäten und diagnostische Beobachtungen. In C. Brokmann-Nooren, I. Gereke, H. Kiper & W. Renneberg (Hrsg.), *Bildung und Lernen der Drei- bis Achtjährigen* (S. 168–184). Bad Heilbrunn: Klinkhardt.

Guder, K.-U. (2002). *Sichtweisen zu Lern- und Leistungsschwierigkeiten im Mathematikunterricht der Grundschule. Eine qualitative Untersuchung zu den Subjektiven Theorien von Grundschullehrerinnen und -lehrern.* Hildesheim: Franzbecker.

Guskey, T. R. (1988). Teacher efficacy, self-concept, and attitudes toward the implementation of instructional innovation. *Teaching and Teacher Education*, 4(1), 63–69.

Hacker, H. (2008). *Bildungswege vom Kindergarten zur Grundschule: Theorie und Praxis eines kindgerechten Übergangs* (3. neubearb. Aufl.). Bad Heilbrunn: Klinkhardt.

Hacker, H. (2001). Die Anschlussfähigkeit von Kindergarten und Grundschule. In G. Faust-Siehl & A. Speck-Hamdan (Hrsg.), *Schulanfang ohne Umwege. Mehr Flexibilität im Bildungswesen* (S. 80–94). Frankfurt a. M.: Grundschulverband.

Hacker, W. (2005). *Allgemeine Arbeitspsychologie. Psychische Regulation von Wissens-, Denk- und körperlicher Arbeit* (2. vollst. überarb. u. erg. Aufl.). Bern: Hans Huber.

Haerle, F. & Bendixen, L. (2008). Personal epistemology in elementary classrooms: A conceptual comparison of Germany and the United States and a guide for future cross-cultural research. In M. Khine (Hrsg.), *Knowing, knowledge and beliefs. Epistemological studies across diverse cultures* (S. 151–176). New York: Springer.

Hair, J., Black, B., Babin, B., Anderson, R. & Tatham, R. (2006). *Multivariate Data Analysis* (6. Aufl.). Upper Saddle River, NJ: Prentice-Hall.

Hakanen, J., Bakker, A. & Schaufeli, W. (2006). Burnout and work engagement among teachers. *Journal of School Psychology*, 43(6), 495–513.

Hartinger, A., Kleickmann, T. & Hawelka, B. (2006). Der Einfluss von Lehrervorstellungen zum Lernen und Lehren auf die Gestaltung des Unterrichts und auf motivationale Schülervariablen. *Zeitschrift für Erziehungswissenschaft*, 9(1), 110–126.

Havighurst, R. J. (1972). *Developmental Tasks and Education.* New York: David McKay.

Heinze, A. & Grüßing, M. (Hrsg.) (2009). *Mathematiklernen vom Kindergarten bis zum Studium: Kontinuität und Kohärenz als Herausforderung für den Mathematikunterricht.* Münster: Waxmann.

Hengartner, E. & Röthlisberger, H. (1995). Rechenfähigkeit von Schulanfängern. In H. Brügelmann, H. Balhorn & I. Füssenich (Hrsg.), *Am Rande der Schrift. Zwischen Sprachenvielfalt und Analphabetismus* (S. 66–85). Lengwil: Libelle.

Hess, K. (2005). Lernbegleitung im Mathematikunterricht. Ansprüche, Funktionen, Bedingungen und Realitäten. *Journal für Mathematik-Didaktik*, 26(3/4), 224–228.

Heyer, P. (1975). Scheitern schon beim Lesenlernen? In E. Schwartz (Hrsg.), *Modell „Erstes Schuljahr"* (Beiträge zum Schulanfang, Sonderband 19/20, S. 293–297). Frankfurt a. M.: Grundschulverband.

Hoenisch, N. & Niggemeyer, E. (2004). *Mathe-Kings. Junge Kinder fassen Mathematik an.* Weimar: Das Netz.

Hofer, B. & Pintrich, P. (1997). The development of epistemological theories: Beliefs about knowledge and knowing and their relation to learning. *Review of Educational Research*, 67(1), 88–140.

Hofer, M. (1996). Lehrer-Schüler-Interaktion. In F. E. Weinert (Hrsg.), *Enzyklopädie der Psychologie. Band 3: Psychologie des Unterrichts und der Schule* (S. 213–252). Göttingen: Hogrefe.

Höglinger, S. & Senftleben, H.-G. (1997). Schulanfänger lösen geometrische Aufgaben. *Grundschulunterricht,* 44(5), 36–39.

Holzberger, D., Phillipp, A. & Kunter, M. (2013). How teachers' self-efficacy is related to instructional quality: A longitudinal analysis. *Journal of Educational Psychology*, 105(3), 774–786.

Hopf, M. (2011). Sustained Shared Thinking in der frühpädagogischen Praxis des naturwissenschaftlich-technischen Lernens. *Zeitschrift für Grundschulforschung*, 4(1), 73–85.

Hübner, P. & Werle, M. (1997). Arbeitszeit und Arbeitsbelastung Berliner Lehrerinnen und Lehrer. In S. Buchen, U. Carle, P. Döbrich, H. Hoyer & H.-G. Schönwälder (Hrsg.), *Jahrbuch für Lehrerforschung* (Band 1, S. 203–226). Weinheim: Juventa.

Hugener, I., Rakoczy, K., Pauli, C. & Reusser, K. (2006). Videobasierte Unterrichtsforschung: Integration verschiedener Methoden der Videoanalyse für eine differenzierte Sicht auf Lehr-Lernprozesse. In S. Rahm, I. Mammes & M. Schratz (Hrsg.), *Unterrichtsforschung: Perspektiven innovativer Ansätze* (S. 41–53). Innsbruck: Studien Verlag.

Huppertz, N. & Rumpf, J. (1983). *Kooperation zwischen Kindergarten und Schule. Beiträge zur Theoriebildung*. München: Bardtenschlager.

Hüttel, C. & Rathgeb-Schnierer, E. (2014). Lernprozessgestaltung in mathematischen Bildungsangeboten. In D. Kucharz, K. Mackowiak, S. Ziroli, A. Kauertz, E. Rathgeb-Schnierer & M. Dieck (Hrsg.), *Professionelles Handeln im Elementarbereich (PRIMEL). Eine deutsch-schweizerische Videostudie* (S. 145–166). Münster: Waxmann.

Ipfling, H. J., Peez, H. & Gamsjäger, E. (1995). *Wie zufrieden sind die Lehrer? Empirische Untersuchungen zur Berufs(un)zufriedenheit von Lehrern/Lehrerinnen der Primar- und Sekundarstufe im deutschsprachigen Raum*. Bad Heilbrunn: Klinkhardt.

James, E. M. (2002). Self-efficacy: The power of believing you can. In C. R. Snyder & S. J. Lopez (Hrsg.), *Handbook of positive psychology* (S. 277–287). New York: Oxford University.

Janssen, R. (2010). *Die Ausbildung Frühpädagogischer Fachkräfte an Berufsfachschulen und Fachschulen. Eine Analyse im Ländervergleich* (WIFF Expertisen, 1). München: DJI, WIFF.

JFMK & KMK – Jugend- und Familienministerkonferenz & Kultusministerkonferenz (2009). *Den Übergang von der Tageseinrichtung für Kinder in die Grundschule sinnvoll und wirksam gestalten – Das Zusammenwirken von Elementarbereich und Primarstufe optimieren* (Beschluss der Jugend- und Familienministerkonferenz vom 05.06.2009, Beschluss der Kultusministerkonferenz vom 18.06.2009). www.kmk. org/fileadmin/veroeffentlichungen_beschluesse/2009/2009_06_18-Uebergang-Tageseinrichtungen-Grundschule.pdf [30.07.2015].

JMK & KMK – Jugendministerkonferenz & Kultusministerkonferenz (2004). *Gemeinsamer Rahmen der Länder für die frühe Bildung in Kindertageseinrichtungen* (Beschluss der Jugendministerkonferenz vom 13./14.05.2004, Beschluss der Kultusministerkonferenz vom 03./04.06.2004). www.kmk.org/fileadmin/veroeffentlichungen_beschluesse/2004/2004_06_04-Fruehe-Bildung-Kitas.pdf [14.03.2012].

Jordan, A., Kircaali-Iftar, G. & Diamond, P. (1993). Who has a problem, the student or the teacher? Differences in teachers' beliefs about their work with at risk and integrated exceptional students. *International Journal of Disability, Development and Education*, 40(1), 45–62.

Jungbauer, J. & Ehlen, S. (2013). *Berufsbezogene Stressbelastungen und Burnout-Risiko bei Erzieherinnen und Erziehern. Ergebnisse einer Fragebogenstudie. Abschlussbericht*. Aachen: Katholische Hochschule Nordrhein-Westfalen.

Jussim, L., Robustelli, S. L. & Cain, T. R. (2009). Teacher Expectations and Self-Fullfilling Prophecies. In K. R. Wentzel & A. Wigfield (Hrsg.), *Handbook of motivation at school* (S. 628–653). New York: Routledge.

Kaiser, H. F. (1974). An index of factorial simplicity. *Psychometrika*, 39(1), 31–36.

Kalimo, R., Pahkin, K., Mutanen, P. & Toppinen-Tanner, S. (2003). Staying well or burning out at work: Work characteristics and personal resources as long-term predictors. *Work and Stress*, 17(2), 109–122.

Kamski, I. (2011). *Innerschulische Kooperation in der Ganztagsschule. Eine Analyse der Zusammenarbeit von zwei Berufsgruppen am Beispiel von Lehrkräften und Erzieherinnen und Erziehern.* Münster: Waxmann.

Kardoff, E. v. (1998). Kooperation, Koordination und Vernetzung – Anmerkungen zur Schnittstellenproblematik in der psychosozialen Versorgung. In B. Röhrle, G. Sommer & F. Nestmann (Hrsg.), *Netzwerkinterventionen* (S. 203–222). Tübingen: DGTV.

Kaufmann, S. & Lorenz, J. H. (2009). *Elementar – Erste Grundlagen in Mathematik.* Braunschweig: Westermann.

Keller, K. H. & Pfaff, P. (Hrsg.) (2012). *Das Mathebuch 1.* Offenburg: Mildenberger.

Kersting, N. (2008). Using Video clips of mathematics classroom instruction as item prompts to measure teachers' knowledge of teaching mathematics. *Educational and Psychological Measurement*, 68(5), 845–861.

Kienig, A. (2002). The importance of social adjustment for future success. In H. Fabian & A.-W. Dunlop (Hrsg.), *Transitions in the Early Years. Debating continuity and progression for children in early education* (S. 23–37). London: Routledge Falmer.

Kirchler, E. (2008). *Arbeits- und Organisationspsychologie* (2. Aufl.). Wien: UTB, WUV Facultas.

Kirstein, N., Fröhlich-Gildhoff, K. & Haderlein, R. (2012). *Von der Hochschule an die Kita. Berufliche Erfahrungen von Absolventinnen und Absolventen kindheitspädagogischer Bachelorstudiengänge* (WIFF Expertisen, 27). München: DJI, WIFF.

Klassen, R. & Chiu, M. (2011). The occupational commitment and intention to quit of practicing and pre-service teachers: Influence of self-efficacy, job stress, and teaching context. *Contemporary Educational Psychology*, 36(2), 114–129.

Klieme, E., Avenarius, H., Blum, W., Döbrich, P., Gruber, H., Prenzel, M., Reiss, K., Riquarts, K., Rost, J., Tenorth, H.-E. & Vollmer, H. J. (2003). *Zur Entwicklung nationaler Bildungsstandards. Eine Expertise* (Bildungsforschung, 1). Bonn: BMBF.

Klieme, E., Schümer, G. & Knoll, S. (2001). Mathematikunterricht in der Sekundarstufe I: „Aufgabenkultur" und Unterrichtsgestaltung im internationalen Vergleich. In E. Klieme & J. Baumert (Hrsg.), *TIMSS – Impulse für Schule und Unterricht. Forschungsbefunde, Reforminitiativen, Praxisberichte und Video-Dokumente* (S. 43–57). Bonn: BMBF.

Kline, R. B. (2005). *Principles and practice of structural equation modeling.* New York, NY: Guilford Press.

Kluczniok, K. & Roßbach, H.-G. (2008). Übergang Kindergarten – Primarschule. In T. Coelen & H.-U. Otto (Hrsg.), *Grundbegriffe Ganztagsbildung. Das Handbuch* (S. 321–330). Wiesbaden: Verlag für Sozialwissenschaften.

Klusmann, U., Kunter, M., Trautwein, U., Lüdtke, O. & Baumert, J. (2008). Engagement and Emotional Exhaustion in Teachers: Does the School Context Make a Difference? *Applied Psychology*, 57(1), 127–151.

Klusmann, U., Kunter, M., Voss, T. & Baumert, J. (2012). Berufliche Beanspruchung von angehenden Lehrkräften: Die Effekte von Persönlichkeit, pädagogischer Vorerfahrung und professioneller Kompetenz. *Zeitschrift für Pädagogische Psychologie*, 26(4), 275–290.

KMK – Kultusministerkonferenz (2013). *Das Bildungswesen in der Bundesrepublik Deutschland 2011/2012. Darstellung der Kompetenzen, Strukturen und bildungspolitischen Entwicklungen für den Informationsaustausch in Europa.* www.kmk.

org/fileadmin/doc/Dokumentation/Bildungswesen_pdfs/dossier_de_ebook.pdf [20.06.2014].

KMK – Kultusministerkonferenz (2008). *Ländergemeinsame inhaltliche Anforderungen für die Fachwissenschaften und Fachdidaktiken in der Lehrerbildung* (Beschluss der Kultusministerkonferenz vom 16.10.2008). http://www.kmk.org/fileadmin/ver oeffentlichungen_beschluesse/2008/2008_10_16_Fachprofile-Lehrerbildung.pdf [31.03.2015].

KMK – Kultusministerkonferenz (2004a). *Bildungsstandards im Fach Mathematik für den Primarbereich* (Beschluss der Kultusministerkonferenz vom 15.10.2004). www.kmk. org/fileadmin/veroeffentlichungen_beschluesse/2004/2004_10_15-Bildungsstan dards-Mathe-Primar.pdf [24.01.2014].

KMK – Kultusministerkonferenz (2004b). *Vereinbarung zu den Standards für die Lehrerbildung: Bildungswissenschaften* (Beschluss der Kultusministerkonferenz vom 16.12.2004). www.kmk.org/fileadmin/veroeffentlichungen_beschluesse/2004/2004_ 12_16-Standards-Lehrerbildung.pdf [24.01.2014].

KMK – Kultusministerkonferenz (2003). *Bildungsstandards im Fach Mathematik für den Mittleren Schulabschluss* (Beschluss der Kultusministerkonferenz vom 04.12.2003). www.kmk.org/fileadmin/veroeffentlichungen_beschluesse/2003/2003_12_04-Bil dungsstandards-Mathe-Mittleren-SA.pdf [24.01.2014].

Knauf, T. & Schubert, E. (2006). Den Übergang vom Kindergarten in die Grundschule neu gestalten. In D. Diskowski, E. Hammes-Di Bernardo, S. Hebenstreit-Müller & A. Speck-Hamdan (Hrsg.), *Übergänge gestalten. Wie Bildungsprozesse anschlussfähig werden* (S. 150–174). Weimar: Das Netz.

Köller, O., Baumert, J. & Neubrand, J. (2000). Epistemologische Überzeugungen und Fachverständnis im Mathematik- und Physikunterricht. In J. Baumert, W. Bos & R. H. Lehmann (Hrsg.), *TIMSS/III. Dritte Internationale Mathematik- und Naturwissenschaftsstudie: Mathematische und naturwissenschaftliche Bildung am Ende der Schullaufbahn. Band 2: Mathematische und physikalische Kompetenzen am Ende der gymnasialen Oberstufe* (S. 229–270). Opladen: Leske + Budrich.

König, A. (2009). *Interaktionsprozesse zwischen ErzieherInnen und Kindern. Eine Videostudie aus dem Alltag des Kindergartens.* Wiesbaden: Verlag für Sozialwissenschaften.

Körner, S. C. (2003). *Das Phänomen Burnout am Arbeitsplatz Schule. Ein empirischer Beitrag zur Beschreibung des Burnout-Syndroms und seiner Verbreitung sowie zur Analyse von Zusammenhängen und potentiellen Einflussfaktoren auf das Ausbrennen von Gymnasiallehrern.* Berlin: Logos.

Košinàr, J. & Leineweber, S. (2010). *Ganzheitliche Stressprävention in der Lehrerausbildung. Konzept, Training und Begleitforschung.* Baltmannsweiler: Schneider Hohengehren.

Koslowski, C. (2015). *Kindergarten und Grundschule auf dem Weg zur Intensivkooperation.* Weinheim: Beltz.

Koslowski, C. (2013). *Kommunikations- und Kooperationsbarrieren in der interinstitutionellen Zusammenarbeit im Elementarbereich.* Dissertation: Universität Bremen.

Krajewski, K. (2008). Vorschulische Förderung mathematischer Kompetenzen. In F. Petermann (Hrsg.), *Angewandte Entwicklungspsychologie* (S. 275–304). Göttingen: Hogrefe.

Krajewski, K., Nieding, G. & Schneider, W. (2007). *Mengen, zählen, Zahlen (MZZ).* Berlin: Cornelsen.

Krajewski, K. & Schneider, W. (2006). Mathematische Vorläuferfertigkeiten im Vorschulalter und ihre Vorhersagekraft für die Mathematikleistungen bis zum Ende der Grundschulzeit. *Psychologie in Erziehung und Unterricht*, 53(4), 246–262.

Kramis-Aebischer, K. (1995). *Stress, Belastungen und Belastungsverarbeitung im Lehrerberuf*. Bern: Haupt.

Krapp, A. (2002). Structural and dynamic aspects of interest development: theoretical considerations from an ontogenetic perspective. *Learning and Instruction*, 12(4), 383–409.

Krapp, A. (1999). Intrinsische Lernmotivation und Interesse. Forschungsansätze und konzeptuelle Überlegungen. *Zeitschrift für Pädagogik*, 45(3), 387–406.

Krapp, A. (1998). Interesse. In D. Rost (Hrsg.), *Handwörterbuch Pädagogische Psychologie* (S. 203–209). Weinheim: Belz.

Krapp, A. (1992). Das Interessenskonstrukt – Bestimmungsmerkmale der Interessenshandlung und des individuellen Interesses aus Sicht einer Person-Gegenstands-Konzeption. In A. Krapp & M. Prenzel (Hrsg.), *Interesse, Lernen, Leistung. Neuere Ansätze der pädagogisch-psychologischen Interessenforschung* (S. 297–329). Münster: Aschendorff.

Krause, A. (2004). Erhebung aufgabenbezogener psychischer Belastungen im Unterricht – ein Untersuchungskonzept. *Zeitschrift für Arbeits- und Organisationspsychologie*, 48(3), 139–147.

Krause, A. (2003). Lehrerbelastungsforschung – Erweiterung durch ein handlungspsychologisches Belastungskonzept. *Zeitschrift für Pädagogik*, 49(2), 254–273.

Krause, A. & Dorsemagen, C. (2007). Ergebnisse der Lehrerbelastungsforschung: Orientierung im Forschungsdschungel. In M. Rothland (Hrsg.), *Belastung und Beanspruchung im Lehrerberuf. Modelle, Befunde, Interventionen* (S. 52–80). Wiesbaden: Verlag für Sozialwissenschaften.

Krauss, S., Neubrand, M., Blum, W., Baumert, J., Brunner, M., Kunter, M. & Jordan, A. (2008). Die Untersuchung des professionellen Wissens deutscher Mathematik-Lehrerinnen und -Lehrer im Rahmen der COACTIV-Studie. *Journal für Mathematik-Didaktik*, 29(3/4), 223–257.

Kreid, B. & Knoke, A. (2011). Bildung gemeinsam gestalten – Kooperation von Kitas und Grundschulen begleiten und unterstützen. In D. Kucharz, T. Irion & B. Reinhoffer (Hrsg.), *Grundlegende Bildung ohne Brüche* (Jahrbuch Grundschulforschung, 15, S. 99–110). Wiesbaden: Verlag für Sozialwissenschaften.

Kunter, M. (2011). Motivation als Teil der professionellen Kompetenz – Forschungsbefunde zum Enthusiasmus von Lehrkräften. In M. Kunter, J. Baumert, W. Blum, U. Klusmann, S. Krauss & M. Neubrand (Hrsg.), *Professionelle Kompetenz von Lehrkräften. Ergebnisse des Forschungsprogramms COACTIV* (S. 259–275). Münster: Waxmann.

Kunter, M., Baumert, J., Blum, W., Klusmann, U., Krauss, S. & Neubrand, M. (2011). *Professionelle Kompetenz von Lehrkräften. Ergebnisse des Forschungsprogramms COACTIV*. Münster: Waxmann.

Kunter, M., Tsai, Y.-M., Klusmann, U., Brunner, M., Krauss, S. & Baumert, J. (2008). Students' and mathematics teachers' perceptions of teacher enthusiasm and instruction. *Learning and Instruction*, 18(5), 468–482.

Laewen, H.-J. (2002). Bildung und Erziehung in Kindertageseinrichtungen. In H.-J. Laewen & B. Andres (Hrsg.), *Bildung und Erziehung in der frühen Kindheit. Bausteine zum Bildungsauftrag von Kindertageseinrichtungen* (S. 16–102). Berlin: Cornelsen Scriptor.

Laschke, C. & Blömeke, S. (2014). *Teacher Education and Development Study – Learning to Teach Mathematics (TEDS-M). Dokumentation der Erhebungsinstrumente.* Münster: Waxmann.

Leder, G. C., Pehkonen, E. & Törner, G. (2002*). Beliefs. A hidden variable in mathematics education?* Dordrecht: Kluwer.

Lee, K. (2010). *Kinder erfinden Mathematik. Gestaltendes Tätigsein mit gleichem Material in großer Menge.* Weimar: Das Netz.

Lent, R., Lopez, F. & Bieschke, J. (1993). Predicting mathematics-related choice and success behaviors: test of an expanded social cognitive model. *Journal of Vocational Behavior,* 42(2), 223–236.

Leonhart, R. (2009). *Lehrbuch Statistik. Einstieg und Vertiefung* (2. überarb. u. erw. Aufl.). Bern: Huber.

Leuchter, M., Pauli, C., Reusser, K. & Lipowsky, F. (2006). Unterrichtsbezogene Überzeugungen und handlungsleitende Kognitionen von Lehrpersonen. *Zeitschrift für Erziehungswissenschaft,* 9(4), 562–579.

Liegle, L. (2011). Pädagogische Prinzipien zur Rechtfertigung von Kontinuität in den Bildungsverläufen von Kindern. In S. Oehlmann, Y. Manning-Chlechowitz & M. Sitter (Hrsg.), *Frühpädagogische Übergangsforschung. Von der Kindertageseinrichtung in die Ganztagesschule* (S. 159–170). Weinheim: Juventa.

Lindmeier, A. M. (2013). Video-vignettenbasierte standardisierte Erhebung von Lehrerkognitionen. In U. Riegel & K. Macha (Hrsg.), *Videobasierte Kompetenzforschung in den Fachdidaktiken* (S. 5–21). Münster: Waxmann.

Lindmeier, A. M. (2011). *Modeling and Measuring Knowledge and Competencies of Teachers. A Threefold Domain-Specific Structure Model for Mathematics.* Münster: Waxmann.

Lindmeier, A. M., Heinze, A. & Reiss, K. (2013). Eine Machbarkeitsstudie zur Operationalisierung aktionsbezogener Kompetenz von Mathematiklehrkräften mit videobasierten Maßen. *Journal für Mathematik-Didaktik,* 34(1), 99–119.

Little, J. W. (1990). The persistance of privacy: Autonomy and initiative in teachers' professional relations. *Teachers College Record,* 91(4), 509–536.

Lortie, D. C. (1975). *Schoolteacher. A sociological study.* Chicago: University Press.

Louca, L., Elby, A., Hammer, D. & Kagey, T. (2004). Epistemological resources: Applying a new epistemological framework to science instruction. *Educational Psychologist,* 39(1), 57–68.

Maaß, J. & Schlöglmann, W. (Hrsg.) (2009). *Beliefs and Attitudes in Mathematics Education. New research results.* Rotterdam: Sense.

Mackowiak, K., Wadepohl, H. & Bosshart, S. (2014). Analysen der Kompetenzen von pädagogischen Fachkräften im Freispiel und in Bildungsangeboten. Ausgewählte Ergebnisse zur Triangulation der Daten. In D. Kucharz, K. Mackowiak, S. Ziroli, A. Kauertz, E. Rathgeb-Schnierer & M. Dieck (Hrsg.), *Professionelles Handeln im Elementarbereich (PRIMEL). Eine deutsch-schweizerische Videostudie* (S. 179–204). Münster: Waxmann.

Mandl, H. & Gerstenmaier, J. (2000). *Die Kluft zwischen Wissen und Handeln. Empirische und theoretische Lösungsansätze.* Göttingen: Hogrefe.

Margetts, K. (2007). Understanding and supporting children: shaping transition practices. In A.-W. Dunlop & H. Fabian (Hrsg.), *Informing Transitions in the Early Years. Research, Policy and Practice* (S. 107–119). Maidenhead: McGraw-Hill.

Margetts, K. (2002). Transition to School – Complexity and Diversity. *European Early Childhood Education Reasearch Journal,* 10(2), 103–114.

Maslach, C., Schaufeli, W. B. & Leiter, M. (2001). Job burnout. *Annual Review of Psychology*, 52, 397–422.

Mattheoudakis, M. (2007). Tracking changes in pre-service EFL teacher beliefs in Greece: A longitudinal study. *Teaching and Teacher Education*, 23(8), 1272–1288.

Mayring, P. (2010). *Qualitative Inhaltsanalyse. Grundlagen und Techniken* (11. Aufl.). Weinheim: Beltz.

MBJS – Ministerium für Bildung, Jugend und Sport des Landes Brandenburg, Senatsverwaltung für Bildung, Jugend und Sport Berlin, Senator für Bildung und Wissenschaft Bremen, Ministerium für Bildung, Wissenschaft und Kultur Mecklenburg-Vorpommern (2004). *Rahmenlehrplan Grundschule Mathematik*. www.lis.bremen. de/sixcms/media.php/13/04-06-23_Mathe.pdf [08.12.2013].

Mendoza, J. L., Stafford, K. L. & Stauffer, J. (2000). Large-sample confidence intervals for validity and reliability coefficients. *Psychological Methods*, 5(3), 356–369.

Meyer-Siever, K. (2015). *Wunsch und Wirklichkeit. Kooperation aus der Perspektive von ErzieherInnen und GrundschullehrerInnen eingebettet in Arbeitsbedingungen ihres beruflichen Alltags. Eine repräsentative Untersuchung am Beispiel von zwei Bundesländern*. Dissertation: Universität Bremen. http://elib.suub.uni-bremen.de/ edocs/00104800-1.pdf.

Migdley, C., Feldlaufer, H. & Eccles, J. (1989). Change in teacher efficacy and student self- and task-related beliefs in mathematics during the transition to Junior High School. *Journal of Educational Psychology*, 81(2), 247–258.

Mischo, C. (2015). Eingangsvoraussetzungen und Kompetenzen am Ende der Ausbildung von Kita-Fachkräften. *Psychologie in Erziehung und Unterricht*, 62(4), 265–284.

MKJS – Ministerium für Kultus, Jugend und Sport Baden-Württemberg (2011). *Orientierungsplan für Bildung in baden-württembergischen Kindergärten und weiteren Kindertageseinrichtungen. Fassung vom 15. März 2011*. www.kultusportal-bw.de/site/ pbs-bw/get/documents/KULTUS.Dachmandant/KULTUS/import/pb5start/pdf/ KM_KIGA_Orientierungsplan_2011.pdf [09.02.2012].

MKJS – Ministerium für Kultus, Jugend und Sport Baden-Württemberg (2004). *Bildungsplan für die Grundschule*. www.bildung-staerkt-menschen.de/unterstuetzung/schul arten/GS/bildungsstandards [20.01.2012].

MKJS – Ministerium für Kultus, Jugend und Sport Baden-Württemberg (o. J.). *Kindergärten und andere Kitas in Baden-Württemberg*. www.kultusportal-bw.de/KINDER GAERTEN-BW,Lde/Startseite/Kooperation+Kiga_Schule [18.05.2014].

Moore, P. (1990). *The effect of science inservice programs on the self-efficacy belief of elementary school teachers*. Dissertation: University of San Diego.

NCTM – The National Council of Teachers of Mathematics (2000). *Principles and Standards for School Mathematics*. Reston, VA: NCTM.

Nespor, J. (1987). The role of beliefs in the practice of teaching. *Journal of Curriculum Studies*, 19(4), 317–328.

Neuhaus-Siemon, E. (1993). *Frühleser in der Grundschule. Leseleistung, Lesegewohnheiten und Schulerfolg*. Bad Heilbrunn: Klinkhardt.

Neuweg, G. H. (2004). *Könnerschaft und implizites Wissen. Zur lehr-lerntheoretischen Bedeutung der Erkenntnis- und Wissenstheorie Michael Polanyis* (3. Aufl.). Münster: Waxmann.

Neuweg, G. H. (2000). Können und Wissen. Eine alltagssprachphilosophische Verhältnisbestimmung. In G. H. Neuweg (Hrsg.), *Wissen – Können – Reflexion. Ausgewählte Verhältnisbestimmungen* (S. 65–82). Innsbruck: Studienverlag.

Nübling, M., Wirtz, M., Neuner, R. & Krause, A. (2008). Ermittlung psychischer Belastungen bei Lehrkräften – Entwicklung eines Instruments für die Vollerhebung in

Baden-Württemberg. *Zentralblatt für Arbeitsmedizin, Arbeitsschutz und Ergonomie*, 58(10), 312–313.

Nührenbörger, M. & Pust, S. (2006). *Mit Unterschieden rechnen: Lernumgebungen und Materialien für einen differenzierten Anfangsunterricht Mathematik*. Seelze: Kallmeyer.

Nunnally, J. C. & Bernstein, I. H. (1994). *Psychometric Theory* (3. Aufl.). New York: McGraw-Hill.

Oberdörster, M. & Tiesler, G. (2006). *Akustische Ergonomie der Schule*. Bremerhaven: NW-Verlag.

OECD – Organisation for Economic Co-operation and Development (Hrsg.) (2006). *Starting strong II. Early Childhood Education and Care*. Paris: OECD.

OECD – Organisation for Economic Co-operation and Development (Hrsg.) (2004). *Die Politik der frühkindlichen Betreuung, Bildung und Erziehung in der Bundesrepublik Deutschland. Ein Länderbericht der Organisation für wirtschaftliche Zusammenarbeit und Entwicklung*. Paris: OECD.

Oehlmann, S., Manning-Chlechowitz, Y. & Sitter, M. (Hrsg.) (2011). *Frühpädagogische Übergangsforschung. Von der Kindertageseinrichtung in die Grundschule*. Weinheim: Juventa.

Oers, B. van (2004). Mathematisches Denken bei Vorschulkindern. In W. E. Fthenakis & P. Oberhuemer (Hrsg.), *Frühpädagogik international. Bildungsqualität im Blickpunkt* (S. 313–330). Wiesbaden: Verlag für Sozialwissenschaften.

Op't Eynde, P., De Corte, E. & Verschaffel, L. (2002). Framing students' mathematics-related beliefs. A quest for conceptual clarity and a comprehensive categorization. In G. Leder, E. Pehkonen & G. Törner (Hrsg.), *Beliefs. A hidden variable in mathematics education?* (S. 13–32) Dordrecht: Kluwer.

Pajares, F. M. (1992). Teachers' beliefs and educational research: Cleaning up a messy construct. *Review of Educational Research*, 62(3), 307–332.

Pauen, S. & Pahnke, J. (2008). Mathematische Kompetenzen im Kindergarten. Evaluation der Effekte einer Kurzzeitintervention. *Empirische Pädagogik*, 22(2), 193–208.

Pehkonen, E. & Törner, G. (1999). Teachers' professional development: What are the key change factors for mathematics teachers? *European Journal of Teacher Education*, 22(2/3), 259–275.

Pekrun, R. (1988). *Emotion, Motivation und Persönlichkeit*. München: Psychologie Verlags Union.

Peter, S. I. (1997). *Kundenbindung als Marketingziel: Identifikation und Analyse zentraler Determinanten*. Wiesbaden: Gabler.

Peter-Koop, A. & Grüßing, M. (2006). Mathematische Bilderbücher. Kooperation zwischen Elternhaus, Kindergarten und Grundschule. In M. Grüßing & A. Peter-Koop (Hrsg.), *Die Entwicklung mathematischen Denkens in Kindergarten und Grundschule* (S. 150–169). Offenburg: Mildenberger.

Peter-Koop, A., Grüßing, M. & Schmitman gen. Pothmann, A. (2008). Förderung mathematischer Vorläuferfähigkeiten: Befunde zur vorschulischen Identifizierung und Förderung von potenziellen Risikokindern in Bezug auf das schulische Mathematiklernen. *Empirische Pädagogik*, 22(2), 209–224.

Philipp, R. A. (2007). Mathematics teachers' beliefs and affect. In F. K. Lester (Hrsg.), *Second Handbook of Research on Mathematics Teaching and Learning* (S. 257–315). Charlotte, NC: Information Age Publishing.

Pianta, R. & Cox, M. (Hrsg.) (1999). *The transition to kindergarten*. Baltimore, MD: Paul H. Brookes.

Podell, D. & Soodak, L. (1993). Teacher efficacy and bias in special education referrals. *Journal of Educational Research*, 86(4), 247–253.

Pohlmann-Rother, S. & Franz, U. (Hrsg.) (2012). *Kooperation von KiTa und Grundschule. Eine Herausforderung für das pädagogische Personal*. Köln: Carl Link.

Poppelreuter, S. & Mierke, K. (2012). *Psychische Belastungen am Arbeitsplatz. Ursachen – Auswirkungen – Handlungsmöglichkeiten* (4. durchges. Aufl.). Berlin: Schmidt.

Prediger, S. & Wittmann, G. (2009). Aus Fehlern lernen – (wie) ist das möglich? *Praxis der Mathematik in der Schule*, 51(27), 2–8.

Preiß, G. (2004/05). *Leitfaden Zahlenland* (2 Bände). Kirchzarten: Preiß.

Ramseger, J. & Hoffsommer, J. (Hrsg.) (2008). *Ponte. Kindergärten und Grundschulen auf neuen Wegen. Erfahrungen und Ergebnisse aus einem Entwicklungsprogramm*. Berlin: Das Netz.

Rank, A. (2009). Subjektive Theorien von Erzieherinnen zu vorschulischem Lernen und zum Schriftspracherwerb. *Zeitschrift für Grundschulforschung*, 2(1), 146–159.

Rathgeb-Schnierer, E. (2012). Mathematische Bildung. In D. Kucharz (Hrsg.), *Elementarbildung* (S. 50–85). Weinheim: Beltz.

Rathgeb-Schnierer, E. & Rechtsteiner-Merz, C. (2010). *Mathematiklernen in der jahrgangsübergreifenden Eingangsstufe. Gemeinsam, aber nicht im Gleichschritt*. München: Oldenbourg.

Rathmer, B., Hanke, P., Backhaus, J., Merkelbach, I. & Zensen, I. (2011). Formen und Klima der Kooperation zwischen Kindertageseinrichtungen und Grundschule in der Übergangsphase vom Elementar- zum Primarbereich. Ergebnisse aus dem Landesprojekt TransKiGs Nordrhein-Westfalen. In D. Kucharz, T. Irion & B. Reinhoffer (Hrsg.), *Grundlegende Bildung ohne Brüche* (S. 111–114). Wiesbaden: Springer VS.

Rauin, U., Kohler, B. & Becker, G. (1994). Drum prüfe, wer sich ewig bindet. Ein Berufseinstiegstest für das Lehramtsstudium. *Pädagogik*, 46(11), 34–39.

Rechsteiner, K., Hauser, B. & Vogt, F. (2012). Förderung der mathematischen Vorläuferfertigkeiten im Kindergarten: Spiel oder Training? *Beiträge zum Mathematikunterricht 2012*, 677–680.

Reinhold, S. (2015). Bauen, Zeichnen, Spielen. Würfelbauten in geometrischen Lernumgebungen für die Kooperation. *Grundschulzeitschrift*, 281, 42–45.

Renkl, (1996). Träges Wissen: Wenn Erlerntes nicht genutzt wird. *Psychologische Rundschau*, 47(2), 78–92.

Reuter, D. & Wittmann, G. (2015). Mit gleichseitigen Dreiecken gemeinsam arbeiten. Muster und Strukturen erfahren. *Grundschulzeitschrift*, 281, 46–49.

Reyer, J. (2006). *Einführung in die Geschichte des Kindergartens und der Grundschule*. Bad Heilbrunn: Klinkhardt.

Rheinberg, F. (2006). *Motivation* (6. überarb. u. erw. Aufl.). Stuttgart: Kohlhammer.

Richter, D., Kuhl, P., Reimers, H. & Pant, H. A. (2012). Aspekte der Aus- und Fortbildung von Lehrkräften in der Primarstufe. In P. Stanat, H. A. Pant, K. Böhme & D. Richter (Hrsg.), *Kompetenzen von Schülerinnen und Schülern am Ende der vierten Jahrgangsstufe in den Fächern Deutsch und Mathematik. Ergebnisse des IQB-Ländervergleichs 2011* (S. 237–250). Münster: Waxmann.

Rimm-Kaufman, S. E. & Pianta, R. C. (2000). An ecological perspective on the transition to kindergarten: A theoretical framework to guide empirical research. *Journal of Applied Developmental Psychology*, 21(5), 491–511.

Ritter, M. & Hennies, J. (2013). Grundfragen einer inklusiven Deutschdidaktik – ein Problemaufriss. *Zeitschrift für Inklusion*, 7(1). www.inklusion-online.net/index.php/inklusion-online/article/view/28/28 [18.05.2014].

Robert Bosch Stiftung (Hrsg.) (2008). *Frühpädagogik Studieren. Ein Orientierungsrahmen für Hochschulen.* Stuttgart: Robert Bosch Stiftung.

Rolff, H.-G. (1980). *Soziologie der Schulreform.* Weinheim: Beltz.

Rose, J. & Medway, F. (1981). Measurement of teachers' beliefs in their control over student outcome. *Journal of Educational Research*, 74(3), 185–190.

Rosenstiel, L. v. (1988). *Organisationspsychologie.* Stuttgart: Kohlhammer.

Rosenthal, R. (1991). *Meta-analytic procedures for social research.* Newbury Park, CA: Sage.

Rosenthal, R. & Jacobson, L. (1968). *Pygmalion in the classroom.* New York: Holt, Rinehart & Winston.

Ross, J. A. (1998). The antecedents and consequences of teacher efficacy. In J. Brophy (Hrsg.), *Expectations in the Classroom* (S. 49–73). Greenwich, CT: JAI Press.

Ross, J. A. (1992). Teacher efficacy and the effect of coaching on student achievement. *Canadian Journal of Education*, 17(1), 51–65.

Roßbach, H.-G. (2006). Institutionelle Übergänge in der Frühpädagogik. In L. Fried & S. Roux (Hrsg.), *Pädagogik der frühen Kindheit* (S. 280–292). Weinheim: Beltz.

Roßbach, H.-G. (2001). Die Einschulung in den Bundesländern. In G. Faust-Siehl & A. Speck-Hamdan (Hrsg.), *Schulanfang ohne Umwege. Mehr Flexibilität im Bildungswesen* (S. 144–174). Frankfurt a. M.: Arbeitskreis Grundschule.

Roßbach, H.-G., Frank, A. & Sechtig, J. (2007). Der Modellversuch KiDZ – die wissenschaftliche Einbettung von KiDZ. In Stiftung Bildungspaket Bayern (Hrsg.), *KiDZ – das Handbuch* (S. 22–57). Köln: Wolters Kluwer.

Roth, H. (1994). *Zusammenarbeit im Lehrerberuf.* Lizentiatsarbeit: Universität Zürich.

Rothland, M. & Terhart, E. (2009). Forschung zum Lehrerberuf. In R. Tippelt & B. Schmidt (Hrsg.), *Handbuch Bildungsforschung* (2. überarb. Aufl., S. 791–810). Wiesbaden: Verlag für Sozialwissenschaften.

Royar, T. (2007). Mathematik im Kindergarten. Kritische Anmerkungen zu den neuen „Bildungsplänen" für Kindertageseinrichtungen. *mathematica didactica*, 30(1), 29–48.

Royar, T. & Streit, C. (2010). *MATHElino. Kinder begleiten auf mathematischen Entdeckungsreisen.* Seelze: Klett, Kallmeyer.

Rubin, D. B. (1987). *Multiple imputation for nonresponse in surveys.* New York: Wiley.

Rudow, B. (2004). Arbeitsbedingungen für Erzieher/innen. Hohe psychische Belastungen. *bildung & wissenschaft*, 68(6), 6–13.

Rudow, B. (1994). *Die Arbeit des Lehrers. Zur Psychologie der Lehrertätigkeit, Lehrerbelastung und Lehrergesundheit.* Bern: Huber.

Rudow, B. (1990). Konzepte zur Belastungs- und Beanspruchungsanalyse im Lehrerberuf. *Zeitschrift für Pädagogische Psychologie*, 4, 1–12.

Rutenfranz, J. & Graf, O. (1963). *Zur Frage der zeitlichen Belastung von Lehrkräften.* Köln: Westdeutscher Verlag.

SAFGJS – Senatorin für Arbeit, Frauen, Gesundheit, Jugend und Soziales Bremen (2004). *Rahmenplan für Bildung und Erziehung im Elementarbereich.* www.soziales.bremen. de/sixcms/media.php/13/Rahmenplan.pdf [20.03.2015].

Sambanis, M., Arndt, P. & Hille, K. (2012). Die wissenschaftliche Begleitung des Modells „Bildungshaus 3–10". In D. Kucharz, T. Irion & B. Reinhoffer (Hrsg.), *Grundlegende Bildung ohne Brüche* (Jahrbuch Grundschulforschung, 15, S. 65–68). Wiesbaden: Springer.

Santen, E. van & Seckinger, M. (2003). *Kooperation-Mythos und Realität einer Praxis. Eine empirische Studie zur interinstitutionellen Zusammenarbeit am Beispiel der Kinder- und Jugendhilfe.* München: Verlag Deutsches Jugendinstitut.

Sauerhering, M. & Doll, I. (2014). *Kindertagespflege zwischen Identifikation und Belastung. Teilergebnisse einer Fragebogenerhebung zur Selbstkompetenz pädagogischer Fachkräfte in Niedersachsen*. Niedersächsisches Institut für frühkindliche Bildung und Entwicklung. www.nifbe.de/component/themensammlung/item/280-themensammlung/kindertagespflege/455-kindertagespflege-zwischen-identifikation-und-belastung [28.09.2015].

Schaarschmidt, U. (2005a). *Psychische Belastung im Lehrerberuf*. Hannover: Niedersächsisches Kultusministerium. http://nibis.ni.schule.de/~auge/seiten/themen/psych_bel_gru/lehrergesundheit/medien/psychische_belastung_im_lehrerberuf.pdf [15.04.2014].

Schaarschmidt, U. (Hrsg.) (2005b). *Halbtagsjobber? Psychische Gesundheit im Lehrerberuf – Analyse eines veränderungsbedürftigen Zustandes* (2. Aufl.). Weinheim: Beltz.

Schaarschmidt, U. & Kieschke, U. (Hrsg.) (2007). *Gerüstet für den Schulalltag. Psychologische Unterstützungsangebote für Lehrerinnen und Lehrer*. Weinheim: Beltz.

Schad, M. (2002). *Erziehung (k)ein Kinderspiel. Gefährdung und Belastungen des pädagogischen Personals in Kindertagesstätten*. Schriftenreihe der Unfallkasse Hessen, 7. Frankfurt a. M.: Unfallkasse Hessen. www.gesundearbeit.info/uploads/docs/35.pdf [14.04.2014].

Schäfer, G. E. (1995). *Bildungsprozesse im Kindesalter: Selbstbildung, Erfahrung und Lernen in der frühen Kindheit*. Weinheim: Juventa.

Schäfers, C. & Koch, S. (2000). Neuere Veröffentlichungen zur Lehrerforschung. Eine Sammelrezension. *Zeitschrift für Pädagogik*, 46(4), 601–623.

Scharenberg, K. & Rollett, W. (2013). Schulische Belastung und Beanspruchung von Lehrkräften. Eine Überprüfung des Erfurter Modells im Rahmen der Hamburger KESS-Studie. In K. Schwippert, M. Bonsen & N. Berkemeyer (Hrsg.), *Schul- und Bildungsforschung: Diskussionen, Befunde und Perspektiven. Festschrift für Wilfried Bos* (S. 129–146). Münster: Waxmann.

Schendera, C. F. G. (2008). *Regressionsanalyse mit SPSS*. München: Oldenbourg.

Schiefele, U. (2008). Lernmotivation und Interesse. In W. Schneider & M. Hasselhorn (Hrsg.), *Handbuch der Pädagogischen Psychologie* (S. 38–49). Göttingen: Hogrefe.

Schiefele, U. (2001). The role of interest in motivation and learning. In J. M. Collis & S. Messick (Hrsg.), *Intelligence and Personality* (S. 163–194). Mahwah, NJ: Erlbaum.

Schiefele, U. (1996). *Motivation und Lernen mit Texten*. Göttingen: Hogrefe.

Schiefele, U. (1991). Interest, learning, and motivation. *Educational Psychologist*, 26(3/4), 299–323.

Schiefele, H., Hausser, K. & Schneider, G. (1979). Interesse als Weg und Ziel der Erziehung. *Zeitschrift für Pädagogik*, 25(1), 1–20.

Schiefele, H., Prenzel, M., Krapp, A., Heiland A. & Kasten H. (1983). *Zur Konzeption einer pädagogischen Theorie des Interesses*. Arbeiten zur Empirischen Pädagogik und Pädagogischen Psychologie. München: Universität der Bundeswehr.

Schipper, W. (2009). *Handbuch für den Mathematikunterricht an Grundschulen*. Braunschweig: Schroedel.

Schmidt, S. & Weiser, W. (1982). Zählen und Zahlverständnis von Schulanfängern. *Journal für Mathematik-Didaktik*, 3(3/4), 227–263.

Schmitt, N. (1996). Uses and Abuses of Coefficient Alpha. *Psychological Assessment*, 8(4), 350–353.

Schmitz, E. (2004). Burnout: Befunde, Modelle und Grenzen eines populären Konzeptes. In A. Hillert & E. Schmitz (Hrsg.), *Psychosomatische Erkrankungen bei Lehrerinnen und Lehrern* (S. 51–68). Stuttgart: Schattauer.

Schmitz, G. S. & Schwarzer, R. (2000). Selbstwirksamkeitserwartung von Lehrern: Längsschnittbefunde mit einem neuen Instrument. *Zeitschrift für Pädagogische Psychologie*, 14(1), 12–25.

Schneider, G., Hausser, K. & Schiefele, H. (1979). Bestimmungsstücke und Probleme einer pädagogischen Theorie des Interesses. *Zeitschrift für Pädagogik*, 25(1), 43–60.

Schneider, H. (2003). *Erzieherinnen und Kreativität. Subjektive Theorien zu einem Kernkonzept der elementarpädagogischen Bildungsarbeit*. Hamburg: Kovač.

Schneider, W. (1989). Möglichkeiten der frühen Vorhersage von Leseleistungen im Grundschulalter. *Zeitschrift für Pädagogische Psychologie*, 3(3), 157–168.

Schoenfeld, A. H. (1994). Reflections on doing and teaching mathematics. In A. H. Schoenfeld (Hrsg.), *Mathematical thinking and problem solving. Studies in Mathematical Thinking and Learning* (S. 53–75). Hillsdale, NJ: Erlbaum.

Schoenfeld, A. H. (1992). Learning to think mathematically: Problem solving, metacognition and sense making in mathematics. In D. Grouws (Hrsg.), *Handbook for Research on Mathematics Teaching and Learning* (S. 334–370). New York: Macmillan.

Schöler, H., Dutzi, I., Roos, J., Schäfer, P., Grün-Nolz, P. & Engler-Thümmel, H. (2003). *Einschulungsuntersuchungen 2003 in Mannheim* (Arbeitsberichte aus dem Forschungsprojekt „Differenzialdiagnostik", 16). Heidelberg: Pädagogische Hochschule Heidelberg. www01.ph-heidelberg.de/wp/SCHOELER/datein/arbeitsbericht16.pdf [18.05.2014].

Schommer-Aikins, M. (2004). Explaining the epistemological belief system: Introducing the embedded systemic model and coordinated research approach. *Educational Psychologist*, 39(1), 19–29.

Schönwälder, H.-G. (1997). Dimensionen der Belastung im Lehrerberuf. In S. Buchen, U. Carle, P. Döbrich, H.-D. Hoyer & H.-G. Schönwälder (Hrsg.), *Jahrbuch für Lehrerforschung* (Band 1, S. 179–202). Weinheim: Juventa.

Schröder, M. (2006). *Burnout unvermeidlich? Ein Kompendium zur Lehrerbelastungsforschung unter Berücksichtigung des Persönlichkeitsaspekts und eine empirische Untersuchung zur Passungsproblematik im Lehrerberuf*. Potsdam: Universitätsverlag.

Schuler, S. (2015). Substanzielle Mathematik auch in der Kooperation. Das Spiel „Stechen" als Lernangebot für beide Institutionen. *Grundschulzeitschrift*, 281, 29–33.

Schuler, S. (2013). *Mathematische Bildung im Kindergarten in formal offenen Situationen. Eine Untersuchung am Beispiel von Spielen zum Erwerb des Zahlbegriffs*. Münster: Waxmann.

Schuler, S. & Wittmann, G. (2014). Mathematiklernen im Übergang vom Kindergarten zur Grundschule aus der Sicht von ErzieherInnen und GrundschullehrerInnen. *Zeitschrift für Grundschulforschung*, 7(1), 62–75.

Schuler, S., Wittmann, G., Pelzer, M. & Wittkowski, A. (2015). Zwischen Interessen des Kindes und Schulvorbereitung. Überzeugungen von ErzieherInnen zu mathematischer Bildung im Kindergarten und im Übergang zur Grundschule. *Frühe Bildung*, 4(4), 196–202.

Schulz, A. (2014). *Fachdidaktisches Wissen von Grundschullehrkräften. Diagnose und Förderung bei besonderen Problemen beim Rechnenlernen*. Heidelberg: Springer.

Schuster, K.-M. (2006). Rahmenpläne für die Bildungsarbeit. In L. Fried & S. Roux (Hrsg.), *Handbuch der Pädagogik der frühen Kindheit* (S. 145–157). Weinheim: Beltz.

Schütte, S. (2008). *Qualität im Mathematikunterricht der Grundschule sichern. Für eine zeitgemäße Unterrichts- und Aufgabenkultur*. München: Oldenbourg.

Schütte, S. (2004). *Die Matheprofis 1. Schülerband*. München: Oldenbourg.

Schütte, S. (1994). *Mathematiklernen in Sinnzusammenhängen*. Stuttgart: Klett.

Schwarzer, R. & Hallum, S. (2008). Perceived teacher self-efficacy as a predictor of job stress and burnout. *Applied Psychology: An International Review*, 57(1), 152–171.

Schwarzer, R. & Jerusalem, M. (2002). Das Konzept der Selbstwirksamkeit. In M. Jerusalem & D. Hopf (Hrsg.), *Selbstwirksamkeit und Motivationsprozesse in Bildungsinstitutionen*. Zeitschrift für Pädagogik, 44. Beiheft, 28–53.

Schwarzer, R. & Jerusalem, M. (Hrsg.) (1999). *Skalen zur Erfassung von Lehrer- und Schülermerkmalen. Dokumentation der psychometrischen Verfahren im Rahmen der Wissenschaftlichen Begleitung des Modellversuchs Selbstwirksame Schulen*. Berlin: Freie Universität Berlin.

Schwarzer, R. & Jerusalem, M. (1995). Generalized Self-Efficacy scale. In J. Weinman, S. Wright & M. Johnston (Hrsg.), *Measures in health psychology: A user's portfolio. Causal and control beliefs* (S. 35–37). Windsor, UK: NFER-Nelson.

Schwarzer, R. & Schmitz, G. S. (1999). Skala zur Lehrer-Selbstwirksamkeitserwartung. In R. Schwarzer & M. Jerusalem (Hrsg.), *Skalen zur Erfassung von Lehrer- und Schülermerkmalen* (S. 60–61). Berlin: Freie Universität Berlin.

Schwarzer, R., Schmitz, G. S. & Tang, C. (2000). Teacher burnout in Hong Kong and Germany: A cross-cultural validation of the Maslach Burnout Inventory. *Anxiety, Stress & Coping*, 13(3), 309–326.

Schwarzer, R. & Warner, L. M. (2011). Forschung zur Selbstwirksamkeit bei Lehrerinnen und Lehrern. In E. Terhart, H. Bennewitz & M. Rothland (Hrsg.), *Handbuch der Forschung zum Lehrerberuf* (S. 452–466). Münster: Waxmann.

Schweitzer, J. (1998). *Gelingende Kooperation*. Weinheim: Juventa.

Schwerdtfeger, A., Konermann, L. & Schönhofen, K. (2008). Self-efficacy as a health-protective resource in teachers? A biopsychological approach. *Health Psychology*, 27(3), 358–368.

Seibt, R., Khan, A. & Thinschmidt, M. (2005). *Netzwerk für gesunde Beschäftigte in Kindertagesstätten* (Abschlussbericht Forschungsprojekt F44/03). Dresden: Technische Universität.

Selter, C. (1995). Zur Fiktivität der Stunde Null im arithmetischen Anfangsunterricht. *Mathematische Unterrichtspraxis*, 16(2), 11–19.

Selye, H. (1974). *Stress. Bewältigung und Lebensgewinn*. München: Piper.

Shulman, L. (1986). Those who understand: Knowledge growth in teaching. *Educational Researcher*, 15(2), 4–14.

Sinatra, G. & Pintrich, P. (Hrsg.) (2003). *Intentional conceptual change*. Mahwah, NJ: Erlbaum.

Siraj-Blatchford, I., Sylva, K., Muttock, S., Gilden, R. & Bell, D. (2002). *Researching Effective Pedagogy in Early Years* (Research Report No 356). London: University of London. www.ioe.ac.uk/REPEY_research_report.pdf [03.08.2015].

Siraj-Blatchford, I., Sylva, K., Taggart, B., Sammons, P., Melhuish, E. & Elliot, K. (2003). *Intensive Case Studies of Practice across the Foundation Stage* (Technical Paper, 10). London: University of London. https://www.ioe.ac.uk/EPPE_Technical Paper_10_2003.pdf [03.08.2015].

Skaalvik, E. M. & Skaalvik, S. (2007). Dimensions of teacher self-efficacy and relations with strain factors, perceived collective teacher efficacy, and teacher burnout. *Journal of Educational Psychology*, 99(3), 611–625.

Smylie, M. A. (1988). The enhancement function of staff development: Organizational and psychological antecedents to individual teacher change. *American Educational Research Journal*, 25(1), 1–30.

Speck-Hamdan, A. (2006). Neuanfang und Anschluss: zur Doppelfunktion von Übergängen. In D. Diskowski, E. Hammes-Di Bernardo, S. Hebenstreit-Müller & A. Speck-Hamdan (Hrsg.), *Übergänge gestalten. Wie Bildungsprozesse anschlussfähig werden* (S. 20–31). Weimar: Das Netz.

Spiegel, H. (1996). *Spiegeln mit dem Spiegel*. Stuttgart: Klett.

Spiegel, H. (1992). Was und wie Kinder zu Schulbeginn schon rechnen können – Ein Bericht über Interviews mit Schulanfängern. *Grundschulunterricht*, 39(11), 21–23.

Spieß, E. (2004). Kooperation und Konflikt. In H. Schuler (Hrsg.), *Enzyklopädie der Psychologie. Band 4: Organisationspsychologie – Gruppe und Organisation* (S. 193–247). Göttingen: Hogrefe.

Staub, F. C. & Stern, E. (2002). The nature of teachers' pedagogical content beliefs matters for students' achievement gains: Quasi-experimental evidence from elementary mathematics. *Journal of Educational Psychology*, 94(2), 344–355.

Stebler, R., Vogt, F., Wolf, I., Hauser, B. & Rechsteiner, K. (2013). Play-based Mathematics in Kindergarten. A Video Analysis of Children's Mathematical Behaviour While Playing a Board Game in Small Groups. *Journal für Mathematik-Didaktik*, 34(2), 149–175.

Steinbring, H. (1991). The concept of chance in everyday teaching: Aspects of a social epistemology of mathematical knowledge. *Educational Studies in Mathematics*, 22(6), 503–522.

Steinweg, A. S. (2008). Zwischen Kindergarten und Schule – Mathematische Basiskompetenzen im Übergang. In F. Hellmich & H. Köster (Hrsg.), *Vorschulische Bildungsprozesse in Mathematik und Naturwissenschaften* (S. 143–159). Bad Heilbrunn: Klinkhardt.

Stieve, C., Worsley, C. & Dreyer, R. (2014). *Staatliche Anerkennung von Kindheitspädagoginnen und -pädagogen. Dokumentation der Einführung einer neuen Berufsbezeichnung in den deutschen Bundesländern*. Köln: Studiengangstag Pädagogik der Kindheit, Bundesarbeitsgemeinschaft Bildung und Erziehung im Kindesalter (BAG-BEK). www.fbts.de/fileadmin/fbts/Aktuelles/Studie_KindheitspaedagogIn_2014_BAG_BEK__StudiengangstagKindheit-opt1.pdf [26.06.2015].

Stipek, D., Givven, K., Salmon, J. & MacGyvers, V. (2001). Teachers' beliefs and practices related to mathematics instruction. *Teaching and Teacher Education*, 17(2), 213–226.

Thiel, O. (2010). Teachers' attitudes towards mathematics in early childhood education. *European Early Childhood Education Research Journal*, 18(1), 105–115.

Thompson, A. G. (1992). Teachers' Beliefs and Conceptions: A Synthesis of the Research. In D. Grouws (Hrsg.), *Handbook of Research on Mathematics Teaching and Learning* (S. 127–146). New York: Macmillan.

Többen, B. (2008). *Stärkung der personalen Ressourcen durch emotionszentrierte Selbstreflexion und kollegiale Supervision?* Dissertation: Leuphana Universität Lüneburg.

Törner, G. & Grigutsch, S. (1994). „Mathematische Weltbilder" bei Studienanfängern – Eine Erhebung. *Journal für Mathematik-Didaktik*, 15(3/4), 211–251.

Törner, G. & Törner, A. (2010). Fachfremd erteilter Mathematikunterricht – ein zu vernachlässigendes Handlungsfeld? *Mitteilungen der DMV*, 18(4), 241–251.

Tournier, M., Wadepohl, H. & Kucharz, D. (2014). Analyse des pädagogischen Handelns in der Freispielbegleitung. In D. Kucharz, K. Mackowiak, S. Ziroli, A. Kauertz, E. Rathgeb-Schnierer & M. Dieck (Hrsg.), *Professionelles Handeln im Elementarbereich (PRIMEL). Eine deutsch-schweizerische Videostudie* (S. 99–122). Münster: Waxmann.

Tracs, S. & Gibson, S. (1986). *Effects of efficacy on academic achievement.* Paper presented at the annual meeting of the California Research Association, Marina del Rey.

Tschannen-Moran, M., Woolfolk Hoy, A. & Hoy, W. (1998). Teacher efficacy: Its meaning and measure. *Review of Educational Research,* 68(2), 202–248.

Tsouloupas, C. N., Carson, R. L., Matthews, R., Grawitch, M. J. & Barber, L. K. (2010). Exploring the association between teachers' perceived student misbehavior and emotional exhaustion: The importance of teacher efficacy beliefs and emotion regulation. *Educational Psychology,* 30(2), 173–189.

Urhahne, D. & Hopf, M. (2004). Epistemologische Überzeugungen in den Naturwissenschaften und ihre Zusammenhänge mit Motivation, Selbstkonzept und Lernstrategien. *Zeitschrift für Didaktik der Naturwissenschaften,* 10, 71–87.

Viernickel, S. & Voss, A. (2014). *STEGE. Strukturqualität und Erzieher_innengesundheit in Kindertageseinrichtungen. Wissenschaftlicher Abschlussbericht.* Berlin: Alice Salomon Hochschule. www.ash-berlin.eu/fileadmin/user_upload/pdfs/Infothek/Presse-_und_%C3%96ffentlichkeitsarbeit/Pressemitteilungen/STEGE_Abschlussbericht.pdf [15.04.2014].

Voigt, J. (1984). *Interaktionsmuster und Routinen im Mathematikunterricht. Theoretische Grundlagen und mikroethnographische Falluntersuchungen.* Weinheim: Beltz.

Voss, T., Kleickmann, T., Kunter, M. & Hachfeld, A. (2011). Überzeugungen von Mathematiklehrkräften. In M. Kunter, J. Baumert, W. Blum, U. Klusmann, S. Krauss & M. Neubrand (Hrsg.), *Professionelle Kompetenz von Lehrkräften. Ergebnisse des Forschungsprogramms COACTIV* (S. 235–258). Münster: Waxmann.

Vygotsky, L. S. (1978). *Mind in Society. Development of Higher Psychological Processes.* Cambridge: Harvard University Press.

Wagner, J. T. (2003). Introduction: International Perspectives and Nordic Contributions. In S. Broström & J. Wagner (Hrsg.), *Early Childhood Education in Five Nordic Countries: Perspectives on the Transition from Preschool to School* (S. 11–25). Århus: Systeme Academic.

Walan, S. & Chang Rundgren, S. N. (2014). Investigating preschool and primary school teachers' self-efficacy and needs in teaching science: A pilot study. *Center for Educational Policy Studies Journal,* 4(1), 51–67.

Warner, L. M. & Schwarzer, R. (2009). Selbstwirksamkeit bei Lehrkräften. In O. Zlatkin-Troitschanskaia, K. Beck, D. Sembill, R. Nickolaus & R. Mulder (Hrsg.), *Lehrprofessionalität. Bedingungen, Genese, Wirkungen und ihre Messung* (S. 629–640). Weinheim: Beltz.

Wehner, F. & Pohlmann-Rother, S. (2012). Zur Verbreitung von Kooperationsaktivitäten und Förderprogrammen beim Übergang in die Grundschule. In S. Pohlmann-Rother & U. Franz (Hrsg.), *Kooperation von KiTa und Grundschule. Eine Herausforderung für das pädagogische Personal* (S. 71–83). Köln: Carl Link.

Wehrmann, I. (2007). *Bildungspläne als Steuerungsinstrumente der frühkindlichen Erziehung, Bildung und Betreuung – Zur Rolle der Bildungspläne im Rahmen des Reformbedarfs.* Dissertation: Universität Bremen.

Weiber, R. & Mühlhaus, D. (2010). *Strukturgleichungsmodellierung. Eine anwendungsorientierte Einführung in die Kausalanalyse mit Hilfe von AMOS, SmartPLS und SPSS.* Berlin: Springer.

Weinert, F. E. (2001). Vergleichende Leistungsmessung in Schulen – eine umstrittene Selbstverständlichkeit. In F. E. Weinert (Hrsg.), *Leistungsmessungen in Schulen* (S. 17–31). Weinheim: Beltz.

Weinsheimer, J. & Rathgeb-Schnierer, E. (2014). Diagnostische Fähigkeiten von Grundschullehrkräften im Bereich Arithmetik erfassen und analysieren. *Beiträge zum Mathematikunterricht 2014*, 1291–1294.

Wilks, D. (1995). *Statistical methods in the atmospheric sciences: An introduction*. San Diego, CA: Academic Press.

Wischmeier, I. (2012). Primary school teachers' beliefs about bilingualism. In J. König (Hrsg.), *Teachers' pedagogical beliefs. Definition and operationalisation – connections to knowledge and performance – development and change* (S. 171–190). Münster: Waxmann.

Wittkowski, A. (2014). *Mathematiklernen im Übergang vom Kindergarten zur Grundschule. Fallstudien zu Überzeugungen und Praktiken von Erzieher/innen und Grundschullehrer/innen*. Masterarbeit: Universität Bremen.

Wittmann, E. C. (2009). Das „mathe 2000"-Frühförderprogramm. In S. Pauen & V. Herber (Hrsg.), *Vom Kleinsein zum Einstein* (S. 54–66). Berlin: Cornelsen Scriptor.

Wittmann, E. C. (2006). Mathematische Bildung. In L. Fried & S. Roux (Hrsg.), *Pädagogik der Frühen Kindheit: Handbuch und Nachschlagewerk* (S. 205–210). Weinheim: Beltz.

Wittmann, E. C. & Müller, G. N. (2012). *Das Zahlenbuch 1*. Stuttgart: Klett.

Wittmann, E. C. & Müller, G. N. (2009). *Das Zahlenbuch Frühförderprogramm*. Stuttgart: Klett.

Wittmann, E. C. & Müller, G. N. (1992). *Handbuch produktiver Rechenübungen*. Band 2: Vom halbschriftlichen zum schriftlichen Rechnen. Stuttgart: Klett.

Wittmann, E. C. & Müller, G. N. (1990). *Handbuch produktiver Rechenübungen*. Band 1: Vom Einspluseins zum Einmaleins. Stuttgart: Klett.

Woolfolk, A. E. & Hoy, W. K. (1990). Prospective teachers' sense of efficacy and beliefs about control. *Journal of Educational Psychology*, 82(1), 81–91.

Woolfolk, A. E., Rosoff, B. & Hoy, W. K. (1990). Teachers' sense of efficacy and their beliefs about managing students. *Teaching and Teacher Education*, 6(2), 137–148.

Ziegler, A. (2001). Achievement motivation and implicit theories of intelligence. *Psychologische Beiträge*, 43(1), 1–21.

Zimmer, J., Preissing, C., Thiel, T., Heck, A. & Krappmann, L. (1997). *Kindergärten auf dem Prüfstand. Dem Situationsansatz auf der Spur*. Seelze-Velber: Kallmeyer.

Zimmerman, B. J., Bandura, A. & Martinez-Pons, M. (1992). Self-Motivation for academic attainment: The role of self-efficacy beliefs and personal goal setting. *American Educational Research Journal*, 29(3), 663–676.

Zöfel, P. (2006). *Statistik für Psychologen im Klartext*. München: Pearson.